FamRZ-Buch 36

Die

FamRZ-Bücher

werden herausgegeben von
Eva Becker
Prof. Dr. Dr. h.c. Peter Gottwald
Dr. Meo-Micaela Hahne
Prof. Dr. Dr. h.c. mult. Dieter Henrich
Prof. Dr. Dr. h.c. Dieter Schwab
Prof. Dr. Thomas Wagenitz

VERLAG ERNST UND WERNER GIESEKING, BIELEFELD

Betreuung und Erbrecht

– Der Betreute als Erbe oder Erblasser –

von

Prof. Dr. Dr. h.c. Walter Zimmermann

Vizepräsident des Landgerichts a. D.
Honorarprofessor an der Universität Regensburg

2., neu bearbeitete Auflage

2017

VERLAG ERNST UND WERNER GIESEKING, BIELEFELD

Bibliografische Information der Deutschen Nationalbibliothek

Die Deutsche Nationalbibliothek verzeichnet diese Publikation in der Deutschen Nationalbibliografie; detaillierte bibliografische Daten sind im Internet über http://dnb.d-nb.de abrufbar.

2017

© Verlag Ernst und Werner Gieseking GmbH, Bielefeld

Dieses Werk ist urheberrechtlich geschützt. Jede Verwertung, insbesondere die auch nur auszugsweise Vervielfältigung auf fotomechanischem oder elektronischem Wege, die Einstellung in Datenbanken oder die Aufnahme in Online-Dienste, ist nur insoweit zulässig, als sie das Urheberrechtsgesetz ausdrücklich gestattet, ansonsten nur ausschließlich mit vorheriger Zustimmung des Verlages.

Alle Rechte bleiben vorbehalten.

Lektorat: Dr. iur. Jobst Conring

Satz: Fotosatz L. Huhn, Linsengericht/Eidengesäß
Druck: CPI books GmbH, Leck – Germany

ISBN 978-3-7694-1176-8

Vorwort

Ist ein Betreuer als Erbe oder als Erblasser an einem Erbfall beteiligt, dann ergeben sich Besonderheiten daraus, dass der Betreuer gesetzlicher Vertreter des Betreuten ist und in vielen Fällen die Genehmigung des Betreuungsgerichts braucht. Es gibt Betreute, die geschäftsfähig sind und solche, die geschäftsunfähig sein. Das ist theoretisch leicht gesagt, führt aber in der Praxis zu erheblichen Unsicherheiten, weil die Geschäftsfähigkeit nicht in einem Verfahren isoliert festgestellt werden kann. In beiden Fällen kann zusätzlich ein Einwilligungsvorbehalt bestehen oder auch nicht. Manchmal (etwa bei Testamentserrichtung) kann der Betreuer nicht für den Betreuten handeln, obwohl er gesetzlicher Vertreter ist. Die Vertretung ist im Übrigen nur möglich, wenn der vom Betreuungsgericht zugewiesene Aufgabenkreis ausreicht, was oft unklar ist. Weitere Schwierigkeiten ergeben sich, wenn der geschäftsfähige Betreute seinem Betreuer Vollmachten erteilt; oder wenn der geschäftsfähige Betreute ein Wissen hat (z. B. über die Überschuldung des Nachlasses), das dem Betreuer fehlt. Der Betreuer hat Wünschen des Betreuten, soweit zumutbar, zu entsprechen; das ist für den Betreuer eine unklare Handlungsanweisung.

Mit diesen und anderen Fragen befasst sich das Buch.

Passau, im April 2017   *Walter Zimmermann*

Inhaltsverzeichnis

Literaturverzeichnis XIX
Abkürzungsverzeichnis XXI

A. Bedeutung der Betreuung in Erbrechtsfällen 1
   1. Voraussetzungen der Bestellung eines Betreuers 1
   2. Bedeutung der Geschäftsfähigkeit 1
   3. Auswirkungen eines Einwilligungsvorbehalts 2
       a) Folgen für den Betreuten 3
       b) Unzulässige Einwilligungsvorbehalte 3
       c) Rechtlicher Vorteil 4
   4. Der Betreuer als gesetzlicher Vertreter 4
       a) Stellvertretung teils ausgeschlossen 4
       b) Aufgabenkreis des Betreuers 4
       c) Genehmigung des Betreuungsgerichts 5
   5. Vollmachtserteilung durch den Betreuten 5
   6. Zurechnung von Wissen 6
   7. Zurechnung von Verschulden 8
   8. Prozessuale Stellung des Betreuers und des Betreuten 8
       a) Prozessfähigkeit 8
       b) Verfahrensfähigkeit 8
       c) Zeugenstellung 9
       d) Zurechnung von Verschulden 9
       e) Unterbrechung von Prozessen 9
       f) Steuerrecht 10
   9. Bindung des Betreuers an den Willen des Betreuten? 10
 10. Vorsorgevollmacht 11

B. Testamentserrichtung und Testamentswiderruf 13
   1. Testamentserrichtung durch den Betreuten 13
       a) Persönliche Errichtung, Fälschung 13
       b) Form der Errichtung eines Testaments 13
       c) Bestimmtheit der Erbeinsetzung 16
       d) Dreizeugentestament 16
       e) Testierfähigkeit 18
       f) Zweifel an der Testierfähigkeit, Beweisverfahren 19
       g) Klärung der Testierfähigkeit zu Lebzeiten des Erblassers . . 21

	h) Bedeutung eines Einwilligungsvorbehalts	24
	i) Verloren gegangene Testamente	24
	j) Alttestamente entmündigter Personen	25
	k) Einsicht des Betreuers in Testamente des Betreuten, in Nachlassakten, Grundbuch	26
2.	Betreuer, Altenheim, Krankenschwester, Arzt als Erbe	29
	a) Sittenwidrigkeit des Testaments im Allgemeinen	29
	b) Betreuer als Erbe	29
	c) Mitarbeiter eines ambulanten Pflegedienstes	30
	d) Behandelnder Arzt, Pflegepersonal	31
	e) Personen im öffentlichen Dienst als Erben	31
	f) Altenheim, Pflegeheim als Erbe	33
3.	Testamentswiderruf	36
	a) Übersicht	36
	b) Bloßer Widerruf durch Testament	37
	c) Widerruf eines Testaments durch Vernichtung	37
	d) Widerruf eines notariellen Testaments durch Rücknahme aus der amtlichen Verwahrung	38
	e) Widerruf eines Testaments durch ein späteres widersprechendes Testament	39
4.	Testamentsanfechtung durch den Betreuer?	40
	a) Voraussetzungen und Wirkung der Testamentsanfechtung	40
	b) Anfechtung durch den Erblasser	41
	c) Anfechtung durch den Betreuer des Erblassers	41
5.	Ansprüche bei enttäuschter Erberwartung	42
6.	Bestattungsvorsorgeverträge, Dauergrabpflegeverträge	43

C. Das Behindertentestament der Eltern des Betreuten 45
1. Grundstruktur 45
2. Verwaltungsanordnungen 46

D. Das gemeinschaftliche Testament mit Beteiligung eines Betreuten 51
1. Testierfähige Ehegatten 51
2. Widerruf des Testierfähigen gegenüber einem Geschäftsunfähigen 51
   a) Erklärung des Widerrufs 53
   b) Vertreter des geschäftsunfähigen Ehegatten 54
   c) Zugang des Widerrufs 56
3. Widerruf des Testierunfähigen gegenüber einem Geschäftsfähigen 56

E. Annahme der Erbschaft, Anfechtung der Annahme ... 59
1. Die Zeitspanne zwischen Erbfall und Annahme der Erbschaft ... 59
   a) Wenn es nicht zur Annahme kommt ... 59
   b) Wenn es zur Annahme kommt, anschließend zum Insolvenzverfahren ... 60
   c) Wenn die Erbschaft angenommen wird, anschließend Dürftigkeitseinrede ... 61
2. Annahme der Erbschaft ... 61
   a) Annahme durch Annahmeerklärung ... 61
   b) Annahme durch schlüssiges Annahmeverhalten ... 63
   c) Fiktive Annahme durch Fristablauf ... 63
3. Annahme, wenn ein Miterbe Betreuer eines anderen Miterben ist ... 64
4. Anfechtung der Annahme ... 64
5. Vorsorgebevollmächtigte ... 66

F. Die Ausschlagung der Erbschaft, Anfechtung der Ausschlagung ... 67
1. Allgemeines ... 67
2. Zweckmäßigkeit der Ausschlagung ... 67
   a) Vermeidung von Schuldenzahlung, Ärger ... 67
   b) Ausschlagung und Bestattungskosten ... 68
   c) Ausschlagung zwecks Erlangung des Pflichtteils ... 69
   d) Ausschlagung durch das Sozialamt? ... 70
3. Ausschlagung durch Ausschlagungserklärung ... 70
   a) Geschäftsfähigkeit des Erben unklar ... 70
   b) Zeitpunkt, Bedingung, Teilausschlagung ... 71
4. Form der Ausschlagung, zuständiges Nachlassgericht, Gebühren ... 72
5. Frist der Ausschlagung ... 73
   a) Dauer der Ausschlagungsfrist ... 73
   b) Fristbeginn ... 73
   c) Hemmung des Fristlaufs durch Genehmigungsverfahren ... 74
6. Genehmigung der Ausschlagung bei Betreuung des Erben ... 77
   a) Aufgabenkreis des Betreuers ... 77
   b) Interessenkonflikte des Betreuers ... 77
   c) Prüfung der Genehmigungsfähigkeit durch das Nachlassgericht ... 78
   d) Sittenwidrigkeit der Ausschlagung? ... 80
   e) Anfechtung der Erteilung bzw. Versagung der Genehmigung ... 81

	f) Prüfung durch den Betreuer	81
7.	Prüfung der Wirksamkeit der Ausschlagung	82
8.	Folgen der Ausschlagung	82
9.	Anfechtung der Ausschlagungserklärung	83
10.	Ausschlagung durch Vorsorgebevollmächtigte	84

G. Aufgebot, Antrag auf Nachlassinsolvenz, Dürftigkeitseinrede 85
1. Übersicht 85
2. Aufgebot der Nachlassgläubiger 85
3. Pflicht zum Insolvenzantrag bei Überschuldung und kostendeckender Masse 86
   a) Kenntnis des Betreuers des Erben von der Überschuldung 86
   b) Folgen der Unterlassung des Insolvenzantrags 88
   c) Folgen der Insolvenzeröffnung für die Betreuung 89
   d) Kein Insolvenzantrag, weil eine kostendeckende Masse fehlt 89

H. Der Betreute als Alleinerbe 91
1. Erbschein, Grundbuch, Umschreibungen, Erbschaftsteuer .. 91
2. Feststellung des Nachlassbestandes 91
3. Verwaltung, Umschichtung des Nachlasses 92
4. Vermögensverzeichnis, Rechnungslegung 93
5. Spezielle Verwaltungsanordnungen des Erblassers 95
6. Setzen einer Inventarfrist durch das Nachlassgericht 96

I. Der Betreute als Erbvertragspartei 99
1. Abschluss des Erbvertrags 99
   a) Der Erblasser 99
   b) Vertragspartei, die nicht selbst testiert 99
2. Anfechtung des Erbvertrags 100
   a) Allgemeines 100
   b) Geschäftsfähigkeit, Geschäftsunfähigkeit 100
   c) Anfechtungsfrist 101
3. Aushöhlung der Erbvertrags 101

J. Der Betreute als Vermächtnisnehmer und Vermächtnisschuldner 103
1. Das Vermächtnis 103
2. Der Betreute als Vermächtnisnehmer 103
   a) Allgemeines 103
   b) Der Betreuer als Alleinerbe und Vermächtnisschuldner .. 105

      c) Genehmigung der Erfüllung des Vermächtnisses 106
  3. Der betreute Erbe als Schuldner des Vermächtnisses 108
  4. Die Auflage 109

K. Der Betreute als Mitglied einer Erbengemeinschaft 111
  1. Die Entstehung der Erbengemeinschaft 111
      a) Allgemeines 111
      b) Betreuer und Betreuter als Mitglieder derselben Erbengemeinschaft 112
      c) Sonderrechtsnachfolgen 112
      d) Ober- und Untererbengemeinschaften 113
  2. Pflichten des Betreuers gegenüber dem Betreuungsgericht 113
      a) Vermögensverzeichnis 113
      b) Jährliche Rechnungslegung 114
  3. Vereinbarungen zwischen den Miterben 114
  4. Rechtsverhältnisse der Miterben bis zur Auseinandersetzung 115
      a) Veräußerung und Übertragung des Erbanteils 115
      b) Ausscheiden aus der Erbengemeinschaft durch Abschichtung 115
      c) Ausübung des Vorkaufsrechts der Miterben 115
  5. Die Verwaltung des Nachlasses 116
      a) Allgemeines 116
      b) Fälle, in denen die Mehrheit entscheidet 118
      c) Fälle, in denen Einstimmigkeit erforderlich ist 123
      d) Alleinentscheidungskompetenz eines Miterben 124
      e) Nutzungsentschädigung, wenn ein Miterbe das Haus allein bewohnen will 126
      f) Verfügungen der Erbengemeinschaft 126
  6. Das Verhältnis der Miterben zu den Nachlassgläubigern 127
      a) Haftung der Miterben vor der Teilung 128
      b) Haftung der Miterben nach der Teilung 129
  7. Die Auseinandersetzung (Erbteilung) 130
      a) Der Anspruch auf Auseinandersetzung 130
      b) Modalitäten der Auseinandersetzung; Genehmigungen 131

L. Der Betreute als Vorerbe 135
  1. Rechtslage bei Vorerbschaft 135
  2. Rechtsstellung des Vorerben 137
      a) Gewöhnliche Vorerben 137
      b) Befreite Vorerben 139
      c) Pflichten des Vorerben gegenüber dem Nacherben 140
      d) Belastung des Erben nur mit einem Vermächtnis 140

M. Der Betreute als Nacherbe ... 141
1. Rechtsstellung des Nacherben ... 141
   a) Anwartschaftsrecht des Nacherben ... 141
   b) Ausschlagung der Nacherbschaft ... 142
   c) Erbschein ... 142
   d) Grundbuch ... 143
   e) Wegfall des Nacherbrechts durch Zeitablauf ... 143
   f) Auswirkungen der Nacherbfolge auf die Vergütung des Betreuers ... 143
2. Rechte des Nacherben gegenüber dem Vorerben ... 144
   a) Nachlassverzeichnis ... 144
   b) Feststellung des Zustandes der Nachlassgegenstände, Wirtschaftsplan ... 145
   c) Mündelsichere Geldanlage, Wertpapiere ... 145
   d) Auskunftspflichten; Sicherheitsleistung; Zwangsverwaltung ... 146
   e) Haftung des Vorerben gegenüber dem Nacherben; Rechenschaftspflicht ... 146
   f) Kein Anspruch auf Herausgabe der Nutzungen ... 146
3. Pflichten des Nacherben gegenüber dem Vorerben ... 147
4. Haftung des Nacherben für Nachlassverbindlichkeiten ... 147

N. Testamentsvollstreckung ... 149
1. Allgemeines ... 149
2. Der Erbe steht unter Betreuung und Testamentsvollstreckung ... 150
   a) Die Zeitspanne zwischen dem Todesfall und dem Amtsbeginn ... 150
   b) Annahme und Ausschlagung der Erbschaft ... 150
   c) Entstehung von zwei Vermögensgruppen ... 151
3. Rechte des betreuten Erben gegen den Testamentsvollstrecker ... 152
   a) Überblick ... 152
   b) Ausschüttung der Nachlasserträge, Unterhalt, Pflegekosten ... 154
   c) Kosten der Betreuung ... 155
   d) Behindertentestament, Erbschaften ... 156
   e) Einkommensteuer ... 156
   f) Gesundheitssorge, Altenheim ... 157
4. Rechte des Testamentsvollstreckers gegen den betreuten Erben ... 158
5. Die Vergütung des Testamentsvollstreckers ... 158
6. Vereinbarungen Betreuer – Testamentsvollstrecker ... 159

7. Streit zwischen Betreuer und Testamentsvollstrecker 160
   a) Aus Sicht des Betreuers 160
   b) Aus Sicht des Testamentsvollstreckers 160
8. Interessengegensätze zwischen Betreuer/
   Testamentsvollstrecker/Nacherbe 161
   a) Betreuer zugleich Testamentsvollstrecker 161
   b) Betreuer und Testamentsvollstrecker zwar
      personenverschieden, aber sonstige Nähebeziehung 162
9. Anordnung der Betreuung über einen
   Testamentsvollstrecker 163
   a) Betreuung für den Testamentsvollstrecker bereits
      beim Antritt seines Amts 163
   b) Anordnung der Betreuung über den Testaments-
      vollstrecker erst nach dessen Amtsantritt 164
   c) Späterer Wegfall des Betreuung 165

O. Tätigkeiten des Betreuers beim Tod des Betreuten 167
1. Beendigung der Betreuung 167
2. Verständigung des Standesamts 167
3. Fortführung der Geschäfte bei Gefahr in Verzug 168
4. Pflichten gegenüber dem Gericht 169
   a) Mitteilung des Todesfalls 169
   b) Rückgabe der Bestellungsurkunde 170
   c) Erstellung eines Schlussberichts 170
   d) Schlussabrechnung 170
   e) Ablieferung eines Testament 171
5. Pflichten gegenüber den Erben des Betreuten 171
   a) Sicherung des Nachlasses 171
   b) Herausgabe des Nachlasses an die Erben 171
   c) Rechnungslegung gegenüber den Erben 173
6. Beerdigung des Betreuten 174
7. Organ- oder Gewebeentnahme beim toten Betreuten 176
8. Nachlassabwicklung durch den Betreuer im Auftrag
   der Erben des Betreuten 177

P. Restliche Vergütung des Betreuers, Auslagenersatz 179
1. Zeit bis zum Tod des Betreuten 179
2. Vergütung für gewöhnliche Abwicklungsarbeiten? 180
3. Vergütung für Notgeschäftsführung nach dem Tod
   des Betreuten? 181
4. Festsetzungsverfahren 181
   a) Staatskasse 182
   b) Bekannte Erben des Betreuten 182

  c) Unbekannte Erben bei vermögendem Nachlass 184
  d) Festsetzung noch gegen den Betreuten 184
 6. Tod des Betreuers 185
 7. Tod des ehrenamtlichen Betreuers, Bestellung
   eines Berufsbetreuers 185

Q. Regress der Staatskasse bei den Erben des Betreuten 187
 1. Rückzahlung von Betreuervergütung 187
 2. Auskunftspflichten des Erben 187
 3. Haftung des Erben 188
  a) Wert des Nachlasses 188
  b) Schonbetrag beim Erben 189
  c) Frist 190
 4. Verfahren des Betreuungsgerichts 191
 5. Rechtsmittel 191
 6. Vollstreckung 191
 7. Rückzahlung von Sozialhilfe 191

**R. Schadensersatzansprüche der Erben des Betreuten
gegen den Betreuer und Vorsorgebevollmächtigten** 195
 1. Grundlagen 195
 2. Voraussetzungen und Geltendmachung des
   Schadensersatzanspruchs 196
  a) Pflichtverletzung 196
  b) Verschulden 198
  c) Geltendmachung 199
  d) Verjährung 199
 3. Ansprüche gegen den Vorsorgebevollmächtigten 199

**S. Enterbung des Betreuten, Erbverzicht,
Zuwendungsverzicht** 201
 1. Enterbung des Betreuten 201
  a) Pflichtteilsentziehung 201
  b) Erbunwürdigkeit 202
 2. Erbverzichtsvertrag 202
  a) Zweck und Inhalt des Vertrages, Unterschied
   zum Pflichtteilsverzicht 202
  b) Form, Abfindung, Betreuung, Genehmigung 203
 3. Zuwendungsverzichtsvertrag 205
  a) Der betreute Erblasser 205
  b) Der Betreute als Verzichtender 206

T. Pflichtteil des Betreuten; Pflichtteilsverzicht; Verträge zu Lebzeiten ... 207
1. Der Betreute als Pflichtteilsberechtigter ... 207
   a) Dritte als Pflichtteilsschuldner ... 208
   b) Der Betreuer als Alleinerbe und Pflichtteilsschuldner ... 209
   c) Nahestehende Personen als Pflichtteilsschuldner ... 211
   d) Pflichtteil und Sozialrecht ... 211
2. Der betreute Erbe als Pflichtteilsschuldner ... 213
3. Der Pflichtteilsverzichtsvertrag ... 213
   a) Allgemeines ... 213
   b) Vertretung des geschäftsunfähigen, betreuten Erblassers ... 214
   c) Vertretung des geschäftsfähigen, betreuten Erblassers ... 215
   d) Vertretung des geschäftsunfähigen Verzichtenden durch einen Betreuer ... 215
   e) Vertretung des geschäftsfähigen, betreuten Verzichtenden ... 216
3. Genehmigung des Betreuungsgerichts ... 216
   a) Erklärung des betreuten Erblassers ... 216
   b) Erklärung des betreuten Verzichtenden ... 218
4. Besonderheiten, wenn der Betreuer mit den Beteiligten verwandt ist ... 219
5. Aufhebung des Pflichtteilsverzichtsvertrags ... 219
6. Pflichtteilsverzichtsvertrag und Abfindung ... 220
   a) Verzicht gegen Abfindung ... 220
   b) Unentgeltlicher Pflichtteilsverzicht ... 221
7. Sittenwidrigkeit des Pflichtteilsverzichts, Erlassvertrag, Sozialhilfeträger ... 221
8. Verträge zwischen den künftigen Erben über den Pflichtteil bzw. gesetzlichen Erbteil ... 223

U. Erbschein und Erbscheinsverfahren ... 225
1. Der Betreute als Erblasser ... 225
2. Der Betreute als Erbe ... 225
   a) Erbscheinsantrag ... 225
   b) Abgabe der eidesstattlichen Versicherung ... 226
   c) Beteiligte am Erbscheinsverfahren ... 227
   d) Interessenkonflikte; Bestellung eines Ergänzungsbetreuers? ... 227
   e) Ausländische Nachlässe ... 228

V. Genehmigungen des Betreuungsgerichts ... 231
1. Schenkungen ... 231
2. Genehmigungsfälle ... 233

   a) Verpflichtung zur Verfügung über eine angefallene
    Erbschaft 233
   b) Verfügung über einzelne Nachlassgegenstände 233
   c) Verpflichtung zur Verfügung über einen künftigen
    gesetzlichen Erbteil oder einen künftigen Pflichtteil ... 234
   d) Verfügung über einen angefallenen Erbanteil 235
   e) Ausschlagung der Erbschaft 235
   f) Ausschlagung eines Vermächtnisses 235
   g) „Verzicht" auf den Pflichtteil 236
   h) Erbteilungsvertrag 236
   i) Verpachtung eines Landguts 236
   j) Verpachtung eines gewerblichen Betriebs 237
   k) Miet- und sonstige Pachtverhältnisse 237
   l) Kreditgeschäfte 239
   m) Prokura 239
   n) Vergleiche 240
   o) Erbverzicht, Pflichtteilsverzicht, Zuwendungsverzicht .. 241
   p) Teilungsversteigerung 241
  3. Genehmigungsfreie Geschäfte 242
  4. Genehmigungsverfahren 242

W. Verjährungsfragen in Erb-/Betreuungsfällen 245
  1. Verjährung von Ansprüchen des Betreuten 245
   a) Fristbeginn 245
   b) Höchstfristen 246
   c) Erbrechtliche Ansprüche 246
  2. Hemmung der Verjährung bei höherer Gewalt 247
  3. Hemmung der Verjährung aus familiären und ähnlichen
   Gründen 248
  4. Ablaufhemmung bei Geschäftsunfähigen ohne Betreuer ... 249
   a) Anwendungsbereich 249
   b) Auswirkung der Hemmung auf die Fristberechnung ... 250
   c) Vorsorgevollmacht 251
  5. Ablaufhemmung in Nachlassfällen 251
  6. Verjährung von Vergütungsansprüchen des Betreuers 252

X. Rechtsdienstleistung in Erbfällen 253

**Y. Nachlasspflegschaft – Der Betreuer als späterer
Nachlasspfleger** 257
  1. Voraussetzungen und Auswirkungen der
   Nachlasspflegschaft 257
  2. Der Betreuer als späterer Nachlasspfleger 258

a) Allgemeines 258
　　　b) Aufgaben und Vergütung des Nachlasspflegers 260

Z. **Pflegefreibetrag und Bestattungskosten**
　　bei der Erbschaftsteuer 263
　1. Abzug von Nachlassverbindlichkeiten, Bestattungskosten . . 263
　　　a) Kosten der Bestattung des Erblassers 263
　　　b) Kosten für ein angemessenes Grabdenkmal 264
　　　c) Kosten für die übliche Grabpflege 264
　　　d) Erbschaftsabwicklungskosten 264
　　　e) Kosten der Nachlassverwaltung 265
　　　e) Nicht bezahlte Pflegekosten 265
　　　g) Pauschale oder Einzelnachweis 265
　2. Freibetrag bei unentgeltlichen Pflegeleistungen des Erben . . 265
　　　a) Pflegeleistung durch eine nicht dazu verpflichtete
　　　　 Person 266
　　　b) Die Erbringung der Pflegeleistung erfolgte
　　　　 unentgeltlich 266
　　　c) Angemessenes Entgelt 267
　3. Freibetrag, Steuerklassen, Steuersätze 268
　4. Kontrollmitteilungen 270

Stichwortverzeichnis 271

Literaturverzeichnis

Ann, Die Erbengemeinschaft, 2001

Bamberger/Roth/Bearbeiter, BGB, Band 3, 3. Aufl. 2012
BeckOK/Bearbeiter, BGB, online Kommentar, 2017
Bienwald/Sonnenfeld/Harm, Betreuungsrecht, 6. Aufl. 2016
Burandt/Rojahn, Erbrecht, 2011

Damrau, Der Minderjährige im Erbrecht, 2. Aufl. 2010
Damrau/Bearbeiter, Erbrecht (Kommentar), 2. Aufl. 2010
Damrau/Zimmermann, Betreuungsrecht, 4. Aufl. 2011
Deinert/Jegust/Lichtner/Bisping, Todesfall- und Bestattungsrecht, Vorschriftensammlung, 5. Aufl. 2014
Dodegge/Roth, Systematischer Praxiskommentar Betreuungsrecht, 4. Aufl. 2014

Hollstein, Die Nichtigkeit letztwilliger Verfügungen wegen Verstoßes gegen das gesetzliche Verbot aus § 14 HeimG, 2011

Karl, Der Betreute als Erblasser mit besonderer Berücksichtigung von § 14 HeimG, 2007
Keidel, FamFG (Kommentar), 19. Aufl. 2017
Knittel, Betreuungsrecht (Loseblatt), 1992 ff.
Kornexl, Nachlassplanung bei Problemkindern, 2006
Kübler, Das sog. Behindertentestament unter besonderer Berücksichtigung der Stellung des Betreuers, 1998
Kurze/Goertz, Bestattungsrecht in der Praxis, 2012

Lange, K. W., Erbrecht, 2011
Lange/Kuchinke, Erbrecht, 5. Aufl. 2001

Müller, G., Betreuung und Geschäftsfähigkeit, 1998
Münchener Kommentar zum BGB, 7. Aufl. 2016 ff.
Muscheler, Erbrecht (2 Bände), 2010

Nieder/Kössinger, Handbuch der Testamentsgestaltung, 5. Aufl. 2015

Palandt/Bearbeiter, BGB, 76. Aufl. 2017

Roth, Wolfgang, Erbfall und Betreuungsrecht, 2016

Schumacher, Rechtsgeschäfte zulasten der Sozialhilfe, 2000
Schürmann, Sozialrecht für die familienrechtliche Praxis, 2016
Soergel/Bearbeiter, BGB, Erbrecht Bände 21 bis 23, 13. Aufl. 2002
Staudinger/Bearbeiter, BGB (mehrere Bände) ab 1997

v. Lübtow, Erbrecht (2 Bände), 1971

Tanck/Lenz, Die Erbengemeinschaft, 2006
Tanck/Uricher, Erbrecht (Testamentsgestaltung), 2. Aufl. 2011

Zimmermann, Die Testamentsvollstreckung, 2014
Zimmermann, Erbrecht (Lehrbuch), 2013
Zimmermann, Erbschein, Erbscheinsverfahren, Europäisches Nachlasszeugnis, 2016

Abkürzungsverzeichnis

a. A.	anderer Ansicht
AG	Amtsgericht
Alt.	Alternative
AO	Abgabenordnung
Art.	Artikel
BayObLG	Bayerisches Oberstes Landesgericht
BB	Der Betriebsberater
BeckOK	Beck-Online-Kommentar
BeckRS	Beck Rechtssammlung (online)
BeurkG	Beurkundungsgesetz
BewG	Bewertungsgesetz
BFH	Bundesfinanzhof
BGB	Bürgerliches Gesetzbuch
BGBl.	Bundesgesetzblatt
BGH	Bundesgerichtshof; Entscheidungssammlung BGHZ
BNotO	Bundesnotarordnung
BT-Drucks.	Bundestags-Drucksache
BVerfG	Bundesverfassungsgericht
BWNotZ	Zeitschrift für das Notariat in Baden-Württemberg
DNotZ	Deutsche Notarzeitschrift
EGBGB	Einführungsgesetz zum BGB
E, EL	Erblasser
ErbR	Erbrecht (Zeitschrift)
ErbStG	Erbschaftsteuergesetz
ErbStDV	ErbSt-Durchführungsverordnung
ErbStR	ErbSt-Richtlinien
EStG	Einkommensteuergesetz
FamFG	G. über das Verfahren in Familiensachen und in den Angelegenheiten der freiwilligen Gerichtsbarkeit
FamRZ	Zeitschrift für das gesamte Familienrecht
FD	Fachdienst
FGPrax	Praxis der Freiwilligen Gerichtsbarkeit

G.	Gesetz
GBO	Grundbuchordnung
GG	Grundgesetz
GKG	Gerichtskostengesetz
GNotKG	Gerichts- und Notarkostengesetz
GVG	Gerichtsverfassungsgesetz
HöfeO	Höfeordnung von 1976
Hg.	Herausgegeben
h. M.	Herrschende Meinung
i. d. R.	in der Regel
InsO	Insolvenzordnung
i. V. m.	in Verbindung mit
JR	Juristische Rundschau
JVEG	Justizvergütungs- und -entschädigungsgesetz
JZ	Juristenzeitung
KG	Kammergericht
KV	Kostenverzeichnis
LFGG	Landesgesetz über die Freiwillige Gerichtsbarkeit (Baden-Württemberg)
LG	Landgericht
LM	Lindenmaier/Möhring (Nachschlagewerk des BGH)
LS	Leitsatz
MDR	Monatsschrift für Deutsches Recht
MittBayNot	Mitteilungen des Bayerischen Notarvereins
MittRhNotK	Mitteilungen der Rheinischen Notarkammer
MünchKomm	Münchener Kommentar zum BGB
NdsRpfl	Niedersächsische Rechtspflege
n. F.	neue Fassung
NJOZ	Neue Juristische Online-Zeitschrift
NJW	Neue Juristische Wochenschrift
NJW-RR	Rechtsprechungsreport der NJW
OLG	Oberlandesgericht
PKH	Prozesskostenhilfe

RG	Reichsgericht; Entscheidungssammlung RGZ
Rn.	Randnummer
RNotZ	Rheinische Notarzeitschrift
RPflG	Rechtspflegergesetz
Rpfleger	Der Deutsche Rechtspfleger (Zeitschrift)
Rspr.	Rechtsprechung
RVG	Rechtsanwaltsvergütungsgesetz
SGB	Sozialgesetzbuch
VersR	Versicherungsrecht (Zeitschrift)
VBVG	Vormünder- und Betreuervergütungsgesetz
VKH	Verfahrenskostenhilfe
z. B.	zum Beispiel
ZErb	Zeitschrift für Erbrecht
ZEV	Zeitschrift für Erbrecht und Vermögensnachfolge
ZPO	Zivilprozessordnung

A. Bedeutung der Betreuung in Erbrechtsfällen

1. Voraussetzungen der Bestellung eines Betreuers

Das Betreuungsrecht kann unter zwei verschiedenen Aspekten im Erbrecht eine Rolle spielen: Der Betreute kann Erbe werden; der Betreute kann Erblasser sein. Für einen Volljährigen kann das Betreuungsgericht (Amtsgericht[1]) einen Betreuer bestellen, wenn die Voraussetzungen des § 1896 I BGB vorliegen: „Kann ein Volljähriger auf Grund einer psychischen Krankheit oder einer körperlichen, geistigen oder seelischen Behinderung seine Angelegenheiten ganz oder teilweise nicht besorgen, so bestellt das Betreuungsgericht für ihn einen Betreuer". Das Verfahren richtet sich nach §§ 271 ff. FamFG. Die Rechtsstellung des Betreuers ergibt sich aus §§ 1896 ff. BGB, wobei dann § 1908i Abs. BGB auf mehr als 40 Vorschriften aus dem Vormundschaftsrecht verweist. Die Frage, ob für eine Person im Einzelfall ein Betreuer bestellt werden durfte (z. B. wegen § 1896 Ia BGB), spielt für die Kompetenzen des Betreuers keine Rolle: Ist die Betreuerbestellung durch Bekanntgabe des Beschlusses an den Betreuer (nicht: an den Betreuten) wirksam geworden (§ 287 I BGB), ist es für die Vertretungsmacht ohne Bedeutung, ob die Bestellung zu Recht oder zu Unrecht erfolgte.[2] Das ist durch Beschwerde gegen den Bestellungsbeschluss zu klären (§§ 58 ff. FamFG).

1

2. Bedeutung der Geschäftsfähigkeit

Die Anordnung der Betreuung hat auf die Geschäftsfähigkeit keinen Einfluss.[3] Es gibt deshalb *geschäftsfähige* Betreute und *geschäftsunfähige* Betreute, ferner Betreute mit oder ohne Einwilligungsvorbehalt (§ 1903 BGB). Der geschäftsunfähige Betreute kann ohnehin nicht selbst rechtlich handeln (§ 104 Nr. 2 BGB). Der geschäftsfähige Betreute dagegen kann (wenn kein Einwilligungsvorbehalt besteht) selbst handeln und wird hierbei vom Betreuer nicht verdrängt (er kann aber auch durch den Betreuer

2

---

1 In Baden-Württemberg bis 31.12.2017 teilweise der Bezirksnotar, §§ 36, 37 BaWüLFGG.
2 BGH NJW 1964, 1129 zur Pflegschaft; *Bienwald/Sonnenfeld/Harm* § 1902 Rn. 1.
3 *G. Müller*, Betreuung und Geschäftsfähigkeit, 1998, S. 49.

vertreten werden);[4] es sind deshalb Doppelverpflichtungen möglich (Beispiel: Sowohl der Betreute wie der Betreuer bestellen Heizöl), bei denen das eine Geschäft durchgeführt wird, das andere dagegen u. U. durch Zahlung von Schadensersatz wegen Nichterfüllung abgewickelt werden muss. Bei Verfügungen (z. B. Übereignung) zählt die frühere Verfügung. Beschränkt geschäftsfähige Betreute (§ 106 BGB) gibt es nicht, weil alle Betreuten volljährig sind (§§ 1896, 1908a BGB). Es gibt **kein Bundeszentralregister,** in welches Betreuungen eingetragen werden; auch im **Grundbuch** wird eine Betreuung nicht eingetragen. Der Betreute, welcher *geschäftsfähig* zu sein scheint, kann daher faktisch zum Notar gehen und dort wirksam Erklärungen abgeben; da die Betreuung im Grundbuch nicht eingetragen ist (im Gegensatz etwa zur Testamentsvollstreckung, Nachlassverwaltung, Zwangsversteigerung, Insolvenzeröffnung) ergibt sich weder beim Notar noch beim Grundbuchamt ein Zweifel; sollte der Betreute allerdings geschäftsunfähig gewesen sein, ist das Grundbuch unrichtig geworden (Folgen: § 894 BGB).

Obwohl die **Geschäftsfähigkeit** von zentraler Bedeutung ist, kann sie vom Gericht **nicht isoliert festgestellt** werden. Jeder Volljährige gilt zunächst als geschäftsfähig; die Geschäftsunfähigkeit muss nachgewiesen werden. Als Vorfrage wird sie z. B. durch ein Sachverständigengutachten nachgewiesen, wenn in einem **Erbscheinsverfahren** plausibel behauptet wird, das das Testament wegen Testierunfähigkeit nichtig war (§ 2229 IV BGB). Ebenso kann in einem **Zivilprozess** die Geschäftsunfähigkeit als Vorfrage in einem Gutachten geprüft werden. Eine Vollmacht, die zu Lebzeiten und/oder nach dem Tod wirken soll, ist nur wirksam, wenn bei Erteilung der **Vollmacht** Geschäftsfähigkeit bestand; das wird gegebenenfalls vor Betreuungsanordnung geprüft, weil nur bei wirksamer Vollmacht eine Betreuung entbehrlich ist (§ 1896 II 2 BGB). Zur praktischen Handhabung vgl. Rn. 65a.

3. Auswirkungen eines Einwilligungsvorbehalts

„Soweit dies zur Abwendung einer erheblichen Gefahr für die Person oder das Vermögen des Betreuten erforderlich ist, ordnet das Betreuungsgericht an, dass der Betreute zu einer Willenserklärung, die den Aufgabenkreis des Betreuers betrifft, dessen Einwilligung bedarf (Einwilligungsvorbehalt)"; § 1903 I BGB.

---

[4] *Bienwald/Sonnenfeld/Harm* § 1902 Rn. 5.

a) Folgen für den Betreuten

Liegt beim Betreuten natürliche Geschäftsunfähigkeit (§ 104 Nr. 2 BGB) vor, so ist die Willenserklärung des Betreuen nichtig; sie bleibt auch nichtig (§ 105 I BGB), wenn ein Einwilligungsvorbehalt angeordnet wurde und der Betreuer seine *Einwilligung* erteilt.[5] Wirksam ist die Willenserklärung nur, wenn der Betreuer sie selbst vornimmt. Theoretisch bedarf es daher bei einem Geschäftsunfähigen gar keines Einwilligungsvorbehaltes. Gleichwohl kann er angeordnet werden,[6] weil dann keine **Beweisschwierigkeiten** auftauchen müssen. Denn der Betreute ist anderenfalls dafür beweispflichtig, dass er im Zeitpunkt der Abgabe der Willenserklärung geschäftsunfähig war[7] und trägt das entsprechende Kostenrisiko. Fehlt es an der Einwilligung des Betreuers, entfällt für den Betreuten die Notwendigkeit, die eigene Geschäftsunfähigkeit beweisen zu müssen.

b) Unzulässige Einwilligungsvorbehalte

Ein Einwilligungsvorbehalt kann sich nicht erstrecken auf Willenserklärungen, die auf Verfügungen von Todes wegen und auf Willenserklärungen, zu denen ein beschränkt Geschäftsfähiger nach den Vorschriften des BGB-Buches vier und fünf nicht der Zustimmung seines gesetzlichen Vertreters bedarf (§ 1903 II BGB). Für ein **Testament** oder den Widerruf eines Testaments braucht also ein Betreuer, selbst wenn ein Einwilligungsvorbehalt angeordnet wurde, keine Einwilligung seines Betreuers. Sobald er gestorben ist kann allerdings im Erbscheinsverfahren nachgeprüft werden, ob er bei Testamentserrichtung testierfähig war.

Der *geschäftsfähige* Betreute kann ohne Zustimmung seines Betreuers und ohne Genehmigung des Betreuungsgerichts als Erblasser einen **Erbvertrag** abschließen, der Einwilligungsvorbehalt kann sich nach § 1903 II BGB nicht auf diese Art der Verfügung von Todes wegen erstrecken. Als **Vertragspartei des Erblassers** kann ein geschäftsfähiger Betreuter, auch wenn er unter Einwilligungsvorbehalt steht, einen Erbvertrag schließen, wonach er erbt, da dieser für ihn nur rechtlich vorteilhaft ist (§ 1903 III BGB), solange keine Gegenleistung versprochen wird. Durch einen Einwilligungsvorbehalt wird der geschäftsfähige Betreute nicht gehindert an

---

5 *Schreieder* BtPrax 1996, 96; *Jurgeleit* Rpfleger 1995, 282; BT-Drucks. 11/4528, S. 137; a. A. *Enderlein* JR 1998, 485. Die Einwilligung kann in eine Eigenerklärung des Betreuers umgedeutet werden (§ 140 BGB).
6 BayObLG FamRZ 2000, 567; OLG Düsseldorf FamRZ 1993, 1224; MünchKomm/*Schwab* § 1903 Rn. 18.
7 BGH NJW 1955, 1714.

der Anfechtung des Erbvertrages bzw. dessen Aufhebung (§ 2282 I 2 bzw. § 2290 II 2 BGB), dem Rücktritt vom Erbvertrag (§ 2296 I 2 BGB) und dem Abschluss eines Erbverzichtsvertrages (§ 2347 II 1 BGB).

c) Rechtlicher Vorteil

6   Ist ein Einwilligungsvorbehalt angeordnet, so bedarf der Betreute dennoch nicht der Einwilligung seines Betreuers, wenn die Willenserklärung dem Betreuten lediglich einen rechtlichen Vorteil bringt (§ 1903 III BGB). Das ist nicht identisch mit einem wirtschaftlichen Vorteil.

4. Der Betreuer als gesetzlicher Vertreter

7   Der Betreuer ist gesetzlicher Vertreter des Betreuten (vgl. § 1902 BGB).[8] Dieser Grundsatz erfährt mehrere Einschränkungen:

a) Stellvertretung teils ausgeschlossen

8   Eine Stellvertretung ist im Erbrecht teilweise ausdrücklich ausgeschlossen, z. B.:

- § 2064 BGB: Testamentserrichtung
- § 2256 II 2 BGB: Rücknahme des Testaments aus der amtlichen Verwahrung
- § 2274 BGB: Abschluss eines Erbvertrags.

9   In diesen Fällen kann der geschäftsunfähige bzw. testierunfähige Betreute überhaupt nicht (mehr) handeln, der geschäfts- bzw. testierfähige Betreute kann nur selbst handeln, ein Betreuer kann nicht handeln, ebenso wenig ein Bevollmächtigter.

b) Aufgabenkreis des Betreuers

10   Die Vertretungsmacht ist beschränkt auf den Aufgabenkreis, der im Bestellungsbeschluss des Gerichts angegeben ist (§ 286 I Nr. 1 FamFG); falls im Betreuerausweis (§ 290 FamFG), ein anderer Aufgabenkreis

---

[8] Einzelheiten vgl. v. *Sachsen Gessaphe*, Der Betreuer als gesetzlicher Vertreter..., 1999, S. 136 ff.

angegeben ist als im Bestellungsbeschluss, z. B. versehentlich, kommt es auf den Bestellungsbeschluss an.⁹ In erbrechtlichen und nachlassgerichtlichen Angelegenheiten ist der Aufgabenkreis „alle Angelegenheiten", oder „Vermögenssorge" notwendig. Vereinzelt wird die Ansicht vertreten, eine spezielle Aufgabenzuweisung (z. B. Vertretung in Fragen der Ausschlagung der Erbschaft) sei erforderlich; das trifft nicht zu, weil § 1922 I BGB eindeutig sagt, dass mit dem Erbfall das „Vermögen" auf den Erben übergeht. Betreuer, die z. B. nur den Aufgabenkreis Gesundheitssorge, Wohnungsangelegenheiten etc. haben, müssten beantragen, dass ihr Aufgabenkreis erweitert wird (§ 293 I FamFG), was in Eilfällen durch einstweilige Anordnung erfolgen kann (§§ 300, 301 FamFG). Handelt der Betreuer außerhalb seines Aufgabenkreises, verpflichtet er nicht den Betreuten, sondern sich selbst (§§ 177 ff. BGB). Der **Gegenbetreuer** (§§ 1891, 1892, 1908i I BGB) ist kein gesetzlicher Vertreter des Betreuten.¹⁰ Der **Kontrollbetreuer** (§ 1896 III BGB) ist zwar gesetzlicher Vertreter, aber nur im Rahmen seines engen Aufgabenkreises, nämlich der Überwachung eines Bevollmächtigten. Der **Ergänzungsbetreuer** ist gesetzlicher Vertreter und wird bestellt, wenn der Betreuer selbst rechtlich verhindert ist.

c) Genehmigung des Betreuungsgerichts

Betreuer brauchen für zahlreiche Erklärungen im Bereich des Erbrechts eine Genehmigung des Betreuungsgerichts (z. B. § 1822 Nr. 2 BGB; Rn. 661 ff.). Das gilt auch dann, wenn der Betreute geschäftsfähig ist. Wenn aber der Betreute selbst noch geschäftsfähig ist, kann er selbst handeln, weil die Betreuung keine verdrängende Wirkung hat. Dann besteht keine Genehmigungsbedürftigkeit. Ausnahmen bestehen bei einem Einwilligungsvorbehalt nach § 1903 BGB. Zur Erteilung von Vollmachten vgl. Rn. 12.

11

5. Vollmachtserteilung durch den Betreuten

Der Betreuer ist auch dann (aber nur innerhalb seines Aufgabenkreises) gesetzlicher Vertreter des Betreuten, wenn der Betreute geschäftsfähig ist. Er verdrängt den Betreuten nicht, so dieser weiterhin rechtsgeschäftlich selbst handeln kann (bei Testamentsvollstreckung dagegen bleibt dem Erben fast keine Handlungsmacht, § 2211 I BGB); es bestehen also kon-

12

---

9 MünchKomm/*Schwab* § 1902 Rn. 2.
10 *Bienwald/Sonnenfeld/Harm* § 1902 Rn. 1; MünchKomm/*Schwab* § 1902 Rn. 2.

kurrierende Handlungsmöglichkeiten. Wenn der Betreute *geschäftsfähig* ist und kein entsprechender Einwilligungsvorbehalt angeordnet wurde, kann der Betreute daher einem Dritten wirksam eine Vollmacht erteilen.[11] Unstreitig kann der *geschäftsfähige* Betreute ferner außerhalb des Aufgabenkreises seinem Betreuer Vollmacht erteilen (Beispiel: Betreuung nur für Gesundheitsangelegenheiten; der Betreute gibt seinem Betreuer eine Vollmacht zur Vermögensverwaltung).

Streitig ist aber, ob der geschäftsfähige Betreute auch dem Betreuer innerhalb seines Aufgabenkreises Vollmacht erteilen kann; nach h. M.[12] ist das möglich.

13 **Beispiel:**

(1) Der Betreuer will vom Sparbuch des Betreuten 5.000 Euro abheben; dazu braucht er die Genehmigung des Betreuungsgerichts (§§ 1812, 1813 I Nr. 3 BGB). (2) Der *geschäftsfähige* Betreute geht selbst zur Bank und hebt das Geld ab; genehmigungsfrei (der Sperrvermerk, § 1809 BGB, wirkt nicht gegen den geschäftsfähigen Betreuten). (3) Der *geschäftsfähige* Betreute erteilt seiner geschäftsfähigen Schwester eine Vollmacht, damit sie den Betrag von seinem Sparbuch abheben kann; genehmigungsfrei; wirksam. (4) Der *geschäftsfähige* Betreute erteilt seinem Vermögens-Betreuer Vollmacht, damit er den Betrag sogleich von seinem Sparbuch abheben kann; wirksam. Der Betreuer braucht keine Genehmigung des Betreuungsgerichts.

14 Eine gibt keine Vorschrift, die die Erteilung der Vollmacht an den Betreuer verbieten würde. Die a. A.[13] beruft sich auf die Missbrauchsgefahr, weil dadurch betreuungsgerichtliche Genehmigungen umgangen werden können; dieses Argument genügt jedoch nicht. Ist dem Betreuer eine solche Vollmacht erteilt worden, dann liegt es in seinem Ermessen, ob er als Betreuer oder als Bevollmächtigter handelt. Im ersten Fall braucht er Genehmigungen des Betreuungsgerichts, im letzteren Fall nicht. Allerdings sollte das Betreuungsgericht in einem solchen Fall die Betreuung unverzüglich einschränken bzw. aufheben, weil der Betroffene seine Angelegenheiten offenbar selbst erledigen kann (vgl. § 1908d BGB).

6. Zurechnung von Wissen

15 „Soweit die rechtlichen Folgen einer Willenserklärung durch Willensmängel oder durch die Kenntnis oder das Kennenmüssen gewisser Um-

---

11 MünchKomm/*Schwab* § 1902 Rn. 10.
12 MünchKomm/*Schwab* § 1902 Rn. 10; *Bienwald/Sonnenfeld/Harm* § 1902 Rn. 8; *Damrau/Zimmermann* § 1902 Rn. 2.
13 Nachweise bei MünchKomm/*Schwab* § 1902 Rn. 10.

stände beeinflusst werden, kommt nicht die Person des Vertretenen, sondern die des Vertreters in Betracht" (§ 166 I BGB). Diese Regelung gilt für alle Vertreter,[14] auch den Betreuer als gesetzlichen Vertreter[15] und den Vorsorgebevollmächtigten. Das ist im Erbrecht bedeutsam, wenn es bei der Ausschlagung der Erbschaft, bei der Anfechtung von Annahme und Ausschlagung und in sonstigen Fällen auf ein „Wissen" bzw. auf die Kenntnis von Umständen (z. B. die Überschuldung des Nachlasses) ankommt. Abzustellen ist somit grundsätzlich auf den Betreuer, gleichgültig ob der Betreute geschäftsfähig oder geschäftsunfähig ist.

- Bei *Geschäftsunfähigkeit* ist dies selbstverständlich, weil der Vertretene hier keinen rechtlich erheblichen Willen bilden kann. 16

- Bei *Geschäftsfähigkeit* dagegen muss man berücksichtigen, dass der Betreute in der Lage wäre und ist, seine Angelegenheiten ohne Betreuer zu regeln; er steht neben dem Betreuer. Hat er Kenntnis vom Umständen, der Betreuer dagegen nicht, muss man ihm das meines Erachtens zurechnen. Die **früheste Kenntnis** von Betreuer bzw. Betreutem ist maßgebend.[16] Die Verdrängungsregel des § 9 V FamFG i. V. m. mit § 53 ZPO betrifft nur die Verfahrensfähigkeit. Soweit der Betreuer ohne die erforderliche Genehmigung des Betreuungsgerichts handelt, ist seine Kenntnis dem Vertretenen (Betreuten) aber nicht zuzurechnen.[17] 17

Ein Betreuer handelt nicht aufgrund von Weisungen des Betreuten; nur im Innenverhältnis sind die Wünsche des Betreuten zu berücksichtigen (§ 1901 BGB). § 166 II BGB ist deshalb auf den Betreuer grundsätzlich nicht anwendbar. Wenn aber der Betreuer im konkreten Fall nach **Weisungen des geschäftsfähigen Betreuten** gehandelt hat, dann gleicht der Betreuer in allen wesentlichen Punkten dem nach Weisungen handelnden Bevollmächtigten des § 166 II BGB. Es ist dann geboten, den § 166 II BGB in Fällen dieser Art auf den Betreuer entsprechend anzuwenden;[18] das bedeutet, dass sich der Betreute nicht auf die Unkenntnis seines Vertreters berufen kann. 18

---

14 KG NJW-RR 2004, 801.
15 BGHZ 38, 65; *Palandt/Ellenberger* § 166 Rn. 2.
16 *Palandt/Weidlich* § 1944 Rn. 6 unter Bezugnahme auf KG HRR 1935 Nr. 1664; *Damrau/Masloff* § 1944 Rn. 3.
17 RGZ 132, 78; *Palandt/Ellenberger* § 166 Rn. 4.
18 BGH NJW 1962, 2251 (Ergänzungspfleger, Fall nach dem AnfG); MünchKomm/ *Schubert* § 166 Rn. 92.

7. Zurechnung von Verschulden

19   Ein Betreuter hat innerhalb eines Schuldverhältnisses für seinen Betreuer einzustehen, weil dies sein gesetzlicher Vertreter ist (**§ 278 BGB**); der Betreute muss also u. U. für Fehler seines Betreuers zahlen. Haftungsfolge kann sein, dass der Betreute dann gegen seinen Betreuer einen Regressanspruch hat (§§ 1833, 1908i BGB). Zu diesem Zweck muss der Betreuer abgelöst werden und ein neuer Betreuer bestellt werden, der den Regress gegen den früheren Betreuer geltend macht.

8. Prozessuale Stellung des Betreuers und des Betreuten

a) Prozessfähigkeit

20   Der *geschäftsunfähige* Betreute ist ohnehin prozessunfähig (§ 52 ZPO); ebenso ist es, wenn ein Einwilligungsvorbehalt (§ 1903 BGB) angeordnet wurde. Der *geschäftsfähige* Betreute scheint prozessfähig zu sein. Jedoch bestimmt § 53 ZPO, dass dann, wenn der Betreute in einem Rechtsstreit durch einen Betreuer vertreten wird, die Prozessführung allein in den Händen des Betreuers liegt,[19] damit der Prozess ohne Unklarheiten geführt werden kann. Die Klagerücknahme durch den geschäftsfähigen Betreuten ist im Falle des § 53 ZPO unwirksam, er kann keine Berufung einlegen, aber Zeuge sein. Die **materiell-rechtliche Rechtsmacht** des geschäftsfähigen Betreuten wird durch die Betreuung nicht verdrängt. Nehmen der Betreuer als Vertreter und der geschäftsfähige Betreute widersprechende *materiell-rechtliche* Rechtshandlungen vor, so ist diejenige des Betreuten *maßgebend*.[20] Da der geschäftsfähige Erbe trotz der Betreuerbestellung befugt bleibt, über seine Rechte zu verfügen, kann er z. B. einen Erlassvertrag mit dem Beklagten schließen und so erreichen, dass die vom Betreuer als Vertreter erhobene Klage als unbegründet abgewiesen wird.

b) Verfahrensfähigkeit

21   Der *geschäftsunfähige* Betreute ist verfahrensunfähig (§ 9 II FamFG). Der *geschäftsfähige* Betreute ist verfahrensfähig, wird aber im Rechtsstreit nach Maßgabe des § 53 ZPO vom Betreuer verdrängt (§ 9 V FamFG).

---

19 BGH NJW 1988, 49.
20 BGHZ 48, 147; BGH NJW 1988, 49; *Staudinger/Marotzke* (2010), § 1960 Rn. 42.

c) Zeugenstellung

Hierzu besagt § 455 ZPO (der über § 30 I FamFG auch in der freiwilligen Gerichtsbarkeit gilt): Ist eine Partei nicht prozessfähig, so ist grundsätzlich ihr gesetzlicher Vertreter als Zeuge zu vernehmen. Der geschäftsunfähige Betreute kann also nicht Zeuge sein. Eine prozessfähige Person, die in dem Rechtsstreit durch einen Betreuer vertreten wird, kann über Tatsachen, die in ihren eigenen Handlungen bestehen oder Gegenstand ihrer Wahrnehmung gewesen sind, vernommen und auch nach § 452 ZPO beeidigt werden, wenn das Gericht dies nach den Umständen des Falles für angemessen erachtet. Klagt der geschäftsfähige Betreute, vertreten durch den Betreuer, kann der Betreute also Zeuge sein.

d) Zurechnung von Verschulden

Im gerichtlichen Verfahren wird ein Fehler des Betreuers, z. B. eine Fristversäumung, dem Betreuten zugerechnet (**§ 51 II ZPO; § 9 IV FamFG**). Der Ausgleich erfolgt, weil im Innenverhältnis der Betreute dann gegen seinen Betreuer einen Regressanspruch hat (§§ 1833, 1908i BGB).

e) Unterbrechung von Prozessen

§ 246 ZPO

(1) Fand in den Fällen des Todes, des Verlustes der Prozessfähigkeit, des Wegfalls des gesetzlichen Vertreters ... eine Vertretung durch einen Prozessbevollmächtigten statt, so tritt eine Unterbrechung des Verfahrens nicht ein; das Prozessgericht hat jedoch auf Antrag des Bevollmächtigten, in den Fällen des Todes ... auch auf Antrag des Gegners die Aussetzung des Verfahrens anzuordnen.

(2) ...

War einer Partei **nicht durch einen Prozessbevollmächtigten** (z. B. einen Rechtsanwalt) **vertreten**, wird der Prozess durch den Tod einer Partei unterbrochen (§ 239 ZPO).

War eine Partei durch **einen Prozessbevollmächtigten (z. B. einen Rechtsanwalt) vertreten**, wird der Prozess zwar grundsätzlich nicht unterbrochen; jedoch kann die Aussetzung auf Antrag einer Partei angeordnet werden. Das gilt nicht nur, wenn eine Partei stirbt, sondern auch, wenn ihr gesetzlicher Vertreter (Betreuer) weggefallen ist, z. B. durch Tod; sowie, wenn bei einer Partei der Verlust der Prozessfähigkeit eingetreten ist (z. B. weil sie geschäftsunfähig wird). Der Prozessbevollmächtigte, dessen Vollmacht trotz Tod des Mandanten fortbesteht (§ 86 ZPO), ist im Regelfall verpflichtet, die Aussetzung zu beantragen. Er muss dann die Weisung des Rechtsnachfolgers einholen, der möglicherweise den Prozess nicht fortführen will oder einen anderen Anwalt beauftragen will oder eine Beschränkung der Erbenhaftung (§ 780 ZPO) geltend machen will bzw. sollte.

f) Steuerrecht

27 § 79 AO sagt zur Handlungsfähigkeit:

§ 79 AO

(1) Fähig zur Vornahme von Verfahrenshandlungen sind:

1. natürliche Personen, die nach bürgerlichem Recht geschäftsfähig sind ...

(2) Betrifft ein Einwilligungsvorbehalt nach § 1903 BGB den Gegenstand des Verfahrens, so ist ein geschäftsfähiger Betreuer nur insoweit zur Vornahme von Verfahrenshandlungen fähig, als er nach den Vorschriften des bürgerlichen Rechts ohne Einwilligung des Betreuers handeln kann oder durch Vorschriften des öffentlichen Rechts als handlungsfähig anerkannt ist.

(3) Die §§ 53 und 55 ZPO gelten entsprechend.

9. Bindung des Betreuers an den Willen des Betreuten?

28 Der Betreuer hat Wünschen des Betreuten, soweit zumutbar,[21] zu entsprechen (§ 1901 III BGB). Jedoch ist der Betreuer an Wünsche und Weisungen des Betreuten, auch wenn dieser geschäftsfähig ist, nicht gebunden; man darf nicht übersehen, dass der Betreute psychisch krank ist und seinen Angelegenheiten nicht besorgen kann, sonst hätte er keinen Betreuer. Ferner hat die Regelung in § 1901 BGB nur Bedeutung im **Innenverhältnis** zum Betreuten, sie beschränkt die Vertretungsmacht des Betreuers nicht, wirkt also nicht im **Außenverhältnis**.[22] Ist der Betreute lediglich körperlich behindert (z. B. blind), dann kann auf seinen Antrag ein Betreuer bestellt werden (§ 1896 I 3 BGB); das Innenverhältnis ist dann wie einer Vollmacht.

---

21 Vgl. hierzu BGH NJW 2009, 2814; BGH FamRZ 1995, 282.
22 MünchKomm/*Schwab* § 1901 Rn. 22; *Damrau/Zimmermann* § 1901 Rn. 9.

10. Vorsorgevollmacht

Hatte eine geschäftsfähige Person einem anderen eine Vollmacht erteilt, um eine Betreuung zu vermeiden (§ 1896 II BGB), dann hängt es vom Wortlaut der Vollmacht ab, wozu der Bevollmächtigte berechtigt sein soll; konkret bedeutet das, dass z. b. unklar ist, ob die Vollmacht für „Vermögensangelegenheiten" auch zur Ausschlagung der Erbschaft berechtigt. Will der Bevollmächtigte noch nach dem Tod des Vollmachtgebers handeln, kommt es darauf an, ob die Vollmacht nach ihrem Inhalt mit dem Tod erlöschen sollte oder nach dem Tod fortwirkt. Die Vollmacht, die zu Lebzeiten und über den Tod hinaus wirkt, wird „**transmortal**" genannt; die Vollmacht, deren Wirkung erst mit dem Tod beginnen soll, heißt „**postmortal**". Schweigt eine Vollmacht darüber, dann ist durch Auslegung zu klären, ob der Vollmachtgeber eine Fortwirkung nach seinem Tod wollte oder nicht.

29

Ab dem Tod des Vollmachtgebers **vertritt der Bevollmächtigte die Erben** des Vollmachtgebers,[23] jedoch nur bezogen auf den Nachlass und nicht auf das Eigenvermögen des Erben.[24] Der Erbe kann die Vollmacht widerrufen, bei Miterben jeder einzelne Miterbe für sich, wenn der Erblasser nach dem Grundverhältnis die Vollmacht hätte widerrufen können.[25] Das setzt freilich voraus, dass dem Erben die Vollmacht bekannt ist.

Der vom Erblasser noch über den Tod hinaus Bevollmächtigte braucht **keine Genehmigung** des Betreuungsgerichts für solche Geschäfte, die ein Betreuer des Erben nur mit dieser Genehmigung vornehmen könnte.[26]

Die Vollmacht, die nach ihrem Text über den Tod hinaus wirken soll, ist für die Erben sehr gefährlich.

Beispiel:[27] Die kinderlosen Ehegatten hatten sich in einem gemeinschaftlichen Testament wechselseitig als Alleinerben eingesetzt und eine Stiftung zum Erben des zuletzt Verstorbenen eingesetzt. Zwei Tage vor seinem Tod erteilte der überlebende M seiner Bekannten X notarielle Vollmacht, die über seinen Tod hinaus gelten sollte und die Frau X auch zu Grundstücksübertragungen und zu Schenkungen, auch an sich selbst, bevollmächtigte. Dann starb M, 13 Tage nach dem Tod des M schenkte die F mit notarieller Urkunde das Grundstück des M an sich. Das war wirksam (!). Die Bindungswirkung des gemeinschaftlichen Testaments war da-

---

23 *Staudinger/Schilken* § 168 Rn. 31; MünchKomm/*Schubert* § 168 Rn. 39; zur Erbschaft- bzw. Schenkungsteuer vgl. *Wiedemann* ZEV 2013, 581.
24 BGH FamRZ 1983, 477; MünchKomm/*Schubert* § 168 Rn. 14.
25 MünchKomm/*Schubert* § 168 Rn. 54, 55.
26 RGZ 88, 345; MünchKomm/*Schubert* § 168 Rn. 52.
27 OLG Frankfurt ZEV 2015, 648 (Anm. *Grunewald*); kritisch *Sagmeister* MittBayNot 2016, 403; *Ruby/Schindler* ZEV 2017, 29.

durch ausgehebelt, § 2287 BGB hilft nicht, die Erbin (Stiftung) hat die Erbschaft verloren.

Wird trotz Vorsorgevollmacht eine Betreuung angeordnet, dann kann der Betreute dagegen **Beschwerde** einlegen (§§ 58 ff FamFG). Der Vorsorgebevollmächtigte ist nicht berechtigt, im eigenen Namen gegen einen die Betreuung anordnenden Beschluss Beschwerde einzulegen;[28] zulässig ist aber die Beschwerde im Namen des Betreuten.

---

28 BGH NJW 2015, 1963 = ZEV 2015, 416.

B. Testamentserrichtung und Testamentswiderruf

1. Testamentserrichtung durch den Betreuten

a) Persönliche Errichtung, Fälschung

Der Erblasser kann ein Testament nur persönlich errichten (§ 2064 BGB). Ein von einem Vertreter, z. B. einem Betreuer, errichtetes Testament ist daher unheilbar nichtig. Der Betreute dagegen kann Testamente nach Belieben errichten. Allerdings ist der Betreute oft testierunfähig, was aber erst im Erbscheinsverfahren von Bedeutung ist (Rn. 649 ff.).

Ein Testament muss **eigenhändig vom Erblasser geschrieben und unterschrieben** sein (§ 2247 BGB). Testamente werden seit Jahrhunderten gefälscht; wird die Behauptung der Fälschung von einem Beteiligten substantiiert aufgestellt (also mit plausiblen Anhaltspunkten) oder drängt sie sich dem Gericht selbst auf, hat das Gericht von Amts wegen ein schriftvergleichendes Gutachten einzuholen (§§ 26, 29, 30 FamFG).[1] Dazu sind Vergleichsschriften (Originale, keine Fotokopien) notwendig, die das Nachlassgericht von den Beteiligten oder sonstigen Personen und Stellen anfordern kann. Es gibt Fälle, in denen der Erblasser seit Jahren nichts mehr mit der Hand geschrieben hat, alles nur mit Computer oder EMail; dann gibt es als Vergleichsmaterial allenfalls noch die eingescannte Unterschrift auf dem Personalausweis. Deshalb darf bei der Wohnungsräumung Schriftgut nicht weggeworfen werden. Kein Gutachten kann eine 100 %ige Aussage treffen, es sind nur Wahrscheinlichkeitsstufen möglich. Wer Rechte aus einem handschriftlichen Testament herleiten will, dessen Echtheit nicht nachweisbar ist, hat keinen Erfolg (er trägt die Feststellungslast).[2]

b) Form der Errichtung eines Testaments

Der Betreute kann ein Testament in derselben Form errichten wie jeder andere Bürger, also eigenhändig geschrieben und unterschrieben (§ 2247

---

1 Dazu *Horn/Kroiß/Seitz* ZEV 2013, 24; *Michel*, Gerichtliche Schriftvergleichung, 1982; LG Duisburg ZEV 2012, 659.
2 BayObLG FamRZ 1985, 837; KG NJW-RR 1991, 392.

I BGB) oder zu Niederschrift eines Notars (§§ 2231 Nr. 1, 2232 BGB). Dritte (wie z. B. der Betreuer) können zwar den Erblasser beim Schreiben unterstützen, die Willensbildung und die Leistung seiner Schriftzüge muss aber beim Erblasser bleiben, sonst könnte nicht durch Schriftgutachten festgestellt werden, wessen Hand den Text geschrieben und den Testierwillen gebildet hat. Keine Bedenken bestehen, wenn der Erblasser einen von einem Dritten gefertigten Entwurf abschreibt, sofern er dabei frei entscheidet.[3]

32 Der Notar berechnet für die Beurkundung eines Einzel-Testaments Gebühren nach Nr. 21200 KV GNotKG; sie richten sich nach der Höhe des Nachlasses des Erblassers (vorerst laut Angaben des Erblassers), wobei vom Bruttonachlass die „Schulden" nur bis zur Hälfte des Werts des Vermögens abgezogen werden (§ 102 I GNotKG).

33 **Beispiel:**

E errichtet ein Testament. Nachlass: 250.000 Euro Brutto, Schulden 160.000 Euro, ergibt einen fiktiven Geschäftswert von 125.000 Euro (und nicht von 90.000).

Die Testamentserrichtung fällt unter Nr. 21200 KV GNotKG. Gebühr 1,0 nach der Tabelle B zum GNotKG. Notargebühr somit 300 Euro, zuzüglich Dokumentenpauschale und sonstiger Auslagen sowie 19 % Umsatzsteuer.

34 Der **Träger eines Krankenhauses** ist gehalten, einem Patienten, der ein Testament zu errichten wünscht, zur Erfüllung dieses Wunsches jede mit der Anstaltsordnung zu vereinbarende und zumutbare Unterstützung zu gewähren. Dazu gehört es zwar nicht, dem Patienten Rechtsrat zu erteilen. Zumindest muss aber dafür Sorge getragen werden, dass alles unterlassen wird, was die Errichtung eines wirksamen Testamentes gefährden oder verhindern kann.[4] Andernfalls können Schadensersatzansprüche gegen den Krankenausträger bestehen (etwa wenn das vom Personal errichtete Testament wegen Nichtigkeit nicht geeignet ist, dem Bedachten die Erbschaft zu verschaffen; oder wenn zu spät ein Notar gerufen wird).

35 Einige **Besonderheiten** sind vor allem bei Betreuten bedeutsam:

36 **aa)** Wer **nicht (mehr) schreiben kann,** kann kein eigenhändiges Testament errichten (Blindenschrift genügt nicht); ihm bleibt nur das notarielle Testament. Wer zittrig ist und kaum mehr schreiben kann hat beim eigenhändigen Testament Probleme. Eigenhändigkeit ist nicht gegeben, wenn dem Erblasser die Hand geführt wird und dadurch die Schriftzüge von einem Dritten geformt werden.[5] Die unterstützende Schreibhilfe ist zuläs-

---

3 MünchKomm/*Hagena* § 2247 Rn. 15.
4 BGH NJW 1989, 2945 (der Stationsarzt hatte ein Testament protokolliert); BGH NJW 1958, 2107; BayObLG FGPrax 1995, 241.
5 BGH NJW 1967, 1124.

sig, z. B. Halten der zitternden Hand, solange der Erblasser die Formung der Schriftzeichen vom eigenen Willen getragen selbst bestimmt.[6]

Der BGH[7] hat ausgeführt: „... ist die Eigenhändigkeit einer Unterschrift bei der Gewährung von Schreibhilfe nicht schon dann zu verneinen, wenn das Schriftbild mehr der Schreibweise des Schreibhelfers als der des Erblassers entspricht und die Unterschrift überwiegend auf die Tätigkeit und die Willensimpulse des Helfers zurückgeht und nicht auf solche des Erblassers. Andererseits reicht es danach zur Bejahung der Eigenhändigkeit aber noch nicht aus, dass der Schriftzug mit der „Feder in der Hand" des Erblassers gemacht wird. Dabei hat der BGH entscheidend darauf abgestellt, ob der Erblasser unterschreiben will und ob er diesen Willen derart betätigt, dass der Schriftzug von seinem Willen abhängig bleibt. Dagegen hat der BGH die Eigenhändigkeit verneinen wollen, „wenn die Hand des Erblassers völlig unter der Herrschaft und Leitung des Schreibhelfers gestanden hat."

bb) Wer **nicht lesen kann**, kann sein Testament nur durch Erklärung vor einem Notar errichten (§ 2233 II BGB), also nicht mehr eigenhändig (§ 2247 IV BGB). Worauf die Leseunfähigkeit beruht, ist ohne Bedeutung; sie kann sich ergeben aus angeborener Blindheit, Analphabetismus, aus später (z. B. infolge Alters) auftretender hochgradiger Schwachsichtigkeit, aus einer akuten Augenerkrankung.

Beispiel:

Die Erblasserin E hat im Alter von 90 Jahren ein handschriftliches Testament verfasst und darin ihre Pflegerin P zur Alleinerbin eingesetzt. P beantragt einen Erbschein. Der Sohn der E wendet ein, das Testament sei unwirksam, weil seine Mutter seit ihrem 85. Lebensjahr nicht mehr habe lesen können. Beweis: Augenarzt; Betreuer der E.

Wer sich darauf beruft, dass der Erblasser unfähig gewesen sei, Geschriebenes zu lesen, ist dafür beweispflichtig.[8] Hat der Erblasser das Testament eigenhändig geschrieben, steht jedoch nicht fest, dass er zu diesem Zeitpunkt noch Geschriebenes zu lesen vermochte, und lässt sich auch durch Beweiserhebung insofern keine Klarheit in einem oder anderem Sinne gewinnen, ist vom Regelfall auszugehen, dass der Erblasser noch lesen konnte.[9]

---

6 OLG Hamm ZEV 2013, 42.
7 BGH NJW 1981, 1900.
8 OLG Hamburg ZEV 2016, 289 (LS).
9 OLG Neustadt FamRZ 1961, 541; OLG Düsseldorf ZEV 2000, 316.

c) Bestimmtheit der Erbeinsetzung

39a Der Erbe (oder Vermächtnisnehmer) muss im Testament bestimmt angegeben sein, also z. B. mit den Namen oder mit einer passenden eindeutig identifizierenden Bezeichnung („mein Sohn", wenn er nur einen Sohn hat);[10] vgl. § 2065 BGB. Unwirksam ist das Testament, wenn die Bezeichnung unbestimmt ist, z. B. Erbeinsetzung der Person, die „mir beisteht",[11] „sich um mich kümmert",[12] „die Grabpflege übernimmt",[13] „die mich pflegt".[14] Das Testament „wer mir in den letzten Stunden beisteht, übergebe ich Alles" ist ebenfalls unwirksam.[15]

> **Beispiel**: Text des Testaments des E: „Derjenige, der mich zuletzt begleitet und gepflegt hat, soll mein Alleinerbe sein".[16] Nach dem Tod behaupten sowohl A wie auch B, sie hätten den E gepflegt.

Erforderlich ist zumindest, dass die Person des Bedachten anhand des Inhalts der Verfügung, gegebenenfalls unter Berücksichtigung von außerhalb der Urkunde liegenden Umständen zuverlässig festgestellt werden kann. Sie muss im Testament so bestimmt sein, dass jede Willkür eines Dritten ausgeschlossen ist.[17] Im Beispiel ist unklar, was mit „Pflege" und „Begleitung" genau gemeint ist (auch Krankenhauspflege?); unklar ist, welche Zeitspanne mit „zuletzt" gemeint ist (Pflege über einige Tage kann nicht gemeint sein). Somit tritt gesetzliche Erbfolge ein.

39b Für die Zuwendung von **Vermächtnissen** gelten Erleichterungen, §§ 2151, 2152, 2156 BGB. Beispielsweise kann der Erblasser den X zum Erben einsetzen sowie ein Vermächtnis in Höhe von …Euro für seine „letzten" Pflegerinnen (genaue Angaben sind notwendig) anordnen und bestimmen, dass Y die berechtigten Pflegerinnen bestimmen soll (§ 2156 BGB).

d) Dreizeugentestament

40 Es kommt in verschiedenen Formen vor, vgl. §§ 2249 ff. BGB. Im Bereich des Betreuungsrechts ist vor allem § 2250 II BGB einschlägig: „Wer

---

10 Vgl. *Keim* FamRZ 2003, 137.
11 OLG Köln NJW-RR 2015, 7; BayObLG FamRZ 1991, 610.
12 OLG München NJW 2013, 2977; dazu *Keim* ZEV 2014, 72.
13 BayObLG FamRZ 1992, 987.
14 Kritisch zur h. M. *Keim* ZEV 2014, 72.
15 OLG Köln ZEV 2014, 570 = FamRZ 2015, 442 (ein Nachbar hielt der Erblasserin in den letzten zwei Stunden die Hand; Nachlasswert 300.000 Euro).
16 OLG Köln ZEV 2017, 114 (LS) = BeckRS 2016, 112474. Die Erbschaft belief sich auf 126.000 Euro.
17 BayObLG FamRZ 2002, 200; OLG Köln ZEV 2017, 114 (LS).

sich in so naher Todesgefahr befindet, dass voraussichtlich auch die Errichtung eines Testaments nach § 2249 BGB (d. h. vor einem Notar oder Bürgermeister) nicht mehr möglich ist, kann das Testament durch mündliche Erklärung vor drei Zeugen errichten." Die nahe Gefahr des Todes oder der Testierunfähigkeit muss dabei entweder objektiv vorliegen oder subjektiv nach der Überzeugung aller drei Testamentszeugen bestehen. Die Besorgnis muss nach dem pflichtgemäßen Ermessen der Zeugen auch angesichts der objektiven Sachlage als gerechtfertigt angesehen werden können.[18]

Dazu regelt § 2250 III BGB zahlreiche Formalien, an denen oft die Wirksamkeit von Nottestamenten scheitert. Folgende Phasen sind dazu zu unterscheiden:[19]

- Mündliche Erklärung des letzten Willens durch den Erblasser. Sie hat vor den drei Zeugen zu erfolgen. Diese Personen dürfen nicht nur zufällig anwesend sein, sondern müssen sich bewusst sein, an einer Testamentserrichtung mitzuwirken.[20]

- Es ist noch zu Lebzeiten des Erblassers eine Niederschrift über die Verhandlung aufzunehmen.

- Die Niederschrift ist dem Erblasser vorzulesen und von diesem zu genehmigen, zumindest indem er z. B. „ja" sagt.

- Abschließend ist die Niederschrift vom Erblasser und den drei Zeugen zu unterschreiben. Kann der Erblasser nicht mehr unterschreiben muss die Niederschrift einen entsprechenden Vermerk enthalten (§§ 2250 III 2, 2240 I 6 BGB).

Beispiel einer Niederschrift:

Niederschrift. Wir, der Betreuer X, die Altenpflegerin A und Frau B (genaue Angaben) haben heute, den 5.4. ... um 23.00 Uhr Frau Y (genaue Bezeichnung der Erblasserin) in ihrer Wohnung in München, ... Straße Nr. ... aufgesucht. Der Zustand von Frau ... lässt vermuten, dass sie diese Nacht nicht überleben wird. Sie erklärt, dass sie ein Testament errichten will. Sie selbst kann nicht mehr schreiben. Ein Notar konnte telefonisch nicht erreicht werden.

Im Gespräch mit ihr war sie bewusstseinsklar und unseres Erachtens testierfähig. Frau Y erklärte, dass sie ihr Testament ändern will und dass nun ihre Tochter (genaue Angaben) ihre Alleinerbin sein soll.

Sodann hat der Betreuer diese Niederschrift aufgenommen. Sie wurde von Frau B vorgelesen. Frau Y erklärte: das ist mein letzter Wille, das genehmige ich. Abschließend wurde die Niederschrift von Frau Y und den drei Zeugen unterschrieben. München, den 5.4 ... .

gez. Y, X, A, B.

---

18 BGH NJW 1952, 181.
19 *J. Mayer* ZEV 2002, 140.
20 MünchKomm/*Hagena* § 2250 Rn. 10.

43 • **Als Zeugen ausgeschlossene Personen:**
Nach § 2250 III 2 BGB, § 6 I Nr. 1 bis 3 BeurkG sind von der Mitwirkung als Zeuge bei Errichtung eines Dreizeugentestaments ausgeschlossen: der Ehegatte des Erblassers, sein Lebenspartner, Eltern und Großeltern des Erblassers, Kinder, Enkel, Urenkel des Erblassers. Wirkt eine solche Person als Zeuge mit, ist das Nottestament nichtig. Wirken z. B. vier Zeugen mit, nämlich eine ausgeschlossene Person und drei andere Personen, ist das Testament dagegen gültig.[21] Der Betreuer des Erblassers, der nicht unter den genannten Personenkreis fällt, ist als Zeuge nicht ausgeschlossen.

44 • **Teilweise Unwirksamkeit des Dreizeugentestaments:**
Die Beurkundung von letztwilligen Verfügungen ist auch insoweit, also nicht vollständig, unwirksam, als diese darauf gerichtet sind, einem Zeugen, seinem Ehegatten, früheren Ehegatten, seinem Lebenspartner oder früheren Lebenspartner oder einer Person, die mit ihm in gerader Linie verwandt oder verschwägert oder in der Seitenlinie bis zum dritten Grad verwandt oder bis zum zweiten Grad verschwägert ist oder war, einen **rechtlichen Vorteil** zu verschaffen (§ 2250 III 2 BGB, § 7 BeurkG). Der Betreuer als solcher ist nicht ausgeschlossen

45 Wenn einer der drei **Zeugen** also im Testament **zum Erben** oder Vermächtnisnehmer eingesetzt werden ist dieser Teil des Testaments unwirksam. Auch dem Ehegatten/Lebenspartner eines Zeugen darf kein solcher rechtlicher Vorteil entstehen, auch er darf nicht zum Erben bzw. Vermächtnisnehmer bestellt werden. Dasselbe gilt für die nahen Verwandten der Zeugen. Keine dieser Personen darf ferner im Nottestament zum Testamentsvollstrecker ernannt werden, weil dies wegen des Vergütungsanspruchs (§ 2221 BGB) ein rechtlicher Vorteil wäre.

46 Ein solches Dreizeugentestament hat nur eine **beschränkte Gültigkeitsdauer**; es gilt als nicht errichtet, wenn seit der Errichtung drei Monate verstrichen sind und der Erblasser noch lebt (§ 2252 I BGB).

47 In Hinblick auf die formalen Probleme sollte nach Errichtung eines Nottestaments sofort ein Notar gerufen werden, damit, falls der Erblasser inzwischen nicht gestorben ist, ein zweifelsfrei formgerechtes Testament erstellt werden kann.

e) Testierfähigkeit

48 Testierfähigkeit liegt vor, wenn der Erblasser die Vorstellung hat, dass er überhaupt ein Testament errichtet und welchen Inhalt die darin enthalte-

---
[21] BGHZ 115, 169.

nen einzelnen letztwilligen Verfügungen aufweisen. Sie setzt weiter voraus, dass er sich ein klares Urteil über die Tragweite seiner Anordnungen zu bilden, insbesondere die Auswirkungen auf die persönlichen und wirtschaftlichen Verhältnisse der Betroffenen und die sittliche Berechtigung einer Zuwendung zu überblicken, und nach diesem Urteil frei von den Einflüssen Dritter zu handeln vermag.[22]

Eine Betreuung wird angeordnet, wenn ein Volljähriger auf Grund einer psychischen Krankheit oder einer körperlichen, geistigen oder seelischen Behinderung seine Angelegenheiten ganz oder teilweise nicht besorgen kann (§ 1896 I BGB). Durch die Anordnung der Betreuung geht eine vorhandene Geschäftsfähigkeit nicht verloren. Es gibt also testierfähige Betreute und solche, die testierunfähig sind. 49

Wer im Sinne von § 2229 IV BGB testierfähig ist verliert diese Fähigkeit nicht dadurch, dass ihm ein Betreuer beigeordnet wird.[23] Das Gesetz kennt keine konstitutive Feststellung der Testierfähigkeit; auch die Geschäftsunfähigkeit kann nicht durch Beschluss des Betreuungsgerichts oder eines anderen Gerichts verbindlich festgestellt werden. 50

f) Zweifel an der Testierfähigkeit, Beweisverfahren

Liegt im Erbscheinsverfahren ein von einem Betreuten errichtetes Testament vor und bestehen Zweifel an der Testierfähigkeit, dann haben das Amtsgericht und ggf. das OLG (als Beschwerdegericht) Zeugen über die Anknüpfungstatsachen (d. h. das Verhalten, die Reaktionen und Äußerungen des Erblassers zur Zeit der Testamentserrichtung) zu vernehmen (z. B. den Notar, das Notariatspersonal, behandelnder Arzt, Freunde) und das Gutachten eines Sachverständigen (Facharzt für Psychiatrie und Psychotherapie) einzuholen.[24] 51

Es gibt zahlreiche Entscheidungen zur Frage, inwieweit Krankheiten des Erblassers seine Testierfähigkeit beeinträchtigte haben können, z. B. Demenz,[25] Schlaganfall,[26] Verfolgungswahn.[27]

---

22 OLG Jena NJW-RR 2005, 1247; BayObLG FamRZ 2000, 701 und NJW-RR 2005, 1025; MünchKomm/*Hagena* § 2229 Rn. 2.
23 OLG Frankfurt FamRZ 1996, 635.
24 Vgl. *Cording* ZEV 2010, 23 und 115; *Cording/Nedopil*, Psychiatrische Begutachtung im Zivilrecht, 2014.
25 OLG Bamberg ZErb 2015, 314; BayObLG FamRZ 1997, 1511; 1996, 566; OLG Düsseldorf FamRZ 2015, 2088; *Cording* ZEV 2010, 115.
26 BayObLG NJW-RR 2005, 1025.
27 BayObLG FamRZ 2005, 658.

Das im **Betreuungsverfahren eingeholte Gutachten** (§ 280 FamFG) kann helfen. Allerdings befasst sich das Betreuungsgutachten nur mit der Betreuungsbedürftigkeit; mit der Geschäftsfähigkeit befasst es sich allenfalls dann, wenn es um die Gültigkeit einer vom Betroffenen erteilten Vorsorgevollmacht geht. Jedoch kann das Gericht den Gutachter, der den Erblasser im früheren Betreuungsverfahren untersuchte, nun im Nachlassverfahren mit dem Gutachten über die Testierfähigkeit beauftragen.

52 **Fall:**[28]

Der Sachverständige hatte die bei der Erblasserin vorliegende Demenz als „leicht" eingestuft. Im Rahmen des Betreuungsverfahrens hatte er bei der Erblasserin vorübergehende wahnhafte Zustände festgestellt. Jedoch hätte der Notar, obwohl Laie, einen solchen Zustand bei Testamentserrichtung erkennen können, ebenso die demenztypisch hohe Beeinflussbarkeit der Erblasserin, weil es sich um situationsgebundene Phänomene gehandelt habe. Testierunfähigkeit war somit nicht erwiesen.

53 **Testierfähigkeit wird zunächst vermutet.**[29] Sie kann widerlegt werden, wenn das Nachlassgericht die sichere Überzeugung gewinnt, dass Testierunfähigkeit vorlag. Bei Zweifeln hinsichtlich der Testierunfähigkeit bleibt die Feststellungslast bei dem, der sich auf die Testierunfähigkeit beruft;[30] der Erblasser wird also dann als testierfähig betrachtet. Da im Nachlassverfahren der Amtsermittlungsgrundsatz herrscht (§ 26 FamFG), gelten die Grundsätze der ZPO-Beweislast nicht.

54 **Beispiel:**

Der Betreute E ist gestorben. Ein Testament zugunsten X liegt vor. Die gesetzlichen Erben des E behaupten, E sei testierunfähig gewesen. Ist trotz vorhandener Zweifel unaufklärbar, ob E bei Errichtung testierfähig war, dann geht das zu Lasten der gesetzlichen Erben, weil grundsätzlich von Testierfähigkeit auszugehen ist; dann erbt also X.

55 Ist der **Zeitpunkt der Testamentserrichtung unbekannt**, weil das Testament nicht datiert und auch nicht auf Grund sonstiger Umstände datierbar ist, trifft die Feststellungslast denjenigen, der Rechte hieraus für sich in Anspruch nimmt, *wenn* feststeht, dass der Erblasser zu irgendeinem Zeitpunkt während des in Betracht kommenden Zeitraums der Testamentserrichtung testierunfähig war.[31]

56 Ist Testierunfähigkeit für die Zeit *vor* und *nach* Testamentserrichtung nachgewiesen, spricht der Beweis des ersten Anscheins dafür, dass der Erblasser auch bei Testamentsverrichtung testierunfähig war. Denkbar ist aber

---

28 BayObLG NJW 1998, 2369.
29 BayObLG FamRZ 1998, 514; FamRZ 1997, 1511.
30 BayObLG NJW 1998, 2369; FamRZ 1996, 108; OLG Jena NJW-RR 2005, 1247.
31 OLG Jena NJW-RR 2005, 1247: § 2247 V BGB analog.

in bestimmten Erkrankungsfällen, dass er einen lichten Moment der Testierfähigkeit hatte. Bei einer sog. chronisch-progredienten Demenz ist ein lichter Moment praktisch ausgeschlossen.[32] Die Feststellungslast für einen **lichten Augenblick** (lucidum intervallum) oder die ernsthafte Möglichkeit eines solchen Intervalls hat derjenige zu tragen, der Rechte aus einem Testament herleitet, das zu einem Zeitpunkt errichtet wurde, zu dem der Erblasser nach dem ersten Anschein testierunfähig war.[33]

Der frühere **Betreuer** des Erblassers hat **kein Zeugnisverweigerungsrecht nach** § 383 I Nr. 6 ZPO in Verb. mit § 30 FamFG, wenn er Angaben zur Frage der Testierfähigkeit des verstorbenen Betreuten machen soll, weil er nicht unter den im Gesetz genannten Personenkreis fällt. Wird in einem Rechtsstreit über den in einem eigenhändigen Testament geäußerten wirklichen Willen des Betreuten gestritten, steht dem ehemaligen Betreuer insoweit kein Zeugnisverweigerungsrecht zu;[34] das gilt auch dann, wenn der Betreuer bei einer Betreuungsbehörde angestellt ist oder wenn er jetzt Rechtsanwalt ist. Ein Betreuer unterliegt keiner gesetzlichen Schweigepflicht. Ein Konflikt zwischen der Zeugenaussage und dem durch die Berufspflichten bedingten Vertrauenstatbestand besteht nicht, wenn das Beweisthema eine Tatsache betrifft, deren Offenlegung dem wirklichen oder – nach dem Tod der geschützten Person – mutmaßlichen Willen der geschützten Person entspricht. Deshalb ist der bei Abfassung eines Testaments mitwirkende Notar oder Rechtsanwalt auch ohne Ermächtigung über die Willensbildung des Testators aussagepflichtig.[35] Bei Fehlen einer ausdrücklichen oder stillschweigend erklärten Entbindung ist nach dem mutmaßlichen Willen des Verstorbenen zu fragen, der regelmäßig dahin geht, dass der wirkliche Wille des Erblassers durchgesetzt wird.

57

g) Klärung der Testierfähigkeit zu Lebzeiten des Erblassers

Es kommt vor, dass der potentielle Erbe ein Testament des künftigen Erblassers (also schon vor dessen Tod) findet und es wegen der bereits vorhandenen Testierunfähigkeit für unwirksam hält. Kann das jetzt schon geklärt werden? Die Testierfähigkeit kann grundsätzlich gerichtlich nicht isoliert festgestellt werden, weder durch eine Feststellungsklage des (po-

58

---

32 OLG München ZEV 2013, 504. Einzelheiten vgl. *Cording*, Die Beurteilung der Testier(un)fähigkeit, in: Fortschritte der Neurologie und Psychiatrie (Zeitschrift), 2004, 147.
33 BayObLG FamRZ 1994, 1137; FamRZ 1999, 819; OLG Frankfurt 1996, 970; *Lange*, Erbrecht, Kap. 3 Rn. 30.
34 OLG Köln NJWE-FER 1999, 191.
35 OLG Köln OLGZ 1982, 1; OLG Köln NJWE-FER 1999, 191; BayObLG NJW 1987, 1492.

tenziellen) Erben zu Lebzeiten des Erblassers noch nach dessen Tod; sie ist Vorfrage eines späteren Erbscheinsverfahrens oder eines Zivilprozesses. Evtl. kann ein Vertrag zwischen den Erben helfen (Rn. 644).

59 **aa) Sicht des Erblassers.** Der Erblasser, z. B. der Betreute, möchte manchmal selbst sicherstellen, dass sein Testament nicht später mit der Behauptung, er sei bei Testamentserrichtung nicht mehr testierfähig gewesen, angegriffen wird. Hier kann keine hundertprozentige Sicherheit erreicht werden. Notare stellen in notariellen Testamenten zwar manchmal fest, dass sie sich durch ein Gespräch usw. von der Testierfähigkeit des Erblassers überzeugt haben (§ 28 BeurkG); dies stellt nur die Meinung eines erfahrenen Laien dar und hat nur den Wert eines Indizes (im Zweifel muss später vom Gericht trotzdem ein Gutachten erholt werden, die Aussage des Notars ist dann nur eine Zeugenaussage).[36] Beigefügte Atteste von Hausärzten helfen nicht, weil es sich hier nicht um Sachverständige handelt.[37] Es nützt auch nichts, wenn andere Bürger (Bürgermeister, Pfarrer, Bankpersonal usw.) dem Notar gegenüber versichern, sie würden den Erblasser für testierfähig halten, weil dies eben nur Mutmaßungen von Laien sind. Vgl. Rn. 65a.

60 Denkbar wäre ferner, dass der Erblasser ein **selbständiges Beweisverfahren** (§ 485 II ZPO) zur Klärung der eigenen Testierfähigkeit beantragt;[38] zuständig dafür wäre je nach Streitwert (d. h. Nachlass) das AG/LG. Schwierigkeiten bereitet die Bezeichnung des Antragsgegners; in Frage kommen die gesetzlichen Erben, welche erben würden, wenn der Antragsteller kein Testament errichten würde.

61 Zulässig ist ferner eine Klage des Erblassers gegen den Abkömmling usw. auf Feststellung, dass der (noch lebende) Erblasser ein Pflichtteils*entziehungs*recht habe.[39]

62 Ist der Erblasser jetzt testierunfähig, kann er sein **früheres Testament nicht mehr widerrufen** (§ 2254 BGB) und auch nicht mehr neu testieren. Damit stellt sich die Frage, ob der Erblasser, vertreten durch einen Betreuer mit ausreichendem Aufgabenkreis (§ 1902 BGB), auf Feststellung klagen kann, dass das Testament wegen seinerzeit schon bestehender Testierunfähigkeit unwirksam sei; als Beklagter käme der im früheren Testament Einsetzte in Frage. Aber auch hier ist das fehlende gegenwärtige Rechtsverhältnis ein Hindernis für eine Feststellungsklage (§ 256 ZPO).

---

36 Zum geringen Beweiswert der Feststellung des Notars vgl. BayObLGZ 2004, 237.
37 MünchKomm/*Hagena* § 2229 Rn. 60.
38 *Dodegge* FamRZ 2010, 1788, zur Klärung der Geschäftsfähigkeit bei Errichtung einer Vorsorgevollmacht.
39 BGH NJW 1990, 911; BGH FamRZ 1993, 689, BGH FamRZ 1974, 303; OLG Hamburg FamRZ 1988, 106.

bb) Sicht der potentiellen Erben. Ob jemand vor Jahren noch testierfähig war oder nicht mehr, lässt sich wegen des Zeitablaufs und fehlender Anknüpfungstatsachen im späteren Erbscheinsverfahren oft nicht mehr klären. Dann bleibt es beim Grundsatz, dass von Testierfähigkeit auszugehen ist.[40] Deshalb stellt sich die Frage, ob die gesetzlichen Erben oder Personen, die in früheren Testamenten bedacht wurden, schon zu Lebzeiten eine Klärung gegen den Erblasser betreiben können. Der gesetzliche Erbe (und ebenso ein in einem früheren Testament oder Erbvertrag eingesetzter Erbe; ein Vermächtnisbegünstigter) kann nach herrschender Meinung den (noch lebenden) **Erblasser nicht auf Feststellung der Unwirksamkeit des Testaments verklagen,**[41] weil er derzeit nur eine Erbchance hat, ein Rechtsverhältnis fehlt noch, auch dann, wenn die Aussicht, Erbe zu werden, der Lebenserfahrung entspricht.[42]

63

Ferner muss das Interesse des Erblassers bedacht werden, zu Lebzeiten nicht mit Prozessen über seinen Nachlass überzogen zu werden; das wird zu Recht als unsittlich angesehen; die Missbilligung ergibt sich beispielsweise aus § 311 IV 1 BGB („Ein Vertrag über den Nachlass eines noch lebenden Dritten ist nichtig"). Auch muss berücksichtigt werden, dass der Erblasser das Recht hat, seine letztwillige Verfügung geheim zu halten und ihm der Inhalt nicht gegen seinen Willen auf dem Umweg über eine Klage und ein Gutachten entlockt werden darf. Das Pflichtteilsrecht des gesetzlichen Erben ist ohnehin geschützt, soweit § 2303 BGB eingreift.

Aber wenn sich der Erblasser rühmt, ein Pflichtteilsentziehungsrecht zu haben, kann der Abkömmling gegen den Erblasser klagen auf Feststellung, dass dieser wegen eines bestimmten Vorfalls kein Pflichtteilsentziehungsrecht (§§ 2333 ff. BGB) habe.[43]

64

cc) Klagen aus dem Erbvertrag. Wenn der Erblasser z. B. von einem Erbvertrag (aufgrund vorbehaltenen Rücktrittsrechts) zurücktritt, da der Erbe seine Pflegepflichten nicht erfüllt habe, ist eine Klage des Erben gegen den Erblasser, dass kein Recht zum Rücktritt bestanden habe, weil (z. B.) die Mutter ausreichend gepflegt worden sei und der Erbvertrag daher nicht wirksam widerrufen sei, zulässig.[44]

65

dd) Praxisratschlag. Eine gewisse Sicherheit kann für den Erblasser erreicht werden, wenn sich der Erblasser unmittelbar vor der Beurkundung

65a

---
40 BayObLG FamRZ 2002, 62/64; ZEV 1996, 390; unstreitig.
41 MünchKomm/*Hagena* § 2229 Rn. 50; *Soergel/Mayer* § 2229 Rn. 41; *Muscheler* Erbrecht, Rn. 701.
42 Vgl. *Lange* NJW 1963, 1571.
43 BGH FamRZ 2004, 944 (dazu *Kummer* ZEV 2004, 274); BGHZ 109, 306; OLG Saarbrücken NJW 1986, 1182.
44 OLG Düsseldorf FamRZ 1995, 58 („wenn ein berechtigter Anlass besteht").

(also am Beurkundungstag) von einem Sachverständigen mit Kenntnissen in Fragen der Testierfähigkeit (d. h. in der Regel einem Neurologen, Psychiater) gründlich untersuchen lässt und dieser darüber ein ausführliches schriftliches Gutachten erstellt. Der Sachverständige sollte ferner während der Testamentserrichtung beim Notar anwesend sein, damit er den Erblasser und seinen Reaktionen auf Fragen des Notars beobachten kann. Später, nach dem Tod des Erblassers, kann dann dieser Sachverständige im Erbscheinsverfahren als sachverständiger Zeuge vernommen werden. Allerdings stehen dem Privat-Sachverständigen meist nur ungenügende und einseitige Informationen zur Verfügung, anders als dem gerichtlichen Sachverständigen, der z. B. Betreuungsakten einsehen kann.

h) Bedeutung eines Einwilligungsvorbehalts

66 § 1903 II BGB besagt, dass ein Betreuter selbst dann, wenn für ihn vom Betreuungsgericht ein umfassender Einwilligungsvorbehalt angeordnet wurde, für ein Testament oder den Widerruf eines Testaments keine Einwilligung seines Betreuers braucht. Er kann also nach Belieben Testamente errichten und widerrufen. Fehlte dem Betreuten bei der Errichtung bzw. dem Widerruf des Testaments die sog. Testierfähigkeit (Rn. 48), ist das Testament unwirksam; das wird erst im Nachlassverfahren geklärt (Rn. 649 ff.).

i) Verloren gegangene Testamente

67 Ein *unfreiwillig* verlorenes oder vernichtetes Testament bleibt wirksam. Das Problem ist dann nur der Nachweis der formgerechten Testamentserrichtung und des Inhalts. Grundsätzlich muss das Original beim Nachlassgericht vorgelegt werden (§ 352 III 1 FamFG). Ist die Urkunde vom Erbanwärter nicht beschaffbar, genügt die Angabe anderer Beweismittel (§ 352 III 2 FamFG),[45] z. B. Vorlage von Fotokopien,[46] Abschriften,[47] Durchschriften, Blaupausen, Vernehmung von Zeugen (die das Original gesehen und gelesen haben[48]), Vernehmung des Antragstellers (obwohl er der angebliche Erbe ist) in Verbindung mit sonstigen Beweismitteln. Form-

---

45 OLG München NJW-RR 2010, 1664; OLG Köln FamRZ 1993, 1253; BayObLG FamRZ 2003, 1595; 2001, 1327; BayObLG FamRZ 2001, 771; BayObLG FamRZ 2001, 945; BayObLG FamRZ 1993, 117; BayObLG Rpfleger 1989, 457; OLG Düsseldorf FamRZ 1994, 1283; OLG Zweibrücken NJW-RR 1987, 1158.
46 OLG Düsseldorf BeckRS 2016, 110184 = ZEV 2017, 114 (LS); BayObLG FamRZ 2003, 1595; 2001, 1327/8; dabei ist die Manipulationsgefahr zu bedenken.
47 OLG Saarbrücken DNotZ 1950, 68.
48 Vgl. OLG München NJW-RR 2010, 1664.

gültigkeit und Inhalt sind zu beweisen. Der genaue Wortlaut muss nicht bewiesen werden, nur der gesamte Regelungsgehalt;[49] kann der Zeuge nur die erste Seite des Testaments wiedergeben, nicht die anderen zwei Seiten, genügt das nicht, weil dort weitere Regelungen usw. stehen konnten, die die Alleinerbschaft einschränken.

Ist das **Original eines Testaments nicht mehr auffindbar**, erfordert die Amtsermittlungspflicht angesichts des Fälschungsrisikos eine besonders gründliche Aufklärung der Übereinstimmung einer **Kopie** mit dem verschwundenen Original; dazu gehört regelmäßig eine förmliche Beweisaufnahme (Strengbeweis, § 30 FamFG),[50] Freibeweis genügt nur ausnahmsweise.[51]

Ist die Errichtung des Testaments **nicht nachweisbar**, geht das zu Lasten dessen, der aus dem Testament Rechte herleitet.[52] Durch bloßen Zeugenbeweis kann eine Erbeinsetzung nicht bewiesen werden.

Nur die **Vernichtung des Testaments** durch eine testierfähige Person ist ein Widerruf. Es gibt keine Vermutung dahin, dass ein fehlendes Testament vom Erblasser *im Zustand der Testierfähigkeit* und in Widerrufsabsicht (§ 2255 BGB) vernichtet worden ist;[53] möglich ist auch Verlust durch ein Versehen, durch Diebstahl, bei Wohnungsräumung, Wegwerfen durch die Putzfrau, Zerreißen in Volltrunkenheit usw. (deshalb sollte der Papierkorb des Verstorbenen durchsucht werden). An den Nachweis des Widerrufs durch Vernichtung seitens des Erblassers dürfen aber keine übertriebenen Anforderungen gestellt werden;[54] Indizien für eine Willensänderung können genügen, die Beteiligten müssen dem Gericht Anhaltspunkte für weitere Ermittlungen in dieser Richtung unterbreiten, sonst wird nicht ermittelt.[55]

j) Alttestamente entmündigter Personen

Besonderheiten gelten für bis 31.12.1991 errichtete Testamente Entmündigter, deren Entmündigung in eine Betreuung übergeleitet wurde.[56]

---

49 BayObLGZ 1967, 197/206.
50 OLG Köln NJW-RR 1993, 970; BayObLG NJW-RR 2002, 726.
51 BayObLG FamRZ 2003, 1595 (eidesstattliche Versicherung des kanadischen Anwalts, der das Testament errichtet hatte und eine Fotokopie vorlegen konnte).
52 OLG Hamm NJW 1974, 1827; BayObLG Rpfleger 1980, 60; OLG Düsseldorf NJW-RR 1994, 142.
53 OLG Köln ZEV 2017, 115; BayObLG FamRZ 2003, 1595/1600; 1996, 1110; 1993, 117 und Rpfleger 1992, 190; OLG Düsseldorf FamRZ 1994, 1283; OLG Zweibrücken Rpfleger 2001, 350/2.
54 Vgl. OLG Düsseldorf BeckRS 2016, 110184 = ZEV 2017, 114 (LS).
55 BayObLG FamRZ 2003, 1595/1600.
56 Vgl. *Hahn* FamRZ 1991, 27.

Das frühere Recht knüpfte an jede Entmündigung den Verlust der Testierfähigkeit (§ 2229 III a. F. BGB); bis 31.12.1991 errichtete Testamente Entmündigter sind daher weiterhin unwirksam, auch wenn die Entmündigung in eine Betreuung übergeleitet wurde.[57] Die bis 31.12.1991 bestehende Gebrechlichkeitspflegschaft hatte dagegen keine Auswirkungen auf die Testierfähigkeit.

k) Einsicht des Betreuers in Testamente des Betreuten, in Nachlassakten, Grundbuch

71   aa) Einsicht vor dem Erbfall. Hatte der Erblasser ein eigenhändiges Testament errichtet und es beim Amtsgericht in „besondere amtliche Verwahrung" gegeben (§ 2248 BGB), dann ist ihm auf Antrag jederzeit Einsicht in sein eigenhändiges Testament zu gewähren, auch sind ihm Abschriften zu erteilen;[58] dies folgt daraus, dass er statt dessen jederzeit die Rückgabe verlangen könnte (§ 2256 II, III BGB). Hatte der Erblasser ein notarielles Testament errichtet, dann kann er jederzeit vom Notar eine Ausfertigung verlangen (§ 51 I Nr. 1 BeurkG). Wer Ausfertigungen verlangen kann, ist auch berechtigt, einfache oder beglaubigte Abschriften zu verlangen und die Urschrift einzusehen (§ 51 III BeurkG).

72   Ein **Betreuer** ist zwar gesetzlicher Vertreter des Betreuten (§ 1902 BGB); es gibt aber keinen Aufgabenkreis, der ihn berechtigen würde, Einsicht in ein Testament des Betreuten zu nehmen oder die Erteilung einer Abschrift des vom Betreuten errichteten notariellen Testaments gem. § 51 I Nr. 1 BeurkG zu verlangen. Hat der Betreute keine natürliche Einsichtsfähigkeit mehr, könnte eine Abschrift des Testaments nur nach der Befreiung des Notars von der Verschwiegenheitspflicht durch die Aufsichtsbehörde gem. § 18 II BNotO erteilt werden.[59]

72a   Der Betreuer als gesetzlicher Vertreter ist, wenn er einen ausreichenden Aufgabenkreis (z. B. Vermögenssorge) hat, berechtigt, zu Lebzeiten des Betreuten das **Grundbuch** und die Grundakten betreffend den Betreuten einzusehen; § 13 GBO.[60] **Angehörige** des Betreuten wollen sich manchmal schon vor dessen Tod über seinen Grundbesitz informieren und wenden sich an das Grundbuchamt. Auch hier regelt § 12 GBO, ob ein Einsichtsrecht besteht (Rn. 78a). Die Einsicht ist zu gewähren, wenn ein verständiges, durch die Sachlage gerechtfertigtes Interesse des Antrag-

---

57 *Hahn* FamRZ 1991, 27.
58 MünchKomm/*Hagena* § 2248 Rn. 20.
59 LG Passau MittBayNot 2006, 167.
60 Dazu *Sarres* ZEV 2012, 294.

stellers in glaubhafter Weise dargelegt ist. Auch ein bloß tatsächliches, insbesondere wirtschaftliches Interesse kann das Recht auf Grundbucheinsicht begründen. Das berechtigte Interesse an der Einsicht von Grundbuch und Grundakten kann nicht mit persönlichen Motiven, etwa dem gedeihlichen Zusammenleben innerhalb einer Familie, begründet werden.[61] Eine Angehörige (Tochter), die geltend macht, zukünftig voraussichtlich für die 88-jährige Mutter zum Ersatz von Pflegekosten herangezogen zu werden, hat keinen Anspruch auf Einsichtnahme in die das Grundstück der Angehörigen betreffende Grundbucheintragungen.[62] Etwaige Pflichtteils- und Pflichtteilsergänzungsansprüche geben dem Beteiligten zu Lebzeiten des Erblassers kein Recht zur Einsicht des zwischen seinen Eltern und einem Geschwister geschlossenen, bei den Grundakten befindlichen Grundstücksüberlassungsvertrags.[63]

bb) Nach dem Erbfall. Ist der Betreute gestorben und das Testament vom Nachlassgericht eröffnet worden, hat das Nachlassgericht den „Beteiligten" (z. B. Erbe, Vermächtnisnehmer, Testamentsvollstrecker) den sie betreffenden Inhalt der Verfügung von Todes wegen schriftlich bekannt zu geben, § 348 III FamFG. Der Vermächtnisnehmer wird also informiert, wenn seine Adresse dem Nachlassgericht bekannt ist.

73

Wer ein rechtliches Interesse glaubhaft macht, ist berechtigt, eine eröffnete Verfügung von Todes wegen einzusehen (§ 357 I FamFG); das gilt auch für Nichterben, auch für **Betreuer** von Personen, die möglicherweise aufgrund des Todesfalls Ansprüche haben. Wer ein rechtliches Interesse glaubhaft macht, kann verlangen, dass ihm von dem Gericht eine **Ausfertigung des bereits erteilten Erbscheins** erteilt wird (§ 357 II FamFG). § 357 FamFG erfasst nicht die vollständige Akte.

74

cc) Nachlassakten. Nach § 13 I FamFG können die „**Beteiligten**" (vgl. §§ 7, 345 FamFG) die Nachlassakten auf der Geschäftsstelle des Nachlassgerichts einsehen (und daraus Kopien anfertigen lassen), sofern nicht schwerwiegende Interessen eines (anderen) Beteiligten oder eines Dritten entgegen stehen. Nach dieser Vorschrift kann die gesamte Nachlassakte eingesehen werden kann, einschließlich darin befindlicher Protokolle, Gutachten, sonstigem Schriftwechsel. Das Einsichtsrecht der Beteiligten nach § 13 I FamFG erstreckt sich auf die vom Gericht selbst geführten Akten sowie die beigezogenen Akten und Unterlagen, soweit diese zur Grundlage der Entscheidung gemacht werden sollen oder gemacht worden sind.[64]

75

---

61 BayObLG NJW-RR 1998, 1241 = FamRZ 1998, 1306.
62 OLG Karlsruhe ZEV 2009, 42 = FamRZ 2009, 1773 (die Tochter wollte wissen, ob die Mutter ihr Haus bereits veräußert hatte).
63 BayObLG NJW-RR 1998, 1241 = FamRZ 1998, 1306.
64 BT-Drucks. 16/6308, S. 181; *Keidel/Zimmermann*, FamFG, § 357 Rn. 2.

Inwieweit der **Betreuer** als gesetzlicher Vertreter eines Erben Einsicht in die Nachlassakte erhalten kann richtet sich nach § 13 I FamFG. Der Erbe hat ein berechtigtes Interesse an der Erlangung von Informationen über das Vermögen des Erblassers und darüber, wo sich möglicherweise diesem noch zustehende Vermögenswerte befinden könnten;[65] deshalb kann sein Betreuer die Akten einsehen.

76 Nach § 13 II 1 FamFG kann **Nicht-Beteiligten** die Einsicht (in die vollständige Gerichtsakte oder in einen Teil davon) gestattet werden, soweit sie ein *berechtigtes* Interesse glaubhaft machen und schutzwürdige Interessen eines Beteiligten oder eines Dritten nicht entgegen stehen. Ein von einem Nachlasspfleger bevollmächtigter gewerblicher Erbenermittler hat deshalb ein Einsichtsrecht.[66]

77 **Spezielle Einsichtsrechte** gewähren z. B. § 1953 III 2 BGB (Einsicht in eine Ausschlagungserklärung), § 1957 II 2 BGB (Einsicht in die Anfechtung einer Ausschlagungserklärung), § 2228 BGB (Einsicht in die Erklärung des Testamentsvollstreckers, dass er das Amt annimmt oder ablehnt oder kündigt).

78 **dd) Betreuungsakten.** Jedenfalls den zum Kreis der gesetzlichen Erben zählenden Personen ist gemäß § 13 II FamFG Einsicht in Betreuungsakten betreffend den Verstorbenen zu gewähren.[67] Das bezieht sich zumindest auf alle Aktenteile, die Angaben zur Vermögensverwaltung enthalten (wie Jahresabrechnungen, Genehmigung von Vermögensgeschäften), kann sich aber auch auf ein Sachverständigengutachten beziehen, wenn seine Kenntnis notwendig ist, damit die Erben Ansprüche des Erblassers weiterverfolgen können.

78a **ee) Grundbuch.** Die Einsicht regelt § 12 GBO i. V. m. § 46 Grundbuchverfügung (GBV). „Die Einsicht des Grundbuchs ist jedem gestattet, der ein berechtigtes Interesse darlegt" (§ 12 I 1 GBO). Daneben führt das Grundbuchamt **Grundakten**, in denen die Grundlagen der Eintragung, z. B. notarielle Urkunden mit Kaufpreisangaben, Erbscheine usw verwahrt sind. Das Grundbuch ist in Deutschland kein „öffentliches Register", wie z. B. das Handelsregister. Wegen des „informellen Selbstbestimmungsrechts" des Eigentümers wird die Einsicht nur zurückhaltend gewährt. Beispielsweise hat ein Erbe/Miterbe ein Einsichtsrecht, ebenso ein Pflichtteilsberechtigter, ein Vermächtnisnehmer;[68] desgleichen hat ein pflichtteils-

---

65 OLG Frankfurt FGPrax 2010, 70.
66 KG FamRZ 2011, 920 und 1145; *Keidel/Sternal*, FamFG, § 13 Rn. 41
67 OLG Stuttgart BWNotZ 1993, 173.
68 *Sarres* ZEV 2012, 294.

berechtigter Angehöriger, der Miterbe ist, ein Einsichtsrecht zur Feststellung etwaiger Pflichtteilsergänzungsansprüche.[69] Vgl. Rn. 72a.

2. Betreuer, Altenheim, Krankenschwester, Arzt als Erbe

a) Sittenwidrigkeit des Testaments im Allgemeinen

Ist das vom Betreuten errichtete Testament nach allgemeinen Gesichtspunkten (z. B. handschriftlich geschrieben, eigenhändig unterschrieben) wirksam, fragt sich, ob die jeweilige Erbeinsetzung zulässig ist. Das kann an einem gesetzlichen Verbot (§ 134 BGB) scheitern oder an Sittenwidrigkeit (§ 138 BGB). Ob Sittenwidrigkeit vorliegt hängt vom Einzelfall ab. Dabei kommt es meines Erachtens auch auf die Höhe des Nachlasses an. Die Frage der Sittenwidrigkeit ist grundsätzlich nach den Anschauungen und Verhältnissen **zur Zeit der Errichtung** der letztwilligen Verfügung zu beurteilen,[70] nicht zur Zeit des Erbfalls. Sittenwidrig ist das Testament, wenn es gegen das Anstandsgefühl aller billig und gerecht Denkenden verstößt. Dabei kann sich die Sittenwidrigkeit sowohl aus dem Inhalt des Rechtsgeschäfts als auch aus dessen Gesamtcharakter ergeben.

Wenn der Erblasser seine Abkömmlinge, Eltern, Ehegatten enterbt macht das allein ein Testament noch nicht sittenwidrig;[71] denn die nächsten Angehörigen sind durch ihr Pflichtteilsrecht jedenfalls teilweise geschützt. „§ 138 BGB berechtigt den Richter aber nicht, die Auswirkungen einer vom Erblasser getroffenen Verfügung von Todes wegen an seinen eigenen Gerechtigkeitsvorstellungen zu messen und den Willen des Erblassers danach zu korrigieren; Sittenwidrigkeit und damit Nichtigkeit der Verfügung von Todes wegen kann nur in besonders schwerwiegenden Ausnahmefällen angenommen werden."[72] Selbst wenn ein Testament dazu führt, dass die Prostituierte des Mannes und seine Ehefrau Miteigentümer des von der Frau bewohnten Hauses werden soll das nicht sittenwidrig sein.[73]

b) Betreuer als Erbe

Der Betreute kann auch seinen jetzigen oder früheren Betreuer zum Erben (oder Vermächtnisnehmer, Testamentsvollstrecker) einsetzen; das

---
69 OLG München FamRZ 2013, 1070 = ZEV 2013, 621 (LS).
70 BGH NJW 1956, 865.
71 OLG Düsseldorf NJW-RR 1993, 249; MünchKomm/*Armbrüster* § 134 Rn. 20; str.
72 BGH NJW 1999, 566 („Kronprinz Wilhelm").
73 OLG Düsseldorf FamRZ 2009, 545.

Verbot des § 14 HeimG (mit § 134 BGB; Rn. 90) ist nicht analog anwendbar;[74] denn dadurch würde die Testierfreiheit (Art. 14 I GG) beeinträchtigt. Im Einzelfall kann aber ein Testament, in dem der Betreuer oder dessen Angehörige als Erben eingesetzt werden, wegen Sittenwidrigkeit nach § 138 BGB nichtig sein.[75] Wenn der Betreuer auf die Entscheidung des Erblassers Einfluss genommen hat, mit der Folge, dass der Erblasser ein Kind des Betreuers zum Erben einsetzt, dann führt das nicht zwingend zur Sittenwidrigkeit, vielmehr ist eine Einzelfallbetrachtung erforderlich.[76] Ein Testament, das eine betreute Person zugunsten eines Betreuers errichtet, ist sittenwidrig, wenn der Betreuer seinen Einfluss auf den Betreuten dazu benutzt hat, dass dieser ohne reifliche Überlegung über erhebliches Vermögen zugunsten des Betreuten oder seiner Angehörigen verfügt hat.[77] Eine Privatperson, die vom Gericht zum Betreuer bestellt wurde, fällt nicht unter den „öffentlichen Dienst" (Rn. 84, 87); anders wird es bei einem Behördenbetreuer oder dem Mitarbeiter einer Betreuungsbehörde sein.

Veranlasst ein Betreuer einen Testierunfähigen, durch eine letztwillige Verfügung sich selbst oder einen Dritten als Begünstigten einzusetzen, kann hierin eine **Untreue** bzw. eine Teilnahme hieran begründet sein, wenn der Testierende als undoloses Werkzeug gegen sich selbst benutzt wird,[78] § 266 StGB. Es liegt Untreue in mittelbarer Täterschaft vor.

81   Auch ein **Vorsorgebevollmächtigter** kann als Erbe etc. eingesetzt werden.[79]

c) Mitarbeiter eines ambulanten Pflegedienstes

82   Eine analoge Anwendung von § 14 HeimG (Rn. 90) auf den Mitarbeiter eines ambulanten Pflegedienstes, der den Erblasser in seiner Wohnung gepflegt und versorgt hat, wird überwiegend abgelehnt.[80] Einige neue Nachfolgegesetze z. B. in Hessen Hamburg, Nordrhein-Westfalen erstrecken das Verbot aber auch auf ambulante Dienste.

---

74 BayObLG NJW 1998, 2369; *G. Müller* ZEV 1998, 219.
75 Vgl. OLG Braunschweig ZEV 2000, 448 (LS) = BeckRS 1999, 30843645.
76 BayObLG NJW 1998, 2369.
77 OLG Braunschweig FamRZ 2000, 1189.
78 OLG Celle ZEV 2013, 344; die Betreuer wurden beschuldigt, zusammen mit einem Notar, betreute und testierunfähige Senioren veranlasst zu haben, sie als Erben einzusetzen. Es ging um ca. 787.000 Euro.
79 BayObLG Rpfleger 2003, 130; *Burandt/Rojahn/G. Müller*, § 14 HeimG Rn. 30.
80 OLG Düsseldorf ZEV 2001, 366; BayObLG ZEV 1998, 234; LG Bonn ZEV 2000, 106; a. A. *Niemann* ZEV 1998, 419. Vgl. dazu *Ludyga* ZEV 2014, 177.

d) Behandelnder Arzt, Pflegepersonal

Diese Personen können als Erben bzw. Vermächtnisnehmer eingesetzt werden. Grenze ist nur die Sittenwidrigkeit (§ 138 BGB); Rn. 79. In der Einsetzung des Hausarztes (anstelle des Bruders, welcher sonst gesetzlicher Erbe geworden wäre) hat das BayObLG[81] keine Sittenwidrigkeit angenommen. 83

e) Personen im öffentlichen Dienst als Erben

Handelt es sich beim Begünstigten um Personen im öffentlichen Dienst (z. B. Personal eines Städtischen Klinikums) ist es zwar nach den Beamtengesetzen (§ 43 BRRG sowie die Beamtengesetze des Bundes, der Länder, Soldatengesetz) bzw. § 10 I des BAT bzw. § 3 II TVöD und entsprechenden kirchlichen Vorschriften (z. B. § 3 III AVR-K) diesen Bediensteten untersagt, Belohnungen oder Geschenke in Bezug auf ihr Amt ohne Zustimmung des Dienstherrn anzunehmen. § 10 I BAT lautet: „Der Angestellte darf Belohnungen oder Geschenke in bezug auf seine dienstliche Tätigkeit nur mit Zustimmung des Arbeitgebers annehmen." Der Tarifvertrag für den öffentlichen Dienst (TVöD) bestimmt in § 3 II: „Die Beschäftigten dürfen von Dritten Belohnungen, Geschenke, Provisionen oder sonstige Vergünstigungen in Bezug auf ihre Tätigkeit nicht annehmen. Ausnahmen sind nur mit Zustimmung des Arbeitgebers möglich. Werden den Beschäftigten derartige Vergünstigungen angeboten, haben sie dies dem Arbeitgeber unverzüglich anzuzeigen." 84

Grund dieser Regelungen ist das Erfordernis der Unbestechlichkeit und Uneigennützigkeit des öffentlich-rechtlichen Dienst- und Treueverhältnisses.[82] Der Pflegeperson im öffentlichen Dienst muss jeder finanzielle Anreiz genommen werden, wohlhabende Patienten besser zu behandeln als arme Personen. 85

aa) Beamte: Ob die beamtenrechtlichen Regelungen als Verbotsgesetze zu bewerten sind mit der Folge, dass eine derartige Einsetzung als Erbe bzw. Vermächtnisnehmer nichtig ist (§ 134 BGB), ist umstritten.[83] 86

bb) Öffentliche Angestellte:[84] Die tarifvertraglichen Bestimmungen wie § 10 I BAT hat der BGH[85] nicht als Verbotsgesetz gewertet. Dasselbe 87

---

81 BayObLG FamRZ 1985, 1082.
82 BVerwGE 73, 194.
83 Vgl. *Beckmann* JZ 2001, 150; *Koos* ZEV 2000, 235; *Stach* NJW 1988, 943.
84 Ebenso Zivildienstleistende, BVerwG ZEV 1996, 343. Dazu *Koos* ZEV 1997, 435.
85 BGH NJW 2000, 1186 mit abl. Anm. *Koss* ZEV 2000, 235; MünchKomm/*Armbrüster* § 134 Rn. 31.

wird für Arbeitsverträge mit entsprechendem Inhalt gelten. Die im Städtischen Klinikum angestellte Krankenschwester kann daher grundsätzlich wirksam vom Pflegebedürftigen zum Erben, Vermächtnisnehmer oder vergütungsberechtigten Testamentsvollstrecker eingesetzt werden. Allerdings muss der Bedienstete dies dem Dienstherrn anzeigen.

88 Fraglich ist ferner, ob die Erbeinsetzung etc. überhaupt unter § 10 BAT fällt. Das BayObLG[86] meinte, dass das nur dann der Fall sei, wenn die Zuwendung ihre Grundlage im dienstlichen Bereich hat, d. h. wenn für sie nach den Umständen des Falles kein anderer Grund gefunden werden kann als der, dass dem Zuwendungsempfänger bestimmte Dienstleistungen obliegen. Das BAG[87] stimmte dieser engen Sicht nicht zu: Eine dienstliche Mitverursachung der Erbeinsetzung etc. genügt; nur wenn sie ausschließlich privat veranlasst ist fällt sie nicht unter § 10 BAT. Dabei kommt es auf objektive Kriterien an. Es spielt keine Rolle, ob der Angestellte von seiner Erbeinsetzung etc. Kenntnis hatte.

89 Hat der öffentliche Angestellte hat seinen Dienstherrn informiert, dann entscheidet dieser nach seinem Ermessen, ob er der Annahme der Erbschaft bzw. des Vermächtnisses **zustimmt**; lehnte der Dienstherr die Zustimmung ab, kann vor dem Arbeitsgericht auf Zustimmung geklagt werden. Die Ablehnung der Zustimmung hält das BAG[88] im Regelfall nicht für ermessensfehlerhaft. Allerdings ist der Angestellte trotz Ablehnung der Zustimmung Erbe bzw. Vermächtnisnehmer geworden; er könnte eventuell noch ausschlagen bzw. die Erbschaft an die anderweitigen Erben übertragen. Weigert sich der Angestellte, das zu tun, kann ihm der Dienstherr aus verhaltensbedingten Gründen **kündigen**.[89] Im Ergebnis bedeutet das freilich nur: Wenn die Krankenschwester eine Million erbt, wird sie nicht ausschlagen, sondern sich kündigen lassen und einen anderen Arbeitsplatz suchen. Daraus wird ersichtlich, dass § 10 BAT besser als gesetzliches Verbot (§ 134 BGB) eingestuft werden sollte,[90] was freilich schwer begründbar ist.

---

86 BayObLG NJW 1995, 3260; BayObLG FamRZ 1990, 301.
87 BAG ZEV 2004, 71; zustimmend *G. Müller* (Anm.).
88 BAG NVwZ 1985, 142. Die Heiminsassin E hatte in einem notariellen Testament für die Pflegerinnen, die sie in den letzten sechs Monaten ihres Lebens versorgen und pflegen sollten, ein Vermächtnis in Höhe von je 1.200 Euro bestimmt; die Zustimmung wurde abgelehnt.
89 BAG ZEV 2004, 71 (Krankenschwester im Dienst eines Vereins, der karitative Dienste erbringt; Einsetzung zur Alleinerbin, obwohl drei Kinder vorhanden waren).
90 Ebenso *Stach* NJW 1988, 943.

f) Altenheim, Pflegeheim als Erbe

§ 14 HeimG: Leistungen an Träger und Beschäftigte

(1) Dem Träger ist es untersagt, sich von oder zugunsten von Bewohnerinnen und Bewohnern oder den Bewerberinnen und Bewerbern um einen Heimplatz Geld- oder geldwerte Leistungen über das nach § 5 vereinbarte Entgelt hinaus versprechen oder gewähren zu lassen.

...

(5) Der Leitung, den Beschäftigten oder sonstigen Mitarbeiterinnen oder Mitarbeitern des Heims ist es untersagt, sich von oder zugunsten von Bewohnerinnen und Bewohnern neben der vom Träger erbrachten Vergütung Geld- oder geldwerte Leistungen für die Erfüllung der Pflichten aus dem Heimvertrag versprechen oder gewähren zu lassen. Dies gilt nicht, soweit es sich um geringwertige Aufmerksamkeiten handelt.

(6) Die zuständige Behörde kann in Einzelfällen Ausnahmen von den Verboten der Absätze 1 und 5 zulassen, soweit der Schutz der Bewohnerinnen und Bewohner die Aufrechterhaltung der Verbote nicht erfordert und die Leistungen noch nicht versprochen oder gewährt worden sind.

§ 14 HeimG[91] verbietet den Heimbewohnern, dem Heimträger, dem Heimleiter sowie den Beschäftigten oder sonstigen Mitarbeitern durch Testament oder Erbvertrag Zuwendungen zu machen; darunter fallen Einsetzung als Alleinerbe, Miterbe, Nacherbe, Vermächtnis, Auflage mit Geldvorteil, Einsetzung als vergütungsberechtigter Testamentsvollstrecker.[92] **Solche Einsetzungen** sind **nichtig** (§ 134 BGB), es tritt dann ggf. Ersatzerbfolge ein, hilfsweise gesetzliche Erbfolge. Die Vorschrift soll alte Menschen davor bewahren, dass ihr Recht auf freie Verfügung von Todes wegen durch offenen oder versteckten Druck faktisch gefährdet wird.[93] Eine Einrichtung ist ein **Heim** im Sinne des § 14 HeimG, wenn es die Voraussetzungen des § 1 HeimG bzw. des Landesrechts erfüllt.

Umgehungen helfen meist nicht: Setzt der Erblasser einen nahen Angehörigen eines Heimbediensteten zum Erben ein, ist die Erbeinsetzung trotzdem nichtig.[94] Wird das Heim in der Rechtsform einer GmbH betrieben und ein Familienangehöriger der Gesellschafter, der Geschäftsführer oder des Heimleiters von einem Heimbewohner zum Erben eingesetzt, ist die letztwillige Verfügung unwirksam.[95] Andererseits: Das Testament des

---

91 Dazu: *Hollstein*, Die Nichtigkeit letztwilliger Verfügungen wegen Verstoßes gegen das gesetzliche Verbot aus § 14 HeimG..., 2011.
92 *Rossak* MittBayNot 1998, 40; *Everts* ZEV 2006, 544; *Burandt/Rojahn/G. Müller*, § 14 HeimG Rn. 11.
93 BVerfG NJW 1998, 2964.
94 OLG Frankfurt NJW 2001, 1504.
95 BayObLG ZEV 2001, 121; *Everts* ZEV 2006, 544.

Angehörigen (E) eines Heimbewohners, mit dem der behinderte Sohn (S) als Vorerbe, der Heimträger als Nacherbe eingesetzt wird und von dem dieser erst nach dem Tod des Erblassers E erfährt, soll nicht unwirksam sein.[96] Die Regelung erfasst nur Fälle, in denen das Testament nach Inkrafttreten des HeimG (1.1.1975) errichtet wurde.[97] Für Vermächtnisse kommt es dagegen auf den Zeitpunkt des Erbfalls an.

92 Von § 14 HeimG erfasste Personen. Das sind nicht nur die Heimbewohner, sondern auch Personen, die sich um einen Heimplatz bewerben; ferner bestimmte Dritte, wie aus der Formulierung „von oder zugunsten" in § 14 I HeimG folgt. Setzen Eltern eines Heimbewohners das Heim etc. als Erben ein, ist diese Einsetzung somit nichtig. Ebenso ist es wenn Verwandte des Heimbewohners den Heimbewohner zum Vorerben und das Heim zum Nacherben einsetzen oder wenn die Kinder des Heimleiters als Nacherben eingesetzt werden.[98] Für die Erbeinsetzung der Geschäftsführerin eines ambulanten Pflegedienstes durch eine zu pflegende Person in einem Erbvertrag gilt bis zum Beweis des Gegenteils die Vermutung, dass diese Erbeinsetzung im Zusammenhang mit den Pflegeleistungen steht.[99]

93 Kenntnis des Begünstigten notwendig. Nach h. M. tritt Nichtigkeit nur dann ein, wenn der begünstigten Person die Einsetzung zu Lebzeiten bekannt war;[100] das wird der Formulierung „gewähren lassen" entnommen. Weiß der „Erbe" nichts von der Erbeinsetzung, sondern wird gewissermaßen von der Erbschaft freudig überrascht, ist sie wirksam (bei § 10 BAT dagegen spielt die Kenntnis des Begünstigten keine Rolle). Deshalb ist wichtig, auf wessen Kenntnis es ankommt: Genügt die Kenntnis der Köchin, wenn „das Heim" (also die juristische Person) eingesetzt wird? Wenn das kirchliche Heim in Köln einem Orden gehört, dessen Leitung in Rom/Italien sitzt, wessen Kenntnis ist entscheidend? Die Kenntnis der Mutter Oberin in Rom? Das BayObLG[101] meinte: Kenntnis liege grundsätzlich dann vor, wenn ein Mitarbeiter des Heimträgers, den dieser als Ansprechpartner für die Heimbewohner in den wesentlichen Heimangelegenheiten bestellt hat, und der aus der Sicht des Heimbewohners wegen seiner Stellung im Heim **wesentlichen Einfluss auf dessen konkrete Lebenssituation** ausüben kann, mit Wissen des Heimbewohners zu dessen Lebzeiten von der

---

96 BGH ZEV 2012, 39 mit abl. Anm. *Sagmeister* S. 99. Die Betreuerin des S beantragte nach dem Tod des E einen Erbschein, wonach S Vollerbe war, also ohne Nacherbenvermerk; der BGH erachtete S als Vorerben, den Heimträger als Nacherben.
97 OLG Stuttgart FGPrax 2010, 302; a.A. MünchKomm/*Leipold* vor § 2064 Rn. 64; *Bartels* ZEV 2011, 79.
98 OLG Düsseldorf FamRZ 1998, 162.
99 OLG Frankfurt NJW 2015, 2531.
100 BayObLG NJW 1992, 55; KG NJW-RR 1999, 2; *Lange*, Erbrecht, Kap. 3, Rn. 39.
101 BayObLG NJW 1993, 1143; OLG Karlsruhe ZEV 1996, 146, KG ZEV 1998, 437.

letztwilligen Zuwendung an den Heimträger Kenntnis erhält. Durch das Erfordernis der Kenntnis ist manchmal im Erbscheinsverfahren eine Beweisaufnahme notwendig.

Wenn eine Ausnahmegenehmigung erteilt wurde, ist die Erbeinsetzung wirksam, § 14 VI HeimG. Den Antrag kann das Heim stellen, aber auch der Erblasser.[102] Es handelt sich um keine Ermessensentscheidung der Behörde; vielmehr besteht ein Rechtsanspruch, wenn die Voraussetzungen erfüllt sind. Entscheidendes Kriterium ist u. a. der Schutz des Heimfriedens. Die zuständige Stelle (z. B. Regierungspräsidium) ist je nach Landesrecht verschieden. Gegen die **Ablehnung der Genehmigung** (= Verwaltungsakt) kann das Verwaltungsgericht angerufen werden.[103] Eine nachträgliche Einholung der Ausnahmegenehmigung, d. h. nach dem Tod des Erblassers, ist nicht möglich.[104] Es ist zwar zulässig, zuerst das Testament zu errichten und dann die Genehmigung zu beantragen; nach Erteilung der Genehmigung muss das Testament aber mit neuem Errichtungsdatum (und zweckmäßig unter Aufhebung des früheren Testaments) nochmals geschrieben werden.[105]

94

Mit der Föderalismusreform ist 2006 die Gesetzgebungskompetenz für das Heimrecht auf die Länder übergangen. In allen Bundesländern sind inzwischen **Nachfolgegesetze zum HeimG erlassen worden,**[106] nämlich

95

Baden-Württemberg: Gesetz für unterstützende Wohnformen, Teilhabe und Pflege von 2014 (zuvor LandesheimG 2008),

Bayern: Pflege- und Wohnqualitätsgesetz 2008

Berlin: Wohnteilhabegesetz 2010

Brandenburg: Pflege und Betreuungswohngesetz 2009

Bremen: Wohn- und Betreuungsgesetz 2010

Hamburg: Wohn- und Betreuungsqualitätsgesetz 2009

Hessen: G. über Betreuungs- und Pflegeleistungen, 2012

Mecklenburg-Vorpommern: EinrichtungenqualitätsG 2010

Niedersachsen: Heimgesetz, 2011

Nordrhein-Westfalen: Wohn- und Teilhabegesetz 2014

Rheinland-Pfalz: Landesgesetz über Wohnformen und Teilhabe 2009

---

102 BVerfG NJW 1998, 2964; VG Würzburg ZEV 2008, 601.
103 VG Würzburg ZEV 2008, 601.
104 VGH Mannheim NJW 2004, 3792.
105 Vgl. BVerfG NJW 1998, 2964.
106 Zusammengestellt bei *Burandt/Rojahn/G. Müller,* Anhang zu § 14 HeimG; *Ludyga* ZEV 2014, 177.

Saarland: Landesheimgesetz 2009
Sachsen: Betreuungs- und Wohnqualitätsgesetz 2012
Sachsen-Anhalt: Wohn- und Teilhabegesetz 2011
Schleswig-Holstein: Selbstbestimmungsstärkungsgesetz 2009
Thüringen: Wohn- und Teilhabegesetz 2014.

Für seitdem errichtete Testamente sind diese Landesrechte[107] anzuwenden. Sie bringen unterschiedliche Deutungen, welche Wohnform ein „Heim" ist und inwieweit Ausnahmegenehmigungen möglich sind. Die bisherige Rechtsprechung zu § 14 HeimG ist insoweit weiterhin von Bedeutung.

Art. 8 des Bay. Pflege- und WohnqualitätsG[108] lautet: (1) Dem Träger ist es untersagt, sich von oder zugunsten von Bewohnerinnen und Bewohnern oder Bewerberinnen und Bewerbern um einen Platz in der stationären Einrichtung Geld oder geldwerte Leistungen über das vereinbarte Entgelt hinaus versprechen oder gewähren zu lassen.

(2) Dies gilt nicht, wenn ....

(3) ...

(4) 1Der Leitung, den Beschäftigten oder sonstigen Mitarbeiterinnen oder Mitarbeitern der stationären Einrichtung ist es untersagt, sich von oder zugunsten von Bewohnerinnen und Bewohnern neben der vom Träger erbrachten Vergütung Geld oder geldwerte Leistungen für die Erfüllung der Pflichten aus den zwischen dem Träger und den Bewohnerinnen oder Bewohnern geschlossenen Verträgen versprechen oder gewähren zu lassen.2Dies gilt nicht, soweit es sich um geringwertige Aufmerksamkeiten handelt.

(5) Die zuständige Behörde kann in Einzelfällen Ausnahmen von den Verboten der Abs. 1 und 4 zulassen, soweit der Schutz der Bewohnerinnen und Bewohner die Aufrechterhaltung der Verbote nicht erfordert und die Leistungen noch nicht versprochen oder gewährt worden sind.

3. Testamentswiderruf

a) Übersicht

Der (testierfähige) Erblasser hat **vier Möglichkeiten**, um ein Testament zu widerrufen:

- durch ein isoliertes Widerrufstestament (§ 2254 BGB), oder
- durch Vernichtung des Testaments (§ 2255 BGB)

---
107 Dazu *Karl* ZEV 2009, 544; *Spall* MittBayNot 2010, 9.
108 Dazu *Ludyga* ZEV 2014, 177.

- durch Rücknahme aus der amtlichen Verwahrung (§ 2256 BGB)
- durch ein späteres widersprechendes Testament (§ 2258 BGB).

Der Widerruf eines Testaments kann nicht durch Vertrag etc. ausgeschlossen werden (§ 2302 BGB). Für den Widerruf eines gemeinschaftlichen Testaments von Ehegatten gelten Sondervorschriften (§§ 2271, 2296 BGB), soweit es sich um wechselbezügliche Verfügungen handelt. Ein notarielles Testament kann durch ein privatschriftliches Testament widerrufen werden und umgekehrt. Der Widerruf kann nicht durch einen Einwilligungsvorbehalt ausgeschlossen werden (§ 1903 II BGB).

97

b) Bloßer Widerruf durch Testament

Der Erblasser kann ein Testament ganz oder nur in einzelnen Teilen jederzeit widerrufen (§ 2253 BGB) und zwar dadurch, dass er ein Testament errichtet (§ 2254 BGB), das keinen weiteren Inhalt als den Widerruf hat. Das Widerrufstestament kann natürlich ein anderes Testament nur dann widerrufen, wenn es selbst gültig ist (Form usw.), insbesondere wenn Testierfähigkeit[109] vorliegt.

98

Der Erblasser kann sein **Widerrufstestament widerrufen** (§ 2257 BGB), dann wird (im Zweifel) die ursprüngliche Verfügung wieder wirksam. Auf einen Widerruf nach §§ 2255, 2256 BGB (Rn. 104) ist § 2257 BGB dagegen nicht anwendbar, wie der Wortlaut zeigt. Ein widerrufenes privatschriftliches Testament kann durch ergänzende Zusätze nur dann wieder in Kraft gesetzt werden, wenn diese neu unterschrieben werden.[110] Über den Widerruf eines Testaments durch einen Entmündigten bis 31.12.1991 (das Rechtsinstitut der Entmündigung wurde ab 1.1.1992 aufgehoben) vgl. § 2253 II a. F. BGB (Rn. 70).[111]

99

Das Widerrufstestament ist nach § 2078 BGB anfechtbar.

100

c) Widerruf eines Testaments durch Vernichtung

Der Erblasser kann ein Testament ganz oder nur in einzelnen Teilen dadurch widerrufen, dass er in **Aufhebungsabsicht** die Testamentsurkunde vernichtet oder an ihr Veränderungen vornimmt (wie z. B. Durchstreichungen), durch die der Wille, eine schriftliche Willenserklärung aufzuheben, ausgedrückt zu werden pflegt (§ 2255 S. 1 BGB); dieser Wille wird im Zweifel vermutet (§ 2255 S. 2 BGB). **Vernichten**: Verbrennen, zerreißen.[112] **Verände-**

101

---

109 Dazu *A. Helms* DNotZ 2003, 104.
110 BayObLG NJW-RR 1992, 1225.
111 MünchKomm/*Hagena* § 2253 Rn. 8.
112 Zum erforderlichen Umfang der Einrisse vgl. BayObLG FamRZ 1996, 1110.

rungen: Durchstreichen des ganzen Testaments oder einzelner Teile, **Weg-schneiden** eines Teils des Testaments. Erforderlich ist also ein objektiver und ein subjektiver Tatbestand. Die Vermutung des Aufhebungswillens kann als widerlegt angesehen werden, wenn feststeht, dass die Streichungen lediglich der Vorbereitung eines neuen Testaments dienten, in dem inhaltlich gleiche Verfügungen wieder getroffen werden sollten.[113] Zwar muss der Erblasser grundsätzlich selbst handeln (zerreißen); es genügt aber, wenn er sich eines Dritten als unselbstständigem Werkzeug bedient, der in seinem Auftrag und mit seinem Willen die Urkunde zu Lebzeiten des Erblassers vernichtet; dem Dritten darf dabei kein Entschluss- und Handlungsspielraum verbleiben.[114]

102   Da der Widerruf als letztwillige Verfügung anzusehen ist, muss derjenige, der das Testament zerreißt oder durchstreicht, **testierfähig** sein, sonst hat das Zerreißen keine rechtlichen Folgen. Wenn der verwirrte Betreute ein in gesunden Tagen errichtetes Testament zerreißt führt das nicht zum Widerruf. Dass der Erblasser bei Vornahme der Widerrufshandlung testierfähig war, wird nicht vermutet, § 2255 S. 2 BGB gilt dafür nicht. Es ist nach §§ 26, 352e I FamFG zu ermitteln, was schwierig ist, wenn man nicht einmal feststellen kann, *wann* der Erblasser sein Testament zerrissen hat bzw. wer das Testament zerrissen hat. Die Feststellungslast trägt, wer die Aufhebung des Testaments behauptet.[115] Wenn der Erblasser sein Testament in Widerrufsabsicht zerrissen hat und dann selbst wieder zusammenklebt, wird es nicht mehr gültig;[116] er muss das Testament neu schreiben.

103   Die Widerrufsabsicht fehlt ferner, wenn z. B. das Testament vom Erblasser **versehentlich vernichtet** wird;[117] oder wenn Pflegepersonal, Putzfrau usw. beim Aufräumen alle Unterlagen zerstören. Auch hier besteht das Beweisproblem.

d) Widerruf eines notariellen Testaments durch Rücknahme aus der amtlichen Verwahrung

104   Errichtet ein Erblasser zu **Niederschrift des Notars** ein Testament („öffentliches Testament") und wird es dann in besondere[118] amtliche

---

113 BayObLG FamRZ 1998, 258.
114 OLG München NJW-RR 2011, 945.
115 BayObLG FamRZ 1996, 1110.
116 BayObLG FamRZ 1996, 1113.
117 Weitere Fälle: OLG Hamm FamRZ 2002, 769.
118 D. h. mit Sicherheitsvorkehrungen (Panzerschrank etc.). Nach § 2259 BGB abgelieferte Testamente werden dagegen in einfache Verwahrung genommen, also einfach in die Erbscheinsakte eingeordnet.

Verwahrung des Amtsgerichts gegeben (§ 34 BeurkG; ein Hinterlegungsschein wird ausgestellt), dann kann der Erblasser jederzeit die Rückgabe des Testaments verlangen (§ 2256 II BGB). Dies hat zur Folge, dass das Testament als widerrufen gilt (unabhängig vom Willen des Erblassers[119]), sobald die formgerechte Rückgabe an den Erblasser *persönlich* (§ 2256 II 2 BGB) erfolgt; eine unzulässige **Rücksendung** durch die Post[120] oder Rückgabe an Bevollmächtigte[121] oder **an Betreuer** hat keine solche Widerrufswirkung. Da ein *geschäftsunfähiger* Erblasser (Betreuter) keinen wirksamen Rückgabeantrag stellen kann[122] darf ihm das Testament bei offensichtlicher Testierunfähigkeit nicht ausgehändigt werden, aber auch seinem Betreuer nicht. Man muss zwischen dem Antrag und dem Aushändigungsakt unterscheiden. Die Rücknahme gilt als Verfügung von Todes wegen,[123] so dass der Erblasser bei Aushändigung[124] testierfähig sein muss;[125] bei Antragstellung muss er geschäftsfähig sein, was faktisch keinen Unterschied macht.

Wird dagegen ein **privatschriftliches Testament** in *besondere* amtliche Verwahrung des Amtsgerichts gegeben und dann aus der Verwahrung zurückgeholt, dann hat das auf die Wirksamkeit keinen Einfluss (§ 2256 III BGB). 105

e) Widerruf eines Testaments durch ein späteres widersprechendes Testament

Durch die Errichtung eines Testaments wird ein früheres Testament 106 *insoweit* (also u. U. nur teilweise[126]) widerrufen, als das spätere Testament mit dem früheren in Widerspruch steht (§ 2258 I BGB). Ein Widerrufswille ist nicht erforderlich, aber Testierfähigkeit. Ob ein Widerspruch vorliegt ist eine Frage der Auslegung; manchmal ergänzen sich die Testamente lediglich, dann bilden die Testamente in ihrer Gesamtheit die Erklärung des Willens des Erblassers.[127]

---

119 BayObLG FGPrax 2005, 72.
120 KG JW 1935, 3559; *Lange/Kuchinke* § 23 II 3.
121 OLG Saarbrücken NJW-RR 1992, 586.
122 OLG Köln FamRZ 2014, 973; BayObLG Rpfleger 2005, 541; *Lange*, Erbrecht, Kap. 8, Rn. 26 („testierfähig").
123 BGHZ 23, 207/211; MünchKomm/*Hagena* § 2256 Rn. 6.
124 *Lange/Kuchinke* § 23 II 3a; *Lange*, Erbrecht, Kap. 8, Rn. 23; MünchKomm/*Hagena* § 2256 Rn. 6.
125 *Soergel/Mayer* § 2256 Rn. 5; *Dittmann/Bengel/Reimann/Voit*, Testament und Erbvertrag, § 2256 Rn. 6.
126 BGH NJW 1985, 969.
127 BayObLG FamRZ 1997, 247.

107 Mehrere Testamente mit gleichem Datum gelten als gleichzeitig errichtet, wenn sich die zeitliche Abfolge durch Auslegung bzw. Beweisaufnahme nicht klären lässt; enthalten sie inhaltlich widersprüchliche Anordnungen, heben sie sich gegenseitig auf.[128]

4. Testamentsanfechtung durch den Betreuer?

a) Voraussetzungen und Wirkung der Testamentsanfechtung

108 Eine letztwillige Verfügung kann angefochten werden, soweit der Erblasser über den Inhalt seiner Erklärung im Irrtum war oder eine Erklärung dieses Inhalts überhaupt nicht abgeben wollte *und* anzunehmen ist, dass er die Erklärung bei Kenntnis der Sachlage nicht abgegeben haben würde; das Gleiche gilt, soweit der Erblasser zu der Verfügung durch die irrige Annahme oder Erwartung des Eintritts oder Nichteintritts eines Umstands oder widerrechtlich durch Drohung bestimmt worden ist (§ 2078 I, II BGB). Das Problem ist, dass der Anfechtende das **beweisen** muss. Anfechtbarkeit besteht ferner, wenn der Erblasser einen zur Zeit des Erbfalls vorhandenen Pflichtteilsberechtigten übergangen hat, dessen Vorhandensein ihm bei der Errichtung der Verfügung nicht bekannt war oder der erst nach der Errichtung geboren oder pflichtteilsberechtigt geworden ist (§ 2079 BGB).

109 Allerdings kann nicht jeder ein Testament anfechten. Denn nach § 2080 BGB ist zur Anfechtung derjenige (aber erst nach dem Tod des Erblassers) berechtigt, welchem die Aufhebung der letztwilligen Verfügung unmittelbar zu statten kommen würde (§ 2080 I BGB); bei **Übergehung eines Pflichtteilsberechtigten** steht das Anfechtungsrecht nur dem Pflichtteilsberechtigten zu (§ 2080 III BGB) zu und kann in diesem Falle vom **Betreuer** als gesetzlichen Vertreter des Pflichtteilsberechtigen ausgeübt werden (Frist: ein Jahr, § 2082 BGB). Für die Anfechtung braucht der Betreuer keine Genehmigung des Betreuungsgerichts.

Die Anfechtung einer Erbeinsetzung erfolgt durch Erklärung gegenüber dem Nachlassgericht (§ 2081 I BGB); sie wird einfach zu den Akten genommen. Erst wenn ein Erbschein beantragt wird, wird vom Nachlassgericht nachgeprüft, ob die Anfechtung berechtigt war. Eine erfolgreiche Anfechtung hat zur Folge, dass die letztwillige Verfügung als von Anfang an als nichtig angesehen wird und gesetzliche Erbfolge eintritt, falls nicht eine andere letztwillige Verfügung zum Zuge kommt. Die Anfechtung eines Vermächtnisses erfolgt gegenüber dem Begünstigten.[129]

---

128 BayObLG FamRZ 2003, 711; BayObLG FamRZ 2000, 1538.
129 *Palandt/Weidlich* § 2081 Rn. 5.

Beispiele: 110

(1) Am Krankenbett sagt die Schwester zum körperbehinderten Bruder: sie werde ihn nicht weiterpflegen, wenn sie von ihm nicht als Erbin des Vermögens eingesetzt werde. Das ist eine widerrechtliche Drohung, weil der Bruder durch den Wegfall der Pflege in eine körperliche Notsituation kommen kann.

(2) Pfarrer P sagt zur sterbenden Erblasserin, sie werde nicht in den Himmel kommen, wenn sie nicht Frau F als Erbin einsetzte. Nach Ansicht des KG[130] liegt keine widerrechtliche Drohung vor, da es sich hierbei nicht um die Ankündigung eines vom Willen des Pfarrers abhängigen künftigen Übels handelt, weil P nicht darüber zu befinden hat, ob jemand in den Himmel kommt.

(3) E hat seine drei Kinder zu Erben zu je 1/3 eingesetzt. Nach dem Tod des E im Jahre 2010 taucht T auf und behauptet, eine 1980 geborene nichteheliche Tochter des E zu sein, was sie nach Exhumierung des E und Durchführung von Genproben auch beweisen kann (§§ 169 ff. FamFG). T kann das Testament anfechten, möglicherweise mit Erfolg. Dann würde sie gesetzliche Miterbin zu ¼; andernfalls steht ihr jedenfalls der Pflichtteil zu.

b) Anfechtung durch den Erblasser

Der Erblasser selbst hat nach allgemeiner Auffassung[131] kein Anfechtungsrecht, weil er das Testament ja widerrufen kann, z. B. indem er es zerreißt oder ein neues Testament errichtet. Ist der Erblasser aber inzwischen testierunfähig, ist ihm diese Möglichkeit verschlossen. Der **Betreuer** des Erblassers kann das Testament nicht widerrufen, wie aus § 2064 BGB zu folgern ist. 111

c) Anfechtung durch den Betreuer des Erblassers

Wenn der Erblasser selbst wegen inzwischen eingetretener Testierunfähigkeit sein Testament nicht mehr widerrufen kann, dann soll der Betreuer nach Stimmen in der Literatur[132] für den Erblasser anfechten können. Zur Begründung wird eine analoge Anwendung von § 2282 II BGB vorgeschlagen: denn für einen geschäftsunfähigen Erblasser könne der Betreuer einen Erbvertrag anfechten. Die Anfechtung bedürfe der notariellen Form (entgegen § 2081 BGB) sowie (zum Schutze des Erblassers) der Genehmigung des Betreuungsgerichts.[133] Da der Gesetzestext eindeutig ist und keine Lücke vorhanden ist, kann jedoch **keine Anfechtung** eines Testaments 112

---

130 KG NJW 2001, 903 = FamRZ 2000, 912.
131 *Palandt/Weidlich* § 2080 Rn. 3; *Staudinger/Otte* (2003) § 2080 Rn. 1; *Harke* JZ 2004, 180.
132 *Zimmer* NJW 2007, 1713; *Lange* ZEV 2008, 313; *A. Helms* DNotZ 2003, 104.
133 *Lange* ZEV 2008, 313.

durch den Betreuer erfolgen.¹³⁴ Es gibt keine Bestimmung, wonach das Betreuungsgericht in einem solchen Fall eine Genehmigungskompetenz hätte; „Schutz des Erblassers" genügt nicht.

5. Ansprüche bei enttäuschter Erberwartung

112a Wenn jemand jahrelang für einen anderen (den Erblasser) Dienstleistungen, ¹³⁵ z. B. **Pflegeleistungen**, für kein oder nur ein geringes Entgelt erbrachte in der Erwartung, als Erbe (oder Vermächtnisnehmer) eingesetzt zu werden, und diese **Erwartung enttäuscht** wurde, dann will der Dienstleitende manchmal wenigstens seine Arbeit bezahlt bekommen.

Beispiel:¹³⁶ B hat für seine Tante jahrelang im Haus und Garten gearbeitet sowie Besorgungen, Einkäufe, Begleitung bei Arztbesuchen durchgeführt. T hatte den B in einem Testament als Erben eingesetzt. Bei einem Streit zerriss die T das Testament. B verlangt nur von T Vergütung für 345 Stunden zu je 15 Euro.

Die Verpflichtung, ein Testament zu errichten oder nicht zu errichten oder ein Testament zu widerrufen, ist nichtig (§ 2302 BGB). Ein **Testament** kann deshalb aus freien Stücken jederzeit widerrufen werden, z. B. durch Zerreißen, Durchstreichen (§ 2255 BGB). Durch einen **Erbvertrag** wäre der Dienstleistende besser geschützt.

Als Anspruchsgrundlage (zu Lebzeiten gegen den künftigen Erblasser bzw. später gegen dessen Erben, § 1967 BGB) kommt ein **faktisches Arbeitsverhältnis** (§ 612 BGB) in Frage,¹³⁷ nicht Bereicherung wegen Zweckverfehlung nach § 812 I 2 Alt. 2 BGB. Für einen Zahlungsanspruch kommt es zunächst darauf an, ob der künftige Erblasser die Erberwartung gebilligt oder sogar zugesagt hat, ob Einigkeit über die **atypische Vergütung** durch Erbeinsetzung bestanden hat und ob die Dienstleistung den Umständen nach nur gegen eine Vergütung zu erwarten war. Die einseitige subjektive Vorstellung des Dienstleistenden, „die T wird mich schon als Erbe einsetzen, weil ich ihr immer helfe", genügt nicht.

Der Vergütungsanspruch wird als gestundet angesehen, bis sich zeigt, dass die versprochene Erbeinsetzung nicht erfolgt ist, also bis zum Tod bzw. Kenntnis des Dienstleistenden von der fehlenden Erbeinsetzung, im Beispiel ab Zerreißen des Testaments in Anwesenheit des B. Dann beginnt die Verjährung nach §§ 195, 199 I BGB. Die Höhe der Vergütung bestimmt

---
134 Ebenso *Roth* S. 68.
135 *Nieder/Kössinger*, Handbuch der Testamentsgestaltung, 2015, Rn. 134, 135.
136 LAG Rheinland-Pfalz ZEV 2013, 101 (es erfolgte Klageabweisung).
137 BAG NZA 2011, 1335; BGH NJW 1965, 1224; LAG Rheinland-Pfalz ZEV 2013, 101; LAG Hessen BeckRS 2010, 71883 = ZEV 2011, 551; *Trappe/Renners* ZEV 2012, 301.

sich nach § 612 II BGB (übliche Vergütung). Der Dienstleistende trägt die Beweislast für die Vereinbarung der Erbeinsetzung, der potentielle Erblasser bzw. dessen Erbenmüssen muss die Vereinbarung der Unentgeltlichkeit beweisen; er kann ferner einwenden, dass wegen Pflicht zur familienrechtlichen Mitarbeit gem. §§ 1353, 1360, 1619 keine Vergütungspflicht bestand bzw. dass die Hilfe aus sozialer Motivation und nicht in Erwartung der Erbeinsetzung erfolgte. Zuständig ist das Arbeitsgericht.

6. Bestattungsvorsorgeverträge, Dauergrabpflegeverträge

Bei einem Bestattungsvorsorgevertrag vereinbart jemand zu Lebzeiten mit einem Bestattungsunternehmen, wie die Bestattung beim künftigen Todesfall im Einzelnen erfolgen soll. Der Betrag wird in der Regel vorausbezahlt oder ist durch eine abgetretene Sterbegeldversicherung gedeckt. Einen solchen Vertrag kann der geschäftsunfähige Betreute selbst nicht abschließen. Der Betreuer könnte ihn als Vertreter schließen, es ist aber zweifelhaft, ob er einen entsprechenden Aufgabenkreis haben kann; denn zur Vermögenssorge gehört der Vertrag wohl nicht und zur Personensorge wohl ebenfalls nicht. Der *geschäftsfähige* Betreute kann einen Bestattungsvorsorgevertrag schließen; ist für ihn ein Einwilligungsvorbehalt in vermögensrechtlichen Angelegenheiten angeordnet (§ 1903 I BGB) braucht er die Genehmigung seines Betreuers.

113

Manchmal hat jemand früher, als er noch nicht unter Betreuung stand, einen (wirksamen) Bestattungsvorsorgevertrag geschlossen; und jetzt steht er unter Betreuung und ist mittellos. Dann fragt sich, ob von ihm verlangt werden kann, dass er den Vertrag kündigt, um so über die **Rückzahlung** eines Teils der Vertragssumme Mittel zu erlangen, die entweder zur Bezahlung der Betreuervergütung oder zur Rückzahlung von Sozialhilfe an die Sozialhilfeverwaltung verwendet werden könnten.

114

Die Bestattungsunternehmer gestalten den Vertrag (gemischter Vertrag, überwiegend Werkvertragsrecht) meist (in Abweichung von § 649 BGB) als für den Kunden unkündbar aus, um sich vor Rückzahlungen zu schützen. Sollte der Vertrag kündbar sein, dann ist die erste Frage, wie hoch der Rückzahlungsbetrag ist, weil ja der Gewinnanteil des Unternehmers diesem in der Regel verbleibt; verbliebe dem Betreuten nach Auflösung des Vertrages nur insgesamt das Schonvermögen ist die Rückabwicklung ohne Sinn. Sollte sich ein höherer Betrag ergeben ist umstritten, ob der Betreuer **zur Kündigung verpflichtet** ist.

115

In einem vom OLG Frankfurt[138] entschiedenen Fall überwies die Betroffene einen Betrag von (umgerechnet) über 2.500 Euro aufgrund eines gleichzeitig geschlossenen Vertrages an einen Bestattungsunternehmer, so dass sie anschließend nur noch über das Schonvermögen verfügte: sodann wurde die Betreuung angeordnet. Die Frage war dann, ob der Staat (oder die Betreute) die Betreuervergütung zahlen muss. Das OLG Frankfurt meinte, der Betreute sei auch dann mittellos, wenn er früher vorhandenes Vermögen in einer seinen Lebensverhältnissen angemessenen Höhe für einen Bestattungsvorsorgevertrag aufgewendet habe und deshalb nicht mehr über einsetzbares Vermögen verfügt; der aufgewandte Betrag könne nicht als fiktives Vermögen betrachte werden. Ähnlich das Sozialgericht Karlsruhe:[139] Vermögen aus einem angemessenen Bestattungsvorsorgevertrag sei bei der Gewährung von Sozialhilfe nicht zu berücksichtigen. Seine Verwertung stelle für den Hilfesuchenden grundsätzlich eine Härte dar. Eine auf Aufforderung des Hilfeträgers dennoch erfolgte Kündigung und der Einsatz des hieraus erzielten Geldbetrages zur Bedarfsdeckung im Wege der Selbsthilfe könne dem Hilfesuchenden deshalb nicht anspruchsvernichtend entgegengehalten werden.

116 Das Bundessozialgericht[140] stuft einen abgeschlossenen und bezahlten Bestattungsvorsorgevertrag zwar als Vermögen des Hilfeempfängers ein, meint aber, die Verwertung der Vorsorge für eine angemessene Bestattung und Grabpflege könne einen unwirtschaftlichen Härtefall bedeuten und damit zu einer Verschonung des dafür einzusetzenden Vermögens führen.

---

138 OLG Frankfurt FGPrax 2011, 115.
139 SG Karlsruhe FamRZ 2010, 236.
140 BSG ZEV 2008, 539.

C. Das Behindertentestament der Eltern des Betreuten

1. Grundstruktur

Die Eltern eines behinderten „Kindes" (das ab Volljährigkeit meist unter Betreuung steht) wollen einerseits die Lebenssituation des Behinderten verbessern; andererseits soll der Sozialhilfeträger die Leistungen für den Behinderten weiterhin erbringen müssen und dabei nicht auf den (künftigen elterlichen) Nachlass zugreifen können.[1] Würde das behinderte Kind uneingeschränkt Erbe, dann müsste sein Vermögen, wozu auch die Erbschaft zählt, bis zur Höhe des Schonvermögens[2] für die Pflege und ggf. notwendige Heimunterbringung verwendet werden, ohne dass dies dem Behinderten einen Zugewinn an Lebensqualität erbringen würde. Das soll durch eine trickreiche Gestaltung vermieden werden. 117

Das Behindertentestament enthält als Grundstruktur folgende Elemente:[3] 118

- Der behinderte Erbe, der meist unter Betreuung steht, wird nur zum (*nicht* befreiten) Vorerben eingesetzt; ein gesunder Angehöriger (z. B. Bruder des Behinderten) wird zum Nacherben bestimmt; Rn. 373.

- Testamentsvollstreckung über den Erbteil des Behinderten auf dessen Lebenszeit wird angeordnet (Dauervollstreckung); ein Testamentsvollstrecker und Ersatztestamentsvollstrecker wird bestimmt; höchsthilfeweise wird das Nachlassgericht gebeten, einen Testamentsvollstrecker zu bestellen (§ 2200 BGB); Rn. 119, 421, 447. Die Ernennung von

---

1 *Nieder/Kössinger,* Handbuch der Testamentsgestaltung, § 21 Rn. 68.
2 Derzeit 2.600 Euro sowie angemessenes Hausgrundstück, Einzelheiten vgl. § 90 SGB XII.
3 Zahlreiche Varianten werden diskutiert, vgl. *Manthey/Trilsch* ZEV 2015, 618; *Dreher/Görner,* NJW 2011, 1761 (nicht sittenwidrig); *Nieder/Kössinger* Handbuch der Testamentsgestaltung, § 21 Rn. 71 ff.; *Reimann/Bengel/J. Mayer,* Testament und Erbvertrag, Teil A Rn. 530 ff.; *Hartmann* ZEV 2001, 89; *Golpayegani/Boger* ZEV 2005, 377; *Ruby* ZEV 2006, 66. Ob solche Testamente sittenwidrig sind, ist nicht abschließend geklärt: BGH NJW-RR 1994, 323 (im konkreten Fall nicht sittenwidrig); BGH NJW 1990, 2055 (bescheidenes Vermögen; nicht sittenwidrig); BGH NJW 2011, 1586 (Erbverzicht, nicht sittenwidrig); OLG Hamm BeckRS 2016, 110649 (Höhe des Nachlasses belanglos).

Berufsträgern, z. B. Rechtsanwälten, Steuerberatern kostet jährliche Gebühren, ein Verwandter könnte mit dem Zusatz berufen werden: «Der Testamentsvollstrecker erhält keine Vergütung, nur Auslagenersatz».

- Im Testament wird dem Testamentsvollstrecker eine Verwaltungsanordnung erteilt (§ 2216 II 1 BGB); unten Rn. 120.

119 Die **Anordnung der Testamentsvollstreckung** hat zur Folge, dass Gläubiger des Erben während der Dauer der Testamentsvollstreckung keine Zugriffsmöglichkeit auf die der Verwaltung des Testamentsvollstreckers unterliegenden Nachlassgegenstände nebst **Erträgen** haben (§ 2214 BGB). Außerdem erfasst die Testamentsvollstreckung auch die Nachlasserträge, während bei einer bloßen Vorerbschaft/Nacherbschaft der Vorerbe Anspruch auf die Erträge hat (§ 2112 BGB), so dass sie pfändbar sind.

2. Verwaltungsanordnungen

120 Wird der Testamentsvollstrecker vom Erblasser durch eine Verwaltungsanordnung ausdrücklich angewiesen, die jährlichen Reinerträge der Vorerbschaft an den Behinderten in solchen Formen auszuschütten, dass der Sozialhilfeträger darauf nicht Zugriff nehmen kann, dann ist das nach § 2216 II 1 BGB für den Testamentsvollstrecker bindend.[4] Auch das BSG[5] stellt auf die Verwaltungsanordnung ab und meint, dass der Verwertbarkeit von Nachlassvermögen als „bereite Mittel" i. S. d. Sozialleistungsrechts eine Dauertestamentsvollstreckung entgegenstehen kann.

Jedoch bestehen Einschränkungen: **(1)** Zum einen kann der Testamentsvollstrecker beantragen, dass die Anordnung vom Nachlassgericht **außer Kraft gesetzt** wird (§ 2216 II 2 BGB), was geschieht, wenn ihre Befolgung den „Nachlass erheblich gefährden würde". Wenn z. B. die Mieteinnahme benötigt wird, um die Dachrinne zu reparieren, dann kann an den Behinderten keine Zahlung erfolgen. Der Sozialhilfeträger kann keinen solchen Antrag auf Außerkraftsetzung stellen. **(2) Im Verhältnis zum Erben** besteht für den Testamentsvollstrecker keine Befolgungspflicht.[6] Der Erbe kann ihn daher nicht auf Erfüllung verklagen, aber auf Schadensersatz, er kann ferner die Entlassung durch das Nachlassgericht wegen Nichtbefolgung (§ 2227 BGB) beantragen.[7] **(3)** Die **Sittenwidrigkeit**

---

4 *Nieder/Kössinger,* Handbuch der Testamentsgestaltung, § 21 Rn. 97.
5 BSG ZEV 2015, 484.
6 *Staudinger/Reimann* (2012) § 2216 Rn. 25; umstritten.
7 OLG Zweibrücken FamRZ 1989, 788.

solcher Anordnungen ist umstritten, wenn sie deutlich zum Ausdruck bringen, dass die Sozialhilfeverwaltung ausgebeutet werden soll. Der BGH[8] hält sie für grds. nicht sittenwidrig, sondern vielmehr Ausdruck der sittlich anzuerkennenden Sorge für das Wohl des Kindes über den Tod der Eltern hinaus.[9]

Als **Verwaltungsanordnung** wird z. B. vorgeschlagen: Der Testamentsvollstrecker wird angewiesen, aus den Reinerträgen des Erbteils des B dem B nach billigem Ermessen diejenigen Zuwendungen zu leisten, die zur Verbesserung der Lebensqualität beitragen, aber nach dem Sozialhilferecht nicht dem Zugriff des Sozialhilfeträgers unterliegen und nicht auf gewährte Hilfeleistungen anzurechnen sind,[10] z. B. angemessene Geschenke zum Geburtstag und zu Weihnachten, Zuschüsse zur Finanzierung eines Urlaubes; zur Freizeitgestaltung. Keinesfalls sollte die Anweisung erfolgen, Getränke, Kleidung, Taschengeld usw zu leisten, weil damit Grundbedarf gedeckt wird,[11] also die Sozialleistung sinkt.

121

Steht der geistig behinderte Erbe unter Testamentsvollstreckung und hat er kein sonstiges Eigenvermögen, fragt sich, ob der Testamentsvollstecker die **Betreuervergütung** aus dem Nachlass zu zahlen hat oder ob die Staatskasse dafür einspringen muss.

122

Der BGH[12] hat ausgeführt, dass ein Nachlass, der der Testamentsvollstreckung unterliegt, nur dann für Vergütungsansprüche eines Betreuers des Erben zur Verfügung steht, wenn dies mit den vom Erblasser im Testament getroffenen Verwaltungsanordnungen, die vom Testamentsvollstrecker vollzogen werden müssen, zu vereinbaren ist (§§ 2211, 2214 BGB). Daher ist durch Auslegung der an den Testamentsvollstrecker adressierten Verwaltungsanordnungen (§ 2216 BGB) zu ermitteln, ob der Erblasser auch Vergütungsansprüche des Betreuers ausschließen wollte. Stehen die im Testament getroffenen Verwaltungsanordnungen an den Testamentsvollstrecker einer Entnahme der Betreuervergütung aus dem Nachlass entgegen, ist **der Erbe mittellos** und der Betreuer kann seine Vergütung nur aus der Staatskasse verlangen.

---

8 BGH NJW 2011, 1586; NJW 1990, 2055; NJW 1994, 248; NJW-RR 2005, 369; NJW-RR 2006, 223.
9 BGH NJW 2013, 1879 = FamRZ 2013, 874.
10 In BGH NJW 2011, 1586 nicht beanstandet.
11 BSG ZEV 2015, 484; *Doering-Striening* ErbR 2016, 10.
12 BGH FamRZ 2015, 1019 = ZEV 2015, 414; ähnlich LG Wuppertal ZEV 2015, 643. Über den Anspruch auf Leistungen der Jugendhilfe in einem solchen Fall vgl. BVerwG NJW 2016, 584.

In einer anderen Entscheidung hat der BGH[13] ausgeführt, die durch ein Behindertentestament auf den Betroffenen übertragene (Vor-)Erbschaft führe auch bei gleichzeitiger Anordnung der Testamentsvollstreckung *nicht zwingend* zur Mittellosigkeit des Betroffenen. Die Zahlung von Aufwendungsersatz an den Ergänzungsbetreuer wurde gebilligt.

Der Erblasser, der einen Betreuten zum Erben bzw. Vorerben einsetzt und zugleich Testamentsvollstreckung anordnet, sollte also ins Testament den Satz schreiben: „ Eine Betreuervergütung, Verfahrenspflegervergütung oder ähnliche Zahlung darf aus dem verwalteten Vermögen nicht beglichen werden".

Die **Jahresgebühr der Gerichtskasse** (Nr. 11101 KV GNotKG), die bei Vermögen des Betreuten anfällt, kann dagegen gegen den Betreuten angesetzt werden, auch wenn der Nachlass unter Testamentsvollstreckung steht,[14] weil das ein formaler Vorgang ist. Verweigert der Testamentsvollstrecker die Übernahme der Zahlung, kann die Gerichtskasse den Anspruch des Betreuten gegen den Vollstrecker pfänden (§§ 829, 835 ZPO) und sich zur Einziehung überweisen lassen, im Einziehungsprozess kann dann das Testament ausgelegt werden, wobei dann das Ergebnis sein kann, dass die Staatskasse die Gebühr nicht verlangen darf.

122a **Beispiel eines Behindertentestaments:**

Testament

Im Falle meines Todes ordne ich, XY, geb. am …… in …, wohnhaft …, Folgendes an:

1) Bisher errichtete Testamente widerrufe ich hiermit.

2) Zur Alleinerbin setze ich meine Tochter ZZ , geb. am …… wohnhaft ……, ein. Sie ist aber nur nicht befreite Vorerbin.

3) Ersatzerbin und zugleich Nacherbin ist die Tochter meines Bruders, A.A., geb. am …, wohnhaft …… Der Nacherbfall tritt mit dem Tod der Vorerbin ein.

4) Für die Zeit des Vorerbfalls (also während meine Tochter Erbin ist) ordne ich Dauer-Testamentsvollstreckung an. Zur Testamentsvollstreckerin bestelle ich Frau BB in …; ersatzweise … Hilfsweise soll das Nachlassgericht einen Testamentsvollstrecker ernennen. Die Testamentsvollstreckerin erhält eine Vergütung in Höhe von …… sowie Auslagenersatz und Umsatzsteuer.

Die Testamentsvollstreckerin soll insbesondere meine Eigentumswohnung in … räumen und die Einrichtung meiner Tochter geben. Dann soll sie die Wohnung vermieten. Die Testamentsvollstreckung erstreckt sich auch auf die Mieteinnahmen und sonstigen Einnahmen.

---

13 BGH NJW 2013, 1879 = FamRZ 2013, 874.
14 OLG Hamm FamRZ 2016, 733 = ZEV 2015, 641; LG Köln NJOZ 2015, 757; OLG Köln ZEV 2009, 402 (zur KostO); a.A. *Manthey/Trilsch* ZEV 2015, 618.

Die Testamentsvollstreckerin wird angewiesen, aus den Reinerträgen des Nachlasses meiner Tochter nach billigem Ermessen diejenigen Zuwendungen zu leisten, die zur Verbesserung ihrer Lebensqualität beitragen, aber nach dem Sozialhilferecht nicht dem Zugriff des Sozialhilfeträgers unterliegen und nicht auf gewährte Hilfeleistungen anzurechnen sind, z. B. angemessene Geschenke zum Geburtstag und zu Weihnachten, Zuschüsse für Urlaube; zur Freizeitgestaltung. Eine eventuelle Betreuervergütung, Aufwandsentschädigung für den Betreuer, Pflegervergütung jeglicher Art, Jahresgebühren oder einmalige Gebühren an die Gerichtskasse oder eine ähnliche Zahlung darf aus dem verwalteten Vermögen und dessen Erträgen nicht erfolgen.

Durch diese Anweisungen entsteht kein Rechtsanspruch meiner Tochter gegen die Testamentsvollstreckerin.

gez....

D. Das gemeinschaftliche Testament mit Beteiligung eines Betreuten

1. Testierfähige Ehegatten

Haben Ehegatten (bzw. eingetragene Lebenspartner; § 10 IV LPartG) ein gemeinschaftliches Testament in der Form des § 2267 BGB errichtet, dann können beide Ehegatten dieses Testament gemeinsam widerrufen (vgl. Rn. 96), wenn beide beim Widerruf testierfähig sind (§ 2253 BGB); sie können es z. B. zerreißen. Ein testierfähiger Ehegatte allein kann die *wechselbezüglichen* Verfügungen des Testaments ebenfalls zu Lebzeiten des anderen Ehegatten widerrufen, auch gegen den Widerspruch des anderen Ehegatten, allerdings nur in der erschwerten Form der §§ 2271, 2296 BGB (unten Rn. 127). Seine einseitigen, also *nicht wechselbezüglichen* Verfügungen, kann ein Ehegatte zu Lebzeiten ohne weiteres widerrufen.[1] Das wirft **schwierige Abgrenzungsfragen** auf (wann ist eine Verfügung wechselbezüglich, wann nicht?).

Ein Widerruf erfolgt in der Regel, weil sich die Verhältnisse bei einem oder bei beiden Ehegatten grundlegend geändert haben; der eine Ehegatte will den anderen Ehegatten nicht mehr zum Alleinerben einsetzen, oder er will den Schlusserben ändern und der andere Ehegatte ist damit nicht einverstanden, so dass einseitig gehandelt werden muss. Nach dem Widerruf kann jeder Ehegatte neu testieren. Ist aber ein Ehegatte inzwischen testierunfähig geworden kann er nicht mehr testieren; nach seinem Tod gilt dann grundsätzlich die gesetzliche Erbfolge, während der testierfähige widerrufende Ehegatte frei testieren kann und nur durch Pflichtteilsrechte eingeschränkt ist.

2. Widerruf des Testierfähigen gegenüber einem Geschäftsunfähigen

In dieser Fallgruppe ist der Absender des Widerrufs (M) testierfähig, der Empfänger des Widerrufs (F) ist nicht mehr geschäftsfähig, steht aber unter Betreuung. Da der Widerruf eine letztwillige Verfügung ist,[2] kommt

---

1 *Palandt/Weidlich* § 2271 Rn. 1, 2.
2 *Staudinger/Kanzleiter*, § 2271 Rn. 9.

es bei M auf die Testierfähigkeit an; der Empfänger dagegen testiert nicht, bei ihm muss daher Geschäftsfähigkeit vorliegen. Beweggründe für M können z. B. sein, dass er sich einem anderen Partner zugewandt hat; oder dass beim eigenen Vorversterben der im Heim lebende Ehegatte (F) Alleinerbe würde, also der Nachlass durch die Heimkosten im Laufe der Jahre vollständig aufgebraucht würde.

126 Die **Wirksamkeit** eines gegenüber dem Betreuer als Vertreter des Ehegatten (F) erklärten **Widerrufs** wird von der h. M. bejaht,[3] weil sich aus dem BGB keine andere Regelung herleiten lässt. Schon bei der Gebrechlichkeitspflegschaft (Vorläufer der Betreuung bis 31.12.1991; § 1910 a. F. BGB) nahm das BayObLG[4] die Wirksamkeit eines gegenüber dem Pfleger erklärten Widerrufs an. Andere Stimmen[5] lehnen generell eine Möglichkeit des Widerrufs gegenüber dem geschäftsunfähigen Ehegatten ab, weil durch einen Widerruf der andere Ehegatte in die Lage versetzt werden solle, selbst neue Verfügungen zu treffen, ihm dies aber wegen seiner Testierunfähigkeit nicht mehr möglich sei.

127 Wenn ein Ehegatte eine von ihm getroffene *wechselbezügliche* Verfügung einseitig, also ohne Mitwirkung des anderen Ehegatten, zu dessen Lebzeiten widerrufen will, so kann er dies nur in der **Form** tun, die für den Rücktritt von einem Erbvertrag vorgesehen ist (§§ 2271 I 1, 2296 BGB), also durch eine

- persönliche, notariell beurkundete Erklärung, die
- gegenüber dem anderen Ehegatten abzugeben ist.

128 *Nicht wechselbezügliche* Verfügungen dagegen kann jeder Ehegatte einseitig, also ohne Mitwirkung des anderen Ehegatten, zu dessen Lebzeiten (oder nach dessen Tod) ändern oder widerrufen, ohne dass der Weg des §§ 2271, 2296 BGB eingehalten werden muss.[6]

129 Das gemeinschaftliche Testament kann, muss aber nicht, **wechselbezügliche Verfügungen** enthalten. Das sind Verfügungen der Ehegatten, die jeweils mit Rücksicht auf die andere getroffen sind und die miteinander

---

3 OLG Karlsruhe NJW-RR 2015, 1031 = ZEV 2015, 491 (LS); OLG Nürnberg NJW 2013, 2909; OLG Hamm FamRZ 2014, 1484; AG München NJW 2011, 618; LG Hamburg Beschl. v. 17.3.2000 – 301 T 264/99; *Keim* ErbR 2014, 118; *Vollmer* ZErb 2007, 235; *Arne Helms* DNotZ 2003, 104; *Zimmer* ZEV 2007, 159; *Staudinger/Kanzleiter*, § 2271 Rn. 14; *Soergel/M. Wolf* § 2296 Rn. 3; *Reimann/Bengel/J. Mayer*, Testament und Erbvertrag, § 2271 Rn. 17; *Palandt/Weidlich* § 2271 Rn. 6.
4 BayObLG FamRZ 1993, 736.
5 *Grunsky* ErbR 2014, 120; *Damrau/Bittler* ZErb 2004, 77.
6 *Palandt/Weidlich* § 2271 Rn. 1; *Bamberger/Roth/Litzenburger* § 2271 Rn. 4; unstreitig.

stehen und fallen sollen.[7] Diese Verfügungen müssen nicht gegenseitig sein. Wechselbezüglich können nur Erbeinsetzungen, Vermächtnisse oder Auflagen angeordnet werden (§ 2270 III BGB), nicht z. B. Testamentsvollstreckung,[8] Enterbung.[9] Die Wechselbezüglichkeit kann auch nur bezüglich eines Teils der Verfügungen bestehen; sie kann auch nur als *einseitige* Abhängigkeit ausgestaltet sein (M verfügt so, weil F in bestimmter Weise verfügt; F will aber diese Abhängigkeit nicht).

Ob Wechselbezüglichkeit vorliegt ergibt die Auslegung des Testaments. Letztlich geht es darum, ob (nach Art des gegenseitigen Vertrages) der eine dem anderen einen Vorteil gewährte, *weil* er selbst einen Vorteil erhielt. Ist die Auslegung ohne Erfolg, greift die **Auslegungsregel** des § 2270 II BGB ein: Wechselbezüglichkeit ist *im Zweifel* anzunehmen: 130

- Wenn sich die **Ehegatten gegenseitig bedenken** (als Erben oder Vermächtnisnehmer); oder

- Wenn der andere Ehegatte bedacht wird, der seinerseits eine mit dem zuwendenden Ehegatten verwandte Person (§ 1589 BGB) bedenkt.

- Wenn der andere Ehegatte bedacht wird, der seinerseits eine dem zuwendenden Ehegatten nahe stehende Person bedenkt. Darunter versteht man ein Verhältnis, das enge persönliche und innere Bindungen beinhaltet, wie es bei engsten Freunden, Pflegekindern, eventuell noch bei verschwägerten Personen, vorstellbar ist.

a) Erklärung des Widerrufs

Der Widerruf bedarf der **notariellen Beurkundung** (§ 2296 II 2 BGB); eine notarielle Beglaubigung der Unterschrift genügt nicht.[10] Auch wenn eine wechselbezügliche Verfügung widerrufen werden soll, die in einem privaten gemeinschaftlichen Testament getroffen ist, das die Ehegatten selbst verwahren, genügt es nicht, wenn ein Ehegatte seine Verfügung mit Zustimmung des anderen Ehegatten in einem neuen eigenhändigen einseitigen Testament widerruft oder wenn er einen solchen Widerruf dem anderen Ehegatten mündlich mitteilt.[11] 131

---

7   RGZ 116, 149; BayObLG FamRZ 2001, 1734.
8   *Palandt/Weidlich* § 2270 Rn. 13.
9   BayObLG FamRZ 1993, 240.
10 BGH DNotZ 1968, 360.
11 MünchKomm/*Musielak* § 2271 Rn. 7; *Staudinger/Kanzleiter* § 2271 Rn. 12.

b) Vertreter des geschäftsunfähigen Ehegatten

132 Ist der Ehegatte, demgegenüber der Widerruf zu erklären ist, geschäftsfähig, muss der Widerruf *ihm* zugehen (§ 130 BGB). Ist er geschäftsunfähig (§§ 104 ff. BGB), so muss der Widerruf, um wirksam zu werden, dem gesetzlichen Vertreter zugehen (§ 131 BGB).[12] Wegen dieser Unklarheit sollte der Widerruf sowohl dem Ehegatten wie dem Betreuer zugestellt werden. Beschränkt geschäftsfähige Betreute gibt es nicht, weil Betreute immer volljährig sind (§ 1896 BGB).

133 Ist dem anderen Ehegatten **noch kein Betreuer bestellt** kann der widerrufswillige Ehegatte die **Bestellung eines Betreuers** beim Betreuungsgericht anregen (§§ 1896 ff. BGB; §§ 271 ff. FamFG) und bei Ablehnung versuchen, dies mit Beschwerde (§§ 58 ff. FamFG) durchzusetzen. Wird beim „Antrag" der Anlass der Anregung angegeben, können Probleme auftreten. Denn die abweichende Meinung sagt: die Anordnung einer Betreuung setzt voraus, dass der Betreute *seine* Angelegenheiten nicht besorgen kann (§ 1896 BGB); es soll aber keine Angelegenheit des Betreuten besorgt werden, sondern eine Angelegenheit des widerrufenden Ehegatten. Da der Empfänger des Widerrufs selbst wegen seiner Testierfähigkeit nicht mehr neu testieren könne widerspreche eine entsprechende Betreuerbestellung zum Zwecke der Entgegennahme des Widerrufs den Interessen des geschäftsunfähigen Ehegatten, so dass sie nicht erfolgen dürfe.[13] Dagegen spricht: Es ist anerkannt, dass auch bloße Drittinteressen die Anordnung einer Betreuung rechtfertigen können;[14] z. B. muss ein Antrag auf Scheidung gegen einen Geschäftsunfähigen möglich sein (vgl. § 125 II FamFG), ebenso ein Wohnungskündigung und Räumungsklage, eine Zahlungsklage. Derartige Prüfungspflichten können naturgemäß bei der bloß passiven Entgegennahme einer einseitigen Willenserklärung niemals notwendig sein. Der andere Ehegatte hat keinen Entscheidungsspielraum, ob er den Widerruf entgegennehmen will oder nicht. Gegen die Ablehnung der Betreuerbestellung sollte daher Beschwerde eingelegt werden.

134 **Aufgabenkreis des Betreuers.** Ein Betreuer ist nur in dem Aufgabenkreis, der im Bestellungsbeschluss angegeben ist (§ 290 S. 2 Nr. 3 FamFG), gesetzlicher Vertreter des Betreuten (§ 1902 BGB). Der Aufgabenkreis „alle Angelegenheiten" genügt möglicherweise, desgleichen wohl „Vermögenssorge", „Vermögensangelegenheiten".[15] Besteht sonst kein Betreu-

---

12 *Staudinger/Kanzleiter*, § 2271 Rn. 14.
13 *Damrau/Bittler* ZErb 2004, 77.
14 BGH NJW 1985, 433 zur Gebrechlichkeitspflegschaft; *Arne Helms* DNotZ 2003, 104.
15 OLG Hamm FamRZ 2014, 1484; OLG Nürnberg NJW 2013, 2909; *Scherer/Siegmann* § 9 Rn. 33; *Arne Helms* DNotZ 2003, 104.

ungsbedarf oder ist eine Klarstellung angebracht wird der Aufgabenkreis „erbrechtliche Angelegenheiten, insbesondere Empfangnahme eines Testamentswiderrufs" angeordnet.[16] Andere Aufgabenkreise sind problematisch. Ungenügend ist der Aufgabenkreis „Postvollmacht einschließlich der Entgegennahme, des Öffnens und Anhaltens der Post".[17]

(1) **Ergänzungsbetreuer** als gesetzlicher Vertreter   135

Beispiel: 136

M und F sind seit Jahrzehnten verheiratet. Vor 20 Jahren haben sie ein gemeinschaftliches Testament errichtet, mit dem die Ehepartner sich wechselseitig als Erben einsetzen und als Schlusserben die gemeinsamen Kinder. Frau F ist seit einiger Zeit dement; ihr Ehemann M wurde zu ihrem Betreuer bestellt. M möchte sich jetzt von dem gemeinschaftlichen Testament lösen, um seine Freundin testamentarisch zu bedenken.

Ist der **Betreuer identisch mit dem widerrufswilligen Ehegatten** 137
ist er nach §§ 1908i, 1795, 181 BGB von der gesetzlichen Vertretung des anderen Ehegatten ausgeschlossen; desgleichen sind möglicherweise[18] Abkömmlinge des widerrufenden Ehegatten ausgeschlossen. Dann muss der widerrufswillige Betreuer-Ehegatte beim Betreuungsgericht anregen, dass seine Vertretung eingeschränkt wird und ein **Ergänzungsbetreuer** (nicht: Ergänzungspfleger nach § 1909 BGB) mit dem Aufgabenkreis „Empfang des Zugangs eines Testamentswiderrufs" bestellt wird (§ 1899 IV BGB).[19] Die Vergütung des berufsmäßigen Ergänzungsbetreuers richtet sich nach § 6 S. 1 VBVG, also nach Zeitaufwand, wobei sich der Stundensatz aus § 3 VBVG ergibt.

(2) **Vorsorgebevollmächtigter** als rechtsgeschäftlicher Vertreter. Selbst 138
wenn der jetzt geschäftsunfähige Ehegatte in geschäftsfähigem Zustand eine Vollmacht mit dem Umfang „erbrechtliche Angelegenheiten" errichtet hat, genügt die Zustellung an diesem Bevollmächtigten nicht, weil § 131 BGB ausdrücklich nur den Zugang an den gesetzlichen Vertreter genügen lässt; die Ausdehnung der Bedeutung der Vollmacht in § 51 III ZPO wurde vom Gesetzgeber nicht generell ins materielle Recht übertragen. Das ist aber umstritten; nach a. A.[20] soll die Zustellung an einen Bevollmächtigten genügen, falls die Vollmacht einen ausreichenden Umfang hat.

---

16 AG München NJW 2011, 618.
17 OLG Karlsruhe NJW-RR 2015, 1031 = ZEV 2015, 491.
18 Zur Streitfrage vgl. OLG Nürnberg NJW 2013, 2909; BayObLG FamRZ 1977, 141; MünchKomm/*Spickhoff* § 1795 Rn. 23 ff; *Soergel/Zimmermann* § 1795 Rn. 26.
19 OLG Nürnberg NJW 2013, 2909 (Abkömmling des Erblassers kann Ergänzungsbetreuer sein); AG München NJW 2011, 618; *Keim* ZEV 2010, 358.
20 LG Leipzig FamRZ 2010, 403 (hier war vom Betreuungsgericht die Betreuerbestellung abgelehnt worden, da eine Vorsorgevollmacht vorliege; das Nachlassgericht vermisste

c) Zugang des Widerrufs

139 Erforderlich ist der Zugang einer Ausfertigung an den Betreuer; die Erklärung muss an den Ehegatten, gesetzlich vertreten durch den Betreuer, gerichtet werden und an den Betreuer gesandt werden. Es genügt nicht, wenn die Erklärung an den Ehegatten gerichtet ist und zufällig an den Betreuer gelangt. Aus Beweisgründen wird in der Praxis die **Zustellung durch den Gerichtsvollzieher** gewählt (§ 132 BGB; §§ 166 ff. ZPO). Ist der Betreute vor Zugang gestorben, dann wird der Widerruf nicht mehr wirksam.[21]

140 Teils wird empfohlen,[22] aus Vorsicht sowohl dem Ehegatten als auch dem Betreuer als dessen Vertreter eine Ausfertigung der Widerrufserklärung zustellen zu lassen; das kann ratsam sein.

3. Widerruf des Testierunfähigen gegenüber einem Geschäftsfähigen

141 In dieser Fallgruppe ist der Absender des Widerrufs (M) testierunfähig und steht unter Betreuung, der Empfänger des Widerrufs (F) ist noch geschäftsfähig. Obwohl der Widerruf der notariellen Beurkundung bedarf (Rn. 131), ist denkbar, dass dem Notar die Testierunfähigkeit des Mandanten nicht auffällt.

142 Der testierfähige Erblasser kann sein Einzeltestament nach Belieben widerrufen (Rn. 96); ist er aber testierunfähig geworden, ist ihm dies versagt. Der testierunfähige Ehegatte hat keine Möglichkeit mehr, sich von den wechselbezüglichen oder nichtwechselbezüglichen Bestimmungen in einem gemeinschaftlichen Testament durch Widerruf zu lösen.[23]

143 Nach einer im Schrifttum vertretenen Auffassung[24] soll dem gesetzlichen Vertreter eines Geschäftsunfähigen in Analogie zu § 2282 II BGB das Recht zur Anfechtung wechselbezüglicher Verfügungen dann zugebilligt werden, wenn ein Anfechtungsgrund bestehe; eine Genehmigung des Betreuungsgerichts sei notwendig. Ein Erbvertrag zwischen Ehegatten kann bei entsprechender Gestaltung denselben Inhalt haben wie ein gemein-

---

die Betreuerbestellung); *Palandt/Weidlich* § 2271 Rn. 6; *Keim* ZEV 2010, 358; *Bamberger/Roth/G. Müller* § 1896 Rn. 29.
21 RGZ 65, 270.
22 *Palandt/Weidlich* § 2271 Rn. 6; *Arne Helms* DNotZ 2003, 104.
23 MünchKomm/*Musielak* § 2271 Rn. 6.
24 *Arne Helms* DNotZ 2003, 104; *Lange* ZEV 2008, 313; *Zimmer* NJW 2007, 1713.

schaftliches Testament; beim Erbvertrag ist eine Anfechtung bei Irrtum oder Drohung oder Übergehung eines Pflichtteilsberechtigten möglich. Das soll für eine Analogie sprechen. Aber die Unterschiede zwischen Widerruf und Anfechtung und der klare Gesetzestext sprechen dagegen.

E. Annahme der Erbschaft, Anfechtung der Annahme

1. Die Zeitspanne zwischen Erbfall und Annahme der Erbschaft

a) Wenn es nicht zur Annahme kommt

144 Der Erbe ist vor Annahme der Erbschaft zur Fürsorge für den Nachlass nicht verpflichtet, allenfalls berechtigt. Während dieses Zeitraums braucht er sich um den Nachlass grundsätzlich nicht zu kümmern.[1] Hat ein vorläufiger Erbe gleichwohl freiwillig für die Erbschaft Tätigkeiten entfaltet, aber die Erbschaft dann nicht angenommen, sondern ausgeschlagen, haftet er nicht den Nachlassgläubigern nach § 1978 BGB, sondern dem endgültigen Erben nach § 1959 I BGB; das bedeutet, dass er aus **Geschäftsführung ohne Auftrag** (§§ 677 ff. BGB) haftet, wenn ihn ein Vorwurf trifft. Nur wenn ein Eigengläubiger des vorläufigen Erben in den Nachlass vollstreckt, dann soll der vorläufige Erbe nach h. M.[2] verpflichtet sein, dies nach § 783 ZPO abzuwehren.

145 Umgekehrt hat der vorläufige Erbe einen Aufwendungsersatzanspruch gegen den endgültigen Erben (§§ 683, 684 BGB), der Nachlassverbindlichkeit ist (§ 1967 II BGB). Für seine Tätigkeit kann er aber keine Verwaltervergütung verlangen.[3]

146 **Beispiele:**
(1) E hat eine Obsthandlung (vorläufig) geerbt; er verkauft die verderbliche Ware sofort und schlägt dann aus. Zur Veräußerung war E berechtigt (§ 1959 II BGB), haftet also nicht. (2) E hat seinen Onkel beerbt; er beauftragt und zahlt die Beerdigung und schlägt dann aus. In der Veranlassung der Bestattung liegt noch keine Annahme der Erbschaft. Vom endgültigen Erben kann E die Erstattung seiner Beerdigungskosten verlangen, aber nur als Nachlassverbindlichkeit (§ 1968 BGB). Ist der Nachlass mittellos bleibt E auf seinen Auslagen sitzen.

---

1 BGH ZEV 2005, 109; *Staudinger/Marotzke* (2010), § 1978 Rn. 4.
2 *Staudinger/Marotzke* § 1978 Rn. 7.
3 BGH NJW 1993, 1851.

147 Wenn der vorläufige Erben in Bezug auf den Nachlass „Aufträge" erteilt, z. B. einem Handwerker zur dringenden Reparatur am Nachlasshaus oder einen Bestattungsunternehmer für die Beerdigung, dann schuldet er diesem aus dem mit ihm geschlossenen Vertrag Zahlung aus seinem Eigenvermögen. Da sein Ersatzanspruch gegen den endgültigen Erben unter dem Vorbehalt steht, dass der Nachlass leistungsfähig ist, könnte der vorläufige Erbe mit dem Auftragsnehmer eine Haftungsbeschränkung vereinbaren; freilich ist das theoretisch, weil sich kein Handwerker darauf einlassen wird.

b) Wenn es zur Annahme kommt, anschließend zum Insolvenzverfahren

148 **aa)** Kommt es nach Annahme der Erbschaft zur Eröffnung des Nachlassinsolvenzverfahrens oder wird vom Gericht die Nachlassverwaltung angeordnet (§ 1981 BGB), dann ist der Erbe den Nachlassgläubigern für die Zeit *bis zur Annahme* der Erbschaft nach den Vorschriften über die **Geschäftsführung ohne Auftrag** (§§ 677 ff. BGB) verantwortlich (§ 1978 I 2 BGB), wenn der Erbe die Erbschaft tatsächlich angenommen hatte.[4] Der Erbe wird also wie ein Geschäftsführer behandelt, die Nachlassgläubiger sind seine Geschäftsherren.

149 Ist der Geschäftsführer geschäftsunfähig, so ist er nur nach den Vorschriften über den Schadensersatz wegen unerlaubter Handlungen (§§ 823 ff. BGB) und über die Herausgabe einer ungerechtfertigten Bereicherung (§§ 812 ff. BGB) verantwortlich.

150 **bb)** Für die Zeitspanne von der Annahme der Erbschaft bis zur Insolvenzeröffnung haftet der Erbe wie ein **Beauftragter** der Gläubiger für die ordnungsgemäße Verwaltung und Nutzung des Nachlasses (§§ 1978 I 1, 670 BGB). Der betreute Erbe haftet dabei für seinen Betreuer, weil dies sein Erfüllungsgehilfe ist (§§ 664 I 3, 278 BGB); Rn. 19. Demzufolge hat der Erbe den Nachlass herauszugeben, Auskunft über den Stand des Nachlasses zu erteilen und Rechenschaft abzulegen.

151 Umgekehrt kann der Erbe vom Nachlassinsolvenzverwalter bzw. Nachlassverwalter Aufwendungsersatz verlangen (§ 1978 III BGB), z. B. Erstattung des bezahlten Bestattungskosten. Der Anspruch beinhaltet auch die Befreiung von Verbindlichkeiten, die der Erbe zum Zwecke der Verwaltung des Nachlasses eingegangen ist (§§ 670, 257 BGB); das bedeutet: wenn der Erbe eine diesbezügliche Rechnung noch nicht bezahlt hat, kann er Bezahlung von Nachlassinsolvenzverwalter verlangen und muss nicht zuerst die Rechnung selbst bezahlen. Im Nachlassinsolvenzverfahren ist der Ersatz-

---

4 *Staudinger/Marotzke*, § 1978 Rn. 2.

anspruch eine Masseverbindlichkeit (§ 324 I Nr. 1 InsO), also nicht zur Insolvenztabelle anzumelden, sondern gegenüber dem Verwalter geltend zu machen (der Erbe erhält darauf nicht nur die Insolvenzquote, soweit Mittel vorhanden sind). Ersatzansprüche für Aufwendungen zur Berichtigung einer Nachlassverbindlichkeit sind in § 1979 BGB gesondert geregelt.

cc) Mit der Eröffnung des Nachlassinsolvenzverfahrens bzw. der Anordnung der Nachlassverwaltung verliert der Erbe die Befugnis, den Nachlass zu verwalten und über ihn zu verfügen (vgl. § 80 InsO; § 1984 I 1 BGB; Besonderheiten in §§ 21, 22, 270 ff. InsO). 152

c) Wenn die Erbschaft angenommen wird, anschließend Dürftigkeitseinrede

Auch in einem solchen Fall (§§ 1990 bis 1992 BGB) ist der Erbe berechtigt, seine Ansprüche auf Aufwendungsersatz vor Preisgabe des Nachlasses an die Nachlassgläubiger (§ 1990 I 2 BGB) selbst zu befriedigen.[5] 153

2. Annahme der Erbschaft

Mit dem Tod des Erblassers geht die Erbschaft auf den Erben über (§ 1922 BGB); er hat das befristete Recht der (rückwirkenden) Ausschlagung (§ 1942 I BGB). Entgegen der Meinung von Laien bedarf es also keiner „Annahme der Erbschaft". Wenn der Erbe die Erbschaft ausdrücklich oder fingiert angenommen hat, kann er sie nicht mehr ausschlagen (§ 1943 BGB), sondern sich allenfalls noch durch Anfechtung der Annahme davon befreien (Rn. 165). Eine der unerfreulichen Folgen der Annahme ist, dass nun Nachlassgläubiger ihre Ansprüche gegen den Erben gerichtlich geltend machen können (§ 1958 BGB). Wer die Erbschaft alsbald annimmt, nimmt sich unnötig die Ausschlagungsmöglichkeit, wenn er anschließend, aber noch innerhalb der Ausschlagungsfrist, erkennt, dass die Erbschaft überschuldet oder sonst unerwünscht ist. 154

a) Annahme durch Annahmeerklärung

Die Annahme ist eine nicht empfangsbedürftige Willenserklärung;[6] sie ist erst nach dem Erbfall möglich (§ 1946 BGB), also nicht schon vorher 155

---
5 *Staudinger/Marotzke*, § 1978 Rn. 37.
6 *Palandt/Weidlich* § 1943 Rn. 1; *MünchKomm/Leipold* § 1943 Rn. 9; h. M.

(das wäre wirkungslos). Sie steht im Belieben des Erben, auch wenn über sein Vermögen ein Insolvenzverfahren eröffnet wurde (§ 83 I 1 InsO). Sie kann **nicht unter einer Bedingung** (z. B. Annahme der Erbschaft nur wenn keine Überschuldung vorliegt) erfolgen (§ 1947 BGB); andernfalls ist die Annahmeerklärung zwar unwirksam, doch wird meist das spätere Verhalten als schlüssige Annahme zu deuten sein.

156 Die Annahme bedarf **keiner Form**, auch keiner notariellen Beglaubigung der Unterschrift, muss nicht gegenüber dem Nachlassgericht erklärt werden,[7] es genügen Erklärungen gegenüber einem Nachlassgläubiger, dem Nachlasspfleger, der Bank usw. Wenn der Erbe bei der Testamentseröffnung erklärt, er nehme die Erbschaft an, dann ist das natürlich eine Annahme; ebenso wenn ein Erbscheinsantrag gestellt wird.

157 Die Annahme ist (als Willenserklärung) nur wirksam, wenn der Annehmende voll **geschäftsfähig** ist. Der *geschäftsfähige* Betreute kann die Erbschaft daher selbst annehmen; ein Einwilligungsvorbehalt (§ 1903 BGB) hindert ihn nicht, ebenso wenig kann ihn der Betreuer davon abhalten. Der *geschäftsunfähige* Betreute dagegen kann die Erbschaft selbst nicht annehmen. Für ihn kann sein gesetzlicher Vertreter (Betreuer) handeln, falls er einen ausreichenden Aufgabenkreis hat (§§ 1896, 1902 BGB). Als ausreichend ist anzusehen „alle Angelegenheiten"; oder: „Vermögenssorge";[8] oder „Erbrechtliche Angelegenheiten" (Rn. 10). Genügt der vorhandene Aufgabenkreis nicht, kommt eine Erweiterung durch einstweilige Anordnung in Betracht (§§ 300, 301 FamFG).

158 **Widersprüchliches Verhalten:** Wenn ein Betreuter die Erbschaft sogleich annimmt, der Betreuer sie aber dann innerhalb der Frist ausschlägt, kommt es somit darauf an, ob der Betreute bei Annahme geschäftsfähig war, was notfalls durch Gutachten zu klären ist. Ein Bedarf für eine Klärung besteht aber erst, wenn vom „Erben" bzw. bei Ausschlagung vom Nächstberufenen (§ 1953 II BGB) ein Erbscheinsantrag gestellt wird oder wenn ein Nachlassgläubiger seinen Anspruch gegen den „Erben" gerichtlich geltend macht (§ 1958 BGB). Denn ein Nachlassgericht ermittelt nicht von Amts wegen, wer der Erbe ist (Ausnahmen: wenn ein Grundstück zum Nachlass gehört, §§ 82, 82a GBO; Landesrecht in Bayern).

159 Der Betreuer braucht **zu einer wirksamen Annahme keine Genehmigung** des Betreuungsgerichts (Umkehrschluss aus § 1822 Nr. 2 BGB).

---

7 MünchKomm/*Leipold* § 1943 Rn. 3 verlangt eine Erklärung gegenüber einem Nachlassbeteiligten, z. B. Gläubiger.
8 *Bamberger/Roth/G. Müller* § 1902 Rn. 6; MünchKomm/*Schwab* § 1896 Rn. 105.

b) Annahme durch schlüssiges Annahmeverhalten

Eine Annahme ist auch durch schlüssige Handlungen denkbar, die nach außen hin zeigt, dass sich der Erbe zur Übernahme des Nachlasses entschlossen hat, z. B. durch Verkauf unverderblicher Nachlassgegenstände,[9] durch Räumung und Entmüllung der Wohnung, durch Stellen des Erbscheinsantrags (hier muss jetzt die Annahme ausdrücklich erklärt werden, § 352 I Nr. 7 FamFG). Nicht genügen hingegen nur sichernde Maßnahmen, wie Besorgung der Beerdigung und Bezahlung der Kosten hierfür, Ablieferung eines Testaments, Antrag auf Testamentseröffnung, Einreichen eines Nachlassverzeichnisses. Auch hier gilt, dass der *geschäftsunfähige* Betreute die Erbschaft durch schlüssiges Verhalten nicht annehmen kann, wohl aber der Betreuer.[10]

160

c) Fiktive Annahme durch Fristablauf

Durch Ablauf der Annahmefrist (in der Regel sechs Wochen, § 1944 I BGB), ohne dass wirksam ausgeschlagen worden ist, wird die Annahme fingiert (§ 1943 BGB). Die Rechtsnatur der Versäumung der Ausschlagungsfrist ist seit langer Zeit streitig.[11] Aus § 1956 BGB wird man folgern müssen, dass es sich beim Verstreichenlassen der Frist um keine echte Willenserklärung handelt. Missverständlich ist aber die Behauptung, dass die „objektive Tatsache des Fristablaufs" genüge,[12] um die Fiktion der Annahme eintreten zu lassen. Denn § 1944 II BGB sagt, dass die Frist erst beginnt, wenn der Erbe von dem Anfall der Erbschaft Kenntnis erlangt hat, wovon z. B. bei einer schwer dementen Person keine Rede sein kann. Man muss daher differenzieren:

161

- Nur bei einem geschäftsfähigen Erben, sei er betreut oder nicht betreut, beginnt mit Kenntniserlangung die Ausschlagungsfrist zu laufen.

- Bei einem geschäftsunfähigen Erben, dem ein Betreuer mit einem ausreichenden Aufgabenkreis (Rn. 10) bestellt ist, beginnt die Frist mit Kenntnis des Betreuers.[13]

- Bei einem geschäftsunfähigen Erben, der keinen Betreuer hat, bestimmt § 1944 II 3 BGB, dass auf den Lauf der Frist die §§ 206, 210 BGB entsprechend anwendbar sind; im Ergebnis beginnt somit die Frist frühestens mit Kenntnis des neu bestellten Betreuers; vgl. Rn. 709, 716.

---

9 Vgl. BayObLG FamRZ 1988, 213.
10 MünchKomm/*Leipold* § 1943 Rn. 7.
11 Vgl. *Planck* Erbrecht (1908) § 1943 Anm. 6: Rechtsgeschäft oder nicht?
12 So *Muscheler* Erbrecht Rn. 2916.
13 *Palandt/Weidlich* § 1943 Rn. 3.

162 Vor allem bei geistig behinderten Personen erfolgt meist keine ausdrückliche Annahme durch Erklärung gegenüber dem Nachlassgericht, sondern es verstreicht einfach die Ausschlagungsfrist. War der Erbe bei Fristablauf geschäftsfähig, kann er sich nur noch durch **Anfechtung der Annahme** (§ 1954 BGB) von der Erbschaft befreien, was mangels Anfechtungsgrund meist nicht einfach ist. Anfechtungsgründe:[14] Rn. 166. War der Erbe geschäftsunfähig ist die Ausschlagung noch möglich. Die entscheidende Frage ist daher, ob im späteren Erbscheinsverfahren der **Beweis** gelingt.

3. Annahme, wenn ein Miterbe Betreuer eines anderen Miterben ist

163 **Beispiel:**

E wird von seinen drei (volljährigen) Kindern A, B und C beerbt. A steht unter Betreuung, ein Betreuer ist sein Bruder B.

164 Der Betreuer kann als gesetzlicher Vertreter auch in einem solchen Fall die Erbschaft annehmen. Fraglich kann nur sein, ob gesetzliche Vertretungsverbote (§§ 1908i I 1, 1795 BGB) bestehen. Eine ausdrückliche Annahme der Erbschaft ist eine einseitige Willenserklärung, sie ist allerdings nicht empfangsbedürftig.[15] Deshalb ergibt sich aus §§ 1795 II, 181 BGB kein Vertretungsverbot.[16] Die bloße Annahme der Erbschaft allein bringt keinen Interessenkonflikt mit sich. Anders wird es sein, wenn später die Erbschaft auseinandergesetzt werden soll (Rn. 356 ff.).

4. Anfechtung der Annahme

165 Die ausdrückliche oder schlüssige Annahme kann, da sie eine Willenserklärung ist, vom Erben, d. h. vom Betreuer als dessen Vertreter, angefochten werden. Bei der im Fristablauf erfolgten Annahme (§ 1943 BGB) liegt zwar keine Willenserklärung vor; aus Billigkeitsgründen wird sie in § 1956 BGB aber ebenfalls für anfechtbar erklärt. Die Anfechtung der Annahme gilt als Ausschlagung (§ 1957 I BGB), weshalb sie wegen § 1822 Nr. 2 BGB der **Genehmigung des Betreuungsgerichts** bedarf.[17]

---

14 MünchKomm/*Leipold* § 1954 Rn. 6.
15 *Staudinger/Otte,* § 1943 Rn. 3.
16 Vgl. DNotI-Report 2010, 47 (6/2010).
17 *Palandt/Weidlich* § 1943 Rn. 4.

Anfechtungsgründe können sich aus §§ 119, 123 BGB ergeben (nicht: § 2078 BGB). Kausalität zwischen dem Irrtum und der Willenserklärung ist erforderlich. Die Abgrenzung zwischen den beachtlichen Irrtum (z. B. über verkehrswesentliche Eigenschaften; Irrtum über Umfang und Zusammensetzung des Nachlasses, unter bestimmten Umständen Überschuldung[18]) und dem unbeachtlichen Irrtum (z. B. Motivirrtum; Irrtum über den Wert des Nachlasses oder über den Wert der bekannten Nachlassgegenstände[19]) ist nicht leicht nachvollziehbar. Der Irrtum über das Bestehen oder die Bedeutung der Ausschlagungsfrist kann ein beachtlicher Irrtum im Sinne von § 119 I BGB sein.[20] Das Hauptproblem in der Praxis ist, dass der Erbe erst nach Fristablauf von der **Überschuldung der Erbschaft** Kenntnis erlangt.

166

Inhalt der Anfechtung: eine Begründung der Anfechtung ist zwar nicht vorgeschrieben, aber zumindest deshalb wenigstens nachzuholen, weil sonst nicht geprüft werden kann, ob ein ausreichender Anfechtungsgrund besteht. Eine Bedingung oder Befristung macht die Anfechtung unwirksam (vgl. § 1947 BGB).

167

Form: Die Anfechtung muss zu Protokoll des Nachlassgerichts oder durch ein dort einzureichendes Schriftstück, bei dem die Unterschrift des Betreuers als des Vertreters des Erben **notariell beglaubigt** ist, erfolgen (§§ 1955 S. 2, 1945 BGB).[21] Der schlichte Brief des Betreuers an das Nachlassgericht genügt also nicht. Die Unkenntnis der Formbedürftigkeit kann aber einen zur Anfechtung berechtigenden Irrtum zur Folge haben.[22]

168

Die **Gerichtsgebühr** richtet sich nach Nr. 21201 Nr. 7 KV GNotKG (0,5 nach Tabelle B, mindestens 30 Euro). Wert: § 103 GNotKG.

169

Die **Anfechtungsfrist** beträgt in der Regel sechs Wochen (§ 1954 I BGB).

170

Sie beträgt aber sechs Monate, wenn

171

- der Erblasser seinen letzten Wohnsitz (nicht: Aufenthalt) *nur* im Ausland gehabt hat oder wenn

- der gesetzliche Vertreter[23] des *geschäftsunfähigen* Erben (d. h. der Betreuer) sich beim Beginn der Anfechtungsfrist im Ausland aufhält (§ 1954 III BGB). Ist der Erbe *geschäftsfähig*, kommt es auf seine eigene Kenntnis an, auch wenn er unter Betreuung steht (wegen § 166 BGB

---

18 BGHZ 106, 359/363; OLG Düsseldorf ZEV 2000, 64.
19 BayObLG FamRZ 1996, 59/60.
20 OLG Hamm FamRZ 1985, 1185; BayObLG NJW-RR 1993, 780.
21 Anwaltsschriftsätze genügen nicht, LG München I FamRZ 2000, 1328.
22 BayObLG DNotZ 1994, 402.
23 MünchKomm/*Leipold* § 1954 Rn. 22.

umstritten, Rn. 15 ff.). Erlangt der Betreuer des *geschäftsfähigen* Erben früher Kenntnis als der Erbe ist die frühere Kenntnis maßgebend.

172 **Fristbeginn:** Bei der Irrtumsanfechtung beginnt die Anfechtungsfrist mit dem Zeitpunkt, in welchem der Anfechtungsberechtigte bzw. sein gesetzlicher Vertreter (Betreuer) von dem Anfechtungsgrund Kenntnis erlangt (§ 1954 II 1 BGB). Wenn der *geschäftsunfähige* Erbe ohne gesetzlichen Vertreter (d. h. Betreuer mit einem ausreichenden Aufgabenkreis; Rn. 10) ist, wird der Fristablauf nach §§ 1954 II 2, 210 I 2 BGB gehemmt: Sobald die Bestellung eines Betreuers wirksam geworden ist und dieser von dem Anfechtungsgrund Kenntnis erlangt hat laufen also noch sechs Wochen. Beträgt aber die Anfechtungsfrist ausnahmsweise sechs Monate (Rn. 171) läuft auch hier noch eine Frist von sechs Monaten.

Die **Versäumung der Ausschlagungsfrist** ist anfechtbar (§ 1956 BGB).

173 Bei der ebenfalls durch § 1954 II 2 BGB angeordneten entsprechenden Anwendung des § 211 BGB tritt das Anfechtungsrecht an die Stelle des dort genannten zum Nachlass gehörenden Anspruchs. Es geht also um den Fall, dass der Anfechtungsberechtigte vor Ablauf der Anfechtungsfrist verstirbt. Das Anfechtungsrecht geht dann auf den Erbeserben über und die Frist endet frühestens sechs Wochen (soweit § 1954 I BGB gilt) bzw. sechs Monate (im Fall des § 1954 III BGB) nach der Annahme der (zweiten) Erbschaft durch den Erbeserben.

174 **Anfechtungsgegner:** Die Erklärung ist gegenüber dem Nachlassgericht abzugeben (§ 1955 S. 1 BGB); § 143 BGB gilt also hier nicht, die Erklärung gegenüber sonstigen Personen genügt nicht.

175 **Wirkung:** Die Anfechtung der Annahme gilt als Ausschlagung der Erbschaft (§ 1957 I BGB). Sie bedarf daher der Genehmigung des Betreuungsgerichts (§ 1822 Nr. 2 BGB).

5. Vorsorgebevollmächtigte

176 Auch ein rechtsgeschäftlicher Vertreter mit einem entsprechenden Vollmachtsumfang, z. B. ein Vorsorgebevollmächtigter, kann die Erbschaft annehmen.[24] Das Problem ist, ob der Umfang der Vollmacht tatsächlich ausreicht.

---

24 *Palandt/Weidlich* § 1943 Rn. 4.

F. Die Ausschlagung der Erbschaft, Anfechtung der Ausschlagung

1. Allgemeines

Mit dem Erbfall geht die Erbschaft (einschließlich der Schulden, § 1967 BGB) auf den berufenen (gesetzlichen oder testamentarischen) Erben über; §§ 1922, 1942 BGB. Man wird „zwangsweise" Erbe. Weil dies unzumutbar sein kann, kann man sich von der Erbenstellung rückwirkend durch Ausschlagung befreien. Wird form- und fristgerecht ausgeschlagen, fällt die Erbschaft dem Nächstberufenen an (§ 1953 II BGB), der bei Überschuldung meist ebenfalls ausschlägt. So geht es dann weiter (Kettenausschlagung). Irgendwann bereitet die Suche nach dem Nächstnächstberufenen dem Nachlassgericht Schwierigkeiten, dann wird durch Beschluss der **Fiskus als Erbe** festgestellt (§§ 1936, 1964, 1965 BGB); der Fiskus (d. h. der Staat) kann die Erbschaft nicht ausschlagen (§ 1942 II BGB), die Schulden zahlt er aber (bei Überschuldung) trotzdem nicht. Ist genügend Masse vorhanden, stellt der Fiskus den Antrag auf Nachlassverwaltung bzw. den Insolvenzantrag (§ 317 I InsO); andernfalls wendet er den Gläubigern gegenüber Dürftigkeit des Nachlasses ein (§ 1990 BGB).

177

Die Ausschlagung ist für Betreuer wegen der Formalitäten gefährlich. Die Frist muss gewahrt sein (Rn. 193), die Genehmigung muss rechtskräftig sein.

2. Zweckmäßigkeit der Ausschlagung

a) Vermeidung von Schuldenzahlung, Ärger

Die Erbschaft wird meist ausgeschlagen, weil sie überschuldet ist. Aber auch werthaltige Erbschaften können für den Erben uninteressant sein, etwa weil damit Ärger verbunden ist (vor allem wenn Erbengemeinschaften entstehen) und der Erbe auf das Geld nicht angewiesen ist; oder weil man die Erbschaft einer anderen Person zukommen lassen will.

178

179 Ob eine **Erbschaft werthaltig** ist, kann vor Annahme selten zuverlässig festgestellt werden. Wer mit dem Erblasser im selben Haushalt lebte hat immerhin den faktischen Zugriff auf Kontoauszüge und sonstige Unterlagen. Ist das nicht der Fall, weigern sich Banken, Versicherungen und Grundbuchämter, ohne Erbscheinsvorlage Auskünfte zu erteilen, den Erbschein aber erhält man erst, wenn man die Erbschaft angenommen hat. Auch ein durchgeführtes Aufgebotsverfahren (§§ 1973 ff. BGB) führt nicht zum Erlöschen der nicht angemeldeten Forderungen. Letztlich erlangt der Erbe erst Sicherheit, wenn die Verjährungsfristen (§§ 195 ff. BGB) abgelaufen sind; dann aber ist die Ausschlagungsfrist längst vorbei. Nach dem BGB kann aber der Erbe sein Eigenvermögen schützen, indem er Nachlassverwaltung beantragt oder einen Nachlassinsolvenzantrag stellt. Vgl. Rn. 230.

b) Ausschlagung und Bestattungskosten

180 Die Verpflichtung, die Kosten einer Bestattung zu tragen, kann sich aus Erbrecht (§ 1968 BGB), Unterhaltsrecht (§ 1615 II BGB) oder Übergabeverträgen ergeben. Daneben enthalten die Bestattungsrechte der einzelnen Bundesländer **Bestattungspflichten** für Ehegatten, Lebenspartner, volljährige Kinder, Eltern, volljährige Geschwister, Großeltern und volljährige Enkelkinder.

Selbst wenn die Erbschaft ausgeschlagen wird bleiben diese **öffentlich-rechtlichen Pflichten** bestehen.[1] Kümmert sich der Angehörige nicht um die Bestattung, dann wird sie vom **Ordnungsamt** veranlasst, die Kosten werden hierauf nach verwaltungsrechtlichen Vorschriften gegen den Bestattungspflichtigen festgesetzt (dagegen kann er vor dem Verwaltungsgericht klagen). Welchen von mehreren Zahlungspflichtigen (X, Y, Z) die Behörde auswählt, steht in ihrem Ermessen;[2] muss daher X zahlen, kann er versuchen, von seinen Geschwistern Y und Z einen Ausgleich nach § 426 BGB zu erlangen. Ein nachrangiger Angehöriger kann herangezogen werden, wenn der vorrangige Angehörige im Ausland wohnt und im Inland kein pfändbares Vermögen hat.[3]

Bereits im Festsetzungsverfahren ist, wenn dies eingewandt wird, von der Behörde zu prüfen, ob eine **unbillige Härte** vorliegt, wenn der Angehörige die Kosten erstatten muss.

---

1 BVerwG NVwZ-RR 1995, 283; SG Karlsruhe ZEV 2016, 55; OVG Hamburg BeckRS 2010, 49855; VG Gießen NVwZ-RR 2000, 795; VG Chemnitz BeckRS 2011, 48952, eingehend dazu *Kurze* ErbR 2016, 299.
2 OVG Saarlouis BeckRS 2015, 56264.
3 VGH München ZEV 2016, 723.

Der bloße Umstand, dass sich Familienmitglieder räumlich und emotional voneinander entfernt haben und die traditionellen Beziehungen nicht (mehr) unterhalten worden sind, führt nicht bereits zur Anerkennung einer besonderen Härte. Eine unbillige Härte kommt nur dann in Betracht, wenn die Umstände der persönlichen Beziehung derart schwer wiegen, dass die rechtliche Nähebeziehung dahinter vollständig zurücktritt. Dies setzt voraus, dass ein schweres vorwerfbares Fehlverhalten des Verstorbenen gegenüber dem Pflichtigen vorliegt.[4] Dass die verstorbene Mutter erhebliche Alkoholprobleme gehabt habe, sich nicht um die Kinder gekümmert habe, der Sohn mit ihr seit Jahren keinen Kontakt hatte, genügte dem OVG nicht zur Annahme einer sittenwidrigen Härte. Gestörte Familienverhältnisse oder Gewalttätigkeit des Erblassers genügen nicht.[5]

Ist der Ehegatte bzw. sonstige Bestattungspflichtige **mittellos**, dann enthält § 74 SGB XII einen Anspruch gegen den **Sozialhilfeträger** auf Übernahme der Bestattungskosten. Danach werden die erforderlichen Kosten einer Bestattung übernommen, soweit den hierzu Verpflichteten nicht *zugemutet* werden kann, die Kosten zu tragen.[6]

c) Ausschlagung zwecks Erlangung des Pflichtteils

Ist ein als Erbe berufener Pflichtteilsberechtigter durch die Einsetzung eines Nacherben, die Ernennung eines Testamentsvollstreckers oder eine Teilungsanordnung beschränkt oder ist er mit einem Vermächtnis oder einer Auflage beschwert, so kann er den Pflichtteil verlangen, wenn er den Erbteil ausschlägt; die Ausschlagungsfrist beginnt erst, wenn der Pflichtteilsberechtigte von der Beschränkung oder der Beschwerung Kenntnis erlangt (§ 2306 I BGB). Einer Beschränkung der Erbeinsetzung steht es gleich, wenn der Pflichtteilsberechtigte nur als Nacherbe eingesetzt ist (§ 2306 II BGB). Diese Fassung gilt für Erbfälle ab 1.1.2010.

181

Beispiele:

182

(1) Der verwitwete Erblasser hinterlässt zwei volljährige Kinder: den unter Betreuung stehenden S und die T. Er setzt S als Erben zu ¼ ein, die T zu ¾ und bestimmt, dass die T Testamentsvollstreckerin über den Erbteil des S ist. Wenn der Betreuer des S für S ausschlägt kann er den Pflichtteil von ¼ verlangen, aber nicht belastet mit Testamentsvollstreckung. (2) Wie vor, der Betreute S wird zu ¼ eingesetzt, aber nur als nicht befreiter Vorerbe. Wenn der Betreuer des S für S ausschlägt kann er den Pflichtteil von ¼ vom Erben verlangen.

---

4 OVG Schleswig FamRZ 2016, 851.
5 OVG Weimar BeckRS 2015, 54032 zum Thüringer BestattungsG.
6 BSG NVwZ-RR 2010, 527.

183 Die Ausschlagung bedarf auch in diesen Fällen der **Genehmigung des Betreuungsgerichts** (§ 1822 Nr. 2 BGB), welche sich am Wohl des Betreuten (§ 1901 BGB) zu orientieren hat. Im obigen Fall (2) hat das OLG Köln[7] die Ansicht vertreten, die Genehmigung der Erbausschlagung sei zu versagen, wenn auf diese Weise dem Betreuten als nicht befreitem Vorerben der Stamm des Vermögens erhalten bleibt und aus seinem Ertrag die in der letztwilligen Verfügung vorgesehenen Zuwendungen bestritten werden können. Für den Betreuten ergebe sich keine objektive finanzielle Besserstellung, wenn er aus dem Pflichtteil die Kosten der Heimunterbringung für etwa zwei Jahre selbst aufbringen könne, während sie sonst durch den Träger der Sozialhilfe getragen werden. Öffentliche Belange seien bei der Ausschlagung nicht zu berücksichtigen. Bei der Abwägung der Vor- und Nachteile einer Genehmigung zur Ausschlagung komme es allein auf die Interessen der Betreuten an.

d) Ausschlagung durch das Sozialamt?

184 Nach h. M.[8] kann der Sozialhilfeträger nicht das Ausschlagungsrecht nach § 93 SGB XII auf sich überleiten und ausüben, um den Pflichtteilsanspruch nach § 2306 I BGB geltend zu machen. Andernfalls könnte der Sozialhilfeträger auf die Erbfolge Einfluss zu nehmen, was nach dem BGB nur dem Erblasser und dem Bedachten zusteht. Anders sehen das zum Teil die Sozialgerichte: Die Ausschlagung eines Hilfebedürftigen zulasten der Allgemeinheit sei nicht in jedem Fall hinzunehmen.[9]

3. Ausschlagung durch Ausschlagungserklärung

a) Geschäftsfähigkeit des Erben unklar

185 Die Ausschlagung ist eine **Willenserklärung**. Sie kann daher nur von einer geschäftsfähigen Person abgegeben werden (§ 9 FamFG), sonst durch den gesetzlichen Vertreter; das ist bei volljährigen Erben der **Betreuer** (§ 1902 BGB), falls er einen ausreichenden **Aufgabenkreis** hat (z. B. *alle* Angelegenheiten, Vermögenssorge, erbrechtliche Angelegenheiten; nicht: z. B. Gesundheitssorge, Postempfang; Rn. 10, 202). Beim geschäftsfähigen Betreuten kann somit der Betreute selbst ausschlagen, aber auch der Be-

---

7 OLG Köln FGPrax 2007, 266.
8 BGH ZEV 2011, 258; OLG Frankfurt ZEV 2004, 24; MünchKomm/*Leipold* § 1945 Rn. 14; *Litzenburger* ZEV 2009, 278.
9 LSG Bayern FamRZ 2016, 260 = ZEV 2015, 601 (LS).

treuer als sein gesetzlicher Vertreter (Doppelzuständigkeit); beim geschäftsunfähigen Betreuten kann nur der Betreuer wirksam handeln. Es kommt vor, dass der Betreute durch schlüssiges Verhalten oder durch ein Schreiben an das Nachlassgericht die Erbschaft annimmt und anschließend der Betreuer die Erbschaft form- und fristgerecht ausschlägt. Die Annahme der Erbschaft ist wirksam, wenn der Betreute bei der Erklärung geschäftsfähig war; war die Annahme wirksam, kann der Betreuer die Erbschaft nicht mehr ausschlagen (§ 1943 BGB), sie geht dann ins Leere (Anfechtung der Annahme ist aber denkbar, § 1755 BGB). War dagegen der Betreute geschäftsunfähig, war seine Annahmeerklärung rechtlich bedeutungslos; eine Ausschlagung durch den Betreuer ist noch möglich. Spätestens dann, wenn der Erbe oder der Nächstberufene (§ 1953 II BGB) einen Erbscheinsantrag stellt, muss deshalb das Nachlassgericht durch Einholung eines Sachverständigengutachtens klären, ob der Betreute seinerzeit geschäftsfähig war (vgl. Rn. 162).

b) Zeitpunkt, Bedingung, Teilausschlagung

Möglich ist die Ausschlagung frühestens ab dem Erbfall (§ 1946 BGB), nicht schon vorher (dann wäre sie wirkungslos). Der Schlusserbe eines Berliner Testaments (§ 2269 BGB) kann daher die Erbschaft erst ausschlagen, wenn er Erbe geworden ist; das wird er erst beim Tod des längerlebenden Ehegatten.[10] Das Ausschlagungsrecht ist vererblich (§ 1952 I BGB) und splittet sich bei Erbeserben auf (§ 1952 III BGB).

186

Eine **Bedingung** ist unzulässig (§ 1947 BGB), z.B. „ich schlage aus, falls die **Erbschaft überschuldet** ist"; die Ausschlagung ist dann unwirksam und durch Verstreichenlassen der Ausschlagungsfrist erfolgt eine Annahme. Man kann aber zu einem bestimmten Berufungsgrund ausschlagen, zu einem anderen annehmen („Ich nehme die Erbschaft als gesetzlicher Erbe an, als testamentarischer Erbe schlage ich sie aus"); § 1948 I BGB. Man kann nicht zugunsten eines bestimmten Dritten dergestalt ausschlagen, dass die Ausschlagung nur wirksam sein soll, wenn diese Person Erbe wird. Ausnahmen gelten, wenn diese Person sowieso der Nächstberufene ist (vgl. § 1953 II BGB), weil dann in Wahrheit ein Motiv, keine Bedingung vorliegt.[11]

187

Ob die **Ausschlagung „unter Vorbehalt des Pflichtteils"** wegen Verstoß gegen § 1950 BGB unwirksam ist, ist teilweise umstritten. Es kommt darauf an, wie die Formulierung lautet und was gewollt ist. Die Aus-

188

---
10 BGH NJW 1998, 543; anders OLG Düsseldorf FamRZ 1996, 1567.
11 LG München I FamRZ 2000, 1328; MünchKomm/*Leipold* § 1947 Rn. 5.

schlagung kann dazu führen, dass der Ausschlagende den Pflichtteil erhält (§§ 1371 III, 2305, 2306 I 2 BGB); eine Ausschlagung, die dies als Motiv angibt, ist als wirksam anzusehen.[12] Eine Ausschlagung hingegen, die dies als Bedingung meint, ist unwirksam (§ 1947 BGB).

189 **Teilausschlagung?**[13] Die Ausschlagung erstreckt sich, wenn der Erbe nichts anderes angeben hat, auf alle Berufungsgründe (Testament, Erbvertrag, Gesetz), die dem Erben zur Zeit der Ausschlagungserklärung bekannt sind (§ 1949 II BGB). Die Ausschlagung kann nicht auf einzelne Nachlassgegenstände (z. B. das Geschäft des Erblassers) beschränkt werden (Ausnahme: bei Sondererbfolge, z. B. § 11 I HöfeO); auch nicht auf eine bestimmte Erbquote (der Alleinerbe kann nicht zu 2/3 annehmen, zu 1/3 ausschlagen), § 1950 BGB.

4. Form der Ausschlagung, zuständiges Nachlassgericht, Gebühren

190 Die Ausschlagung erfolgt durch Erklärung gegenüber dem Nachlassgericht (§ 1945 BGB); entweder der Erbe bzw. der Betreuer des Erben geht (mit Personalausweis und Betreuerbestellungsbeschluss) zum Nachlassgericht und erklärt die Ausschlagung zu Protokoll; oder er verfasst ein diesbezügliches Schriftstück, wobei ein Notar die Unterschrift des Erben beglaubigen muss; diese Erklärung ist dann (im Original oder in Ausfertigung,[14] eine gewöhnliche Fotokopie genügt nicht) binnen der Frist (Rn. 193 ff.) beim Nachlassgericht einzureichen. Häufig schlagen in der Praxis Erben aus, indem sie dies mit Einschreibebrief dem Nachlassgericht mitteilen; das ist wegen mangelnder Unterschriftsbeglaubigung unwirksam.

191 **Örtlich zuständiges Nachlassgericht** ist das Gericht des letzten gewöhnlichen Aufenthalts (i. d. R. Wohnsitz) des Erblassers (§ 343 FamFG), also dort wo das Nachlassverfahren geführt wird. Ausgeschlagen werden kann auch bei dem Nachlassgericht, in dessen Bezirk die die Ausschlagung erklärende Person ihren gewöhnlichen Aufenthalt hat (§ 344 VII FamFG); bei Vertretung durch einen Betreuer kommt es auf den Aufenthalt des Betreuers an, weil er die erklärende Person ist. Ausgeschlagen werden kann ferner bei einem anderen vom örtlich zuständigen Nachlassgericht um Rechtshilfe ersuchten Nachlassgericht.

---

12 *Palandt/Weidlich* § 1950 Rn. 1; *Soergel/Stein* § 1950 Rn. 1; MünchKomm/*Leipold* § 1950 Rn. 5.
13 Dazu *Ivo* ZEV 2002, 145.
14 OLG Saarbrücken BeckRS 2011, 18369.

Die Ausschlagung verursacht **Gerichtskosten**, nämlich 0,5 Gebühren nach Tabelle B zum GNotKG (Nr. 21201 Nr. 7 KV GNotKG),[15] abhängig vom Wert des Nachlasses. Die Gebühr ist beim Notar zwar ebenso hoch wie beim Gericht, aber beim Notar erhöht sie sich um 19 % Umsatzsteuer.

192

5. Frist der Ausschlagung

a) Dauer der Ausschlagungsfrist

Sie beträgt in der Regel sechs Wochen (die Frist kann vom Gericht nicht verlängert werden); § 1944 I BGB. Die Frist beträgt aber sechs Monate, wenn der Erblasser seinen letzten Wohnsitz nur im Ausland gehabt hat oder wenn sich der Erbe (und bei Vertretung durch einen Betreuer: der Betreuer) bei dem Beginn der Frist im Ausland aufhält (§ 1944 III BGB).

193

b) Fristbeginn

Bei **gesetzlicher Erbfolge** beginnt die Frist ab dem Zeitpunkt, in dem der Erbe vom Anfall der Erbschaft und dem Berufungsgrund Kenntnis erlangt (also nicht zwingend schon mit dem Erbfall); § 1944 II BGB. **Kenntnis** setzt ein zuverlässiges Erfahren der maßgeblichen Umstände voraus, aufgrund dessen ein Handeln erwartet werden kann.[16] Gesetz, Testament und Erbvertrag sind drei verschiedene Berufungsgründe.[17] Besonderheiten gelten im Falle des § 2306 BGB (Rn. 181).

194

Bei Berufung aufgrund **Testament oder Erbvertrag** beginnt die Frist zusätzlich frühestens mit einer auf den Todesfall folgenden „Bekanntgabe" der Verfügung durch das Nachlassgericht (§ 1944 BGB). Sie erfolgt, indem z. B. der Betreuer im Termin zur Eröffnung des Testaments anwesend ist und so vom Inhalt Kenntnis erlangt (§ 348 II FamFG). In der Praxis wird vom Nachlassgericht häufig zum Eröffnungstermin niemand geladen, es wird lediglich ein Protokoll über die Eröffnung erstellt und dann werden Kopien des Testaments an die Beteiligten versandt (§ 348 III FamFG); jedoch muss auch eine Kopie der Eröffnungsniederschrift übersandt werden, damit die Frist beginnt.[18] Auch auf diese Weise kann der Betreuer des Betreuten Kenntnis erlangen.

195

---

15 Bei einem überschuldeten Nachlass fällt die Mindestgebühr von 30 Euro an; OLG Saarbrücken ZEV 2011, 657 (noch zur KostO).
16 BGH FamRZ 2000, 1504.
17 BGH FamRZ 2000, 1504.
18 BayObLG NJW-RR 2005, 232.

196 Ist der Betreute *geschäftsunfähig*, kommt es für den Beginn der Ausschlagungsfrist auf die Kenntnis des gesetzlichen Vertreters, d. h. des Betreuers, an;[19] § 166 I BGB. Ist der Betreute *geschäftsfähig*, kommt es auf den früheren Zeitpunkt (Kenntnis des Betreuten, Kenntnis des Betreuers) an (Rn. 15).[20] Hat der Erbe einen **Vorsorgebevollmächtigten** oder Prozessbevollmächtigten bestellt ist umstritten, welche Kenntnis maßgebend ist; § 166 BGB ist nicht einschlägig, es kommt daher auf den Erben an.[21]

c) Hemmung des Fristlaufs durch Genehmigungsverfahren

197 Der betreute „Erbe" muss beim Nachlassgericht formgerecht ausschlagen und die Nachreichung der Genehmigung ankündigen. Dann muss er beim Betreuungsgericht die Genehmigung beantragen[22] und nach Empfang die rechtskräftige Genehmigung wiederum beim Nachlassgericht einreichen[23] sowie dort vorsichtshalber nochmals die Ausschlagung erklären.

Es ist in der Praxis nicht möglich, den rechtskräftigen Genehmigungsbeschluss des Betreuungsgerichts innerhalb der Sechswochenfrist beizubringen und zusammen mit der formgerechten Ausschlagung dem Nachlassgericht zu übergeben, was an sich nach § 1831 BGB notwendig wäre (die Ausschlagung ist eine einseitige amtsempfangsbedürftige Willenserklärung). Nach § 1944 II 3 BGB sind aber die §§ 206, 210 BGB entsprechend anzuwenden. Das bedeutet: Nach h. M.[24] ist die **Ausschlagungsfrist infolge höherer Gewalt (§ 206 BGB) gehemmt,** wenn eine rechtzeitig (d. h. innerhalb der Ausschlagungsfrist) beantragte betreuungsgerichtliche Genehmigung nicht innerhalb der Frist erteilt wird; denn der Antragsteller hat es nicht in der Hand, wie schnell das Betreuungsgericht

---

19 BayObLG FamRZ 1998, 642; OLG Brandenburg ZEV 2014, 540; *Horn* ZEV 2016, 20; *Lange* Erbrecht, Kap. 10 Rn. 27.
20 *Palandt/Weidlich* § 1944 Rn. 6; *Damrau/Masloff* § 1944 Rn. 3. Nach a. A. (*Staudinger/ Otte* § 1944 Rn. 13): die Kenntnis des Erben.
21 *Lange,* Erbrecht, Kap. 10 Rn. 27; a. A. OLG Rostock RNotZ 2010, 474 = BeckRS 2010, 09127.
22 Genauer: anzuregen.
23 *Horn* ZEV 2016, 20; *J. Mayer* Rpfleger 2013, 657.
24 OLG Saarbrücken ZErb 2011, 246 = BeckRS 2011, 18369; BayObLG FamRZ 1983, 834/5; OLG Frankfurt FamRZ 1966, 259; MünchKomm/*Leipold* § 1944 Rn. 23; *Palandt/Weidlich* § 1944 Rn. 7; *Damrau,* Der Minderjährige, Rn. 49; *Ivo* ZEV 2002, 309; *Klüsener* Rpfleger 1993, 133; *Sonnenfeld/Zorn* Rpfleger 2004, 533. Nach a. A. (*Dölle,* Familienrecht II, S. 807) ist die Frist versäumt, wenn die Genehmigung erst nach Fristablauf eingereicht wird; der Betreute habe dann einen Schadensersatzanspruch gegen den Staat (§ 839 BGB, Art. 34 GG); dies ist wenig sinnvoll und ohne Erfolg in Fällen, in denen die notwendigen Ermittlungen des Betreuungsgerichts über den Nachlass längere Zeit erfordern; denn dann fehlt die Amtspflichtverletzung.

seinen Antrag bearbeitet. Die Zeit, die seit Einleitung des Genehmigungsverfahrens bis zur Bekanntgabe des Genehmigungsbeschlusses an den Betreuer verstrichen ist, ist gemäß § 209 BGB in die sechswöchige Frist nicht einzurechnen; ab Bekanntgabe läuft die restliche Frist.[25]

Einzelheiten sind umstritten.[26] Die Ausschlagung ohne Genehmigung ist unwirksam, so dass es keinen Sinn zu haben scheint, wenn der Betreuer zwar form- und fristgerecht ausschlägt, aber noch keine Genehmigung hat. Es ist daher an sich ausreichend, wenn der Betreuer innerhalb der Frist nur die Genehmigung beim Betreuungsgericht beantragt, ohne dass das Nachlassgericht innerhalb der Frist Kenntnis von der beabsichtigten Ausschlagung erlangt; nach Fristablauf erklärt er dann die Ausschlagung und legt die Genehmigung nebst Nachweis der Bekanntmachung an sich (§ 1828 BGB) vor.[27] Das führt aber zu dem Ablauf, dass das Nachlassgericht von einer Annahme der Erbschaft ausgeht, weil die Ausschlagungsfrist ohne Ausschlagung abgelaufen ist. Es ist deshalb zweckmäßiger, wenn der Betreuer innerhalb der Frist die formgerechte Ausschlagung beim *Nachlassgericht* erklärt (obwohl sie unwirksam ist) und Nachreichung der Genehmigung ankündigt sowie innerhalb der Frist beim *Betreuungsgericht* die Genehmigung beantragt.

198

Nachdem die **Genehmigung rechtskräftig** (§ 40 II FamFG) und mit Bekanntgabe des Beschlusses an den Betreuer wirksam geworden ist (§ 40 I FamFG; § 1828 BGB) hat der Betreuer sie (d. h. den Beschluss mit Rechtskraftvermerk) dem Nachlassgericht einzureichen, wenn er davon Gebrauch machen will.[28] Es ist zweckmäßig, wenn der Betreuer nun **nochmals** form- und fristgerecht die **Ausschlagung erklärt** (denn die vorherige Ausschlagung ohne Genehmigung war an sich unwirksam; vgl. § 1831 BGB).[29] Es genügt meines Erachtens aber auch, wenn nur die formgerechte (allerdings unwirksame) Ausschlagung innerhalb der Frist beim Nachlassgericht eingereicht wurde und lediglich die Genehmigung nachgereicht wird; man wird hier eine Heilung annehmen müssen. Das Betreuungsgericht leitet die Genehmigung nicht direkt an das Nachlassgericht; angesichts § 40 I FamFG würde das auch nicht genügen.[30]

---

25 MünchKomm/*Leipold* § 1944 Rn. 20.
26 OLG Brandenburg ZEV 2014, 540; *Horn* ZEV 2016, 20.
27 *Damrau*, Der Minderjährige, Rn. 49; offengelassen vom OLG Koblenz FamRZ 2014, 1037.
28 Der Betreuer kann nun noch frei entscheiden, ob er von der Genehmigung Gebrauch macht, OLG Frankfurt OLGZ 1966, 337; BayObLG FamRZ 1996, 1161. Anders LG Berlin NJOZ 2008, 512.
29 Vgl. *Palandt/Weidlich* § 1945 Rn. 6.
30 *Damrau*, Der Minderjährige, Rn. 50; a. A. *Sonnenfeld/Zorn* Rpfleger 2004, 533 (zum FGG).

199 **Beispiele:**

(1) E, der unter Betreuung (§ 1896 BGB) steht, ist Erbe geworden. Sein Betreuer (B) will die überschuldete Erbschaft ausschlagen, geht 5 Wochen nach Fristbeginn zwecks Ausschlagung zum Nachlassgericht und beantragt gleichzeitig (also innerhalb der Sechswochenfrist) beim Betreuungsgericht die Genehmigung hierfür. Das Gericht genehmigt erst nach acht Monaten. Die Ausschlagung kann noch rechtzeitig erfolgen, der Betreuer hat noch eine Woche Zeit.

(2)[31] Der Erblasser ist am 14.3. verstorben, wovon der Betreuer des Erben am 2.5. Kenntnis erlangt. Am 30.5. schlägt er aus, am 3.6. beantragt er die Genehmigung, die am 4.9. erteilt und am 26.9. rechtskräftig wird. Sie geht am 4.10. beim Betreuer ein. Die Ausschlagungsfrist läuft ab 3.5. sechs Wochen, die Zeit vom 30.5. bis 4.10. wird herausgerechnet, sie läuft ab 5.10. weiter und endet am 19.10.

Bei Betreuerwechsel erfolgt ebenfalls eine Hemmung.

Beispiel: E ist kraft Gesetzes am 1.1. Erbe des EL geworden. E ist geschäftsunfähig und hat einen Betreuer. Am 20.1. stirbt der Betreuer. Erst am 9.4. wird ein neuer Betreuer bestellt (§ 1908c BGB), der am 18.5. ausschlägt. Das ist rechtzeitig, weil der Lauf der Frist gemäß §§ 1944 II 3, 210 BGB gehemmt war, bis ein neuer Betreuer bestellt war. Wäre E am 1.1. ohne Betreuer gewesen hätte die Ausschlagungsfrist damals nicht zu laufen begonnen, sondern erst mit Bestellung des Betreuers von der Erbsache im Sinne von § 1944 II BGB.

200 Ein weiterer Fall der Hemmung der Ausschlagungsfrist liegt vor, wenn der **rechtsunkundige Betreuer** innerhalb der Frist beantragt, einen anderen Betreuer für das Nachlassverfahren zu bestellen, weil er sich überfordert fühlt.

BayObLG:[32] Wurde für einen geschäftsunfähigen Betreuten ein **rechtsunkundiger Betreuer** zur Vertretung im Nachlassverfahren des Vaters des Betreuten bestellt und regt dieser an, nachdem er von der Höhe des hinterlassenen Erbteils und der Anordnung einer Testamentsvollstreckung im Testament des Erblassers erfahren hat, wegen der Schwierigkeit der im Zusammenhang mit der Frage der Ausschlagung zu entscheidenden Probleme einen anderen zum Betreuer für das Nachlassverfahren zu bestellen, so ist der Lauf der Ausschlagungsfrist gehemmt, bis das Betreuungsgericht eine Entscheidung über diese Anregung getroffen hat. „Höhere Gewalt" und damit Fristhemmung kann auch bei sonstiger **fehlerhafter amtlicher Sachbehandlung** vorliegen.[33]

---

31 Fall des OLG Brandenburg FamRZ 2015, 696 = ZEV 2014, 540.
32 BayObLG FamRZ 1998, 642.
33 BayObLG FamRZ 1993, 1367 = NJW-RR 1993, 780.

6. Genehmigung der Ausschlagung bei Betreuung des Erben

Die Ausschlagung einer Erbschaft (Vorerbschaft, Nacherbschaft; eines Miterbenanteils) ist eine einseitige, amtsempfangsbedürftige Willenserklärung, weil sie gegenüber dem Nachlassgericht abzugeben ist (§ 1945 I BGB). Ein Betreuer braucht die Genehmigung des Betreuungsgerichts, damit seine als Vertreter vorgenommene Ausschlagung wirksam ist (§§ 1822 Nr. 2, 1831 BGB). Das gilt auch dann, wenn der Betreute *geschäftsfähig* ist und der Betreuer als Vertreter ausschlägt. Dagegen kann der geschäftsfähige Betreute selbst ausschlagen, ohne dass er eine Genehmigung bräuchte. Ist die **Geschäftsfähigkeit zweifelhaft** tauchen daher erhebliche **Beweisprobleme** bezüglich der Wirksamkeit einer Ausschlagung auf.   201

Die Anfechtung der Annahme gilt als Ausschlagung (§§ 1954, 1957 I BGB) und ist daher ebenfalls genehmigungspflichtig.[34] Ist übersehen worden, dass die Ausschlagung zu genehmigen war, ist die Ausschlagung unwirksam, durch Fristsäumnis ist eine Annahme eingetreten, die anfechtbar ist;[35] hierfür ist die betreuungsgerichtliche Genehmigung notwendig (§ 1957 I BGB).

a) Aufgabenkreis des Betreuers

Der Betreuer braucht dem Aufgabenkreis „alle Angelegenheiten", oder „Vermögenssorge",[36] oder (besser) „erbrechtliche Angelegenheiten" oder ähnlich. Es ist nicht notwendig, aber zweckmäßig, eine Vermögensbetreuung ausdrücklich auf „Ausschlagung der Erbschaft nach X" zu erweitern.   202

b) Interessenkonflikte des Betreuers

aa) Der Betreuer ist Nacherbe, Betreuter ist Vorerbe

Beispiel: 203

Mutter E ist gestorben; nach ihrem Testament ist der geistig behinderte und unter Betreuung stehende Sohn S Vorerbe (ein Ersatzerbe ist nicht eingesetzt), Nacherbin und Betreuerin ist dessen Schwester T. Wenn S, vertreten durch seine Betreuerin,

---

34 MünchKomm/*Kroll-Ludwigs* § 1822 Rn. 1.
35 BayObLG Rpfleger 1983, 152; *Klüsener* Rpfleger 1993, 133.
36 OLG Brandenburg FamRZ 2015, 696 = ZEV 2014, 540; OLG Saarbrücken BeckRS 2011, 18369; OLG Hamm ZEV 2009, 471; DNotI-Report 2004, 1; *Horn* ZEV 2016, 20; offengelassen in BayObLG FamRZ 1998, 642; a. A. *Palandt/Götz* § 1896 Rn. 22.

die Erbschaft wirksam ausschlägt, fällt sein Anteil jetzt schon an die Betreuerin T (§ 1953 II BGB).

204 Die Schwester hat im Beispiel eine **Doppelstellung**; einerseits ist sie Betreuerin des Vorerben, andererseits Nacherbin. Damit besteht ein erheblicher Interessenkonflikt. In einem solchen Fall muss das Betreuungsgericht dem Betreuer insoweit die Vertretungsmacht entziehen (§§ 1908i I, 1796 II BGB) und einen Ergänzungsbetreuer (§ 1899 BGB) mit dem Aufgabenkreis „Ausschlagung" bestellen.

bb) Der Betreuer ist Vorerbe, der Betreute Nacherbe

205 Beispiel:
E setzt die gesunde Tochter T als Vorerbin ein, den behinderten S zum Nacherben (die T ist Betreuerin des S). Wenn die Betreuerin als Vertreterin des Nacherben die Nacherbschaft ausschlägt, wird sie sogleich Vollerbin (§ 2142 II BGB).

206 Hier stellt sich die Frage, ob die Ausschlagung nicht gegen § 181 BGB verstößt (unten Rn. 207, 209); auf jeden Fall besteht ein erheblicher Interessengegensatz im Sinne von § 1796 II BGB, so dass der Betreuerin insoweit die Vertretungsmacht zu entziehen ist.

cc) Nahe Angehörige als Beteiligte

207 Die verstorbene Mutter des Betreuten setzt in einem „Behindertentestament" den Betreuten zum Vorerben und eine **nahe Angehörige der Vermögensbetreuerin zur Nacherbin** und Testamentsvollstreckerin ein. Dieser Umstand rechtfertigt die Annahme eines bei der Betreuerin deshalb bestehenden erheblichen Interessengegensatzes im Sinne von § 1796 II BGB.[37] Jedoch besteht in solchen Fällen kein Ausschluss der Vertretung kraft Gesetzes nach § 1795 BGB. Entzieht das Betreuungsgericht nicht die Vertretung ist die Ausschlagung nicht schon wegen des Interessengegensatzes unwirksam.[38] Die Vertretungsmacht endet im Falle des § 1796 II BGB nicht automatisch mit dem Auftreten des Interessengegensatzes.[39] Erst die Bekanntgabe des Entziehungsbeschlusses an den Betreuer (§ 15 FamFG) beseitigt seine Vertretungsmacht.

c) Prüfung der Genehmigungsfähigkeit durch das Nachlassgericht

208 Zuständig für das Genehmigungsverfahren ist der **Rechtspfleger** (§§ 3 Nr. 2b, 15 RPflG). Er soll den Betreuten hierzu persönlich anzuhören

---
37 OLG Zweibrücken FGPrax 2004, 30; ähnlich BayObLG, Rpfleger 1983, 482.
38 BayObLG Rpfleger 1983, 482.
39 BGH NJW 2007, 1677.

(§ 299 FamFG; § 1822 Nr. 2 BGB). In der Regel muss ferner ein Verfahrenspfleger bzw. Ergänzungsbetreuer bestellt werden. Eine Gesamtbetrachtung ist erforderlich, bei der es nicht nur auf vermögensrechtliche Aspekte ankommt,[40] sondern auch das allgemeine Wohl des Betreuten zu bedenken ist. Die Genehmigung löst keine zusätzliche Gerichtsgebühr aus; sie ist in der Jahresgebühr enthalten.

aa) Eine Genehmigung ist nicht möglich und ginge ins Leere, wenn die Ausschlagung wegen Verstoß gegen §§ 1795 II, 181 BGB (**Insichgeschäft**) nichtig ist, weil **der Betreuer infolge der Ausschlagung selbst Erbe wird.** Die Rechtsprechung lehnt die Anwendung des § 181 BGB allerdings ab,[41] weil der gesetzliche Vertreter nicht im Namen des Vertretenen die Erklärung *an sich selbst* als Erklärungsgegner richtet, sondern ausschließlicher Erklärungsadressat das Nachlassgericht sei (§ 1945 I BGB). Der Nächstberufene erwerbe nicht aufgrund der Ausschlagungserklärung, sondern kraft Gesetzes. Eine derart förmliche Auslegung widerspricht dem Sinn des § 181 BGB, für dessen Anwendung der eindeutige Interessenkonflikt spricht. Folgt man dem, kann das Betreuungsgericht die Ausschlagung nicht gemäß § 1822 Nr. 2 BGB genehmigen, weil sie wegen Verstoß gegen § 181 BGB nichtig ist.[42]

209

bb) Auch bei Ausschlagung deshalb, weil sie angeblich überschuldet sei, muss das Nachlassgericht näher ermitteln, etwa ob tatsächlich Überschuldung vorliegt.[43] Die Ausschlagung einer (**nicht überschuldeten**) **Erbschaft** durch den Betreuer ist **in der Regel nicht genehmigungsfähig**;[44] das gilt nicht nur, wenn der Nachlass dadurch dem Zugriff des Sozialhilfeträgers entzogen werden soll, sondern auch, wenn der Betreute vermögend ist. Auch wenn die Erbschaft durch die Ausschlagung einem Bruder des Betreuten oder sonstigem Verwandten des Betreuten anwächst, entspricht es nicht ordentlicher Vermögenssorge, sie auszuschlagen (§ 83 I InsO ist nicht analog anwendbar).[45] Bei einem Behindertentestament ist die Genehmigung der Ausschlagung abzulehnen, wenn der Betreuer die Erbausschlagung und Geltendmachung des Pflichtteilsanspruchs für die Betreute betreibt, um damit die Kosten der Heimunterbringung aus ei-

210

---

40 OLG Saarbrücken NJW-RR 2015, 1099 = FamRZ 2016, 260; OLG Bremen FamRZ 1962, 209; *Staudinger/Engler* (2004), § 1822 Rn. 15.
41 BayObLG Rpfleger 1983, 482; OLG Frankfurt FamRZ 1964, 154; OLG Köln FamRZ 2011, 231 (wendet § 1796 II BGB an); *Coing* NJW 1985, 6/9.
42 *Buchholz* NJW 1993, 1161; RGRK/*Dickescheid* § 1795 Rn. 4; zweifelnd MünchKomm/ *Spickhoff* § 1795 Rn. 6.
43 OLG Saarbrücken NJW-RR 2015, 1099 = FamRZ 2016, 260 (minderj. Kind als Erbe).
44 OLG Hamm ZEV 2009, 471; OLG Stuttgart NJW 2001, 3484 = ZEV 2002, 367 mit abl. Anm. *Mayer.*
45 OLG Stuttgart ZEV 2002, 367.

genen Mitteln der Betreuten zu bestreiten, während ihr ohne Ausschlagung laufend geringe Mittel zu fließen.[46] Bei Zweifeln über den **Ablauf der Ausschlagungsfrist** kann die Genehmigung nicht mit der Begründung abgelehnt werden, die Frist sei abgelaufen,[47] weil diese Prüfung in die Kompetenz des Nachlassgerichts gehört.

211 Der Beschluss wird erst mit **Rechtskraft** wirksam (§ 40 II FamFG), weshalb er zuzustellen ist; er muss auch dem Betreuten bekanntgegeben werden (§ 41 III FamFG). Er erhält einen Rechtskraftvermerk.

d) Sittenwidrigkeit der Ausschlagung?

212 Macht ein **vermögensloser Sozialhilfeempfänger** eine größere Erbschaft, fällt die Bedürftigkeit weg und damit die Sozialhilfe.[48] Schlägt er aus, bleibt er bedürftig und belastet die Staatskasse; seine Angehörigen dagegen freuen sich, weil die Erbschaft ihnen zufällt (§ 1953 II BGB). Deshalb ist fraglich, ob die Ausschlagung einer werthaltigen Erbschaft durch den Betreuer einer mittellosen Person genehmigt werden darf oder die Genehmigung vom Betreuungsgericht wegen Sittenwidrigkeit abzulehnen ist (§ 138 BGB). Das ist umstritten. Der BGH[49] hat in den von ihm entschiedenen speziellen Fällen Sittenwidrigkeit verneint. Das Landessozialgericht Bayern[50] andererseits meint, die Ausschlagung als zivilrechtlich eröffnetes Gestaltungsmittel eines Hilfebedürftigen zulasten der Allgemeinheit sei nicht in jedem Fall hinzunehmen, stellt also auf den Einzelfall ab.

213 Andere, vom BGH abgelehnte, Meinungen: OLG Stuttgart:[51] Fällt einem Betreuten eine nicht überschuldete Erbschaft an, kann in der Regel die Ausschlagung durch den Betreuer nicht durch das Betreuungsgericht genehmigt werden, erst recht nicht, wenn dadurch der Zugriff des Sozialhilfeträgers verhindert werden soll. OLG Hamm:[52] Die Ausschlagung einer werthaltigen Erbschaft, die dazu führt, dass die Sozialhilfebedürftigkeit des vorläufigen Erben fortbesteht, verstößt gegen die guten Sitten, es sei denn die Ausschlagung kann ausnahmsweise durch ein überwiegendes Interesse des Erben motiviert werden. Erfolgt die Ausschlagung durch den Betreuer des Sozialhilfeempfängers, so kann diesem die notwendige betreuungsgerichtliche Genehmigung nicht erteilt werden. Denn mit dem Erbfall wird der Mittellose Eigentümer des Nachlasses; der Betreuer darf nicht dabei mitwir-

---

46 OLG Köln ZEV 2008, 196.
47 BayObLG FamRZ 1969, 434; KG OLGE 41, 76.
48 Dazu *Ivo* FamRZ 2003, 6.
49 BGH ZEV 2011, 258 (beiläufig); BGH NJW 1990, 2055; BGH NJW 1994, 248.
50 LSG Bayern FamRZ 2016, 260 = ZEV 2016, 43 (LS); SG Karlsruhe ZEV 2016, 55.
51 OLG Stuttgart NJW 2001, 3484 = ZEV 2002, 367; ebenso *Palandt/Ellenberger* § 138 Rn. 45a.
52 OLG Hamm ZEV 2009, 471 (Behindertenklauseln; Sozialhilfe leistet; Nachlasswert 50.000 Euro).

ken, dass die Staatskasse, d. h. die Allgemeinheit, private Lasten finanzieren muss. Andere Stimmen[53] nehmen dagegen an, die Ausschlagung sei zu genehmigen; die Ausschlagung sei höchstpersönlich; eine **Überleitung des Ausschlagungsrechts** auf den Sozialhilfeträger sei im SGB nicht vorgesehen. Der BGH habe es gebilligt, dass Eltern behinderter Kinder letztwillige Verfügungen errichten, die den Sozialhilfeträger am Zugriff auf das hinterlassene Vermögen hindern.[54] Meines Erachtens liegt Sittenwidrigkeit vor, weil Grundsatz des Sozialhilferechts ist, dass nur dem mit staatlichen Mitteln geholfen werden darf, der selbst mittellos ist.

e) Anfechtung der Erteilung bzw. Versagung der Genehmigung

Die **Erteilung der Genehmigung** kann der Betreute und der für den Betreuten bestellte Verfahrenspfleger mit Beschwerde anfechten, mit der Begründung, die Ausschlagung entspreche nicht dem Wohl des Betreuten. Der Betreuer kann keine Beschwerde einlegen, weil er nicht beschwert ist; denn er muss von der Genehmigung keinen Gebrauch machen.[55] Die **Versagung der Genehmigung** kann der Betreuer nur als Vertreter des Betreuten, d. h. in dessen Namen, mit Beschwerde (§§ 58 ff. FamFG) befristet (§ 63 II Nr. 2 FamFG: zwei Wochen) anfechten, weil der Betreute in seinem Ausschlagungsrecht beeinträchtigt ist. In seinen eigenen Rechten dagegen ist der Betreuer nicht betroffen, kann insoweit also keine Beschwerde einlegen.[56]

214

f) Prüfung durch den Betreuer

Der Betreuer muss von der Genehmigung keinen Gebrauch machen, etwa deswegen, weil sich inzwischen ein günstigeres Bild ergibt. Die Genehmigung allein macht die Ausschlagung nicht wirksam. Nach Erhalt der betreuungsgerichtlichen Genehmigung mit Rechtskraftvermerk hat der Betreuer in eigener Kompetenz (nochmals) zu prüfen, ob eine Ausschlagung der Erbschaft (immer noch) dem Wohl des Betreuten entspricht,[57] und, wenn er das bejaht, den Genehmigungsbeschluss nebst Rechtskraftvermerk baldigst (wegen der kurzen Ausschlagungsfrist) an das Nachlassgericht weiterzuleiten. Vgl. § 1828 BGB. Es genügt nicht, nur dem Nachlassgericht

214a

---

53 LG Aachen NJW-RR 2005, 307; *J. Mayer* ZEV 2002, 369; *Ivo* FamRZ 2003, 6; zweifelnd *Wendt* ZErb 2010, 48; kritisch *Leipold* ZEV 2009, 72.
54 BGH ZEV 2011, 258; BGH NJW 1990, 2055; BGH NJW 1994, 248.
55 OLG Koblenz NJW-RR 2014, 902.
56 OLG Stuttgart ZEV 2002, 367.
57 OLG Koblenz NJW-RR 2014, 902; *Horn* ZEV 2016, 20; a. A. LG Berlin NJOZ 2008, 512; *Sonnenfeld/Zorn* Rpfleger 2004, 533: Mitteilung des Betreuungsgerichts an das Nachlassgericht genüge.

ohne Beschlussvorlage mitzuteilen, dass das X-Betreuungsgericht unter dem Aktenzeichen ... am ....die Genehmigung erteilt habe,[58] weil eine Behauptung kein Nachweis ist. Dabei sollte die Ausschlagung vorsorglich nochmals erklärt werden.

7. Prüfung der Wirksamkeit der Ausschlagung

215   Das Nachlassgericht nimmt die Ausschlagungserklärung entgegen bzw. beurkundet sie; dafür wird eine Gebühr von 0,5 nach Tabelle B des GNotK (Nr. 21201 Nr. 7) berechnet. Dann informiert das Nachlassgericht den Nächstberufenen (§ 1953 II, III BGB). Auch verspätete Ausschlagungen werden zur Akte genommen und es ergeht kein Beschluss, dass die Ausschlagung „zurückgewiesen" wird. Ob die Ausschlagung wirksam war, d. h. form- und fristgerecht, wird erst als Vorfrage geprüft, wenn jemand einen Erbscheinsantrag stellt.

216   **Beispiel:**
Erbe E weiß seit 1.2, dass er der gesetzliche Erbe seines verstorbenen Vaters ist. Im Mai schlägt er die Erbschaft aus, weil er den Nachlass für überschuldet hält. Dann findet er wertvolle Nachlassgegenstände und beantragt im Dezember einen Erbschein. Mit Erfolg, denn die ursprüngliche Ausschlagung war verspätet.

8. Folgen der Ausschlagung

217   Wird die Erbschaft ausgeschlagen, so gilt der Anfall an den Ausschlagenden *rückwirkend* als nicht erfolgt (§ 1953 I BGB). Die Erbschaft fällt rückwirkend dem Nächstberufenen an (§ 1953 II BGB), d. h. dem, der berufen wäre, wenn der Ausschlagende zur Zeit des Erbfalls nicht gelebt hätte. In der Praxis wird fast nur wegen Überschuldung ausgeschlagen; Folge ist, dass meist auch die Nächstberufenen ausschlagen und letztlich der Fiskus erbt, der kein Ausschlagungsrecht hat (Rn. 177), aber die Schulden nicht bezahlt.

---

58 So aber *Horn* ZEV 2016, 20; *Sonnenfeld/Zorn* Rpfleger 2004, 533; *Firsching/Graf* Rn. 4.106 (verlangt Nachweis der Genehmigung): alle wegen RGZ 118, 145.

9. Anfechtung der Ausschlagungserklärung

Die Ausschlagung der Erbschaft ist anfechtbar (§ 1954 BGB). **Anfechtungsgründe** können sich aus §§ 119, 123 BGB (beachtlicher Inhaltsirrtum,[59] Täuschung, Drohung) ergeben. Der Anfechtungsgrund muss bei Betreuung in der Person des Betreuers vorliegen (§ 166 I BGB),[60] jedenfalls dann, wenn der Betreute geschäftsunfähig ist. Vgl. Rn. 15.

218

Beispiel:
Der Betreuer des Erben nahm an, im Nachlass gäbe es noch bestimmte Schulden (z. B. bei der X-Bank), er schlug deshalb aus; später stellte sich heraus, dass diese Schulden längst getilgt waren.[61]

219

Fehlerhafte Vorstellungen über den Wert des Nachlasses oder einzelner Nachlassgegenstände genügen nicht.[62] Wenn der Erblasser meint, nach Ausschlagung falle der Nachlass bestimmten Personen zu, während in Wahrheit andere Personen Nächstberufen sind, wird das grundsätzlich als unbeachtlicher Motivirrtum angesehen, der nicht zur Anfechtung berechtigt.[63] Irrtümer darüber, ob der Nachlass überschuldet ist, sollen dann nicht zur Anfechtung berechtigen, wenn es sich um Bewertungsirrtümer handelt.[64]

220

Form: Die Anfechtung[65] muss zu Protokoll des Nachlassgerichts oder durch ein dort einzureichendes Schriftstück, bei dem die Unterschrift des Erben (bzw. des Betreuers als des gesetzlichen Vertreters) notariell beglaubigt ist, erfolgen (§§ 1955 S. 2, 1945 BGB).[66] Die **Anfechtungsfrist** beträgt in der Regel sechs Wochen (§ 1954 I BGB), sechs Monate in den Auslandsfällen (§ 1954 III BGB). **Anfechtungsgegner:** die Erklärung ist gegenüber dem Nachlassgericht abzugeben (§ 1955 S. 1 BGB). **Wirkung:** Die Anfechtung der Ausschlagung gilt als Annahme der Erbschaft (§ 1957 I BGB). **Genehmigung:** Da die Anfechtung der Ausschlagung als Annahme gilt und die Annahme nicht genehmigungsbedürftig ist bedarf auch die Anfechtung der Ausschlagung keiner Genehmigung des Betreuungsgerichts.

221

---

59 OLG Hamm ZEV 2011, 271.
60 Vgl. MünchKomm/*Leipold* § 1954 Rn. 20.
61 KG NJW-RR 2004, 286.
62 BayObLG FGPrax 1998, 146; OLG Düsseldorf ZEV 2009, 137; OLG Stuttgart FamRZ 2009, 1182.
63 OLG Düsseldorf FamRZ 1997, 905; MünchKomm/*Leipold* § 1954 Rn. 7.
64 MünchKomm/*Leipold* § 1954 Rn. 13.
65 Kostenpflichtig, Nr. 21201 Nr. 7 KV GNotKG.
66 Anwaltsschriftsätze genügen nicht, LG München I FamRZ 2000, 1328.

222 Bei einem geschäftsunfähigen Erben, der **keinen Betreuer hat**, bestimmt § 1944 II 3 BGB, dass auf den Lauf der Frist die §§ 206, 210 BGB entsprechend anwendbar sind. § 210 BGB besagt, dass die Ausschlagungsfrist nicht vor dem Ablauf von sechs Wochen nach dem Zeitpunkt abgelaufen ist, ab dem „der Mangel der Vertretung behoben" ist, d. h. ab dem die Bestellung eines Betreuers mit einem ausreichenden Aufgabenkreis wirksam geworden ist. Wegen § 210 S. 2 BGB gilt nicht die Sechsmonatsfrist,[67] weil die reguläre Ausschlagungsfrist nur 6 Wochen beträgt (§ 1944 I BGB).

10. Ausschlagung durch Vorsorgebevollmächtigte

223 Ein Bevollmächtigter kann eine Ausschlagung erklären, falls die Vollmacht dies umfasst. Eine Genehmigung des Betreuungsgerichts ist weder möglich noch erforderlich. Vgl. Rn. 196.

---

67 MünchKomm/*Leipold* § 1944 Rn. 24.

G. Aufgebot, Antrag auf Nachlassinsolvenz, Dürftigkeitseinrede

1. Übersicht

Wenn der Betreuer die **Ausschlagungsfrist schuldhaft versäumt** hat und dadurch dem Betreuten ein Schaden entsteht, **haftet** er dem Betreuten (§§ 1908i, 1833 BGB). Wenn der Betreuer nicht ausgeschlagen hat und sich um nichts kümmert kann das Betreuungsgericht den Betreuer **entlassen** (§ 1908b I BGB) und insoweit einen neuen Betreuer bestellen. Dieser kann dann versuchen, die Versäumung der Ausschlagungsfrist anzufechten (§ 1956 BGB), was dann als Ausschlagung gilt (§ 1957 BGB).

Wenn der Betreuer die Ausschlagungsfrist versäumt hat und dies auch nicht mehr mit Anfechtung retten kann, haftet der Betreute nicht zwingend mit seinem Eigenvermögen für die Schulden des Erblassers. Wenn im Nachlass ein paar tausend Euro sind, kann er einen Antrag auf Nachlassverwaltung bzw. Nachlassinsolvenz stellen (§ 1975 BGB) und so das Eigenvermögen retten. Ist nicht einmal dieser Betrag im Nachlass, kann er sich auf dessen Dürftigkeit berufen (§ 1990 BGB) und haftet dann ebenfalls nicht.

2. Aufgebot der Nachlassgläubiger

Dem Erben bzw. dem Betreuer des Erben ist oft der Schuldenstand des Nachlasses nicht bekannt; hier kann ein Aufgebotsverfahren helfen. Es besteht u. U. mittelbar eine Obliegenheit, beim Amtsgericht das Aufgebot zu beantragen (§ 1980 II BGB; § 454 FamFG), weil es als Fahrlässigkeit gilt, wenn der Erbe das **Aufgebot** der Nachlassgläubiger nicht beantragt, obwohl er Grund hat, das Vorhandensein unbekannter Nachlassverbindlichkeiten anzunehmen (Rn. 232); das Aufgebot ist nicht erforderlich, wenn die Kosten des Verfahrens dem Bestand des Nachlasses gegenüber unverhältnismäßig groß sind.

Beispiel eines Aufgebotsantrags:

An das Amtsgericht ...

Antrag auf Aufgebot der Nachlassgläubiger zwecks Ausschließung (§ 1970 BGB)

Ich bin vom AG Betreuungsgericht (Datum, Aktenzeichen) zum Betreuer für E
... bestellt worden; zu meinem Aufgabenkreis gehört die Vermögenssorge.

Als Vertreter des Erben E beantrage ich
- das Aufgebot der Nachlassgläubiger
- anschließend den Erlass des Ausschließungsbeschlusses.

E ist Alleinerbe des am ... in ... verstorbenen X (Aktenzeichen des Nachlassgerichts ...). Ich beantrage den Erlass des Aufgebots nach § 1970 BGB. Der Erbe haftet noch nicht unbeschränkt für die Nachlassverbindlichkeiten (§ 455 I FamFG). Ein Verzeichnis der mir bekannten Nachlassgläubiger mit Angabe der jeweiligen genauen Anschrift ist beigefügt (§ 456 FamFG). Der Nachlass ist unübersichtlich, mit weiteren Schulden ist zu rechnen, weil ... Ein Nachlassinsolvenzverfahren ist nicht beantragt (§ 457 I FamFG). Der Wert des Aktivnachlasses beträgt ... Euro.

gez. ...

Anlage ...

228 **Gerichtskosten des Aufgebots:** Gebühr nach Nr. 15212 KV GNotKG (0,5 nach Tabelle A; der Verfahrenswert beträgt ca. 10% bis 30% des Aktivvermögens;[1] § 103 GNotKG). Dazu kommen die Kosten der Veröffentlichung im Internet (Nr. 31004 KV GNotKG, Höhe nachzulesen im Gebührenverzeichnis des Verlages Bundesanzeiger, im Internet unter eBundesanzeiger).

229 Die **Veröffentlichung** erfolgt im Internet (elektronischer Bundesanzeiger). Melden sich ein Gläubiger, dann wird der Erbe informiert. Meist meldet sich niemand. In beiden Fällen wird auf Antrag des Erben später ein Beschluss erlassen, das die Gläubiger, die sich nicht gemeldet haben, ausschließt (§§ 434, 441 FamFG). Nun kann der Erbe die ihm bekannten Gläubiger und die Pflichtteilsrechte, Vermächtnisse und Auflagen befriedigen, ohne dass ihn insoweit noch eine Haftung trifft, wenn später weitere Gläubiger auftauchen; allerdings **erlöschen Forderungen nicht** dadurch, dass sich ein Gläubiger im Aufgebot nicht meldet.

3. Pflicht zum Insolvenzantrag bei Überschuldung und kostendeckender Masse

a) Kenntnis des Betreuers des Erben von der Überschuldung

230 Es kommt vor, dass der Betreuer des Erben erst *nach* Erbschaftsannahme feststellt, dass der Nachlass überschuldet oder zahlungsunfähig

---

[1] Nach OLG Hamm ZEV 2013, 263 dagegen: 5% der bekannt gewordenen Nachlassverbindlichkeiten.

ist (§ 320 InsO). Nach Erlangung dieser Kenntnis hat der Betreuer in seiner Eigenschaft als gesetzlicher Vertreter des Erben unverzüglich (d. h. ohne schuldhaftes Zögern) beim Amtsgericht, Abt. Insolvenzgericht, die Eröffnung des **Nachlassinsolvenzverfahrens** zu beantragen (§ 1980 I BGB), falls eine kostendeckende Masse vorhanden ist, § 26 InsO (das sind in der Regel mindestens 2.000 bis 4.000 Euro; GKG KV 2310 ff., Wert § 58 GKG). Örtlich zuständig ist das Insolvenzgericht, in dessen Bezirk der Erblasser zur Zeit seines Todes seinen Wohnsitz hatte (§ 315 InsO). Eine Frist besteht nicht (anders beim Antrag eines Nachlassgläubigers, § 319 InsO). Steht nur ein Miterbe unter Betreuung ist der Betreuer dieses Miterben ebenfalls antragsberechtigt (§ 317 I InsO); allerdings muss der Betreuer dann den Insolvenzgrund glaubhaft machen (§ 317 II InsO), d. h. Unterlagen für die Überschuldung vorlegen. Eine Genehmigung des Betreuungsgerichts braucht der Betreuer nicht, doch sollte er den Insolvenzantrag dem Betreuungsgericht im Rahmen eines Berichts mitteilen.

Hinsichtlich der vorgenannten **Kenntnis** kommt es nicht auf den betreuten Erben an, sondern auf den Betreuer (§ 166 I BGB). Der Kenntnis der Zahlungsunfähigkeit oder der Überschuldung steht die auf Fahrlässigkeit beruhende Unkenntnis gleich (§ 1980 II BGB). Wenn also der Betreuer aufgrund der beim Erblasser aufgefundenen Unterlagen (Rechnungen, Vollstreckungsbescheide, Mahnschreiben usw.) einen Verdacht auf Überschuldung schöpfen musste, dann muss er weiterermitteln, sonst handelt er fahrlässig. Dem Betreuer sind Zahlungen an Nachlassgläubiger aus dem Nachlass nur dann gestattet, wenn er „den Umständen nach annehmen" darf, dass der Nachlass zur Berichtigung *aller* Nachlassverbindlichkeiten ausreicht. Ihn trifft daher die Pflicht, vor einer Zahlung an Nachlassgläubiger sorgfältig zu prüfen, einerseits welche Nachlassverbindlichkeiten vorhanden sind und in Zukunft noch entstehen können, sowie andererseits, welche Nachlassaktiva zum Nachlass gehören und welchen Erlös er aus der Verwertung der Aktiva erlangen wird. Hierzu wird es in aller Regel einer möglichst vollständigen Sichtung des Nachlasses, eingehender Durcharbeitung der Unterlagen des Erblassers, Rückfragen z. B. bei Angehörigen und möglichen Vertragspartnern und auch sonstiger Ermittlungen bedürfen.[2]

231

Als zur Haftung führende Fahrlässigkeit gilt es insbesondere, wenn der Erbe das **Aufgebot** der Nachlassgläubiger nicht beantragt, *obwohl* er Grund hat, das Vorhandensein unbekannter Nachlassverbindlichkeiten anzunehmen; das Aufgebot ist nicht erforderlich, wenn die Kosten des Aufgebotsverfahrens (Rn. 228) dem Bestand des Nachlasses gegenüber unverhältnismäßig groß sind (§ 1980 II BGB).

232

---

2 So wörtlich BGH NJW 1985, 140.

233 Neben dem Betreuer ist der Betreute, falls verfahrensfähig (d. h. geschäftsfähig) zum Stellen des Insolvenzantrags berechtigt bzw. verpflichtet.

234 **Muster:**

An das Amtsgericht X, Insolvenzgericht

Insolvenzantrag

Das Amtsgericht A hat mich mit Beschluss vom … zum Betreuer für Y … bestellt; zum Aufgabenkreis gehört die Vermögenssorge (der Beschluss liegt in Kopie bei).

Y ist Alleinerbe des am … in … verstorbenen Z (der Erbschein liegt in Kopie bei).

Der Nachlass ist überschuldet, jedoch ist eine kostendeckende Masse vorhanden.

Aktivnachlass: laut beiliegendem Verzeichnis … 8.200 Euro.

Passiva: laut beiliegender Gläubigerliste ca. 40.000 Euro.

Namens des Erben beantrage ich daher, das Insolvenzverfahren zu eröffnen.

(Unterschrift)

b) Folgen der Unterlassung des Insolvenzantrags

235 Verletzt der Betreuer die Pflicht, einen Insolvenzantrag zu stellen (d. h. er stellt keinen Antrag oder stellt den Antrag erst verspätet), ist der Erbe aus seinem Eigenvermögen den Gläubigern für den daraus entstehenden Schaden verantwortlich (§ 1980 I 2 BGB). Der Schaden besteht in der Differenz zwischen demjenigen Betrag, den der Gläubiger tatsächlich erhalten hat, und dem, was er erhalten hätte, wenn der Antrag rechtzeitig gestellt worden wäre.[3]

236 **Beispiel:**

Der Betreuer B zahlt an die Nachlassgläubiger G 1 bis G 3 aus, obwohl er vermuten musste, dass es weitere Gläubiger gibt. Schließlich stellt B die Zahlungen ein, ein Gläubiger G 4 (Forderung: 10.000 Euro) stellt Insolvenzantrag. Wenn B nichts bezahlt hätte, sondern sofort den Insolvenzantrag gestellt hätte, hätte G 4 eine Quote von 5 % erhalten (= 500 Euro), jetzt bekommt er nichts mehr. Schaden: 500 Euro.

237 Im Nachlassinsolvenzverfahren gehört der Schadensersatzanspruch zur Insolvenzmasse und wird vom Nachlassinsolvenzverwalter gegen den Erben, vertreten durch den Betreuer, geltend gemacht.[4] Der Erbe wiederum hat einen Anspruch auf Ersatz dieses Schadens durch den nachlässigen Betreuer (§§ 1833, 1908i BGB); insofern wird der Erbe durch einen Ergänzungsbetreuer oder nach Entlassung des bisherigen Betreuers durch einen neuen Betreuer vertreten.

---

3 BGH NJW 1985, 140.
4 *Staudinger/Marotzke* § 1980 Rn. 17.

c) Folgen der Insolvenzeröffnung für die Betreuung

Durch Eröffnung des Insolvenzverfahrens geht die Befugnis, das Vermögen des Schuldners (d. h. des betreuten Erben) zu verwalten und darüber zu verfügen, auf den Insolvenzverwalter über (§ 80 InsO); dem Betreuer steht dieses Recht also nicht mehr zu. **Unberührt** von der Insolvenzeröffnung bleiben die **sonstigen Aufgabenkreise des Betreuers**, z. B. die Gesundheitssorge. Eine Änderung des Beschlusses des Betreuungsgerichts über den Aufgabenkreis ist aber nicht nötig und auch unzweckmäßig, weil beim Betreuer als früherem Vermögensverwalter noch Pflichten im Insolvenzverfahren bleiben. Der Betreuer ist in der Regel hinzuziehen, wenn der Insolvenzverwalter das Verzeichnis der Massegegenstände aufstellt (§ 151 I 2 InsO), ebenso bei der Erstellung des Gläubigerverzeichnisses (§ 152 InsO). Nach Aufstellung der Vermögensübersicht durch den Insolvenzverwalter kann das Insolvenzgericht dem Betreuer als gesetzlichen Vertreter des Schuldners aufgeben, die Vollständigkeit der Vermögensübersicht eidesstattlich zu versichern (§ 153 II InsO). Als Vertreter des Schuldners kann der Betreuer im Berichtstermin Stellung nehmen (§ 156 II InsO).

238

Vergütung des Betreuers. Die für die Betreuertätigkeit abrechenbare Stundenzahl sinkt nicht, weil pauschal abgerechnet wird (§§ 4, 5 VBVG). Allerdings wird nun Zahlung aus der Staatskasse verlangt, weil der Betreuer keinen Zugriff mehr auf das noch vorhandene Aktivvermögen hat, so dass der Betreute als mittellos gilt. Eine Anmeldung der rückständigen Betreuervergütung zur Insolvenztabelle entfällt daher; die Betreuervergütung ist auch keine Masseverbindlichkeit im Sinne von § 324 InsO.

239

d) Kein Insolvenzantrag, weil eine kostendeckende Masse fehlt

Deckt der vorhandene Nachlass nicht die Kosten einer Nachlassverwaltung oder eines Nachlassinsolvenzverfahrens, verlangt das BGB vom Erben nicht, dass er aus seinem Privatvermögen das Insolvenzverfahren finanziert, um die Beschränkung der Haftung auf den Nachlass zu erreichen. „Ist die Anordnung der Nachlassverwaltung oder die Eröffnung des Nachlassinsolvenzverfahrens wegen Mangels einer den Kosten entsprechenden Masse nicht tunlich oder wird aus diesem Grunde die Nachlassverwaltung aufgehoben oder das Insolvenzverfahren eingestellt, so kann der Erbe die Befriedigung eines Nachlassgläubigers insoweit verweigern, als der Nachlass nicht ausreicht" (§ 1990 I 2 BGB). Dogmatisch wird unterschieden: Der Nachlass ist **dürftig,** wenn er die Verfahrenskosten nicht deckt; **unzulänglich,** wenn er nicht ausreicht, alle Nachlassgläubiger zu befriedigen; **erschöpft,** wenn keinerlei Nachlassgegenstände mehr vorhanden sind;

240

überbeschwert, wenn die Überschuldung allein auf Vermächtnissen und Auflagen beruht (§ 1992 BGB).

241 Stellt der Erbe (d. h. sein Betreuer) einen Insolvenzantrag, der mangels Masse abgewiesen wird (§ 26 InsO), dann fallen zwar Gerichtskosten an (GKG KV 2310 ff.), doch ist der Beschluss ein unwiderlegbarer Beweis der Dürftigkeit.

242 Klagt der Nachlassgläubiger und wendet der **im Prozess** durch seinen Betreuer vertretende Erbe die Dürftigkeit des Nachlasses ein, dann muss er den Antrag stellen, dass ihm die Beschränkung der Haftung auf den Nachlass vorbehalten bleibt (§ 780 ZPO). Wird das vergessen, kann der Beklagte Berufung einlegen und den **Vorbehalt der beschränkten Erbenhaftung** in der Berufungsinstanz noch erheben.[5] Voraussetzung der Einrede ist nur, dass der Erbe als solcher in Anspruch genommen wird und sich auf sie beruft. Nur wenn der Vorbehalt im Urteil enthalten ist, kann der Erbe gemäß §§ 781, 785, 767 ZPO Vollstreckungsgegenklage erheben, wenn der Gläubiger später in das Eigenvermögen des Erben vollstreckt.

---

5 BGH NJW-RR 2010, 664; OLG Celle ZEV 2010, 409.

H. Der Betreute als Alleinerbe

1. Erbschein, Grundbuch, Umschreibungen, Erbschaftsteuer

Ein **Erbschein** (Kosten: 2,0 nach Tabelle B[1] gemäß Nr. 12210, 23300 KV GNotKG; Wert: § 40 GNotKG) ist in der Regel erforderlich; u. a. entbehrlich, wenn der Betreuer aufgrund einer wirksamen **Vollmacht**, die nach ihrem Wortlaut über den Tod hinaus gilt, über den Nachlass verfügen kann. Zur Umschreibung im **Grundbuch** ist praktisch immer ein Erbschein erforderlich (§ 35 I GBO), es sei denn, es liegt ein notarielles Testament über die Erbeinsetzung vor; der Grundbuchberichtigungsantrag kann beim Nachlassgericht in der Nachlassverhandlung oder beim Grundbuchamt gestellt werden.   243

Ist der Betreute Alleinerbe verschmelzen Eigenvermögen und geerbtes Vermögen zu einer Einheit. Einige **Bankkonten** sind dann überflüssig; zur Löschung braucht der Betreuer die Genehmigung des Betreuungsgerichts („Verfügung" nach § 1812 I BGB), selbst wenn sie ohne Guthaben sind.   244

Der Betreuer hat die **Erbschaftsteuererklärung** abzugeben (Rn. 760 ff.); da er hierfür nicht zusätzlich bezahlt wird (außer im Falle des § 1835 III BGB) und bei Fehlern Haftungsgefahr besteht (vgl. Rn. 556 ff.) sollte er den Auftrag als Vertreter des Betreuten an einen Steuerberater geben; die Gebühren des Steuerberaters können dem Nachlasskonto entnommen werden.   245

2. Feststellung des Nachlassbestandes

Steht die Alleinerbschaft des Betreuten fest muss der Betreuer den Umfang des Nachlasses klären, indem er unter Vorlage des Erbscheins z. B. die örtlichen **Banken** anschreibt. Ist möglich, dass der Erblasser auch bei anderen Banken Konten und Depots unterhalten hat und ergeben sich aus den Unterlagen keine Einzelheiten, kann der Betreuer die Bankenverbände[2] anschreiben. Ist der Erblasser Inhaber eines **Schließfachs** bei der   246

---

1 Das sind bei 20.000 Euro Nachlass mindestens 214 Euro, bei 100.000 Euro Nachlass mindestens 546 Euro.
2 Die Adressen findet man über Suchmaschinen unter „Bankenverband" im Internet.

Bank gewesen, bedarf der Zutritt zum Fach (oder die gewaltsame Öffnung, wenn der Schlüssel fehlt) keiner Genehmigung des Betreuungsgerichts, weil keine „Verfügung" im Sinne von § 1812 I BGB vorliegt. Dasselbe gilt, wenn der Betreuer den Inhalt des Schrankfachs entnimmt.

246a **Sozialleistungsansprüche.**[3] Hatte der Erblasser Sozialleistungen beantragt, aber nicht mehr ausbezahlt erhalten, ist denkbar, dass der Erbe solche Ansprüche erbt, wenn die Ansprüche zum Todeszeitpunkt bereits festgestellt waren oder ein Verwaltungsverfahren über sie anhängig gewesen ist. Für Ansprüche auf (einmalige) Geldleistungen gilt § 58 I SGB I: „Soweit fällige Ansprüche auf Geldleistungen nicht nach den §§ 56 SGB I und 57 SGB I einem Sonderrechtsnachfolger zustehen, werden sie nach den Vorschriften des Bürgerlichen Gesetzbuchs vererbt." Vgl. ferner § 59 I SGB I. Sonderrechtsnachfolger sind z. B. Ehegatten bzw. Lebenspartner, Kinder, Eltern, Haushaltsführer. Bei Ansprüchen aus dem SGB II oder SGB XII ist eine Vererbung nicht möglich. Nicht vererbt werden ferner Ansprüche auf Sach- oder Dienstleistungen. Beamte haben einen **Beihilfeanspruch** gegen ihren Dienstherrn; er wird vererbt.[4]

247 Die **Grundbuchämter** führen Namensverzeichnisse, so dass geklärt werden kann, welcher Grundstücksbesitz im Bezirk des Grundbuchamts vorhanden ist; allerdings sind in Deutschland die Grundbuchämter dezentral, so dass sich Grundbesitz in anderen Grundbuchbezirken u. U. nur daraus ergibt, dass irgendwann Grundsteuer vom Konto abgebucht wurde oder wird. Der Betreuer sollte beim Grundbuchamt eine *unbeglaubigte* Abschrift des Grundbuchblatts (Gebühr: 10 Euro, Nr. 17000 KV GNotKG) beantragen, damit er Einblick in die genauen Grundstücksverhältnisse und die eingetragenen Belastungen erhält.

Fragt man beim Nachlassgericht oder Grundbuchamt an, ob es dort eine Akte über einen bestimmten Vorgang gibt, ist die Negativauskunft gebührenfrei.[5]

3. Verwaltung, Umschichtung des Nachlasses

248 Eine Privatperson kann ihr Vermögen im Rahmen der Gesetze nach Belieben anlegen; für den Betreuer gelten Einschränkungen in §§ 1806 ff. BGB. Da auch Geld, das der Betreute später, z. B. durch Erbschaft, er-

---

[3] *Horstmann* ZEV 2013, 598.
[4] VG Saarlouis ZEV 2016, 603 (LS) = BeckRS 2016, 51495.
[5] OLG Koblenz NJW-RR 2016, 1277; die a. A. verlangt wegen Nr. 1401 JVKostG 15 Euro; vgl. *N. Schneider* ErbR 2017, 24.

wirbt, dem § 1806 BGB unterliegt,⁶ bedeutet das, dass die Anlegungsbeschränkungen in § 1807 BGB („mündelsichere Geldanlage") gelten und Genehmigungen des Betreuungsgerichts erforderlich sind, wenn z. B. vorhandene Guthaben in Aktien oder Investmentanteile investiert werden sollen (§ 1811 BGB).

Dagegen ergibt sich aus §§ 1806 ff. BGB keine Pflicht des Betreuers, im Nachlass vorgefundene Anlagen in Aktien, Investmentanteilen, Goldmünzen etc. umzuschichten in „mündelsichere" verzinsliche Anlagen im Sinne von § 1807 BGB; das kann sich nur aus allgemeinen Grundsätzen der Vermögensanlage ergeben. Es gibt auch keine Pflicht, solche schon vorhandenen Anlagen vom Betreuungsgericht genehmigen zu lassen. 249

Wenn der Betreuer im Nachlass befindliche Aktien, Investmentanteile, Anleihen und andere **Wertpapiere** veräußern will, bedarf das nach §§ 1908i, 1812 I BGB der Genehmigung des Betreuungsgerichts. Eine Bank (Sparkasse)⁷ muss nicht zum Schutz des Betreuten die Einhaltung betreuungsrechtlicher Vorschriften überprüfen. Die Pflichten aus §§ 1812, 1813 BGB betreffen grundsätzlich nicht die beteiligten Kreditinstitute, sondern allein die Betreuer und das Betreuungsgericht.⁸ 250

4. Vermögensverzeichnis, Rechnungslegung

Aus §§ 1908i, 1802 BGB ergibt sich: 251

(1) Der Betreuer hat das Vermögen, das später dem Betreuten zufällt, zu verzeichnen und das Verzeichnis, nachdem er es mit der Versicherung der Richtigkeit und Vollständigkeit versehen hat, dem Betreuungsgericht einzureichen. Ist ein Gegenbetreuer vorhanden, so hat ihn der Betreuer bei der Aufnahme des Verzeichnisses zuzuziehen; das Verzeichnis ist auch von dem Gegenbetreuer mit der Versicherung der Richtigkeit und Vollständigkeit zu versehen.

(2) Der Betreuer kann sich bei der Aufnahme des Verzeichnisses der Hilfe eines Beamten, eines Notars oder eines anderen Sachverständigen bedienen.

(3) Ist das eingereichte Verzeichnis ungenügend, so kann das Betreuungsgericht anordnen, dass das Verzeichnis durch eine zuständige Behörde oder durch einen zuständigen Beamten oder Notar aufgenommen wird.

Der Betreuer hat somit beim Betreuungsgericht ein **Nachtragsverzeichnis** einzureichen, das denselben Regeln folgt, wie das bei Anordnung der Betreuung ursprünglich errichtete Vermögensverzeichnis. *Wann* das zu 252

---

6 *Palandt/Götz* § 1806 Rn. 3; *Gleißner* Rpfleger 1985, 482.
7 Vgl. *Platz,* Bankgeschäfte mit Betreuten, 2005.
8 BGH NJW 2006, 430.

geschehen ist, ist gesetzlich nicht bestimmt; es hängt vom Umfang und der Struktur des Nachlasses ab. Durch Zwangsgeld kann die Einreichung des Verzeichnisses erzwungen werden (§ 35 FamFG). Das Verzeichnis dient u. a. zur Klärung, ob der Betreute (noch) mittellos ist, so dass weiterhin die Staatskasse die Betreuervergütung zu zahlen hat (§ 1836 BGB; § 1 VBVG); ferner kann dadurch der Betreute in die Gruppe derjenigen Betreuten aufrücken, bei denen jährliche Gerichtsgebühren aus dem Vermögen erhoben werden (Nr. 11101 KV GNotKG: bei einem Vermögen von mehr als 25.000 Euro beträgt die jährliche Gebühr je 5.000 Euro Vermögen 10 Euro, bei 100.000 Euro Vermögen also 200 Euro). Berechnungsmodell:

253 **Beispiel:**
Anordnung der Betreuung im April 2014; für die Zeit vom April 2014 bis Ende Dezember 2015 wird die Regelgebühr erhoben (also nicht zusätzlich 9/12 für 2014); erbt der Betreute im Juli 2016, fällt die erhöhte Gebühr ab 1.1.2017 an. Stirbt der Betreute im Februar 2017 ist trotzdem für 2017 die volle Gebühr (von den Erben) zu zahlen und nicht nur 2/12.

254 Grundbuchmäßige Bezeichnungen für geerbte Grundstücke sind jedenfalls dann notwendig, wenn die nur straßenmäßige Bezeichnung zu Unklarheiten über Lage und Größe des Grundstücks führen würde. Hausrat, Wäsche, Kleidung und Bücher können zusammenfassend angegeben werden, wenn der Wert verhältnismäßig gering ist.[9] Die Grundstücke und sonstigen Nachlassgegenstände sind vom Betreuer grundsätzlich zu bewerten, notfalls durch Schätzung.[10]

255 In das Nachtragsverzeichnis ist die Erbschaft auch dann aufzunehmen, wenn sie der Verwaltung eines **Testamentsvollstreckers** unterliegt; zu diesem Zweck kann der Betreuer des Erben vom Testamentsvollstrecker ein Nachlassverzeichnis verlangen (§ 2215 BGB).

256 Ist der Betreute nur **Nacherbe**, hat er zunächst nur eine Chance geerbt, die aber nicht wertlos ist (vgl. Rn. 398 ff.). Deshalb hat der Betreuer eines Nacherben ebenfalls dem Betreuungsgericht ein Nachlassverzeichnis einzureichen;[11] zu diesem Zweck hat der Betreuer vom Vorerben ein Nachlassverzeichnis zu verlangen (§ 2121 BGB). Die Bewertung der Chance (z. B. wegen der Jahresgebühren für die Betreuung) ist allerdings höchst schwierig, weil sie davon abhängt, wie wahrscheinlich es ist, dass der Betreute vom Nacherben zum Vollerben aufrückt; im Zweifel ist eine Bewertung mit Null angebracht.

257 Zur Bewertung des Anteils an einer **Erbengemeinschaft** vgl. Rn. 301.

---
9 OLG Schleswig FGPrax 2004, 238.
10 Zur Schätzung von Grundstücken vgl. *Damrau/Zimmermann* § 1802 Rn. 10.
11 MünchKomm/*Kroll-Ludwigs* § 1802 Rn. 4.

Die Einnahmen und Ausgaben aus dem Nachlass des Alleinerben sind 258
in die **jährliche Rechnungslegung** einzustellen (§ 1840 II, III BGB), der
Nachlass wird also nicht gesondert abgerechnet.

5. Spezielle Verwaltungsanordnungen des Erblassers

Wer einem Kind, das unter Vormundschaft steht, etwas vererbt, kann 259
bestimmen, dass der Vormund das zugewendete Vermögen nicht verwalten
darf, so dass ein Ergänzungspfleger zu bestellen ist (§ 1909 I 2 BGB). Für
Betreuungen gilt das nach h. M.[12] nicht; der Erblasser kann nach h. M.
nicht anordnen, dass ein bestimmter Betreuer des Erben die Erbschaft nicht
verwalten darf und die Bestellung eines anderen Betreuers für den Nachlass fordern. Will der Erblasser die Verwaltung durch einen Betreuer verhindern, muss er Testamentsvollstreckung anordnen (Rn. 421 ff.) und eine
andere Person als den Betreuer zum Testamentsvollstrecker bestellen; eine
Umdeutung in eine Testamentsvollstreckung ist möglich. Jedoch kann der
Erblasser im Testament (oder einem Testamentsnachtrag, Erbvertrag) spezielle Verwaltungsanordnungen für den Betreuer bezüglich des Nachlasses
treffen: Was der Betreute von Todes wegen erwirbt (z. B. durch Erbschaft,
Vermächtnis) hat der Betreuer nach den **Anordnungen des Erblassers** zu
verwalten, wenn die Anordnungen von dem Erblasser durch letztwillige
Verfügung getroffen worden sind (§ 1803 I BGB).

Zulässige Anordnungen: Beschränkungen z. B. in Form der Er- 260
weiterung der Hinterlegungspflichten; Befreiung von Vorschriften der
§§ 1807 ff., 1814 ff. BGB über die Anlegung von Geld. Bei Verstößen bleibt
das Handeln des Betreuers wirksam, jedoch kann er schadensersatzpflichtig
werden (§ 1822 BGB). Der *geschäftsfähige* betreute Erbe kann aber durch
§ 1803 BGB nicht betroffen werden,[13] er kann also selbst handeln und
könnte nur durch Testamentsvollstreckung oder Anordnung der Nacherbschaft (usw.) in seiner Handlungsfreiheit beschränkt werden. Im Übrigen
kann der Betreuer mit **Genehmigung des Betreuungsgerichts** von den
Anordnungen des Erblassers abweichen, wenn ihre Befolgung das Interesse
des Betreuten gefährden würde (§ 1803 II BGB).

Steht der geistig behinderte Erbe unter Betreuung und hatte der Erblasser für das Erbe Testamentsvollstreckung angeordnet, dann hat der (nicht
mittellose) Betreute die **Betreuervergütung** selbst zu zahlen, der Betrag ist
also vom Testamentsvollstrecker aus dem verwalteten Nachlass zu überneh-

---

12 MünchKomm/*Schwab* § 1909 Rn. 50; a. A. *Damrau/Zimmermann* § 1803 Rn. 1 (für
analoge Anwendung wegen §§ 1908 i I, 1803 BGB).
13 *Staudinger/Engler* (2004) § 1803 Rn. 8; MünchKomm/*Kroll-Ludwigs* § 1803 Rn. 6.

men, wenn sonstiges Eigenvermögen nicht vorhanden ist und der Erblasser dies nicht in einen Verwaltungsanordnung untersagt hat. Gegen diese Vergütungsfestsetzung ist der Testamentsvollstrecker nach Ansicht des BGH[14] nicht beschwerdeberechtigt, weil er nicht in eigenen Rechten unmittelbar betroffen sei. Vgl. Rn. 122.

261 **Unzulässige Anordnungen:**[15] Die gesetzlichen Schranken der Vertretungsmacht des Betreuers (§§ 1795, 181 BGB) können nicht verändert werden, der Kreis der genehmigungsbedürftigen Geschäfte nach §§ 1812, 1821, 1822 ff. kann weder erweitert noch beschränkt werden. Die Überwachungsaufgaben des Betreuungsgerichts können vom Erblasser nicht geschmälert werden.

6. Setzen einer Inventarfrist durch das Nachlassgericht

262 **Jeder Nachlassgläubiger** kann (ohne zeitliche Begrenzung) beim Nachlassgericht den Antrag stellen, dass dem Erben eine Frist zur Errichtung eines Inventars gesetzt wird (§ 1994 BGB); in der Praxis kommt das sehr selten vor. Der Antragsteller hat seine Gläubigerstellung glaubhaft zu machen (§ 1994 II 1 BGB), z. B. durch Vorlage von Rechnungen, Vollstreckungstiteln.[16] Dem Antrag *muss* (nach Anhörung des Erben) entsprochen werden (kein Ermessen). Durch Beschluss des Rechtspflegers (§ 3 Nr. 2c RPflG) wird dem Erben zur Errichtung eine Frist gesetzt (§ 1995 I BGB), die verlängerbar ist[17] (§ 1995 III BGB), und deren Lauf bei einem geschäftsunfähigen Erben gehemmt ist (§§ 1997, 210 BGB; Rn. 716). Die Fristsetzung ist dem Betreuer zuzustellen. Das Nachlassgericht soll das Betreuungsgericht von der Fristbestimmung informieren (§ 1999 S. 2 BGB), damit es ihn zur Fristeinhaltung anhalten kann (§ 1837 BGB).

263 Der Betreuer als Vertreter des Erben **errichtet** hierauf **fristgerecht ein Inventar** und reicht es ein, wobei die Mitwirkung eines **Notars** nötig ist (§§ 2202 ff. BGB); Notarkosten: Nr. 23500 KV GNotKG, Wert: § 115 GNotKG. Die Kosten der Errichtung, z. B. Hilfspersonal, Notarkosten, trägt der Nachlass (§ 24 Nr. 4 GNotKG). Folge der Inventarrichtung ist *nicht*, dass damit die Haftung auf den Nachlass beschränkt wird. Folge ist nur die Vermutung des § 2009 BGB und (wichtig) dass jedenfalls die Folge des § 1994 I 2 BGB nicht eintritt.

---

14 BGH FamRZ 2015, 1019 = ZEV 2015, 414.
15 *Palandt/Götz* § 1803 Rn. 1; MünchKomm/*Kroll-Ludwigs* § 1803 Rn. 4.
16 Zu den Anforderungen vgl. BayObLG NJW-RR 1992, 1159.
17 OLG Düsseldorf FamRZ 1997, 846; KG Rpfleger 1985, 193.

Falls der Betreuer kein Inventar errichtet, oder zu spät oder absichtlich falsch (§ 2005 BGB; sog. Inventaruntreue), ist die **Folge**: der Erbe haftet nun mit dem Erbteil und auch mit seinem Privatvermögen (§ 1994 I 2 BGB). Die Einreden nach §§ 1990, 1992 kann der Erbe nicht mehr erheben. Eine Nachlassverwaltung (§ 1975 BGB) kann er nicht mehr beantragen (§ 2013 I 1 BGB). Weitere Folge ist u. U., dass der Betreuer dem Betreuten auf Schadensersatz haftet (§ 1833 BGB).

264

I. Der Betreute als Erbvertragspartei

1. Abschluss des Erbvertrags

a) Der Erblasser

Beim *einseitigen* Erbvertrag ist nur ein Teil Erblasser (z. B. E setzt den X zum Alleinerben ein), beim *zweiseitigen* Erbvertrag sind beide Vertragsparteien Erblasser (z. B. die Eheleute M und F setzen sich gegenseitig zu Alleinerben ein). Der Erblasser kann einen Erbvertrag nur persönlich schließen (§ 2274 BGB); er kann also **nicht durch einen Betreuer vertreten** werden. Ein solcher Erbvertrag wäre nichtig. Der Vertragspartner, der selbst nicht testiert, kann sich dagegen vertreten lassen. Ein Erbvertrag kann nur vor einem Notar geschlossen werden (§ 2276 BGB).

265

Der Erblasser muss ferner **geschäftsfähig** sein (§ 2275 I BGB mit nicht relevanten Ausnahmen in Abs. II und III BGB). War der Betreute (als Erblasser) bei Abschluss des Erbvertrags geschäftsfähig, ist der Vertrag wirksam. War der Betreute geschäftsfähig, bestand aber ein Einwilligungsvorbehalt, ändert das nichts an der Fähigkeit zur Errichtung eines Erbvertrages (§ 1903 II BGB). War der Erblasser nicht geschäftsfähig, ist der Erbvertrag nichtig. Es kommt also ausschließlich darauf an, ob sich der Erblasser in einem die freie Willensbestimmung ausschließenden Zustand krankhafter Störung seiner Geistestätigkeit befindet (§§ 104 Nr. 2, 105 II BGB). Nach § 28 BeurkG soll der Notar, der den Erbvertrag beurkundet, seine Wahrnehmungen über die erforderliche Geschäftsfähigkeit des Erblassers in der Niederschrift vermerken; die Geschäftsfähigkeit wird dadurch nicht bewiesen. In einem späteren Erbscheinsverfahren oder Zivilprozess kann das Gericht nach Einholung von Sachverständigengutachten zu einer anderen Meinung als der Notar kommen.

266

b) Vertragspartei, die nicht selbst testiert

Der andere Vertragschließende, der nicht als Erblasser verfügt, kann **vertreten** werden.[1] Er muss ebenfalls geschäftsfähig sein; ist er geschäfts-

267

---
1 *Palandt/Weidlich* § 2274 Rn. 2.

unfähig und steht er unter Betreuung, kann nur sein Betreuer als gesetzlicher Vertreter für ihn handeln, falls sein Aufgabenkreis ausreicht. Ist er *geschäftsfähig* und steht unter Betreuung, kann er entweder selbst handeln oder vertreten durch einen Betreuer. Ein Einwilligungsvorbehalt hindert nicht, da der Erbvertrag für ihn nur rechtlich vorteilhaft ist (§ 1903 III BGB), solange keine Gegenleistung versprochen wird.

2. Anfechtung des Erbvertrags

a) Allgemeines

268   Der Erbvertrag kann auf Grund der §§ 2078, 2079 BGB auch von dem Erblasser angefochten werden, nämlich wenn der Erblasser über den Inhalt seiner Erklärung im Irrtum war oder eine Erklärung dieses Inhalts überhaupt nicht abgeben wollte *und* anzunehmen ist, dass er die Erklärung bei Kenntnis der Sachlage nicht abgegeben haben würde; das Gleiche gilt, soweit der Erblasser zu der Verfügung durch die irrige Annahme oder Erwartung des Eintritts oder Nichteintritts eines Umstands oder widerrechtlich durch Drohung bestimmt worden ist (§ 2078 I, II BGB). Solche Fälle sind höchst selten nachweisbar.

269   Anfechtbarkeit besteht ferner, wenn der Erblasser einen zur Zeit des Erbfalls vorhandenen **Pflichtteilsberechtigten übergangen** hat, dessen Vorhandensein ihm bei der Errichtung des Erbvertrags nicht bekannt war (z. B. ein nicht eheliches Kind) oder der erst nach der Errichtung geboren oder pflichtteilsberechtigt geworden ist (§ 2079 BGB). Zur Anfechtung eines Erbvertrags auf Grund des § 2079 ist erforderlich, dass der Pflichtteilsberechtigte zur Zeit der Anfechtung vorhanden ist (§ 2281 I BGB).

b) Geschäftsfähigkeit, Geschäftsunfähigkeit

270   Ist der Erblasser *geschäftsfähig*, kann er nur selbst anfechten, selbst wenn er unter Betreuung steht; die Anfechtung kann nicht durch einen Vertreter des Erblassers erfolgen (§ 2282 BGB). Ist der Erblasser *geschäftsunfähig*, kann sein gesetzlicher Vertreter (Betreuer) für ihn den Erbvertrag anfechten; hierzu ist die **Genehmigung** des Betreuungsgerichts erforderlich (§ 2282 II BGB). Die Anfechtungserklärung bedarf der **notariellen Beurkundung** (§ 2282 III BGB).

c) Anfechtungsfrist

Die Anfechtung durch den Erblasser kann nur binnen **Jahresfrist** erfolgen (§ 2283 I BGB). Die Frist gilt auch für den Betreuer und beginnt im Falle der Anfechtbarkeit wegen Drohung mit dem Zeitpunkt, in welchem die Zwangslage aufhört, in den übrigen Fällen mit dem Zeitpunkt, in welchem der Erblasser von dem Anfechtungsgrund (z. B. der Existenz eines Pflichtteilsberechtigten) Kenntnis erlangt; bei einem geschäftsunfähigen Erblasser ist auf die Kenntniserlangung durch den Betreuer abzustellen (Rn. 15). Auf den Lauf der Frist finden die für die Verjährung geltenden Vorschriften der §§ 206, 210 BGB betreffend Verjährungshemmung (Rn. 709, 716) entsprechende Anwendung (§ 2283 II BGB).

271

Hat im Falle des § 2282 II BGB der Betreuer den Erbvertrag nicht rechtzeitig angefochten, so kann nach dem Wegfall der Geschäftsunfähigkeit der Erblasser selbst den Erbvertrag in gleicher Weise anfechten, wie wenn er ohne gesetzlichen Vertreter gewesen wäre; d. h. die Anfechtungsfrist läuft auch in diesem Fall erst sechs Monate nach dem Wegfall der Geschäftsunfähigkeit ab. Das betrifft den höchst seltenen Fall, dass ein Erblasser bei Vertragsschluss geschäftsfähig ist, zum Zeitpunkt der erforderlichen Anfechtung geschäftsunfähig ist und einen Betreuer hat, welcher die Jahresfrist versäumt, und der „Betreute" dann wieder geschäftsfähig ist.

272

3. Aushöhlung des Erbvertrags

Auch wer einen Erbvertrag geschlossen hat kann zu Lebzeiten über sein Vermögen verfügen, das Grundstück verkaufen oder verschenken. Nach dem Tod ist dann kein Grundstück mehr vorhanden, der Erbvertrag hat anscheinend seinen Wert verloren. Einen kleinen Schutz bietet hier § 2287 BGB: „Hat der Erblasser in der **Absicht, den Vertragserben zu beeinträchtigen**, eine Schenkung gemacht, so kann der Vertragserbe, nachdem ihm die Erbschaft angefallen ist, **von dem Beschenkten die Herausgabe des Geschenks** nach den Vorschriften über die Herausgabe einer ungerechtfertigten Bereicherung fordern".

272a

Eine **Schenkung** (bzw. gemischte Schenkung) muss vorliegen, sie liegt auch vor, wenn fiktive Eigenleistungen vereinbart werden. ferner wird eine objektive Beeinträchtigung der Erberwartung verlangt

272b

Eine **Beeinträchtigungsabsicht** des Erblassers wird angenommen, wenn der Erblasser an der Schenkung kein **lebzeitiges Eigeninteresse** hatte.[2] Ein solches Interesse liegt vor (und die Beeinträchtigungsabsicht

---

[2] BGH FamRZ 1998, 427; OLG Koblenz NJW-RR 2005, 883; OLG Köln ZEV 2000, 106.

fehlt daher), wenn nach dem Urteil eines objektiven Beobachters die Beweggründe des Erblassers in Anbetracht der gegebenen Umstände so sind, dass der erbvertraglich Bedachte sie anerkennen und seine Benachteiligung hinnehmen muss.[3] Es wird also eine Missbrauchskorrektur im Wege einer Interessenbewertung vorgenommen.[4]

272c **Beispiele:** (1) Die Erblasserin hat ihr Haus verschenkt, um die Versorgung für ihr Alter sicherzustellen oder zu verbessern. Lebzeitiges Eigeninteresse bejaht.[5]

(2) Die Erblasserin war 25 Jahre lang von E gepflegt worden und hatte sie daher mit Erbvertrag als Erbin eingesetzt. Dann kam es zum Zerwürfnis mit E, die Erblasserin ließ sich von B pflegen, schenkte ihr das Vermögen und starb drei Monate danach. Der Sinneswandel genügt nicht, kein lebzeitiges Eigeninteresse.[6]

(3) Der Erblasser hat nach Vertragsschluss zu jemand persönliche Bindungen und Zuneigung entwickelt und beschenkt ihn: kein lebzeitiges Eigeninteresse.[7]

272d **Beweisfragen:** Der Vertragserbe (Kläger) hat im Prozess gegen den Beschenkten die Benachteiligungsabsicht und das fehlende lebzeitige Eigeninteresse zu beweisen.[8] Ist kein Eigeninteresse des Erblassers erkennbar, so ist von seiner Benachteiligungsabsicht auszugehen. Der Beschenkte (Beklagte) muss dann die Umstände im Einzelnen darlegen, die nach seiner Meinung den Erblasser zu der Schenkung bewogen haben und die ein Eigeninteresse begründen könnten.[9]

272e Eine weitere Möglichkeit der Aushöhlung bietet die **Vollmacht**, die über den Tod hinaus wirken soll (Rn. 29).

272f Auf die wechselbezüglichen Verfügungen eines **gemeinschaftlichen Testaments** ist § 2287 BGB entsprechend anzuwenden.[10]

---

3 BGH NJW 1982, 1100.
4 *Schindler* ZEV 2005, 334.
5 BGH NJW 1976, 740; BGH 77, 264; OLG München NJW-RR 1987, 1484; OLG Düsseldorf FamRZ 1999, 1621; OLG Köln ZEV 2000, 317.
6 OLG Koblenz NJW-RR 2005, 883.
7 OLG Köln FamRZ 1992, 607.
8 BGH 66, 8 = NJW 1976, 749; NJW 1980, 2307; OLG Koblenz NJW-RR 2005, 883.
9 BGH NJW 1986, 1755; OLG Köln ZEV 2000, 106
10 *Palandt/Weidlich* § 23271 Rn. 10 mit Nachweisen.

J. Der Betreute als Vermächtnisnehmer und Vermächtnisschuldner

1. Das Vermächtnis

Der Erblasser kann durch Testament bzw. Erbvertrag einem anderen, ohne ihn als Erben einzusetzen, einen „Vermögensvorteil" zuwenden (Vermächtnis); § 1939 BGB; damit ist alles gemeint, was Gegenstand eines Anspruchs sein kann (§§ 194, 241 BGB). In der Praxis wird meist ein Geldbetrag oder ein Einzelgegenstand „vermacht"; aber auch andere Ansprüche können zugewandt werden, z. B. der Nießbrauch an einem Grundstück oder am ganzen Nachlass. Ob jemand in einem Testament als Vermächtnisnehmer oder als Erbe eingesetzt ist, ist häufig unklar und letztlich durch Auslegung zu entscheiden; vgl. § 2087 II BGB. Auch die Abgrenzung Vermächtnis – Auflage bereitet Schwierigkeiten. Wie das Nachlassgericht die Sache eingeordnet hat, ergibt sich aus dem Erbschein: er weist nur eine Erbenstellung aus (§ 2353 BGB), ein Vermächtnis wird weder im **Erbschein** noch in einem sonstigen amtlichen Papier des Nachlassgerichts festgehalten.

Zeigt sich bei der Eröffnung eines Testaments durch das Nachlassgericht, dass Vermächtnisse angeordnet wurden, dann verständigt das Gericht den Vermächtnisnehmer (§ 348 III FamFG). Das Vermächtnis unterliegt der Erbschaftsteuer (§ 1 I Nr. 1, § 3 I Nr. 1 ErbStG), soweit die Freibeträge (Rn. 777) überschritten sind. Der Betreuer des Vermächtnisnehmers ist verpflichtet, die Erbschaftsteuererklärung abzugeben, kann sich aber der Hilfe eines Steuerberaters bedienen; den Auftrag wird er als Vertreter des Betreuten erteilen, also nicht im eigenen Namen), so dass der Betreute dem Steuerberater die Vergütung des Steuerberaters schuldet.

2. Der Betreute als Vermächtnisnehmer

a) Allgemeines

Nach dem BGB wird der Vermächtnisnehmer **nicht** bereits mit dem Erbfall **Eigentümer des vermachten Gegenstandes;** er hat nur einen schuldrechtlichen Anspruch gegen den Erben (§ 2174 BGB), welcher mit dem Erbfall Eigentum und Besitz am Nachlass erlangt, auch an den einem Dritten vermachten Gegenständen. Das BGB kennt das dinglich wirkende „Vindikationslegat" nicht, anders als zum Teil das Ausland. Der Erbe muss den vermachten Gegenstand dem Vermächtnisnehmer noch übereignen (z. B. nach §§ 398, 929 BGB), erst dann erlangt der Vermächtnisnehmer Eigentum. Erfolgt die Erfüllung des Vermächtnisses nicht freiwillig, muss vor dem Prozessgericht geklagt werden (das Nachlassgericht hat damit nichts zu tun); Anspruchsgrundlage ist § 2174 BGB. Verjährung: Rn. 288. Bei vermachten Guthaben und Wertpapieren sind die ab Erbfall gezogenen Zinsen, Dividenden als „Früchte" zusätzlich herauszugeben (§§ 2184, 99 BGB). Gerichtsstand §§ 12 ff. ZPO, § 27 ZPO. Vor dem Erbfall hat der Bedachte keinen sicherungsfähigen Anspruch, nur eine Aussicht.

275 Der Anspruch auf das Vermächtnis entsteht in der Regel mit dem Erbfall (§ 2176 BGB); fällig ist er grundsätzlich sofort.[1] Der Bedachte kann das **Vermächtnis annehmen** (§ 2180 BGB); dann ist sein Ausschlagungsrecht weggefallen. Die Annahme erfolgt durch formlose Erklärung (ausdrücklich oder durch schlüssiges Verhalten) **gegenüber dem Beschwerten** (z. B. gegenüber dem Erben), nicht gegenüber dem Nachlassgericht (doch genügt es, wenn dieses die Erklärung weiterleitet). Sie ist empfangsbedürftig, bedingungsfeindlich und nach §§ 119 ff. BGB wegen rechtserheblichem Irrtum oder arglistiger Täuschung anfechtbar.

Für die Annahme des Vermächtnisses braucht der Betreuer **keine Genehmigung des Betreuungsgerichts**, wie § 1822 Nr. 2 BGB zeigt; die Erfüllungshandlung kann aber nach §§ 1812, 1813 BGB genehmigungsbedürftig sein. Der *geschäftsfähige* Betreute kann das Vermächtnis selbst annehmen oder hierbei durch seinen Betreuer vertreten werden; der *geschäftsunfähige* Betreute kann selbst nicht handeln, er muss durch seinen Betreuer vertreten werden. Eventuelle **Transportkosten** im Zusammenhang mit der Erfüllung des Vermächtnisses hat grundsätzlich der Beschwerte (d. h. in der Regel der Erbe) zu tragen,[2] was aber eine Frage der Auslegung des Testaments ist.

276 Der Bedachte kann das Vermächtnis durch Erklärung gegenüber dem Beschwerten (d. h. in der Regel: dem Erben) **ausschlagen** (§ 2180 BGB) und verhindert so, dass ihm etwas aufgedrängt wird. Ist ein Pflichtteilsberechtigter (nur) mit einem Vermächtnis bedacht, kann er es ausschlagen und dann den Pflichtteil fordern, oder das Vermächtnis behalten und eine Geldaufstockung bis zum Pflichtteil verlangen (§ 2307 BGB); setzt der Erbe

---
1 BGH NJW-RR 1988, 710.
2 Umstritten, vgl. *Palandt/Weidlich* § 2174 Rn. 4; *Soergel/Wolf* § 2174 Rn. 17; Münch-Komm/*Rudy* § 2174 Rn. 9.

eine Frist zur Erklärung gilt bei Fristversäumung das Vermächtnis als ausgeschlagen (§ 2307 II BGB). Eine gesetzliche **Ausschlagungsfrist** für Vermächtnisse **gibt es nicht** (anders als bei der Ausschlagung einer Erbschaft, vgl. § 1944 BGB); sobald aber angenommen wurde (ausdrücklich oder stillschweigend), ist keine Ausschlagung mehr möglich (§ 2180 I BGB). Eine notarielle Beglaubigung (wie bei der Ausschlagung der Erbschaft, § 1945 BGB) ist für die Ausschlagungserklärung nicht vorgeschrieben.

Bei Vermächtnisnehmern, die unter Betreuung stehen, ist für die Ausschlagung eine **Genehmigung des Betreuungsgerichts** erforderlich (§§ 1908i I, 1822 Nr. 2 BGB; Rn. 673), ebenso für die Anfechtung der Annahme, weil sie als Ausschlagung gilt (§ 1957 I BGB). Der *geschäftsfähige* Betreute kann allerdings selbst ausschlagen und braucht dazu keine Genehmigung des Betreuungsgerichts; handelt der Betreuer als Betreuer für ihn ist die Genehmigung erforderlich, sowohl beim geschäftsfähigen wie beim geschäftsunfähigen Betreuten, Das Gericht prüft hierbei das Wohl des Betreuten nach denselben Grundsätzen, die für die Genehmigung der Ausschlagung einer Erbschaft gelten (Rn. 201 ff.). Folge der Ausschlagung ist nach §§ 2180 III, 1953 II BGB, dass Anwachsung erfolgt (§ 2158 BGB) bzw. ein Ersatzvermächtnisnehmer berufen ist; andernfalls ist das Vermächtnis hinfällig, der Verpflichtete (z. B. der Erbe) behält den vermachten Gegenstand.

277

Es kommt vor, dass im Testament jemandem ein bestimmter Gegenstand vermacht ist, sich nach dem Tod aber im Nachlass der **vermachte Gegenstand nicht mehr auffinden** lässt.

278

Beispiel:

279

E vermacht in seinem Testament dem B eine wertvolle Vase. Nach einiger Zeit lässt E die Vase fallen, so dass sie völlig zerstört ist. Dann stirbt E. Hier bekommt F nichts (§ 2169 I BGB), weil dem E keine Wertersatzanspruch zustand (§ 2169 III BGB).

b) Der Betreuer als Alleinerbe und Vermächtnisschuldner

Wurde der Betreuer als Alleinerbe eingesetzt, aber mit einem Vermächtnis zugunsten des Betreuten belastet, dann muss zwecks Erfüllung des Vermächtnisanspruchs kein Ergänzungsbetreuer bestellt werden, wenn der Betreuer *ausschließlich* in Erfüllung einer Verbindlichkeit (z. B. Zahlung eines bestimmten Geldbetrages) handelt (§§ 1795 II, 181 BGB).[3] Auch

280

---

3 BayObLG DNotZ 1983, 176 (kein Selbstkontrahierungsverbot für einen Testamentsvollstrecker bei Auflassung eines Nachlassgrundstücks an sich selbst, wenn ihm vermächtnisweise die Möglichkeit des Erwerbs dieses Grundstücks zugewendet worden ist); *Palandt/Ellenberger*, § 181 Rn. 22.

hier kann ein Interessengegensatz vorliegen, etwa wenn Einzelheiten des Anspruchs unklar sind, sodass der Betreuer dann vom Betreuungsgericht insoweit die Vertretungsmacht zu entziehen ist (§ 1796 II BGB) und ein **Ergänzungsbetreuer** zu bestellen ist.

c) Genehmigung der Erfüllung des Vermächtnisses

281   Durch das testamentarisch angeordnete Vermächtnis erlangt der Vermächtnisnehmer einen **Anspruch gegen den Erben** (bzw. gegen einen Obervermächtnisnehmer), welcher noch zu erfüllen ist (§ 2174 BGB). Es hängt vom Einzelfall ab, ob die Entgegennahme des Vermächtnisses einer Genehmigung des Betreuungsgerichts bedarf.

282   **aa) Geldbeträge.** Die Einziehung der vermachten Geldbetrages durch den Betreuer stellt eine Verfügung über ein Recht im Sinne von § 1812 BGB dar,[4] weshalb der Betreuer zum Geldempfang die Genehmigung des Betreuungsgerichts braucht (§ 1812 I, III BGB); der *geschäftsfähige* Betreute kann freilich den Betrag ohne Genehmigung selbst vereinnahmen (Rn. 2). Ein Verstoß gegen die Vorschrift hat die Folgen aus §§ 1828 bis 1831, 1832 BGB. Der Schuldner wird durch die Leistung an den nicht empfangsberechtigten Betreuer nicht frei.[5] Das bedeutet konkret: Überweist der Erbe die vermachten 30.000 Euro auf Verlangen des Betreuers auf das mitgeteilte Konto des Betreuten, obwohl der Betreuer keine Annahmegenehmigung des Betreuungsgerichts vorlegt, und unterschlägt dann der Betreuer das Geld, muss der Erbe nochmals zahlen. Die Genehmigung der Annahme kann vom Betreuungsgericht nicht versagt werden, sie ist in der Form zu erteilen, dass die Zahlung auf ein bestimmtes Konto, das vorher zu sperren ist (§ 1809 BGB), zu erfolgen hat, damit Unterschlagungen verhindert werden. Wenn ein **Geldbetrag bis 3.000 Euro** vermacht wurde, ist zur Annahme keine Genehmigung des Betreuungsgerichts erforderlich (§§ 1812, 1813 I Nr. 2 BGB).

283   **bb) Vermachte Grundstücke.** Wird dem Betreuten ein Grundstück vermacht, ist notwendig, dass der Erbe vor dem Notar die Auflassung (§§ 873, 925 BGB) an den durch den Betreuer vertretenen Betreuten erklärt. Ob die Annahme durch den Betreuer der Genehmigung des Betreuungsgerichts bedarf ist zweifelhaft. Zwar hat der Betreute ein „Recht" erlangt, so dass § 1812 I BGB einschlägig zu sein scheint. Da aber Gegenstand der Leistung kein Geldanspruch ist besteht Genehmigungsfreiheit (§ 1813 I Nr. 1 BGB).

---

4 *Palandt/Götz* § 1812 Rn. 10; *Bamberger/Roth/Bettin*, BeckOK, § 1812 Rn. 6.
5 BGH NJW 2006, 430; RGZ 79, 9; MünchKomm/*Kroll-Ludwigs* § 1812 Rn. 43.

Auch § 1821 I Nr. 2 BGB ist nicht einschlägig.⁶ Weil es sich nicht um einen Erbteilungsvertrag handelt besteht **keine Genehmigungsbedürftigkeit** nach § 1822 Nr. 2 BGB.⁷ Wenn der Erblasser einen Betreuten als *Erben* einsetzt und zum Nachlass ein Grundstück gehört, fällt es dem Betreuten ebenfalls ohne Genehmigung an, allerdings ohne besonderen Übertragungsakt (vgl. § 35 GBO), ohne dass eine Genehmigung notwendig oder möglich wäre; eine andere Behandlung bei einem *vermachten* Grundstück ist nicht gerechtfertigt. Bei einer **Eigentumswohnung** ist denkbar, dass die Zustimmung der anderen Wohnungseigentümer (vertreten durch den WEG-Verwalter) nach § 12 WEG erforderlich ist.⁸ Bei **land- und forstwirtschaftlichen Grundstücken** kann eine Genehmigung nach dem Grundstücksverkehrsgesetz erforderlich sein.⁹ Wer muss die Kosten von Notar und Grundbuchamt zahlen, wenn der Erbe dem V die vermächtnisweise zugewandte Eigentumswohnung überträgt? Nach § 2174 BGB kann der Vermächtnisnehmer die „Leistung" fordern, weshalb grundsätzlich der Erbe als Beschwerter die Kosten der Grundbuchumschreibung zu tragen hat,¹⁰ wenn der Erblasser nichts anderes angeordnet hatte. Schwierigkeiten bereitet die Haftung für Schulden, die auf dem vermachten Grundstück ruhen.

Beispiel: 284

E hat seinem Sohn B, welcher unter Betreuung steht, eine Eigentumswohnung im Wert von 80.000 Euro vermacht, die mit einer Grundschuld für die Bausparkasse belastet ist, welche noch mit 20.000 Euro valutiert ist. Wer muss das Bauspardarlehen zurückzahlen? Es kommt darauf an, was der Erblasser angeordnet hat. Andernfalls: Der Vermächtnisnehmer B kann im Zweifel vom Erben nicht die Beseitigung der Belastung verlangen, also nicht, dass dieser die Schuld sofort zurückzahlt, damit die Grundschuld gelöscht werden kann (§ 2165 I BGB); dem B wird die Wohnung also mit grundbuchmäßiger Belastung übertragen. Der Erbe (und nicht der Vermächtnisnehmer) hat aber die Darlehensschuld des E gegenüber der Bausparkasse geerbt (§§ 1922, 1967 BGB). Der B ist daher (wenn vom Erblasser nichts anderes angeordnet wurde) dem Erben gegenüber zur rechtzeitigen Rückzahlung der Schuld an die Bausparkasse verpflichtet, allerdings nur bis zur Höhe des Grundstückswerts (sonst würde B „draufzahlen"); § 2166 I 1 BGB (gilt wegen § 2168 BGB analog für die Grundschuld¹¹).

cc) Sonstige Vermächtnisse. Werden sonstige Gegenstände vermacht 285 kann die Erfüllung der Genehmigung des Betreuungsgerichts bedürfen, wenn die Voraussetzungen der §§ 1812, 1821, 1822 BGB vorliegen. Die

---

6 RGZ 108, 356; MünchKomm/*Kroll-Ludwigs* § 1821 Rn. 34.
7 *Brüggemann* FamRZ 1990, 124.
8 BayObLG Rpfleger 1982, 117; *Palandt/Weidlich* § 2174 Rn. 4.
9 Vgl. BGH MDR 1953, 669; MünchKomm/*Rudy* § 2174 Rn. 17.
10 BGH NJW 1963, 1602; *Palandt/Weidlich* § 2174 Rn. 5.
11 BGHZ 37, 233/245; MünchKomm/*Rudy* § 2166 Rn. 4.

Annahme eines Vermächtnisses, das eine bewegliche Sache betrifft (z. B. Schmuck, Geschirr, Möbel; Einigung und Übergabe, § 929 BGB), bedarf keiner Genehmigung.

3. Der betreute Erbe als Schuldner des Vermächtnisses

286   Hat der Erblasser einen Betreuten zum Erben eingesetzt, aber Vermächtnisse ausgesetzt, dann ist grundsätzlich der Erbe, vertreten durch den Betreuer, verpflichtet, das Vermächtnis zu leisten (§ 2147 BGB); der Erblasser kann aber auch einen Vermächtnisnehmer belasten (**Untervermächtnis**). Natürlich kann ein Ersatzerbe nicht mit Leistungen belastetet werden, bevor er Erbe wird; der Nacherbe ebenfalls nicht, solange er nicht Erbe wurde. Der Testamentsvollstrecker als solcher und der Pflichtteilsberechtigte können nicht mit Vermächtnissen belastet werden (vgl. § 2306 BGB; Sonderfall § 2338 BGB). Sind mehrere Erben mit demselben Vermächtnis beschwert, so sind (wenn der Erblasser nichts anderes angeordnet hat) die Erben im Innenverhältnis nach dem Verhältnis ihrer Erbquoten beschwert; § 2148 BGB.

287   Hat der Erbe das Vermächtnis einer **beweglichen Sache** (z. B. Möbel) zu erfüllen, also durch Einigung und Übergabe (§ 929 BGB), braucht der Betreuer des Erben dazu keine Genehmigung des Betreuungsgerichts.[12] Die Erfüllung eines **Geldvermächtnisses** bedarf keiner Genehmigung, wenn sich das Geld auf einem Giro- oder Kontokorrentkonto befindet (§ 1813 I Nr. 3 BGB); anders ist es, wenn es auf einem Sparkonto liegt und es sich um mehr als 3.000 Euro handelt (§ 1813 I Nr. 2 BGB). Wenn der Betreuer als Vertreter des Erben ein **Grundstücksvermächtnis** erfüllen will, braucht er dazu die Genehmigung des Betreuungsgerichts (§§ 1908i, 1821 Nr. 1 BGB), weil der Erbe zunächst Eigentümer des Grundstücks wird und sodann darüber verfügt, indem er es dem Vermächtnisnehmer übereignet. Da Rechtsgrund die Erfüllung der testamentarischen Verpflichtung ist liegt keine Schenkung vor. Eine Genehmigungsbedürftigkeit besteht auch in den Fällen der §§ 1812, 1822 BGB, z. B. wenn **Wertpapiere** vermacht wurden; durch den Erbfall erlangt der Erbe daran zunächst Eigentum, muss es aber dann dem Vermächtnisnehmer übertragen. In allen Fällen ist keine Genehmigung notwendig, wenn der Betreute *geschäftsfähig* ist und selbst handelt.

288   **Verjährung:** Der Anspruch des Vermächtnisnehmers verjährte früher in 30 Jahren (§ 197 I Nr. 2 BGB alte Fassung; Übergangsrecht Art. 229

---

12 *Bamberger/Roth/Bettin* BeckOK § 1812 Rn. 7.

§ 23 EGBGB); bei Erbfällen ab 1.1.2010 gilt jetzt: die Regelfrist beträgt drei Jahre (§ 195 BGB), bei vermachten Grundstücken 10 Jahre (§ 196 BGB). Die Verjährung beginnt mit Kenntniserlangung, § 199 BGB (Rn. 700 ff.) und endet am 31.12. des dann maßgebenden Jahres. Hemmung der Verjährung: § 207 I Nr. 2 BGB (Rn. 713).

Beispiel: 289

E hat den B zum Erben eingesetzt und dem V 10.000 Euro vermacht. E stirbt am 9.4.2013, V erlangt Kenntnis vom Vermächtnis im August 2013. Mit Ablauf des 31.12.2016 ist sein Anspruch verjährt. Die Hemmung der Verjährung durch Verhandlungen ist zu beachten (§ 203 BGB). Wenn B unter Betreuung steht gehört es zu den Pflichten des Betreuers, sich auf die Verjährung zu berufen, es sei denn, es entspricht dem Wunsch und Wohl des Betreuten (§ 1901 BGB), dies nicht zu tun.

4. Die Auflage

Der Erblasser kann durch Testament bzw. Erbvertrag „den Erben oder 290 einen Vermächtnisnehmer zu einer Leistung verpflichten, ohne einem anderen ein Recht auf die Leistung zuzuwenden (Auflage[13])"; § 1940 BGB. Dafür gelten §§ 2192 ff. BGB. Die Auflage betrifft häufig die **Grabpflege** oder ein Haustier des Verstorbenen. Die Abgrenzung der Auflage zum Vermächtnis kann im Einzelfall schwierig sein; auch von der gegenständlich beschränkten Testamentsvollstreckung ist die Auflage abzugrenzen.

Beispiel: 291

E hat seinen Sohn S, der unter Betreuung steht, zum Alleinerben bestimmt und im Testament ferner angeordnet: „Mein Grab muss 30 Jahre lang gepflegt werden." Der Betreuer des S lässt das Grab verkommen. – Die nächsten gesetzlichen Erben des E können die Vollziehung verlangen (§ 2194 S. 1 BGB). E hätte besser zu Lebzeiten einen Dauergrabpflegevertrag mit einem Gärtner geschlossen und vorausbezahlt.

---

13 Vgl. *Vorwerk* ZEV 1998, 297.

K. Der Betreute als Mitglied einer Erbengemeinschaft

1. Die Entstehung der Erbengemeinschaft

a) Allgemeines

Die Erbengemeinschaft entsteht *kraft Gesetzes* mit dem Erbfall, wenn der Erblasser mehrere Erben hinterlassen hat (§ 2032 I BGB), als gesetzliche Erben oder als durch Testament/Erbvertrag eingesetzte Erben. Steht ein **Miterbe unter Betreuung**, dann:

ist zu unterscheiden, ob er trotz Betreuung geschäftsfähig ist oder nicht. Ist er geschäftsfähig ist zu prüfen, ob für ihn ein Einwilligungsvorbehalt (§ 1903 BGB) besteht.

Die weitere Frage ist, wann Genehmigungen des Betreuungsgerichts erforderlich sind.

Ferner kommt es darauf an, ob der Betreuer zugleich Miterbe ist.

Auf den Aufgabenkreis des Betreuers kommt es an.

Beispiel:
E ist gestorben und von ihren drei volljährigen Kindern zu je 1/3 beerbt worden: A, B (der unter Betreuung steht) und C. Betreuer des B kann A oder C sein oder eine außenstehende Person. B kann geschäftsfähig sein oder geschäftsunfähig.

Der Nachlass geht ungeteilt auf die Erbengemeinschaft über. Gehört zum Nachlass ein Bankguthaben von 10.000 Euro, dann erlangen z. B. vier Miterben (zu je 1/4) nicht etwa je ein Guthaben von 2.500 Euro, sondern die gesamte Forderung von 10.000 Euro steht der Erbengemeinschaft zu und erst nach Auseinandersetzung erlangt jeder Miterbe 2.500 Euro.

Die Erbengemeinschaft ist keine juristische Person und auch nach sonstigen Regeln **nicht** (teil-)**rechtsfähig**;[1] die neuere Rechtsprechung des

---

[1] BGH FamRZ 2004, 1193/4; *Heil* ZEV 2002, 292; a. A. *Eberl-Borges* ZEV 2002, 125; *Grunewald* AcP Bd 197, 305. Dazu *Ann* MittBayNot 2003, 193.

BGH zur BGB-Gesellschaft[2] kann darauf nicht übertragen werden. Die Erbengemeinschaft ist auch nicht nach § 50 I ZPO parteifähig. Auch wenn sie längere Zeit besteht und in dieser Zeit den Nachlass nutzt (z. B. Mieteinnahmen bezieht) wird sie nicht zur BGB-Gesellschaft. Klagen kann deshalb nicht „die Erbengemeinschaft", sondern nur die Miterben A, B, C können eine Klage erheben (wobei der Zusatz „als Miterbe" unzweckmäßig ist). Die „Erbengemeinschaft" ist nicht insolvenzfähig; das **Insolvenzverfahren** findet über den Nachlass statt (§ 315 InsO), wobei alle oder einzelne Miterben den Insolvenzantrag stellen können (§ 317 II InsO).

296 Gehört zum Nachlass ein Grundstück, werden die Miterben im **Grundbuch** eingetragen: „A, B, und C in Erbengemeinschaft" (vgl. § 47 GBO). Nicht eingetragen wird das Anteilsverhältnis (also nicht: „A, B und C ... als Miterben zu je 1/3").[3] Die Erbquote ergibt sich aus dem Erbschein.

297 Vertritt ein **Anwalt** eine „Erbengemeinschaft", vertritt er in Wirklichkeit die „Miterben" und erhält somit den Zuschlag für Vertretung mehrerer Auftraggeber (RVG VV 1008).[4]

b) Betreuer und Betreuter als Mitglieder derselben Erbengemeinschaft

297a Wenn Betreuer und Betreuter Mitglieder derselben Erbengemeinschaft sind muss für bestimmte Handlungen im Rahmen der Auseinandersetzung dem Betreuten vom Betreuungsgericht ein **Ergänzungsbetreuer** bestellt werden (§§ 1908i I 1, 1795 II, 181 BGB);[5] Rn. 361.

c) Sonderrechtsnachfolgen

298 Ausnahmen vom Grundsatz der Gesamtnachfolge (§ 1922 BGB) gibt es bei den **Personengesellschaften** (OHG, KG, BGB-Gesellschaft); ist im Gesellschaftsvertrag bestimmt, dass die Gesellschaft mit den Erben des verstorbenen Gesellschafters fortgesetzt werden soll, fällt der Gesellschaftsanteil nicht an die Erbengemeinschaft, sondern splittet sich auf und fällt direkt an die Erben. Denn eine Erbengemeinschaft kann nicht Gesellschafterin einer OHG, KG, BGB-Gesellschaft sein.[6] In dem Teil des Bundesgebiets, in dem die **Höfeordnung** gilt, fällt der Hof unmittelbar an den

---

2 BGH NJW 2001, 1056.
3 BayObLG Rpfleger 1981, 21.
4 BGH FamRZ 2004, 1193.
5 OLG München NJW-RR 2015, 1222 = ZEV 2015, 530.
6 BGH NJW 1977, 1339; *Soergel/Wolf,* § 2032 Rn. 20; a. A. *Weipert* ZEV 2002, 300.

Hoferben. Die Vertragsrechte bezüglich der **Mietwohnung** des Erblassers fallen unmittelbar an den eintrittsberechtigten Angehörigen (§ 563 BGB).

d) Ober- und Untererbengemeinschaften

Mehrere Erbengemeinschaften können ineinander verschachtelt sein. 299

Beispiel: 300

Nach E wurden Erben seine vier Kinder A, B, C D zu je ¼. Dies ist die Ober-Erbengemeinschaft. Dann stirbt D und wird von seinen Kindern X, Y beerbt. Diese Unter-Erbengemeinschaft verwaltet dann u. a. den ¼ – Miterbenanteil des D in der Obererbengemeinschaft, aber auch den sonstigen Nachlass des D; X und Y sind aber nicht Mitglieder der Erbengemeinschaft I zu je ⅛ geworden.[7] X kann dann über seinen Anteil an der Untererbengemeinschaft allein verfügen (§§ 2032, 2033 BGB), über den Anteil an der Obererbengemeinschaft aber nur gemeinsam mit Y (§ 2040 BGB).

2. Pflichten des Betreuers gegenüber dem Betreuungsgericht

a) Vermögensverzeichnis

Der Betreuer hat das Vermögen, das dem Betreuten später als Erben 301
zufällt, zu verzeichnen und das Verzeichnis dem Betreuungsgericht einzureichen (§§ 1908i, 1802 BGB); Rn. 252. Wird der Betreute nicht Alleinerbe, sondern nur Miterbe, und ist die Erbengemeinschaft noch ungeteilt, dann hat der Betreuer des Miterben den gesamten Nachlass zu verzeichnen und den Anteil des betreuten Miterben laut Erbschein anzugeben.[8] Das kann Schwierigkeiten bereiten, wenn sich die anderen Miterben weigern, dem Betreuer die erforderlichen Informationen zu geben; denn eine allgemeine Auskunftspflicht der Miterben untereinander besteht nicht.[9] Ausnahmsweise kann sich ein Anspruch aus Treu und Glauben (§ 242 BGB) ergeben.[10] Im Einzelfall kann sich ein Auskunftsanspruch gegen einen Miterben aus § 666 BGB ergeben, so z. B. wenn ein Miterbe zu Lebzeiten Kontovollmacht des Erblassers hatte.[11] Der Betreuer muss andernfalls die

---

7 Über Ober- und Untererbengemeinschaften vgl. *Rather*, Die Erbeserbengemeinschaft, 1978.
8 MünchKomm/*Kroll-Ludwigs* § 1802 Rn. 4 unter Bezug auf KG KGJ 36, 38.
9 BGH NJW-RR 1989, 450.
10 BGH NJW 1954, 70; OLG Karlsruhe MDR 1972, 424 (Pflicht zur Mitwirkung bei der Erstellung eines Nachlassverzeichnisses).
11 OLG Düsseldorf FamRZ 2016, 497 (Miterbin war Betreuerin der Erblasserin); *Sarres* ZEV 2008, 512.

erforderlichen Ermittlungen unter Umständen selbst durchführen; als Mitglied der Erbengemeinschaft (Gesamthänder) ist er dazu berechtigt;[12] er kann also z. B. von den Banken Auskünfte verlangen.

b) Jährliche Rechnungslegung

302 Die Einnahmen und Ausgaben der ungeteilten „Erbengemeinschaft" sind solche einer Gesamthand; sie sind daher nicht aufgeteilt zu verzeichnen (100 Euro Mieteinnahme, wenn der Miterbe zu ⅓ beteiligt ist und die gesamt Einnahme 300 Euro beträgt), sondern als Anteil: Einnahmen der Erbengemeinschaft insgesamt ...; davon entfallen ⅓ auf den betreuten Miterben. Die Aufteilung der „Früchte" und des Reinertrags erfolgt nach § 2038 II BGB.

3. Vereinbarungen zwischen den Miterben[13]

303 Das Rechtsverhältnis zwischen den Miterben richtet sich nach §§ 2038, 2040 BGB. Die **Erbengemeinschaft hat** (anders als eine Handelsgesellschaft) **keinen Geschäftsführer,** was die Verwaltung und Abwicklung erschwert, wenn vom Erblasser kein Testamentsvollstrecker bestellt wurde. Die Miterben können das Rechtsverhältnis untereinander jedoch durch Vertrag abweichend von §§ 2038, 2040 BGB regeln. Sie können einem oder mehreren Miterben Vollmacht erteilen, den Nachlass (z. B. ein Miethaus, ein Wertpapierdepot) zu verwalten.

Der bloße Abschluss eines **Verwaltungsvertrages,** in dem die Miterben A, B (Betreuter) und C vereinbaren, dass C oder der Außenstehende D den Nachlass verwalten soll bedarf keiner Genehmigung des Betreuungsgerichts, weil er keine Verfügung im Sinne von § 1812 BGB darstellt. Es kann auch vereinbart werden, dass der Betreuer den Nachlass verwaltet; soweit er dann die Erbteile derjenigen Miterben verwaltet, die nicht unter seiner Betreuung stehen, wird er nicht als Betreuer tätig, seine Vergütung dafür richtet sich insoweit weder nach dem VBVG noch nach § 1836 BGB, sondern muss vereinbart werden. Die Erteilung einer **Vollmacht** ist auch dann noch nicht genehmigungsbedürftig, wenn sie zu einer genehmigungsbedürftigen Verfügung bevollmächtigt.[14] Macht der Bevollmächtigte von

---

12 *Palandt/Weidlich* § 2038 Rn. 14.
13 Vgl. *Welter* MittRhNotK 1986, 140.
14 KG NJW 2015, 1394; LG Frankfurt FamRZ 1975, 354; *Palandt/Götz* § 1812 Rn. 10; *Staudinger/Engler* § 1812 Rn. 29; a. A. *Dölle,* Familienrecht II, S. 756.

der Vollmacht Gebrauch, so bedarf jedoch die Verfügung der Genehmigung des Gerichts gemäß § 1812 BGB.

4. Rechtsverhältnisse der Miterben bis zur Auseinandersetzung

a) Veräußerung und Übertragung des Erbanteils

Ein Miterbe kann seinen Erbanteil an dritte Personen verkaufen (Erbschaftsverkauf, der nach § 2371 BGB der notariellen Beurkundung bedarf); er kann ihn auch verschenken (wofür bezüglich der Form dasselbe gilt, § 2385 BGB). Die Erfüllung des Verpflichtungsvertrags, d. h. die Übertragung des Erbanteils an den Erwerber, ist eine Verfügung. Sie ist dem Miterben gestattet (§ 2033 I 1 BGB); bedarf aber ebenfalls der notariellen Beurkundung (§ 2033 I 2 BGB). Der Anteil wird mit seinen Belastungen, z. B. Vermächtnissen, Auflagen, Testamentsvollstreckung, übernommen. Verfügt der Betreuer als gesetzlicher Vertreter über den Erbteil, ist die **Genehmigung** des Betreuungsgerichts erforderlich (§§ 1822 Nr. 1, 1908i I BGB). Verschenken darf der Betreuer einen Erbanteil nicht (§§ 1908i II, 1804 BGB); eine Genehmigung ist insoweit nicht möglich und wäre ohne Bedeutung.

304

b) Ausscheiden aus der Erbengemeinschaft durch Abschichtung

Anstelle der Übertragung eines Erbanteils kann der Miterbe (in der Regel gegen Zahlung einer Abfindung) mit *formfreier* Vereinbarung aus der Erbengemeinschaft ausscheiden, wodurch dann der Nachlass den anderen Miterben im Verhältnis ihrer Anteile anwächst (vgl. § 738 BGB).[15] Der Unterschied zur Übertragung (§ 2033 BGB) ist, dass bei Abschichtung der Miterbe lediglich auf seine Rechte als Mitglied der Erbengemeinschaft verzichtet, während bei § 2033 BGB eine Übertragung auf bestimmte Rechtsnachfolger erfolgt. Es besteht Genehmigungsbedürftigkeit wie bei Rn. 304.

305

c) Ausübung des Vorkaufsrechts der Miterben

Verkauft ein Miterbe seinen Anteil an einen Dritten, so sind die übrigen Miterben zum Vorkauf berechtigt (§ 2034 I BGB); gleichsteht der Verkauf

306

---
15 BGH NJW 1998, 1557; LG Köln NJW 2003, 2993; *Jünemann* ZEV 2012, 65; *Wesser/Saalfrank* NJW 2003, 2937; *Keim* RNotZ 2003, 375; *Reimann* MittBayNot 1998, 188. Dagegen *Keller* ZEV 1998, 281; *Rieger* DNotZ 1999, 64/69.

durch Erben eines Miterben. Damit soll das unerwünschte Eindringen Außenstehender verhindert werden können.

307 Voraussetzung ist ein gültiger Kaufvertrag mit Angabe des Kaufpreises (nach § 2371 BGB notarieller Form bedürftig). Das Vorkaufsrecht besteht nicht, wenn der Miterbe seinen Anteil verschenkt, vertauscht; ausgenommen sind jeweils Umgehungsgeschäfte; wenn der Miterbe seinen Anteil an einen anderen Miterben verkauft; wenn der Miterbe seinen Anteil weitervererbt. Vorkaufsberechtigt sind alle restlichen Miterben gemeinschaftlich (§§ 2034 I, 472 BGB: „die übrigen"). Die Ausübungsfrist beträgt zwei Monate (§ 2034 II 1 BGB).

308 Zweifelhaft ist, ob die Ausübung des Vorkaufsrechts durch den Betreuer als Vertreter des betreuten Miterben der **Genehmigung des Betreuungsgerichts** bedarf. Durch die Ausübung entsteht der neue Kaufvertrag und damit der Anspruch auf Übertragung des Erbanteils. Der Betreute hat ein Recht, nämlich ein Vorkaufsrecht, kraft dessen er eine Leistung verlangen kann. Durch Ausübung verfügt der Betreuer, weshalb §§ 1908i, 1812 BGB erfüllt zu sein scheinen, so dass Genehmigungsbedürftigkeit besteht. Diese Ansicht vertritt die h. M. aber nicht, sie hält die Ausübung des Vorkaufsrechts durch den Betreuer für genehmigungsfrei,[16] mit zwei Ausnahmen:

- Wenn zum Erbanteil ein Grundstück gehört wird von der h. M. Genehmigungsbedürftigkeit nach § 1821 Nr. 5 BGB angenommen,[17] obwohl kein Grundstück erworben wird, sondern ein Erbteil an einer Erbschaft, zu der ein Grundstück gehört. Diese formale Betrachtung wird von der h. M.[18] aber wegen des Schutzes des Betreuten als unzutreffend erachtet.

- Wenn zum Erbanteil ein Erwerbsgeschäft gehört wird von der h. M. aus den vorgenannten Gründen Genehmigungsbedürftigkeit nach § 1822 Nr. 3 BGB angenommen.

5. Die Verwaltung des Nachlasses

a) Allgemeines

309 Haben die Miterben die Verwaltung nicht abweichend vom Gesetz durch Vertrag geregelt (oben Rn. 303) gilt die gesetzliche Regelung (§§ 2038 bis

---

16 *Staudinger/Engler* (2004), § 1821 Rn. 85; *Damrau*, Der Minderjährige, Rn. 208.
17 OLG Köln Rpfleger 1996, 446; SchlHOLG SchlHAnz 1956, 262; *Staudinger/Werner* (2010) § 2034 Rn. 14; a. A. *Damrau*, Der Minderjährige, Rn. 208; *Staudinger/Engler* (2004) § 1821 Rn. 85.
18 A. A. *Soergel/Zimmermann* § 1821 Rn. 16.

2040 BGB) Eine Erbengemeinschaft hat keinen Geschäftsführer, so dass grundsätzlich alle Miterben verwalten. Verwaltung des Nachlasses (§ 2038 BGB) umfasst sowohl das **Innenverhältnis** (z. B. Beschluss, das Nachlassgrundstück zu veräußern) wie das **Außenverhältnis** (z. B. Durchführung des Beschlusses durch Kaufvertrag und Übereignung; § 2040 BGB). Wenn Verfügungen zugleich Verwaltungsmaßnahmen sind, sind § 2038 *und* § 2040 BGB einschlägig: Für das Innenverhältnis der Miterben gilt dann die Kompetenzregelung in § 2038 BGB (Mehrheit, oder Einstimmigkeit oder ein Miterbe allein entscheidet); für das Außenverhältnis ist grundsätzlich § 2040 BGB (Einstimmigkeit) einschlägig (Rn. 321 ff.).

Maßnahmen der laufenden Verwaltung	Außerordentliche Verwaltungsmaßnahmen; Verfügungen	Notwendige Erhaltungsmaßnahmen (Notverwaltung); Einziehung einer Forderung
Mehrheitsentscheidung	Einstimmigkeit	Kann jeder Miterbe allein treffen
§§ 2038 II 1, 745 I BGB	§§ 2038 I 1; 2040 I BGB	§§ 2038 I 2 (2); 2039 BGB

310

Verwaltungsrechte einzelner Miterben. Solche Rechte kann der Erblasser durch Anordnung gemäß § 2209 BGB (Bestellung eines Miterben zum Testamentsvollstrecker) oder durch eine Auflage (§ 1940 BGB) begründen, ferner durch Anordnungen für die Auseinandersetzung (§ 2048 S. 1 BGB). Er kann weiterhin einen Miterben zum „Dritten" berufen,[19] und anordnen, dass dieser nach billigem Ermessen auseinandersetzen soll. Im Übrigen bestehen Verwaltungsrechte einzelner Miterben beim Notverwaltungsrecht (Rn. 335).

311

Nachlassverwaltungsrechte anderer Personen. Die Miterben können den Nachlass nicht verwalten, soweit ein Testamentsvollstrecker das Verwaltungsrecht hat (§ 2205 BGB); ähnliches gilt bei Nachlassverwaltung (§ 1984 BGB), Insolvenzverwaltung (§ 80 InsO). Der Betreuer des Miterben ist in diesen Fällen also ohne eigenes Verwaltungsrecht und nimmt nur die Rechte des betreuten Miterben gegen den Verwalter wahr.

312

Keine Verwaltungsmaßnahmen. Das sind z. B. die Ausübung des Vorkaufsrechts (§ 2034 BGB), Auseinandersetzung des Nachlasses, Widerruf einer Vollmacht des Erblassers[20] (das kann jeder Miterbe für sich tun), Totenfürsorge (die Leiche fällt nicht in den Nachlass).

313

---

19 RGZ 110, 274.
20 BGHZ 30, 396; *Lange,* Erbrecht, Kap. 14 Rn. 45.

314 Das **Nachlassgericht** darf den Nachlass nicht verwalten. Nur wenn ein Nachlasspfleger bestellt ist (§§ 1960, 1961 BGB) und dieser verhindert ist, könnte das Nachlassgericht nach §§ 1915, 1846 BGB Maßregeln treffen.

b) Fälle, in denen die Mehrheit entscheidet

315 § 2038 II 1 BGGB verweist auf § 745 BGB, wonach innerhalb einer *ordnungsmäßigen* Verwaltung durch Mehrheit etwas beschlossen werden kann. Die „ordnungsmäßige" Verwaltung sollte man besser als laufende Verwaltung[21] bezeichnen; denn auch eine schlechte Verwaltung (z. B. Verpachtung zu einem dürftigen Preis; Bezahlung mangelhafter Reparaturen) ist eine „ordnungsmäßige" Verwaltung im Sinne des § 2038 BGB; der schlechte Verwalter haftet aber dem betreuten Miterben. Die ordnungsmäßige Verwaltung umfasst alles, was nicht außerordentliche Verwaltung (Rn. 332) oder Verfügung (Rn. 340) ist. **Beispiele für ordnungsmäßige Verwaltung:**[22] Begleichung von Nachlassschulden, Einziehung von Forderungen (vgl. § 2039 BGB; zur Kündigung § 2040 I BGB), Vermietung von Grundstücken,[23] Einziehung der Miete, Reparaturen, Fortführung eines Geschäfts, Kapitalanlagen, Einstellung von Arbeitnehmern, Übertragung der Verwaltung eines Nachlassgegenstandes auf einen Dritten, z. B. einen Hausverwalter.

aa) Abstimmungsverfahren, Mehrheit

316 Für das **Abstimmungsverfahren** sind die §§ 32 ff. BGB (Vereinsrecht) nicht direkt anwendbar; gesetzliche Regelungen über Ladungsfristen und dergleichen gibt es nicht. Der Betreute wird bei der Abstimmung durch seinen Betreuer vertreten (§ 1902 BGB). Ist der Betreute noch *geschäftsfähig*, kann er selbst abstimmen und wird dabei vom Betreuer nicht verdrängt (anders, wenn insoweit ein Einwilligungsvorbehalt besteht, § 1903 BGB); stimmt der geschäftsfähige Betreute mit ja, der Betreuer mit nein, dann gilt das „ja". Für die Stimmabgabe als solche braucht der Betreuer **keine Genehmigung** des Betreuungsgerichts.[24]

317 Ist der **Betreuer zugleich Miterbe,** dann wirkt er in doppelter Eigenschaft an einer Abstimmung mit: als Miterbe und als Betreuer. Beispiel: Erben sind A, B (Betreuer des A), C, zu je 1/3. Dann hat B Stimmrechte zu 2/3. Nach Ansicht des BGH[25] ist das trotz §§ 1908i, 1795, 181 BGB

---

21 *Palandt/Weidlich* § 2038 Rn. 4.
22 MünchKomm/*Gergen* § 2038 Rn. 16, 17.
23 Vertragspartei ist nicht „die Erbengemeinschaft", BGH NJW 2002, 3389.
24 *Rißmann/Damrau,* Die Erbengemeinschaft, § 11 Rn. 15.
25 BGH NJW 1970, 33 = BGHZ 52, 316 (Beschluss über Auflösung einer GmbH, Mitwirkung im eigenen Namen und als Vertreter der minderjährigen Tochter).

zulässig: „Denn es handelt sich nicht um einen Vertragsabschluss oder ein sonstiges Rechtsgeschäft der Gesellschafter untereinander, sondern um den Sozialakt der körperschaftlichen Willensbildung durch Mehrheitsentscheid." Allerdings ist die Gesellschaft mit der Erbengemeinschaft nicht vergleichbar, weil hier meist ganz unterschiedliche Interessen der Miterben vorliegen und nicht wie bei der Gesellschaft das einheitliche Ziel der Gewinnerzielung; jedoch sprechen praktische Gründe dafür. Auch eine **Genehmigung des Betreuungsgerichts** ist **für die Stimmabgabe** nicht notwendig (und auch nicht möglich), weil kein Fall der §§ 1812, 1821, 1822 BGB vorliegt.[26] Sollte der Betreuer bei der Abstimmung pflichtwidrig gehandelt haben, ist der Beschluss trotzdem gültig; allerdings haftet der Betreuer dem Betreuten (§ 1833 BGB).

Die **Mehrheit** wird nicht nach Köpfen berechnet, sondern nach den **Erbquoten** (§ 745 I BGB). Wie viel der einzelne Miterbe letztlich noch betragsmäßig zu bekommen hat, spielt keine Rolle; wer Miterbe zu 1/5 ist hat 20% der Stimmen, selbst wenn er wegen Vorempfängen bei der Auseinandersetzung nichts mehr erhält.[27] Würde man anders rechnen, wäre die Berechnung der Stimmquote ein oft zunächst kaum lösbares Problem, die Verwaltung würde über Monate gelähmt, obwohl die Entrümpelung drängt. Verfahrensfehler führen nicht zwingend zur Nichtigkeit des Beschlusses. Selbst wenn die Mehrheit die Minderheit überhaupt nicht fragt, ist der Beschluss der Mehrheit[28] wirksam. Das bedeutet, dass der Miterbe mit **mehr als 50%** Erbanteil faktisch Alleinherrscher ist; die Minderheit kann sich wehren, indem sie auf beschleunigte Auseinandersetzung dringt (vgl. § 2042 BGB). Das ist vor allem dann wichtig, wenn der Minderheitserbe unter Betreuung steht. Der Mehrheitsbeschluss kann gerichtlich nur beschränkt nachgeprüft werden, so z. B. dahin, ob die Verwaltung den äußersten Rahmen der Ordnungsgemäßheit eingehalten hat, nicht der Zweckmäßigkeit.

318

Beispiel:
Die Mehrheit beschließt, ein Büro im Nachlasshaus für 500 Euro monatlich zu vermieten. Die Minderheit hält 700 Euro für erzielbar. Die Minderheit ist auf eine Schadensersatzklage angewiesen (§ 280 BGB: zwischen den Miterben besteht ein gesetzliches Schuldverhältnis), in deren Rahmen dann die erzielbare Miete (z. B. durch Gutachten) geklärt wird.

319

Kein Stimmrecht hat ein Miterbe in den Fällen des § 34 BGB (z. B. ob eine zum Nachlass gehörende Forderung gegen diesen Miterben eingezo-

320

---

26 BGH NJW 1970, 33 = BGHZ 52, 316.
27 H. M., MünchKomm/*Gergen* § 2038 Rn. 35; *Staudinger/Werner* § 2038 Rn. 36; a. A. *Damrau*, Der Minderjährige, Rn. 183.
28 Zum Mehrheitsbeschluss vgl. *Muscheler* ZEV 1997, 169 und 222.

gen werden soll).²⁹ Ein Interessenwiderstreit besteht auch, wenn einem Miterben eine Vergütung für seine Verwaltungstätigkeit bewilligt werden soll.

bb) Vertretung der Erbengemeinschaft im Außenverhältnis

321   Gibt es drei Miterben A, B und C (je ⅓ Erbanteil) und hat beispielsweise die Mehrheit (A, B) beschlossen, einen Pkw-Stellplatz an M zu vermieten, dann fragt sich, wer den Mietvertrag (= Verpflichtungsgeschäft) zu unterschreiben hat (vgl. § 550 BGB): Genügt die Unterschrift von A und B oder muss C aus § 2038 II 1 Halbs. 1 BGB auf Genehmigung verklagt werden (Vollstreckung: § 894 ZPO), so dass u. U. erst nach jahrelangem Prozessieren ein Vertrag zustande kommt, der Mietinteressent aber dann den Stellplatz nicht mehr braucht. Der BGH³⁰ bejaht die gesetzliche Vertretungsmacht der Mehrheit für das Verpflichtungsgeschäft (denn sonst sind Prozesse notwendig; die Erbengemeinschaft ist handlungsunfähig; Querulanten können stören; § 745 I 1 BGB); der gültige Mehrheitsbeschluss verleiht den im Außenverhältnis tätigen Gemeinschaftern die notwendige Vertretungsmacht, um den Beschluss zu vollziehen. Es genügt also, wenn A und B den Vertrag unterschreiben (hat B den A bevollmächtigt, genügt sogar die Unterschrift des A); Vermieter sind A, B und C (nicht: „die Erbengemeinschaft"³¹). Bei bloßen Verfügungen ist allerdings auch im Außenverhältnis das Handeln aller Miterben erforderlich (§ 2040 BGB).

cc) Genehmigungsbedürftigkeit der Verwaltungsmaßnahme der Mehrheit?

322   **Beispiele:**

(1) A, B (Betreuter) und C, die zu je ⅓ Miterben sind, beschließen einstimmig, einen Kredit über 15.000 Euro aufzunehmen. Braucht B für den Abschluss des Kreditvertrags die Genehmigung des Betreuungsgerichts? (2) B, der mit ⅓ beteiligt ist, ist gegen eine Kreditaufnahme, wird aber von A und C überstimmt. (3) B (Betreuter) ist mit 80 % Miterbe, A und C mit je 10 %. B will den Kredit aufnehmen, A und C wollen nicht.

323   Wäre B Alleinerbe, bräuchte sein Betreuer für den Abschluss des Kreditvertrags wegen § 1822 Nr. 8 BGB die Genehmigung des Betreuungsgerichts. Ist der Betreute Miterbe und ist ohne ihn eine beschlussfähige Mehrheit vorhanden, dann ist eine Genehmigung des Betreuungsgerichts

---

29   BGH NJW 1971, 1265/7; MünchKomm/*Gergen* § 2038 Rn. 37.
30   BGH FamRZ 2015, 497; NJW 2011, 61; NJW 1971, 1265/66; *Soergel/Wolf* § 2038 Rn. 11; *Staudinger/Werner* § 2038 Rn. 40; *Lange* Erbrecht Kap. 14 Rn. 60; *Muscheler* ZEV 1997, 222/9.
31   BGH NJW 2002, 3389; denn die Erbengemeinschaft ist keine juristische Person, auch nicht wie die BGB-Gesellschaft teilrechtsfähig.

nicht erforderlich,[32] weil die Minderheit im Außenverhältnis überhaupt nicht handelt; so ist es in den Fällen (1) und (2). Im Fall (3) dagegen ist der Betreute **Mehrheitserbe**. *Damrau*[33] vertritt die Ansicht, dass Verwaltungsmaßnahmen der Erbengemeinschaft, der Betreute angehören, keiner betreuungsgerichtlichen Genehmigung bedürfen, weil eine gesetzliche Vertretungsmacht der Mehrheit vorliege, die §§ 1812, 1821, 1822 BGB sich aber nur auf Vertretung durch Betreuer beziehen würden. Dagegen spricht aber der Schutz des Betreuten, weshalb in dieser Fallgruppe Genehmigungsbedürftigkeit besteht.

Freilich führt dies dazu, dass bestimmte Maßnahmen faktisch unterbleiben müssen. Haben A, B (Betreuter) und C ein **Wertpapierdepot** geerbt und will der Mehrheitserbe B (vertreten durch den Betreuer) die Aktien aus Angst vor einem Kursverfall verkaufen, braucht er dazu die Genehmigung des Betreuungsgerichts (§ 1812 BGB), was einige Wochen dauert; bis dahin können sich die Kurse sehr geändert haben. Die nicht unter Betreuung stehenden Miterben können das Problem nur lösen, indem sie die Teilung des Nachlasses verlangen; dazu benötigt der betreute Miterbe wiederum die Genehmigung des Betreuungsgerichts (§ 1822 Nr. 2 BGB).

324

dd) Insbesondere: Vermietung und Kündigung eines Mietverhältnisses

Ein Miet- oder Pachtvertrag, bei dem der Betreute **Vermieter** ist, bedarf bei Vermietung von Wohnraum immer der Genehmigung des Betreuungsgerichts, bei sonstigen Räumen (z. B. Gewerbe, Büro) nur bei einer Laufzeit von mehr als vier Jahren (§ 1907 BGB). Nach dem Wortlaut ist auch Wohnraum erfasst, den der Miterbe weder selbst genutzt hat noch in Wahrnehmung seines Rechts zur (Mit-)nutzung (§§ 2038 II 1, 743 II BGB) bewohnen will. § 1907 BGB ist aber einschränkend dahin auszulegen, dass eine solche „kapitalistische" Wohnungsvermietung nicht genehmigungspflichtig ist,[34] weil der Schutz des Betreuten es nicht erforderlich macht.

325

Ist der Betreute Alleinerbe und will sein Betreuer die Nachlasswohnung vermieten, ist die Regelung in § 1907 BGB einschlägig. Ist **der Betreute nur Miterbe** ist die Rechtslage zweifelhaft: Die **Vermietung** ist ein Verpflichtungsgeschäft, das zur laufenden Verwaltung gehört, so dass die

326

---

32 LG Köln WuM 1959, 54 (Mietvertrag über Nachlassgrundstück ohne Mitwirkung des Pflegers); *Staudinger/Werner*, § 2038 Rn. 33.
33 *Damrau* ZEV 2006, 190; zustimmend *Palandt/Weidlich* § 2038 Rn. 9; *Staudinger/Werner* § 2038 Rn. 33. Über minderjährige Miterben vgl. *Mahlmann* ZEV 2009, 320.
34 LG Münster FamRZ 1994, 531; MünchKomm/*Schwab* § 1907 Rn. 9; *Palandt/Götz* § 1907 Rn. 7; a.A. LG Wuppertal FamRZ 2007, 1269.

327 Eine **Kündigung durch den Vermieter** ist dagegen eine Verfügung und also grundsätzlich nur einstimmig möglich (§ 2040 I BGB). Das führt in vielen Fällen zu absurden Ergebnissen. Richtigerweise muss man zwischen den verschiedenen Fällen von Verfügungen unterscheiden. Die Kündigung eines Pacht- oder Mietverhältnisses ist als Maßnahme einer ordnungsmäßigen Verwaltung anzusehen und kann also durch die Mehrheit der Erben beschlossen werden.[35] Auch Verfügungen, sofern sie Maßnahmen einer ordnungsgemäßen Verwaltung darstellen, können durch Mehrheitsentscheidungen getroffen werden.[36] Die Mehrheit kann die Kündigung aussprechen und vertritt dabei alle Miterben (Rn. 321). **Will der Mieter kündigen**, dann muss er gegenüber allen Miterben die Kündigung aussprechen,[37] für den betreuten Miterben gegenüber dessen Betreuer.

ee) Mitwirkungspflicht der Miterben

328 Die Miterben sind verpflichtet, zu Maßregeln mitzuwirken, die zur ordnungsmäßigen Verwaltung erforderlich sind (§ 2038 I S. 2 Halbs. 1 BGB). Das bedeutet: **Kommt für keine Maßnahme eine Mehrheit zustande** (z. B. wenn zwei Miterben mit je ½ beteiligt sind), dann ist die Verwaltung gelähmt. Jeder Miterbe kann die anderen Miterben auf Zustimmung zu einer bestimmten Maßnahme verklagen (z. B. Klage auf Zustimmung zur Bewilligung der Eintragung einer Grundschuld, damit ein notwendiger Kredit aufgenommen werden kann; Vollstreckung nach §§ 894, 887, 888 ZPO). Grenze ist, dass niemand durch Mehrheitsbeschluss gezwungen werden kann, sein Privatvermögen anzugreifen;[38] deshalb kann z. B. auch kein Minderheits-Miterbe durch Mehrheitsbeschluss gezwungen werden, in die Fortführung eines Handelsgeschäfts einzuwilligen, weil er dadurch persönlich haften würde (§§ 25, 27 HGB)[39] oder aus seinem Privatvermögen Kredite zu geben. Da der Betreuer der Aufsicht des Betreuungsgerichts unterliegt (§ 1837 II BGB), kann sich derjenige Miterbe, der nicht unter Betreuung steht, auch an das Betreuungsgericht wenden und dieses bitten, dem Betreuer entsprechende Weisungen zu erteilen, was aber nur sinnvoll ist, wenn die Rechtmäßigkeit des Handelns des Betreuers (und nicht nur die Zweckmäßigkeit) zweifelhaft ist. In Extremfällen, wenn sich der Betreuer als ungeeignet erweist, kann auch seine Entlassung beim Betreuungsgericht angeregt werden (§ 1908b BGB).

---

35 BGH NJW-RR 2010, 1312; BGH NJW 2010, 765; umstritten.
36 BGH NJW 2010, 765; umstritten.
37 *Palandt/Weidlich* § 2040 Rn. 5.
38 OLG Celle JR 1963, 221/2.
39 BGHZ 30, 391/4; BGHZ 32, 60/67.

ff) Kein Miterbe will den Nachlass verwalten

Wenn sich niemand um den Nachlass kümmern will, was häufig ist, wenn zahlreiche Miterben vorhanden sind und die jeweiligen Erbquoten klein sind, wird man den Betreuer als verpflichtet ansehen müssen, tätig zu werden. In Frage kommt eine Klage des betreuten Miterben gegen die unwilligen Miterben auf Zustimmung, dass ein Miterbe (z. B. der betreute Miterbe, vertreten durch den Betreuer) selbst als privater Nachlassverwalter tätig wird;[40] da aber berufsmäßige Betreuer nicht nach ihrem tatsächlichen Zeitaufwand bezahlt werden (vgl. §§ 4, 5 VBVG) ist das für den Betreuer nicht interessant. Die Verwaltung des Nachlasses durch einen Fremdverwalter (z. B. den Betreuer als bezahlte Privatperson) kann nur verlangt werden, wenn kein Miterbe selbst in der Lage oder nicht bereit ist, den Nachlass ordnungsgemäß zu verwalten.[41]

329

c) Fälle, in denen Einstimmigkeit erforderlich ist

- Verfügungen
- „nicht ordnungsmäßige" Verwaltung, besser als außerordentliche Verwaltung zu bezeichnen. Sie betrifft eine „wesentliche Veränderung des Gegenstandes."

330

Das Prinzip der einstimmigen Verwaltung gilt nicht für die „ordnungsmäßige" Verwaltung (hier entscheidet die Mehrheit), sondern nur für die „nicht ordnungsmäßige" Verwaltung. Dies wird der Verweisung des § 2038 II 1 auf § 745 BGB entnommen: § 745 I BGB spricht von der ordnungsmäßigen Verwaltung und lässt hier eine Mehrheitsentscheidung genügen. Für eine „wesentliche Veränderung des Gegenstandes" dagegen verlangt § 745 III BGB Einstimmigkeit. Eine solche wesentliche Veränderung muss den Nachlass als Ganzes (!) betreffen, nicht den Einzelgegenstand. Deshalb wird behauptet, die „Umgestaltung, Verarbeitung und Veräußerung von Einzelgegenständen" liege innerhalb ordnungsmäßiger Verwaltung, „solange der Nachlass als Ganzes nicht wesentlich verändert wird."[42] Unter die ordnungsmäßige Verwaltung sollen alle Maßnahmen fallen, die „der Beschaffenheit des Gegenstandes und dem Interesse aller Miterben nach billigem Ermessen entsprechen".[43]

331

Beispiele für außerordentliche Verwaltung: Fortführung eines Handelsgeschäfts durch die Erben wegen der nun eintretenden persönlichen Haftung (§§ 25, 27 HGB);[44] Wiederaufbau eines kriegszerstörten Hauses;[45]

332

---

40 MünchKomm/*Gergen* § 2038 Rn. 43; *Lange/Kuchinke* § 43 II 5.
41 BGH NJW 1983, 2142.
42 MünchKomm/*Gergen* § 2038 Rn. 30.
43 *Palandt/Weidlich* § 2038 Rn. 6.
44 *Soergel/Wolf* § 2038 Rn. 7; MünchKomm/*Gergen* § 2038 Rn. 33.
45 BGH LM § 1004 Nr. 14.

Grundstücksteilung;⁴⁶ Errichtung von Garagen auf einer als Kfz-Abstellplatz genutzten Fläche.⁴⁷

333 **Gemeinschaftlichkeit** muss in den Fällen außerordentlicher Verwaltung im Innenverhältnis vorliegen, aber auch im Außenverhältnis, z. B. beim Vollzug mittels Eigentumsübertragung (Verfügung, § 2040 I BGB). Ein einzelner Miterbe kann handeln, wenn er von den anderen bevollmächtigt wurde; das ist auch stillschweigend möglich. Weigert sich ein Miterbe, im Außenverhältnis mitzuwirken, z. B. beim Notar den Vertrag zu unterschreiben, kann er auf Mitwirkung verklagt werden; mitwirken muss er nur, wenn es sich um ordnungsmäßige Verwaltung handelt, § 2038 I 2 Halbs. 1 BGB; bei außerordentlicher Verwaltung besteht keine Mitwirkungspflicht (zu entscheiden ist also vom Gericht die Vorfrage, um welche Art von Maßnahme es sich handelt).

d) Alleinentscheidungskompetenz eines Miterben

334 • Notverwaltungsrecht einzelner Miterben
• Geltendmachen von Ansprüchen.

aa) Notverwaltung

335 Wenn die Mehrheit noch keinen entsprechenden Beschluss gefasst hat, kann jeder Miterbe die zur Erhaltung des Nachlasses notwendigen Maßregeln allein treffen (§ 2038 I 2 Halbs. 2 BGB; vgl. § 744 II BGB); hierzu ist er berechtigt und im Verhältnis zu den Miterben auch verpflichtet. Es muss eine gewisse Dringlichkeit vorliegen, so dass die Zustimmung der anderen Miterben nicht mehr eingeholt werden kann. Die Maßregel muss notwendig, nicht nur nützlich sein; sie muss sich im Rahmen ordnungsmäßiger Verwaltung halten und aus Nachlassmitteln finanziert werden können.

336 **Beispiele:**
Notwendige Erhaltungsmaßnahmen sind dringende Reparaturen an Hausgrundstücken,⁴⁸ Einlegen von fristgebundenen Rechtsmitteln, Anfechtung des Beschlusses einer WEG-Versammlung;⁴⁹ im Einzelfall auch eine Kündigung.⁵⁰ **Keine Eilfälle sind:** Abschluss eines mehrjährigen Mietvertrages,⁵¹

---

46 RG Seufferts Archiv 81 Nr. 145; *Soergel/Wolf* § 2038 Rn. 7.
47 *Palandt/Sprau* § 745 Rn. 3.
48 BGHZ 6, 76.
49 BayObLG FamRZ 1999, 187.
50 *Soergel/Wolf,* § 2038 Rn. 14.
51 BGH NJW 1958, 2061.

Die **Notverwaltungsmaßnahme des Betreuers eines Miterben** bedarf der Genehmigung des Nachlassgerichts, wenn sie auch als gewöhnliche Maßnahme der Genehmigung bedürfte. Das führt zu dem unbilligen Ergebnis, dass sie faktisch nicht getroffen werden kann, weil das Genehmigungsverfahren zu lange dauert. *Damrau*[52] vertritt deshalb die Ansicht, dass *die* Notverwaltungsmaßnahmen keiner betreuungsgerichtlichen Genehmigung bedürfe (Rn. 323). Vgl. Rn. 344.

337

bb) Geltendmachung von Nachlassansprüchen

Nachlassansprüche in diesem Sinne sind schuldrechtliche, dingliche und sonstige Ansprüche, die vom Erblasser auf die Erbengemeinschaft übergegangen sind oder nach dem Erbfall gemäß § 2041 BGB entstanden sind. Das sind z. B.: Anspruch auf Rückzahlung eines Darlehens (das der Erblasser gab), Mahnung, Klage bezüglich des Anspruchs, Rechtsmitteleinlegung; Herausgabeanspruch nach § 2018 BGB;[53] Anspruch auf Schadensersatz wegen Nicht- oder Schlechterfüllung;[54] bestimmte Abfindungsansprüche.[55] Hier sind nicht §§ 2038, 2040 BGB anzuwenden, sondern die Sonderregelung in § 2039 BGB. Wenn die Ausübung eines Gestaltungsrechts (z. B. Anfechtung, Rücktritt) eine Verfügungswirkung hat, müssen alle Miterben handeln (§ 2040 BGB); der durch die Ausübung entstandene Anspruch, z. B. aus § 812 BGB nach Anfechtung, fällt hingegen unter § 2039 BGB.

338

Jeder Miterbe allein (also auch der betreute Miterbe, vertreten durch den Betreuer) kann die (ganze) Leistung fordern, aber nicht an sich, sondern nur an alle Erben[56] (oder eine von allen Miterben bevollmächtigte Person, auch einen bevollmächtigten Miterben; in der Praxis wird verlangt, auf das Konto der „Erbengemeinschaft" zu zahlen); § 2039 S. 1 BGB. Klagen kann er auch gegen den Widerspruch der anderen Miterben. Klagt der einzelne Miterbe auf Leistung *an sich*, ist theoretisch die Klage abzuweisen; in der Praxis wird aber der Kläger vom Gericht zuvor auf den Fehler hingewiesen (§ 139 ZPO) und behebt ihn dann.

339

---

52 *Damrau*, ZEV 2006, 190; zustimmend *Staudinger/Werner*, § 2038 Rn. 33.
53 *Soergel/Wolf*, § 2039 Rn. 3.
54 BGH NJW 1987, 434: Schadensersatzanspruch gegen Notar.
55 BVerwG ZEV 1998, 389.
56 MünchKomm/*Gergen* § 2039 Rn. 15. Ausnahmen: Die anderen Miterben haben A zur Klage auf Zahlung an sich ermächtigt oder es liegt eine (ausnahmsweise) zulässige vorweggenommene Teilauseinandersetzung vor; *Palandt/Weidlich* § 2039 Rn. 9.

e) Nutzungsentschädigung, wenn ein Miterbe das Haus allein bewohnen will

339a Häufig nutzt ein Miterbe nach dem Tod des Erblassers einen Nachlassgegenstand (Haus, Eigentumswohnung, Auto usw) allein weiter; das ist zulässig, wenn die Mehrheit der Miterben damit einverstanden sind.[57] Jedoch können dann die anderen Miterben eine Nutzungsentschädigung verlangen.[58]

Beispiel: E ist gestorben, er war in 2. Ehe mit F verheiratet. E und F wohnten in einem Einfamilienhaus, das E allein gehörte. E hinterlässt aus 1. Ehe zwei volljährige Kinder A und B (der unter Betreuung steht). E wird kraft Gesetzes von F zu 1/2 und von A und B zu je 1/4 beerbt (§§ 1924, 1931 BGB). F will das Haus weiterhin (nun allein) bewohnen. A und der Betreuer des B können eine angemessene Nutzungsentschädigung von der F verlangen. Da der Betreuer nichts verschenken darf, wird er das für B tun müssen. Durch ein entsprechendes Testament hätte E das verhindern können.

Rechtsgrundlage ist § 2038 II BGB mit § 745 BGB. Die tatsächliche Nutzung des „gemeinsamen" Nachlasshauses durch die F allein, *ohne* dass zuvor eine Regelung getroffen wurde, führt aber noch nicht zu einem Entschädigungsanspruch.[59] Zuvor muss eine Regelung mit Mehrheit beschlossen werden, hilfsweise darauf geklagt werden. Obergrenze der Nutzungsentschädigung ist die ortsübliche Miete.

f) Verfügungen der Erbengemeinschaft

340 **Verfügungen** (im Gegensatz zu **Verpflichtungen**) sind Rechtsgeschäfte, durch die bestehende Rechte mit unmittelbarer Wirkung aufgehoben, übertragen, belastet oder inhaltlich verändert werden,[60] z. B. Kündigung eines Miet- oder Pachtvertrages, Kündigung eines Darlehens, Abtretung einer Forderung, Erlass einer Schuld, Übertragung von Eigentum, Belastung mit einer Grundschuld, Anfechtungserklärung nach §§ 119, 123 BGB, Annahme einer geschuldeten Leistung.[61]

341 Über einen Nachlassgegenstand können die Miterben **nur gemeinschaftlich verfügen** (§ 2040 I BGB). Das heißt nicht, dass sie gleichzeitig handeln müssen;[62] auch kann einer als Stellvertreter der anderen handeln oder mit nachträglicher Genehmigung (§§ 167, 177, 182 ff., 185 BGB).

---

57 Zum Beschluss der Miterben vgl. *Muscheler* ZEV 1997, 169.
58 Zur Durchsetzung vgl. *Sachs* ZEV 2010, 512.
59 BGH NJW-RR 2005, 1200; BGH NJW 1998, 372; *Palandt/Sprau* § 745 Rn. 5.
60 BGHZ 1, 294/304.
61 Weitere Beispiele bei MünchKomm/*Gergen* § 2040 Rn. 9 ff.; *Soergel/Wolf* § 2038 Rn. 4.
62 BGH NJW 2004, 767/9.

Bei einseitigen Rechtsgeschäften eines Miterben (wie Kündigung) ist die vorherige Zustimmung der anderen Miterben erforderlich (§ 182 III BGB).

Wenn Verfügungen nicht zugleich Verwaltungsmaßnahmen sind (wie z. B. eine Schenkung, Nachlassauseinandersetzung), ist die Regelung in § 2040 ohne wesentliche Probleme. Fast alle Verwaltungsmaßnahmen verlangen aber zur Durchführung eine Verfügung; dann sind § 2038 BGB *und* § 2040 BGB einschlägig. Hier sind drei Stufen zu unterscheiden: 342

- Willensbildung bezüglich der Verpflichtung: Für das **Innenverhältnis** der Miterben gilt die Kompetenzregelung in § 2038 BGB.

- Abschluss des Verpflichtungsvertrags, z. B. des Kaufvertrags mit dem Käufer.

- Für das **Aussenverhältnis** ist § 2040 BGB einschlägig, soweit es um die Verfügung geht.

Das führt zu unpraktikablen Ergebnissen: wirkt der überstimmte Miterbe im Außenverhältnis bei der Verfügung nicht mit, müsste er auf Mitwirkung verklagt werden (§ 2038 I 2 Halbs. 1 BGB); mit Urteilsrechtskraft gilt die Erklärung als abgegeben (§ 894 ZPO). 343

Bei **Notverwaltung** ist § 2038 I 2 Halbs. 2 BGB nach h. M. vorrangig gegenüber § 2040 BGB; hier kann jeder einzelne Miterbe im Innen- wie im Außenverhältnis handeln,[63] auch verfügen, weil sonst der Zweck der Vorschrift verfehlt würde. 344

Beispiel: 345

A, B und C sind Miterben zu je ⅓. Zum Nachlass gehört eine Landwirtschaft. Eine Kuh hat sich verletzt und muss notgeschlachtet werden. Hier kann C allein den Werkvertrag mit dem Metzger schließen, dann den Kaufvertrag und schließlich ihm das Fleisch übereignen, obwohl Letzteres eine Verfügung ist; andernfalls würde es verderben. C muss nicht zuerst die Zustimmung der Miterben einholen. Er handelt als gesetzlicher Vertreter der anderen Miterben.

6. Das Verhältnis der Miterben zu den Nachlassgläubigern

Die §§ 2058 ff. BGB regeln die Haftung im Außenverhältnis und ergänzen die allgemeinen Regeln der §§ 1967 ff. BGB über die Haftung des Erben. Haftung im Innenverhältnis: § 2046 BGB. 346

---

63 H. M., MünchKomm/*Gergen* § 2040 Rn. 3; *Soergel/Wolf* § 2038 Rn. 12; *Lange/Kuchinke* § 43 IV; jeweils mit Nachweisen der a. A.

347 **Vor Annahme der Erbschaft** kann weder der Erbe noch der Miterbe von den Nachlassgläubigern in Anspruch genommen werden (§ 1958 BGB). Zieht sich die Annahme hin, bleibt dem Gläubiger nur, die Bestellung eines Nachlasspflegers zu beantragen (§ 1961 BGB) und dann „die unbekannten Erben des ...", gesetzlich vertreten durch den Nachlasspfleger Y, zu verklagen.

348 **Nach der Annahme** der Erbschaft ist zu unterscheiden, ob der Nachlass schon geteilt ist oder noch nicht:[64]

349

Haftung der Miterben vor der Teilung	Haftung der Miterben nach der Teilung
Zwei Vermögensmassen: • ungeteilter Nachlass • Eigenvermögen des Erben einschl. Miterbenanteil	Beim Miterben gibt es nur noch *eine* Vermögensmasse
Gesamthänderische Haftung nur mit dem Nachlass, § 2059 II	§ 2059 II ist nicht mehr anwendbar.
Gesamtschuldnerische Haftung mit Nachlassanteil und Eigenvermögen, beschränkbar nach §§ 1973–1975, 1989, 1990 und § 2059 I 1 auf den Nachlassanteil	Gesamtschuldnerische Haftung mit Gesamtvermögen. Die allgemeinen Haftungsbeschränkungsmöglichkeiten gelten; eingeschränkt durch § 2062: keine Nachlassverwaltung mehr möglich. § 2059 I 1 gilt nicht mehr
Falls gesamtschuldnerische Haftung unbeschränkbar geworden ist: • Haftung mit Erbanteil, § 2059 I 1 und • anteilig mit Privatvermögen, § 2059 I 2	Die gesamtschuldnerische Haftung, die unbeschränkbar geworden ist, bleibt bestehen. § 2059 I 2 ist nicht mehr anwendbar.
	in den Fällen §§ 2060, 2061 Haftung nur in Höhe der Erbquote mit dem Privatvermögen

a) Haftung der Miterben vor der Teilung

350 Die Miterben haften für die gemeinschaftlichen Nachlassverbindlichkeiten als Gesamtschuldner (§ 2058 BGB); der Gläubiger kann also nach Gutdünken alle Miterben als Gesamtschuldner verklagen, er kann sich auch nur einen oder mehrere Miterben heraussuchen und diese auf den *vollen* Betrag verklagen (§ 421 BGB), also nicht nur auf einen der Erbquote entsprechenden Teilbetrag. Beim Miterben sind zwei Vermögensmassen zu

---

64 Vgl. *Soergel/Wolf* Rn. 5 vor § 2058.

unterscheiden: der ungeteilte Nachlass als Gesamthandsvermögen und das Eigenvermögen des Erben (wozu auch der Miterbenanteil gehört). Will der Nachlassgläubiger Geld eintreiben, kann sowohl aus dem Nachlass wie aus dem Eigenvermögen erfüllt werden; dem Gläubiger ist dies gleichgültig. Er wird in der Regel alle Miterben als Gesamtschuldner auf Zahlung verklagen (§§ 2058, 421 S. 1 BGB), weil die Klage gegen nur einen Miterben nicht billiger ist; er kann bei einem Titel gegen *alle* Miterben in die einzelnen Nachlassgegenstände vollstrecken (§ 747 ZPO).[65] Außerdem hat er dann die Chance, auch in das Privatvermögen der Miterben vollstrecken zu können.

Solange der Miterbe noch beschränkbar haftet (also in der Regel) gilt: Bis zur Teilung hat jeder Miterbe ein besonderes Verweigerungsrecht. Er haftet nur mit seinem Anteil am Nachlass, nicht mit seinem Eigenvermögen (§ 2059 I 1 BGB). Das wird aber nicht von Amts wegen berücksichtigt; es handelt sich um eine **Einrede**, die vom verklagten Miterben im Prozess zu erheben ist und dann vom Gericht im Urteil vorzubehalten ist (§ 780 ZPO: „Der Beklagte wird verurteilt, an den Kläger … zu zahlen. … Dem Beklagten wird die Beschränkung seiner Haftung auf den Nachlass des … vorbehalten"). Wenn der Gläubiger vernünftig ist, vollstreckt er dann nur in den Erbteil (§ 859 II ZPO). Er *kann* aber trotz des Vorbehalts in das gesamte Vermögen des Miterben vollstrecken. Tut er das, kann der Beklagte (Miterbe) durch eine neue Klage nach §§ 785, 781, 767 ZPO die beschränkte Haftung (nämlich nur mit dem Erbanteil) geltend machen.[66]

351

b) Haftung der Miterben nach der Teilung

Eine **Teilung** liegt vor, wenn die Erbengemeinschaft wirtschaftlich gesehen aufgelöst ist; wenn Grundstücke, Wertpapiere usw. aufgeteilt sind und nur noch einige Bücher ungeteilt auf dem Dachboden des Erblassers liegen, ist im Rechtssinne „geteilt". Nach Teilung gibt es beim Miterben nur noch *eine* Vermögensmasse; § 2059 II BGB ist nach seinem Wortlaut nicht mehr anwendbar.

352

Volle Haftung. Die gesamtschuldnerische Haftung der Miterben bleibt auch nach der Teilung bestehen (§ 2058 BGB), beschränkbar nach den allgemeinen Regeln (§§ 1973–1974, 1989, 1990; § 2062 BGB); ein Insolvenzverfahren kann noch beantragt werden (§ 316 II InsO). § 2059 I 1 („bis zur Teilung …") ist nicht mehr einschlägig.

353

---

65 RGZ 71, 366/371; MünchKomm/*Gergen* § 2059 Rn. 19.
66 *Soergel/Wolf* § 2059 Rn. 5.

354 **Anteilige Haftung.** Ausnahmsweise haftet ein Miterbe nur für den Teil der Schuld, der seiner Erbquote entspricht, wenn

- ein Gläubiger im *gerichtlichen* Aufgebotsverfahren ausgeschlossen wurde (§ 2060 Nr. 1 BGB), wenn der Gläubiger bestimmte Fristen versäumt hat (§ 2060 Nr. 2 BGB) oder wenn das eröffnete Nachlassinsolvenzverfahren durch Verteilung der Masse etc. beendet wurde (§ 2060 Nr. 3 BGB; die Einstellung des Insolvenzverfahrens nach §§ 207, 213 InsO hat diese Wirkung nicht). Oder wenn
- der Miterbe in bestimmter Weise[67] die Gläubiger *privat* im Bundesanzeiger etc. aufgefordert hat und keine Anmeldung erfolgt (§ 2061 BGB).

355 Der Betreuer eines Miterben sollte deshalb darauf dringen, dass vor Teilung alle bekannten Verbindlichkeiten beglichen werden und bei Anlass (also wenn mit weiteren bisher unbekannten Schulden zu rechnen ist) vor Teilung ein Aufgebotsverfahren (Rn. 224) durchgeführt wird.

7. Die Auseinandersetzung (Erbteilung)

356 Sie umfasst alle Vorgänge, die zur Gemeinschaftaufhebung gehören, also zunächst die Erfüllung der Nachlassverbindlichkeiten, die Abwicklung sonstiger Rechtsbeziehungen, der Verpflichtungsvertrag zwischen den Miterben (der meist stillschweigend geschlossen wird) und der Vollzug durch Verfügungen (Übertragung des Eigentums an einzelnen Stücken auf Miterben).

a) Der Anspruch auf Auseinandersetzung

357 Jeder Miterbe kann *jederzeit* die Auseinandersetzung verlangen (§ 2042 I BGB). Doch kann ein anderer Miterbe entgegenhalten, dass zuvor die Nachlassverbindlichkeiten zu tilgen sind, § 2046 I BGB; ferner, dass der Nachlass noch nicht „teilungsreif" ist. Solange noch Aufgebotsverfahren nach §§ 1970, 2061 BGB laufen kann ein Miterbe den Aufschub der Auseinandersetzung verlangen (§ 2045 BGB). Vgl. Rn. 354. Solange Nachlassverwaltung (§ 1975 BGB) und Nachlassinsolvenzverfahren nicht abgeschlossen sind, kann die Auseinandersetzung nicht verlangt werden, weil den Miterben dann kein Verwaltungsrecht zusteht.

358 Der Erblasser kann im Testament die **Auseinandersetzung längere Zeit ausschließen** (§ 2044 BGB). Alle Miterben können sich einverständ-

---

67 Vgl. *Zimmermann* ZErb 2011, 259.

lich über das Verbot der Auseinandersetzung hinwegsetzen;[68] denn es liegt nur ein schuldrechtliches Verbot vor, kein dingliches, kein Fall des § 134 BGB. Im **Grundbuch** kann das Verbot nicht eingetragen werden (Sonderfall: § 1010 BGB). Die Verfügungen der Miterben (einstimmig, § 2040 BGB) sind daher wirksam.

b) Modalitäten der Auseinandersetzung; Genehmigungen

aa) Teilungsanordnung des Erblassers

Der Erblasser kann im Testament bzw. Erbvertrag eine bestimmte Teilung des Nachlasses vorschreiben (Teilungsanordnung, § 2048 BGB). Sie hat keine dingliche Zuordnung zur Folge, sondern gibt nur einen Anspruch bei der Auseinandersetzung.[69] Deshalb bedarf sie der Genehmigung des Betreuungsgerichts. Wenn der Erblasser nichts anderes angeordnet hat, erfolgt eine **wertmäßige Anrechnung** des zugewiesenen Gegenstandes bei der Auseinandersetzung,[70] die Teilungsanordnung bewirkt keine Wertverschiebung gegenüber der zuvor vom Erblasser festgelegten Erbquote (anders als das Vorausvermächtnis). Ist der Wert des zugewiesenen Gegenstandes größer als der vom Erblasser bestimmte Erbanteil (sog. **überquotale Teilungsanordnung**), kann die Auseinandersetzung nur vollzogen werden, wenn der begünstigte Miterbe den Mehrwert durch freiwillige Leistung aus seinem eigenen Vermögen in den Nachlass vorab ausgleicht;[71] erzwingbar ist das nicht.[72]

358a

> **Beispiele:** (1) E hat testiert: „Mein Sohn S soll den Bauplatz, meine Tochter T die Eigentumswohnung erhalten…" Der Nachlass ist 165.000 Euro wert (Bauplatz 50.000, Wohnung 100.000, Bankguthaben 15.000). Dann ist S Erbe zu 1/3, T zu 2/3 (Verhältnis der zugewandten Nachlassgegenstände 50:100). Bei der Auseinandersetzung bekommt S den Bauplatz + 5.000 Euro, T die Wohnung + 10.000 Euro. (2) E testiert: „Erben sollen A und B zu je ½ sein; A soll bei der Teilung den Bauplatz erhalten." Nachlasswert 100.000 Euro, davon Wert des Bauplatzes 40.000 Euro. – Dann wird die Erbengemeinschaft zunächst Eigentümerin des Grundstücks; bei der Auseinandersetzung erhält A den Bauplatz + 10.000 Euro; B erhält 50.000 Euro.

bb) Erbteilungsvertrag

Die Erben können einstimmig vereinbaren, wie sie den Nachlass unter sich teilen;[73] dies ist der **schuldrechtliche Vertrag**, der Rechtsgrund (Ver-

359

---

68 Vgl. hierzu *Kiethe* ZEV 2003, 225.
69 *Palandt/Weidlich* § 2048 Rn. 2.
70 OLG Braunschweig ZEV 1996, 69; *Soergel/Wolf* § 2048 Rn. 8.
71 BGH NJW-RR 1996, 577; MünchKomm/*Ann* § 2048 Rn. 2.
72 BGH FamRZ 1987, 475 meint, der Miterbe sei „im allgemeinen" zur Zahlung des Mehrwerts aus seinem Vermögen verpflichtet; MünchKomm/*Ann* § 2048 Rn. 16.
73 Dazu *Sarres* ZEV 1999, 377.

gleich, Erlass, Verzicht, Kauf usw.). Der Vertrag ist formfrei,[74] § 2371 BGB ist darauf nicht anwendbar.

360 Für einen Erbteilungsvertrag braucht der Betreuer die **Genehmigung des Betreuungsgerichts** (§§ 1822 Nr. 2, 1908i I BGB). Die Genehmigung ist sowohl für den verpflichtenden wie für den verfügenden Teil erforderlich, doch liegt in der Genehmigung der Verpflichtung auch die Genehmigung der Verfügung.[75] Bei der Genehmigung hat das Betreuungsgericht zu prüfen, ob die Werte, die auf den betreuten Miterben entfallen, etwa dem Wert seiner Erbquote entsprechen; notfalls sind vom Gericht Gutachten einzuholen[76] (da es sich um Amtsermittlung handelt, § 26 FamFG, können die Beteiligten nicht gezwungen werden, selbst Gutachten vorzulegen). Die Veräußerung eines Einzelstücks aus dem Nachlass (z. B. eines Möbels) ist nicht genehmigungspflichtig, wenn der Erlös wieder in den Nachlass fällt, es sei denn, es liegt Genehmigungspflicht nach anderen Bestimmungen (wie z. B. bei einem Grundstück, § 1821 I BGB) vor.

Die Genehmigung ist grundsätzlich auch für eine **Teilauseinandersetzung** erforderlich, so etwa wenn nur der Schmuck unter die drei Töchter vorzeitig aufgeteilt werden soll.

361 **Interessenkonflikte.** Sind **sowohl der Betreute wie sein Betreuer Mitglieder der Erbengemeinschaft**, ist der Betreuer von der Vertretung des Betreuten ausgeschlossen (§§ 1795 II 2, 181, 1908i I 1 BGB); es ist vom Betreuungsgericht ein Ergänzungsbetreuer zu bestellen (§ 1899 IV BGB), etwa wenn die Erbengemeinschaft aufgelöst und der Erlös verteilt werden soll. [77]

Anders soll es sein, wenn Betreuer und Betreuter einem volljährigen Miterben den gesamten Nachlass übereignen und dieser Miterbe sich verpflichtet, den anderen Miterben jeweils eine bestimmte Abfindungssumme zu bezahlen, denn dies ist lediglich eine Zusammenfassung mehrerer einzelner von den Miterben mit dem Erwerber getroffenen Abmachungen, während vertragliche Vereinbarungen der übertragenden Miterben untereinander nicht bestehen.[78]

Bei zwei Betreuten innerhalb der Erbengemeinschaft bestehen untereinander Interessengegensätze, weshalb zwei Ergänzungsbetreuer zu bestellen sind,[79] die ihrerseits Genehmigungen z. B. nach § 1821 I Nr. 1, 1822 Nr. 2 BGB benötigen.

---

74 BGH FamRZ 1970, 376.
75 MünchKomm/*Kroll-Ludwigs* § 1822 Rn. 10.
76 BGH FamRZ 1995, 151 (zu einem Erbverzichtsvertrag).
77 OLG München NJW-RR 2015, 1222 = ZEV 2015, 530.
78 RGZ 93, 334; OLG München NJW-RR 2015, 1222.
79 „Falls die Auseinandersetzung von den gesetzlichen Regeln abweicht", BGH NJW 1956, 1433; MünchKomm/*Ann* § 2042 Rn. 38.

Genehmigungsfreie Erbauseinandersetzungen. Es wird die Meinung vertreten, bei Teilung nach den gesetzlichen Regeln (§§ 2042 II, 752 ff. BGB) sei keine Genehmigung erforderlich, da nur Verbindlichkeiten erfüllt würden und keine Interessengegensätze vorliegen.[80]

362

Beispiel:
Es werden 30.000 Euro Barnachlass nach den Erbquoten aufgeteilt.

363

Jedenfalls dann, wenn ein Teil des Barnachlasses oder der Erlös aus dem Verkauf von Nachlassgegenständen (z. B. Möbel) nach Erbquoten aufgeteilt wird, also bei einer nur rechnerischen Teilauseinandersetzung ohne Bewertungsprobleme, ist nicht ersichtlich, was bei Genehmigung noch geprüft werden sollte; sie ist daher unnötig.

364

Keine Genehmigung ist erforderlich, wenn ein Betreuer ein ihm vom Erblasser **vermachtes Grundstück** (bzw. ein sonstiger Gegenstand) übereignet erhalten soll; ebenso nicht, wenn insoweit eine **Teilungsanordnung** des Erblassers erfüllt wird.

365

Für den **dinglichen Vollzug** gelten die gesetzlichen Regeln; ein Grundstück, das einem Erben zugeteilt wird, muss also von der Erbengemeinschaft an den Miterben aufgelassen werden (§§ 873, 925 BGB), anschließend ist die Eintragung im Grundbuch erforderlich. Forderungen werden nach § 398 BGB abgetreten, bewegliche Gegenstände nach § 929 BGB übereignet.

366

Zur **Fallgruppe „Vereinbarung"** gehört auch:

367

- alle anderen Miterben verkaufen und übertragen ihre Anteile auf einen Miterben (§§ 2371, 2033 BGB), so dass die Erbengemeinschaft erlischt.
- alle anderen Miterben scheiden gegen Abfindung aus der Erbengemeinschaft aus (Abschichtung), so dass der eine verbleibende Erbe durch Anwachsung alle Erbanteile erlangt und Alleineigentümer des Nachlasses wird.

cc) Auseinandersetzung durch Testamentsvollstrecker

Hat der Erblasser Testamentsvollstreckung für alle Erbteile angeordnet, nimmt der Testamentsvollstrecker die Auseinandersetzung nach den gesetzlichen Regeln vor, im Falle des § 2048 S. 2 BGB nach billigem Ermessen (§ 2204 BGB). Auch wenn ein Betreuer an der Erbengemeinschaft beteiligt ist entfällt eine Genehmigung des Betreuungsgerichts, weil für den Testamentsvollstrecker die §§ 1812, 1821, 1822 BGB nicht gelten.

368

---

80 *Brüggemann* FamRZ 1990, 124; *Erman/Saar* § 1822 Rn. 4. A. A. MünchKomm/*Kroll-Ludwigs* § 1822 Rn. 10 (Fußnote).

dd) Hilfe des Nachlassgerichts

369 Das Nachlassgericht kann um Vermittlung ersucht werden, §§ 363 ff. FamFG.[81] Für die Einigung ist die Genehmigung des Betreuungsgerichts erforderlich.[82] Da schon der Widerspruch *eines* Beteiligten das Verfahren scheitern lässt, hat es in der Praxis keine Bedeutung.

ee) Gerichtliche Zuweisungsverfahren

370 Gehört ein landwirtschaftlicher Betrieb auf Grund gesetzlicher Erbfolge einer Erbengemeinschaft, kann das AG (Abt. Landwirtschaftsgericht) auf Antrag **den Betrieb einem Erben zuweisen** (§§ 13 bis 17, 33 GrdstVG); die weichenden Miterben erhalten eine kleine Abfindung (vgl. § 2049 BGB). Im Geltungsbereich der Höfeordnung trifft die HöfeO Sonderregelungen.

ff) Erbteilungsklage

371 Können sich die Miterben nicht einigen, muss (je nach Streitwert) vor dem AG oder LG geklagt werden. Der Klageantrag ist auf Zustimmung zu einem vom Kläger nach den gesetzlichen Regeln (§§ 2042 II; 752 BGB) aufgestellten detaillierten Teilungsplan zu richten.[83] Der Teilungsplan ist nur zustimmungsfähig, wenn von einer Berichtigung der Nachlassverbindlichkeiten vor Teilung ausgegangen wird.[84] Die Gerichtspraxis[85] verlangt ferner, dass der Nachlass „**teilungsreif**" ist. Weder die Erhebung der Klage noch die Einnahme der Beklagtenstellung bedürfen der Genehmigung des Betreuungsgerichts.[86]

gg) Antrag auf Teilungsversteigerung

372 Eine Teilungsversteigerung eines Nachlassgrundstücks ist möglich, § 180 ZVG. Dies ist nur eine Vorstufe; denn die Verteilung des Erlöses erfolgt im Auseinandersetzungsverfahren. Der betreute Miterbe braucht für seinen Antrag die Genehmigung des Betreuungsgerichts, § 181 II 2 ZVG.

---

81 Einzelheiten *Zimmermann* ZEV 2009, 374.
82 MünchKomm/*Kroll-Ludwigs* § 1822 Rn. 10.
83 OLG Düsseldorf FamRZ 2000, 1049.
84 OLG Celle FamRZ 1998, 1521.
85 OLG Karlsruhe NJW 1974, 956; LG Münster NJOZ 2004, **257**; a. A. MünchKomm/ *Ann* § 2042 Rn. 58.
86 MünchKomm/*Kroll-Ludwigs* § 1822 Rn. 10.

L. Der Betreute als Vorerbe

1. Rechtslage bei Vorerbschaft

Nach dem Tod des Erblassers geht dessen Vermögen auf den Erben über (§ 1922 BGB). Grundsätzlich kann der Erbe mit der Erbschaft machen, was er will; stirbt der Erbe, geht sein Vermögen (darunter auch das seinerzeit geerbte Vermögen, soweit noch vorhanden) auf seinen Erben über. Diese Grundregel durchbricht das BGB, indem es dem Erblasser auf vielerlei Weisen gestattet, das weitere Schicksal seines Vermögens zu beeinflussen, z. B. durch Anordnung einer Nacherbschaft. Ein **wichtiger Fall** ist das sog. **Behindertentestament** (Rn. 117 ff.).

Die Anordnung der Vor- und Nacherbschaft erfolgt durch letztwillige Verfügung des Erblassers (Testament, Erbvertrag), nie durch das Nachlassgericht. Abzugrenzen ist die Vorerbschaft vom Nießbrauch am Nachlass (der Nießbraucher hat keine Verfügungsbefugnis); vom befristeten oder aufschiebend bedingten Vermächtnis; vom Quotenvermächtnis (§§ 2147, 2154 BGB); vom Auseinandersetzungsverbot (§ 2044 BGB).

Setzt der Erblasser einen Nacherben ein, wird dieser erst Erbe, nachdem **zunächst ein anderer Erbe geworden** ist (§ 2100 BGB). Meist wird als Übergangszeitpunkt vom Erblasser der Tod des Vorerben angegeben (vgl. § 2105 BGB). Der Erblasser wird also für eine gewisse Zeitspanne vom Vorerben beerbt und dann vom Nacherben; wegen § 2109 BGB kann der Erblasser seinen Willen noch mehrere Jahrzehnte durchsetzen und das Vermögen in Familienhand halten. Der Nacherbe ist der Erbe des Erblassers, nicht des Vorerben. Zwischen Vor- und Nacherbe besteht keine Erbengemeinschaft, weil sie nicht gleichzeitig, sondern nacheinander erben. Das Vorerbschaftsvermögen stellt für den Vorerben ein Sondervermögen dar, das anderen Regeln als das restliche Eigenvermögen des Erben (Vorerben) folgt.

Beispiel: E hat in seinem Testament den A zum Vorerben und den N zum Nacherben bestimmt. Wenn E stirbt wird er von A beerbt. Es tritt dann eine Spaltung des Vermögens von A ein: mit seinem Eigenvermögen kann er machen was er will, es vererben nach Belieben; mit dem von E geerbten Vermögen ist er eingeschränkt, es fällt bei Tod des A an N. A kann aber die Vorerbschaft ausschlagen und evtl. den Pflichtteil verlangen.

376 **Erbschein.** Der Vorerbe erhält auf Antrag vom Nachlassgericht einen Erbschein mit dem Nacherbenvermerk, § 2363 BGB („Es wird bezeugt, dass E von B allein beerbt worden ist. Nacherbfolge ist angeordnet; sie tritt mit dem Tod des Vorerben ein; Nacherbe ist Frau XY").

377 **Grundbuch.** Im Grundbuch wird die Nacherbfolge von Amts wegen eingetragen (§ 51 GBO); das Grundbuchamt erlangt die Kenntnis aus dem ihm vorzulegenden Erbschein (§ 35 GBO).

378 Der Vorerbe bzw. dessen Erben haben dem Nachlassgericht den **Eintritt der Nacherbfolge mitzuteilen** (§ 2146 BGB); diese Pflicht trifft gegebenenfalls den Betreuer des Vorerben.

379 **Zeitliche Schranken.** Die Einsetzung eines Nacherben wird grundsätzlich mit dem Ablauf von 30 Jahren unwirksam, wenn nicht vorher der Nacherbfall eingetreten ist (§ 2109 I 1 BGB); zahlreiche Fälle, in denen die Frist von 30 Jahren überschritten werden kann, regelt § 2109 I 2 BGB, so dass für die Grundregel kaum Fälle bleiben.

380 **Beispiel:**

E setzte den V zum Erben ein und bestimmte, dass mit dem Tod des V der N (der schon lebt) die Erbschaft erhalten soll. E ist 1975 gestorben. V stirbt 2015. Obwohl mehr als 30 Jahre verstrichen sind ist die Nacherbeneinsetzung nicht unwirksam geworden; die Anordnung bleibt nach § 2109 I 2 Nr. 1 BGB wirksam.[1] Im Jahre 2015 beerbt somit der N den E.

381 **Ausschlagung.** Die vielfältigen Beschränkungen des Vorerben (Rn. 382 ff.) belasten den Vorerben schwer. Er ist zwar rechtlich gesehen Erbe, wirtschaftlich aber nur eine Art Nießbraucher/Treuhänder. Der Vorerbe kann sich dem entziehen, indem er die Erbschaft ausschlägt (dann bekommt er allerdings überhaupt nichts). Ist der Vorerbe pflichtteilsberechtigt, ist § 2306 BGB zu beachten: der Vorerbe kann den Pflichtteil verlangen (falls er pflichtteilsberechtigt ist!), wenn er die Erbschaft ausschlägt. Die **Ausschlagung** durch einen Betreuer als Vertreter des betreuten Vorerben bedarf der **Genehmigung des Betreuungsgerichts**, § 1822 Nr. 2 BGB (Rn. 672). Dabei muss geprüft werden, ob dies für den Betreuten wirtschaftlich sinnvoll ist. Schlägt der Vorerbe aus, rückt der Nächstberufene ein (§ 1953 II BGB); die Belastung mit Nacherbschaft bleibt grundsätzlich bestehen.

---

1 BayObLG NJW-RR 1990, 199; KG Rpfleger 1976, 249; *Palandt/Weidlich* § 2109 Rn. 2.

2. Rechtsstellung des Vorerben

a) Gewöhnliche Vorerben

aa) Verfügungen über Nachlassgegenstände im Allgemeinen

Der gewöhnliche Vorerbe kann grundsätzlich über die zur Erbschaft gehörenden Gegenstände *verfügen* (§ 2112 BGB), soweit sich nicht aus §§ 2113 bis 2115 BGB Ausnahmen ergeben; ob der Betreuer des Vorerben die Genehmigung des Betreuungsgerichts benötigt, richtet sich nach §§ 1812, 1813, 1821, 1822, 1907 BGB. Verfügungen sind Übertragungen, Aufhebung, Inhaltsänderung, Belastung oder Aufgabe eines Rechts. Veräußert der Vorerbe Nachlassgegenstände, fällt der Erlös (Gegenleistung) in den Nachlass. Was dem Vorerben allerdings als **Nutzung des Nachlasses** (z. B. Mieteinnahmen, Zinsen) zusteht, fällt in das **Privatvermögen** des Vorerben (§ 2111 I 1 BGB).

382

> **Beispiel:**
>
> V ist Vorerbe und steht unter Vermögensbetreuung. Der Nachlass besteht aus Aktien, die der Betreuer (B) des V über die Bank an der Börse veräußern will. Unter dem Aspekt der Beschränkung durch die Nacherbschaft ist V an der Verfügung nicht gehindert (§ 2112 BGB). Als Betreuer braucht B aber die Genehmigung des Betreuungsgerichts (§§ 1908i, 1812 I BGB). Der Erlös fällt zunächst in den Nachlass (§ 2111 BGB); ist er beim Tod des V verbraucht, erbt Nacherbe N vom Erlös nichts mehr.

383

bb) Verfügung über Grundstücke, Grundstücksrechte

Wenn der Vorerbe über ein zur Erbschaft gehörendes **Grundstück** (oder Rechts an einem Grundstück, z. B. Geh- und Fahrtrecht; Grundpfandrecht) verfügt, z. B. das Grundstück veräußert, dann ist diese Verfügung zwar zunächst wirksam, falls eine Genehmigung des Betreuungsgerichts vorliegt (§ 1821 I Nr. 1 BGB). Sobald die Nacherbfolge aber eingetreten ist, wird die Verfügung von selbst und gegenüber jedermann unwirksam (§ 2113 I BGB), *soweit* sie das Recht des Nacherben vereiteln oder beeinträchtigen würde. Da im Grundbuch der Nacherbenvermerk von Amts wegen eingetragen worden war (§ 51 GBO) sind Erwerber nicht gutgläubig.

384

Verfügungen über Grundstücke, die mit Nacherbenvermerk belastet sind, kommen allerdings fast nur in anderer Form vor. Die Grundstücksveräußerung bedarf der notariellen Beurkundung, der Notar kennt aus der Grundbucheinsicht den Nacherbenvermerk und belehrt den Käufer über das enorme Risiko und dieser verzichtet dann auf das „Geschäft". In der Praxis wird über Grundstücke des Vorerben etc. deshalb nur verfügt, **wenn der Nacherbe zustimmt**, weil dies die Verfügung uneingeschränkt wirk-

385

sam macht;[2] das wird aus § 2120 BGB gefolgert. Für seine Zustimmung verlangt der Nacherbe üblicherweise etwas, z. B. einen Teil des Kaufpreises. Die Zustimmung muss dem Grundbuchamt in notarieller Form (§ 29 GBO) nachgewiesen werden. Durch die Zustimmung verfügt der Nacherbe über ein „Recht", er verliert nämlich insoweit die Anwartschaft auf die Erbschaft, weshalb die **Genehmigung des Betreuungsgerichts** nach § 1812 BGB erforderlich ist.

cc) Schenkungen des Vorerben

386 Wenn der Vorerbe über einen zur Erbschaft gehörenden Gegenstand *unentgeltlich verfügt*, dann ist diese Verfügung zwar zunächst wirksam. Unentgeltlichkeit ist gegeben, wenn das Entgelt nicht den Marktverhältnissen entspricht bzw. gar kein Entgelt fließt. Subjektiv wird gefordert, dass der Vorerbe die Unangemessenheit des Entgelts kennt oder jedenfalls hätte erkennen müssen.[3] Auch bei nur teilweiser Unentgeltlichkeit („verbilligter Verkauf") ist die *ganze* Verfügung unwirksam;[4] es genügt also nicht, wenn der Erwerber die Differenz nachzahlt. Sobald die Nacherbfolge eingetreten ist, wird die Verfügung von selbst und gegenüber jedermann unwirksam (§ 2113 II 1 BGB), *soweit* sie das Recht des Nacherben vereiteln oder beeinträchtigen würde (was praktisch immer der Fall ist); ausgenommen sind Anstandsschenkungen (§ 2113 II 2 BGB).

Faktisch aber hilft die „Unwirksamkeit" dem Nacherben nicht; denn er könnte zwar nach dem Tod des Vorerben anhand des Nachlassverzeichnisses (Rn. 409) feststellen, welche Gegenstände nun fehlen, kann aber selten herausbringen, wohin sie gekommen sind, ob sie verschenkt, verkauft, kaputt gegangen sind und wer sie jetzt hat; im Übrigen werden gutgläubige Erwerber geschützt (§ 2113 III BGB).

dd) Nutzungen, Einnahmen

387 Die gewöhnlichen Nutzungen der Erbschaft (Mieteinnahmen, Pacht, Zinsen, Obstertrag des Gartens) stehen dem Vorerben zu (vgl. § 2111 I 1 BGB).

ee) Kosten und Lasten des Nachlasses, Ausgaben

388 Man muss drei zahlungspflichtige Vermögensmassen zu unterscheiden: **(1)** das Privatvermögen des Vorerben; **(2)** der der Nacherbschaft unterliegende Nachlass; **(3)** das Vermögen des Nacherben.

389 Sodann sind **vier Arten von Kosten und Lasten** zu unterscheiden:

---

2 BGH NJW 1963, 2320; MünchKomm/*Grunsky* § 2113 Rn. 15; unstreitig.
3 BGH NJW 1984, 366; RGZ 81, 364; OLG Oldenburg NJW-RR 2002, 728.
4 BGH FamRZ 1990, 1344; NJW 1977, 1631.

(1) Erhaltungskosten. Die gewöhnlichen Kosten der Erhaltung des Nachlasses, wie Grundsteuer, laufende Reparaturen, trägt der Vorerbe aus seinem Privatvermögen (§ 2124 I BGB). **(2)** Aufwendungen, die nicht *laufende* Erhaltungskosten sind. Solche Aufwendungen, wie Umstellung der Ofenheizung auf Zentralheizung, trägt der Nachlass (§ 2124 II BGB). **(3) Sonstige Verwendungen.** Bebaut der Vorerbe ein Grundstück mit Mitteln seines Privatvermögens, kann er eventuell vom Nacherben Ersatz der Kosten verlangen (§ 2125 BGB; §§ 683, 684 BGB). **(4) Außerordentliche Lasten.** Nachlassverbindlichkeiten wie z. B. Schulden des Erblassers, auch Beerdigungskosten, Pflichtteilsansprüche, Vermächtnisse, kann der Vorerbe aus der Erbschaft bestreiten (§ 2126 BGB).

390

ff) Haftung des Vorerben für Nachlassverbindlichkeiten

Für die Nachlassverbindlichkeiten haftet der Vorerbe **bis zum Eintritt des Nacherbfalls**, wie wenn er Vollerbe wäre.

391

gg) Anspruch des Vorerben auf Zustimmung des Nacherben

Die Verfügungsbefugnis des Vorerben ist durch §§ 2113 ff. BGB beschränkt. Bei Zustimmung des Nacherben (§§ 183, 184 BGB) bestehen keine Beschränkungen. § 2120 BGB regelt die Fälle, in denen ein Anspruch des Vorerben gegen den Nacherben auf Zustimmung besteht; notfalls ist vor dem Prozessgericht zu klagen und nach § 894 ZPO zu vollstrecken.

392

Fall:

393

Zum Nachlass gehört ein Haus. Vorerbe V muss eine dringende Renovierung des Dachstuhls durchführen und möchte den hierfür erforderlichen Betrag durch Verkauf eines anderen Nachlassgrundstücks finanzieren. V kann wegen § 2113 I BGB nicht dauerhaft wirksam über den Bauplatz verfügen, er wird daher keinen Käufer finden. Anders ist es, wenn der Nacherbe zustimmt. Die Aufwendungen für den Dachstuhl sind vom Nachlass zu tragen (§ 2124 II BGB), nicht aus dem Privatvermögen des V. Entspricht die Renovierung einer ordnungsmäßigen Verwaltung, was im Prozess notfalls durch Gutachten zu klären ist, hat V gegen N einen **Anspruch auf Zustimmung** (§ 2120 BGB). Für die Veräußerung des Grundstücks braucht der Vorerbe ferner die Genehmigung des Betreuungsgerichts (§ 1821 I Nr. 1 BGB).

b) Befreite Vorerben

Der Erblasser kann den Vorerben im Testament bzw. Erbvertrag von den in § 2136 BGB genannten zahlreichen Beschränkungen und Verpflichtungen ganz oder teilweise befreien.

394

Formulierung: Steht im Testament nur, dass V Vorerbe ist, ist das ein gewöhnliche Vorerbschaft; nur wenn V als „befreiter Vorerbe" oder ähnlich bezeichnet ist, liegt befreite Vorerbschaft vor.

Wenn der Erblasser testiert, dass der Nacherbe nur das erhalten soll, was von der Erbschaft bei Eintritt der Nacherbfolge übrig ist, gilt dies als befreite Vorerbschaft (§ 2137 I BGB); ebenso im Zweifel, wenn bestimmt wurde, dass der Vorerbe zur freien Verfügung über die Erbschaft berechtigt sein soll (§ 2137 II BGB). **Folge der Befreiung:** der Vorerbe kann auch Grundstücke veräußern und den Erlös für sich verbrauchen; er ist nicht zur ordnungsmäßigen Verwaltung verpflichtet. Die Befreiung ist im **Erbschein** anzugeben (§ 2363 BGB); sie ist auch im Grundbuch einzutragen (§ 51 GBO).

395 **Grundstücke.** Der Erblasser kann den Vorerben von § 2113 I BGB befreien, so dass der befreite Vorerbe dauerhaft wirksam über Grundstücke verfügen kann. Doch gilt dies nicht, wenn die Verfügung (ganz oder teilweise) unentgeltlich erfolgt, weil nach § 2136 BGB von § 2113 II BGB nicht befreit werden kann. Die Grundstücksverfügung des befreiten Vorerben ist also auf Dauer nur wirksam, wenn entweder der Nacherbe zugestimmt hat oder wenn die Verfügung voll entgeltlich war. Da aber der Nacherbe durch den eingetragenen Nacherbenvermerk geschützt ist, trägt das Grundbuchamt alle Verfügungen des Vorerben ein (keine „Grundbuchsperre").

396 **Keine Befreiung** ist möglich von § 2111 BGB (Surrogationsprinzip), § 2112 BGB (Verfügungsrecht), § 2113 II BGB (Schenkungen), § 2115 BGB (Zwangsvollstreckung gegen Vorerben), § 2120 BGB (Pflicht des Nacherben, gegebenenfalls einzuwilligen), § 2121 BGB (Nachlassverzeichnis), § 2122 BGB (Feststellung des Zustandes des Nachlasses), §§ 2124 bis 2126 BGB (Verteilung der Tragung von Kosten und Lasten), § 2132 BGB (Sorgfaltspflicht des Vorerben), § 2138 II BGB (Schadensersatzpflicht).

c) Pflichten des Vorerben gegenüber dem Nacherben

397 Vgl. dazu Rn. 409 ff.

d) Belastung des Erben nur mit einem Vermächtnis

397a Selbst bei einer befreiten Vorerbschaft unterliegt der Erbe zahlreichen Beschränkungen (Rn. 396), was manchmal unerwünscht ist. Der Erblasser E will beispielsweise, dass der Erbe A den Nachlass verbrauchen, verschenken und **vererben kann wie er will,** aber eben, dass, falls von seinem Nachlass später beim Tod des A noch etwas vorhanden ist, dies der X erlangen soll. Dann muss der Erblasser den A zum Vollerben einsetzen und dem X ein Vermächtnis zuwenden, des Inhalts, dass X den noch vorhandenen Restnachlass des E bekommt.[5] Zur Klarstellung sollte E in seinem Testament hinzufügen „Es handelt sich nicht um Vor- und Nacherbfolge".

---

5 MünchKomm/*Grunsky* § 2137 Rn. 3; *Palandt/Weidlich* § 1937 Rn. 2.

M. Der Betreute als Nacherbe

1. Rechtsstellung des Nacherben

a) Anwartschaftsrecht des Nacherben

Mit dem Tod des Erblassers erwirbt der Vorerbe die Erbschaft, der Nacherbe erlangt nur ein Anwartschaftsrecht. Erst mit dem Tod des Vorerben (bzw. dem Eintritt der sonstigen vom Erblasser gesetzten Bedingung) fällt die Erbschaft dem Nacherben an (§ 2139 BGB). 398

Nacherbe kann nur werden, wer zur Zeit des Eintritts der Nacherbfolge schon lebt oder wenigstens schon gezeugt ist (§§ 2108 I, 1923 BGB). Der Erblasser kann für den Fall, dass der Nacherbe nicht Erbe wird, einen Ersatznacherben berufen; mit dem Erbfall erlangt der Ersatznacherbe ein (vererbliches) Anwartschaftsrecht.[1] 399

Der Nacherbe will manchmal nicht viele Jahre auf die Erbschaft warten müssen, sondern seine Chance schon vorher zu Geld machen; auch der Vorerbe will oft die Beschränkungen durch Nacherbschaft abstreifen. Das kann gelöst werden, wenn der Nacherbe seine Anwartschaft auf den Vorerben überträgt,[2] üblicherweise gegen Zahlung einer Abfindung[3] (Form des schuldrechtlichen Geschäfts: §§ 2371, 2385 BGB; Form der Verfügung: § 2033 BGB, eine notarielle Beurkundung ist also erforderlich). Hierdurch wird der Vorerbe Vollerbe.[4] Da dadurch die potentielle künftige Erbschaft des Nacherben entfällt braucht der Betreuer des Nacherben für die Verfügung über sein Recht die **Genehmigung des Betreuungsgerichts** (§ 1812 BGB). Das Problem ist, wie hoch bei der Abfindungsverhandlung das Anwartschaftsrecht zu bewerten ist. 400

---

1 *Soergel/Harder/Wegmann* § 2108 Rn. 10; MünchKomm/*Grunsky* § 2102 Rn. 9.
2 Die Übertragbarkeit folgt aus § 2108 II BGB; BGH ZEV 1995, 453; BayObLG DNotZ 1070, 686; OLG Hamm NJW 1970, 1606; *Palandt/Weidlich* § 2139 Rn. 7; MünchKomm/*Grunsky* § 2100 Rn. 27 ff.
3 *Keim* DNotZ 2003, 822; darauf ist Erbschaftsteuer zu zahlen, § 3 II Nr. 6 ErbStG.
4 BayObLG FamRZ 1992, 728; *Palandt/Weidlich* § 2100 Rn. 15.

401 Beispiel:

E hat den V zum Vorerben eingesetzt, den N zum Nacherben, sobald V verstorben ist. Wann der Nacherbfall eintreten wird kann anhand der Sterbetabellen theoretisch abgeschätzt werden. Durch die Übertragung erlangt V den Nachlass zu vollem Recht (kann ihn veräußern, vererben), während er vorher nur eine Art Nutzungsrecht hatte. Der Wert entspricht deshalb dem Sachwert des Nachlasses abzüglich Nutzungen für die geschätzte Dauer des Nutzungsrechts; die Höhe der Abfindung ist aber Verhandlungssache.

402 Wurde vom Erblasser ein **Ersatznacherbe** bestellt (z. B. Nacherbe ist X, ersatzweise der Y) wird durch eine solche Übertragung die Rechtsstellung des Ersatznacherben nicht geschmälert. Der Vorerbe würde zwar zunächst voll verfügungsbefugt werden, bei Eintritt des Ersatznacherbfalls diese Position aber wieder verlieren. Deshalb muss auch die **Anwartschaft des Ersatznacherben** auf den Vorerben übertragen werden.[5] Steht der Ersatznacherbe unter Betreuung bedürfen die Erklärungen des Betreuers der Genehmigung des Betreuungsgerichts nach § 1812 BGB, was zumindest voraussetzt, dass die Gegenleistung dem betreuten Ersatznacherben (und nicht nur dem Nacherben) zu fließt.

b) Ausschlagung der Nacherbschaft

403 Der Nacherbe kann nach seinem Belieben die Erbschaft ausschlagen, sobald der Erbfall eingetreten ist (§ 2142 I 1 BGB) oder auch erst später, nämlich sobald der Nacherbfall eingetreten ist; er hat also zwei Möglichkeiten. Die Ausschlagungsfrist beginnt allerdings erst mit Kenntnis des Nacherben vom Nacherbfall (§ 2139 BGB mit § 1944 II BGB). Haben alle Nacherben ausgeschlagen, verbleibt sie (wenn kein anderer Wille des Erblassers anzunehmen ist, z. B. Bestimmung eines Ersatzerben) dem Vorerben bzw. dessen Erben (§ 2142 II BGB). Schlägt nur einer von mehreren Nacherben aus, kommt es zur Anwachsung (§ 2094 BGB).[6] Schlägt der Betreuer des Nacherben aus braucht er dazu die **Genehmigung des Betreuungsgerichts** (§ 1822 Nr. 2 BGB); vgl. dazu Rn. 177 ff.

c) Erbschein

404 Der Nacherbe erhält zunächst keine an ihn gerichtete „Bescheinigung", die seine Nacherbenstellung ausweist; er kann aber eine Ausfertigung des Erbscheins, der dem Vorerben erteilt wurde und welcher den Nacherben-

---

5 *Keim* DNotZ 2003, 822.
6 BayObLGZ 1962, 239/246; *Soergel/Harder/Wegmann* § 2142 Rn. 5.

vermerk enthält, verlangen (§ 357 II FamFG). Der Erbschein für den Vorerben enthält u. a. den Namen des Nacherben und lautet z. B. „Nacherbschaft ist angeordnet. Sie tritt ein mit dem Tod des Vorerben. Nacherbe ist XY...". Sobald der Nacherbfall eingetreten ist, wird dem Nacherben auf Antrag ein gewöhnlicher Erbschein erteilt. Der dem Vorerben früher erteilte Erbschein wird nach h. M.[7] bei Eintritt des Nacherbfalls unrichtig mit der Folge, dass er nach § 2361 BGB eingezogen werden muss.

d) Grundbuch

Im Grundbuch wird die Nacherbfolge von Amts wegen eingetragen (§ 51 GBO). Der Nacherbe kann nach h. M.[8] auf die Eintragung des Nacherbenvermerks verzichten (notarielle Form ist notwendig, § 29 I GBO); dann ist er nicht mehr vor gutgläubigem Erwerb des Grundstücks des Erblassers durch einen Dritten geschützt. Einen solchen Verzicht kann der Betreuer des Nacherben nicht erklären, weil er sich als Verzicht auf Rechte, somit als Schenkung, erweisen würde, die nach §§ 1908i, 1804 BGB verboten ist; eine Schenkung ist nichtig und kann auch nicht vom Betreuungsgericht genehmigt werden.

405

e) Wegfall des Nacherbrechts durch Zeitablauf

Die Einsetzung eines Nacherben wird mit dem Ablauf von 30 Jahren nach dem Erbfall unwirksam, wenn nicht vorher der Fall der Nacherbfolge eingetreten ist (§ 2109 S. 1 BGB). Dies gilt aber u. a. nicht, wenn die Nacherbfolge für den Fall angeordnet ist, dass in der Person des Vorerben ein bestimmtes Ereignis eintritt (z. B. Tod des Vorerben) und diese Person beim Erbfall bereits vorhanden ist (§ 2109 S. 2 BGB).

406

Beispiel:

407

Der Erblasser hat 1972 angeordnet, dass V Vorerbe sein soll und mit dem Tod des V der N Nacherbe wird. E stirbt 1975 und der V 2017, dann wird N Nacherbe, obwohl mehr als 30 Jahre verstrichen sind.

f) Auswirkungen der Nacherbfolge auf die Vergütung des Betreuers

Erlangt der Betreute durch den Tod des Erblassers zwar noch keine Erbschaft, aber eine Nacherbschaft, erhöht sich sein Vermögen durch den Wert

408

---

7 OLG Köln FamRZ 2003, 1784; MünchKomm/*Grziwotz* § 2361 Rn. 5.
8 MünchKomm/*Grunsky* § 2100 Rn. 35; *Palandt/Weidlich* Rn. 5 vor § 2100.

des Anwartschaftsrechts, das verkäuflich, verpfändbar, vererblich (§ 2108 BGB) usw. ist. Man könnte deshalb die Auffassung vertreten, dass ein solcher Betreuter nicht mehr mittellos ist mit der Folge, dass die Staatskasse die Betreuervergütung nicht mehr zahlen muss und andererseits die Vergütung des Betreuers steigt, weil bei einem vermögenden Betreuten pauschal eine höhere Stundenzahl abgerechnet werden kann (§§ 4, 5 VBVG). Die Anwartschaft kann aber nicht nachvollziehbar bewertet[9] oder jederzeit verkauft werden.

2. Rechte des Nacherben gegenüber dem Vorerben

a) Nachlassverzeichnis

409   Der Nacherbe kann vom Vorerben die Vorlage eines Nachlassverzeichnisses nach dem **Stand bei Errichtung**[10] (d. h. einschließlich der Ersatzstücke, § 2111 BGB) verlangen (§ 2121 BGB); dadurch soll dem Nacherben die spätere Durchsetzung seiner Rechte erleichtert werden. Der Nacherbe kann darauf verzichten; der Betreuer des Nacherben hat das Vermögen des Betreuten sorgfältig zu verwalten und darf daher **nicht darauf verzichten**, obwohl der Vorerbe sich die Arbeit dadurch erleichtern kann, dass er einen Notar mit dem Verzeichnis beauftragt (§ 2121 III BGB) und der Nachlass (d. h. zunächst der Vorerbe) dann die Kosten zu tragen hat (§ 2121 IV BGB).

Der Nacherbe (bzw. dessen Betreuer) kann verlangen, dass er bei der Aufnahme des Verzeichnisses zu gezogen wird (§ 2121 II BGB). Die Schulden müssen nicht aufgezählt werden, auch eine Bewertung der einzelnen Gegenstände ist nicht vorgeschrieben. Die Vermutung der Vollständigkeit wird durch ein solches Verzeichnis nicht begründet. Der Betreuer des Nacherben kann vom Vorerben verlangen, dass das Verzeichnis von einem Notar[11] aufgenommen wird (§ 2121 III BGB). Verlangt der Betreuer des Nacherben dieses Verzeichnis und weigert sich der Vorerbe, muss auf Erstellung des Verzeichnisses vor dem Prozessgericht (AG, LG) geklagt und nach § 888 ZPO vollstreckt werden.

---

9 Ebenso *Roth* S. 188.
10 Also nicht beim Erbfall; RGZ 164, 208; BGHZ 127, 360/67; MünchKomm/*Grunsky* § 2121 Rn. 5. Argument: § 2121 III (der Notar könnte ebenfalls nur den Jetzt-Stand aufnehmen).
11 Dafür fallen hohe Notargebühren an; Nr. 23500 KV GNotKG, also 2,0 nach Tabelle B aus dem Wert der verzeichneten Gegenstände (§ 115 GNotKG).

Der Nachlass steht zwar im Eigentum des Vorerben, die Anwartschaft 410
darauf stellt aber einen gegenwärtigen veräußerlichen Vermögenswert
dar;[12] deshalb ist das Anwartschaftsrecht in das Vermögensverzeichnis aufzunehmen, das der Betreuer **beim Betreuungsgericht einzureichen** hat
(§§ 1908i, 1802 BGB); zur Abschätzung des Werts ist als Anlage das vom
Vorerben erstellte Nachlassverzeichnis beizufügen.[13]

b) Feststellung des Zustandes der Nachlassgegenstände, Wirtschaftsplan

Der Nacherbe kann verlangen, dass auf seine Kosten ein **Sachverständiger** den Zustand von allen oder einzelnen Nachlassgegenständen feststellt (§ 2122 BGB; §§ 410 ff. FamFG), damit eine Beweissicherung für künftige Ansprüche gegen den Vorerben (z. B. wenn Nachlassgegenstände beschädigt werden) geschaffen wird. Der Sachverständige wird auf Antrag vom Amtsgericht ernannt, seine Kosten richten sich nach §§ 9 ff JVEG, die Gebühren des Gerichts nach Nr. 15212 KV GNotKG. Wegen der Kosten wird der Betreuer diesen Antrag nur stellen, wenn es sich um wertvolle Gegenstände handelt und ein Anlass dazu besteht. 411

Befindet sich ein **Wald im Nachlass** kann der Betreuer die Aufstellung 412
eines **Wirtschaftsplans** verlangen (§ 2123 BGB), damit der Vorerbe den
Wald nicht vollständig abholzt, um den Verkaufserlös zu vereinnahmen.

c) Mündelsichere Geldanlage, Wertpapiere

Gehört zum Nachlass Geld (Bargeld oder Geld auf Konten), dann darf 413
der Vorerbe den Teil, der „nach den Regeln einer ordnungsmäßigen Wirtschaft dauernd anzulegen ist", nur „mündelsicher", d. h. nach den Regeln
der §§ 1806, 1807 BGB, anlegen (§ 2119 BGB); damit soll der Bestand des
Kapitals sichergestellt werden. Der Vorerbe darf z. B. das Geld ohne Zustimmung des Nacherben nicht in Aktien anlegen; eine Ausnahmegenehmigung des Gerichts (§ 1811 BGB) sieht § 2119 BGB nicht vor. Dieselben
Anlageregeln gelten für später durch Surrogationserwerb (§ 2111 BGB)
erlangtes Geld (z. B. durch Verkauf von Nachlassgegenständen; Versicherungsleistungen). Ein Verlangen des Nacherben ist nicht Voraussetzung.
Der Anspruch des Nacherben auf **Hinterlegung** von Inhaberpapieren
ergibt sich aus § 2116 BGB; Sparbücher fallen nicht darunter. Gehören

---
12 BGH NJW 1983, 2244 (Zugewinnbewertung); BVerwG NJW 2001, 2417; *Harder* ZEV 1995, 453.
13 MünchKomm/*Kroll-Ludwigs* § 1802 Rn. 4.

zur Erbschaft Bundesschatzbriefe etc., die bei der Finanzagentur GmbH der Bundesrepublik gebucht sind, kann der Nacherbe die Eintragung eines Sperrvermerks im „Schuldbuch" verlangen (§ 2118 BGB; entspricht § 1816 BGB).

d) Auskunftspflichten; Sicherheitsleistung; Zwangsverwaltung

414 Der Nacherbe kann vom Vorerben Auskunft über den Bestand des Nachlasses verlangen (§ 2127 BGB). Wenn durch das Verhalten des Vorerben (z. B. der mangelhaften Verwaltung des Nachlasses) oder durch die ungünstige Vermögenslage des Vorerben die erhebliche Verletzung der Rechte des Nacherben zu befürchten ist, kann der Nacherbe vom Vorerben verlangen, dass dieser **Sicherheiten** leistet (z. B. eine Bankbürgschaft). Nach Verurteilung zur Sicherheitsleistung kann vom Amtsgericht (Vollstreckungsgericht) als Vollstreckungsmaßnahme angeordnet werden, dass die Verwaltung des Nachlasses einem Verwalter übertragen wird (§§ 2128 II, 1052 BGB); Folgen: § 2129 BGB.

e) Haftung des Vorerben gegenüber dem Nacherben; Rechenschaftspflicht

415 Verstößt der Vorerbe gegen die *allgemeine* Pflicht zur ordnungsmäßigen Verwaltung des Nachlasses, dann haftet er nur für die Sorgfalt in eigenen Angelegenheiten, § 2130 I BGB (§ 277 BGB). Verstößt er gegen konkrete Einzelpflichten (§§ 2113 bis 2119, 2123 BGB), dann haftet er in größerem Umfang, nämlich auch für leichte Fahrlässigkeit. Für eine **gewöhnliche Abnutzung** des Nachlassgegenstandes haftet der Vorerbe nicht (§ 2132 BGB). Die Erben des Vorerben erben den gegen den Vorerben entstandenen Schadensersatzanspruch (§ 1967 BGB); wenn der Nacherbe zugleich Erbe des Vorerben ist fällt das zusammen. Ist der Nacherbfall eingetreten, hat der Vorerbe gegebenenfalls Rechenschaft bezüglich des Stamms der Erbschaft abzulegen (§§ 2130 II; 259, 260 BGB).

f) Kein Anspruch auf Herausgabe der Nutzungen

416 Die **Nutzungen** des Nachlassgegenstandes (z. B. Mieteinnahmen; Zinsen) **gehören dem Vorerben** (§ 2111 I 1 BGB), er kann sie verbrauchen. Wenn er übermäßig Früchte zieht, dann steht dem Nacherben ein Wertersatzanspruch zu, § 2133 BGB (**Übermaßfrüchte**). Wenn der Vorerbe eigene Schulden mit Nachlassmitteln bezahlt, kann der Nacherbe ab Eintritt

des Nacherbfalls Wertersatz verlangen (§ 2134 S. 1 BGB); in Frage kann auch eine Schadensersatzpflicht kommen (§§ 2134 S. 2; 2130, 2131 BGB).

3. Pflichten des Nacherben gegenüber dem Vorerben

Die Verfügungsbefugnis des Vorerben ist durch §§ 2113 ff. BGB beschränkt. Bei **Zustimmung** des Nacherben (§§ 183, 184 BGB) bestehen keine Beschränkungen. § 2120 BGB regelt die Fälle, in denen ein Anspruch des Vorerben gegen den Nacherben auf Zustimmung besteht; notfalls ist vor dem Prozessgericht zu klagen und nach § 894 ZPO zu vollstrecken. 417

Beispiele: 418
Vorerbe V möchte ein Nachlassgrundstück zur Befriedigung von Nachlassgläubigern veräußern; Vorerbe V möchte Kredit aufnehmen und im Grundbuch absichern zu Lasten des Nachlassgrundstücks zur Finanzierung notwendiger Reparaturen.

In diesen Fällen braucht der Betreuer des Nacherben für seine Zustimmung die **Genehmigung des Betreuungsgerichts** (§§ 1908i I, 1821, 1822 Nr. 8 BGB). In beiden Fällen hängt die Genehmigungsfähigkeit davon ab, ob diese Verfügungen zur ordnungsmäßigen Verwaltung des Nachlasses erforderlich sind. 419

4. Haftung des Nacherben für Nachlassverbindlichkeiten

Bis zum Eintritt der Nacherbfolge haftet der Nacherbe N nicht. Anders ist es ab Eintritt der Nacherbfolge, denn jetzt ist N der Erbe des Erblassers (nicht des Vorerben). Nachlassverbindlichkeiten (§ 1967 II BGB) sind nicht nur die Schulden zur Zeit des Todes des Erblassers; auch während der Verwaltung durch den Vorerben können im Rahmen ordnungsgemäßer Verwaltung noch Schulden anfallen, die dem Nachlass zuzuordnen sind. Unabhängig vom früheren Verhalten des Vorerben kann der Nacherbe nun selbst Nachlassverwaltung (§ 1975 BGB) beantragen, Nachlassinsolvenzantrag stellen oder die Dürftigkeitseinrede erheben (§ 2144 I BGB). Der Nacherbe haftet nicht mit dem ursprünglichen Nachlass, sondern mit der Masse, die er mit dem Nacherbfall erlangte zuzüglich der gegen den Vorerben bestehenden Ersatzansprüche aus §§ 2130 bis 2134, 2138 II BGB (§ 2144 I Halbs. 2 BGB). 420

Häufig tilgt der **Vorerbe private Schulden** aus Barmitteln der Vorerbschaft, obwohl das unzulässig ist (er dürfte nur aus den Erträgen zahlen). Dann ist er nach Eintritt der Nacherbfolge dem Nacherben gegenüber zum

Wertersatz verpflichtet (§ 2134 S. 1 BGB). Das passt, wenn z. B. der Nacherbfall nach fünf Jahren eintreten soll, weil dann der Vorerbe noch lebt. Tritt aber der Nacherbfall mit dem Tod des Vorerben ein, ist die Realisierung solcher Ansprüche schwierig, schon wegen der Abgrenzungs- und Beweisfragen.

N. Testamentsvollstreckung

1. Allgemeines

Die Testamentsvollstreckung als Belastung des Nachlasses kann nur vom Erblasser angeordnet werden (§ 2197 BGB); die Auswahl der Person, die das private Amt wahrnehmen soll, kann der Erblasser selbst im Testament treffen, indem er dort eine bestimmte Person zum Testamentsvollstrecker (TV) ernennt, oder er kann Dritte dazu im Testament ermächtigen (§§ 2198, 2199 BGB), oder auch das Nachlassgericht darum ersuchen (§ 2200 BGB).

	Testamentsvollstreckung	Betreuung
Wesen des Amts	Privates Amt, kein Vertreter der Erben	Gesetzlicher Vertreter des Betreuten
Stellung des Erben bzw. des Betreuten	Der Erbe hat daneben keine Verfügungsmacht, er wird vom TV verdrängt, § 2211 BGB	Der *geschäftsunfähige* Betreute kann rechtlich nicht handeln, der *geschäftsfähige* Erbe kann handeln und wird vom Betreuer nicht verdrängt
Beginn des Amts	Mit Annahme durch den TV, nicht erst ab Erteilung des TV-Zeugnisses	Mit Bekanntgabe des Bestellungsbeschlusses an den Betreuer
Ende des Amts	Mit Kündigung durch den TV, Entlassung durch das Gericht, Erledigung aller Aufgaben	Mit Tod des Betreuten oder Aufhebung der Betreuung
Aufgabenkreis, Rechte	Angaben im Testament, §§ 2203 ff. BGB	Angaben im Bestellungsbeschluss, §§ 1896 ff. BGB
Vergütung	§ 2221 BGB	§ 1836 BGB, §§ 1, 4 ff. VBVG

2. Der Erbe steht unter Betreuung und Testamentsvollstreckung

423 **Beispiele:**
(1) Für die volljährige T besteht eine Betreuung mit dem Aufgabenkreis „alle Angelegenheiten"; Betreuer ist B. Dann stirbt der Vater der T und wird von der T allein beerbt; der Erblasser hatte im Testament Dauer-Testamentsvollstreckung für die Tochter angeordnet und den TV zum Testamentsvollstrecker bestellt. (2) Wie vor, aber die Betreuung über die Erbin bestand beim Erbfall noch nicht, sondern wird erst später angeordnet.

a) Die Zeitspanne zwischen dem Todesfall und dem Amtsbeginn

424 Zwischen dem Todesfall und dem Amtsbeginn des Testamentsvollstreckers verstreicht eine gewisse Zeit. Der Nachlass ist ab dem Erbfall mit der Testamentsvollstreckung belastet, der Erbe bzw. sein Betreuer kann daher über den Nachlass nicht verfügen, z. B. die Beerdigung nicht aus dem Nachlass bezahlen. Der Testamentsvollstrecker überlegt noch, ob er das Amt annimmt, z. B. weil er den Zeitaufwand fürchtet oder die Vergütungsfrage noch ungeklärt ist. In dieser Zwischenzeit kann unter Umständen niemand für den Nachlass handeln: der Testamentsvollstrecker nicht, weil er sein Amt noch nicht angenommen hat, der Erbe nicht, weil ihm § 2211 BGB dies (schon ab dem Todesfall!) verbietet. Das ist für den Erben ungünstig. Der Betreuer kann den Antrag stellen, dass das Nachlassgericht dem potenziellen Testamentsvollstrecker eine Frist zur Erklärung setzt, ob er das Amt annimmt (§ 2202 III BGB). Notfalls ist vom Betreuungsgericht auf Anregung beliebiger Personen ein Pfleger für den unbekannten Testamentsvollstrecker (analog) § 1913 S. 1 BGB zu bestellen.[1]

b) Annahme und Ausschlagung der Erbschaft

425 Der Betreuer ist gesetzlicher Vertreter des Erben (§ 1902 BGB) in seinem Aufgabenkreis und daher insoweit für die Annahme bzw. Ausschlagung der Erbschaft (vgl. § 1822 Nr. 2 BGB) zuständig; vgl. Rn. 144 ff. Der Testamentsvollstrecker hat **kein Recht zur Ausschlagung oder Annahme der Erbschaft, er ist kein Vertreter des Erben**.[2] Der Betreuer dagegen kann die Erbschaft ausschlagen, allerdings nur mit Genehmigung des Betreu-

---

1 *Damrau* ZEV 1996, 81; nach a.A. (*Bamberger/Roth/J. Mayer* § 2197 Rn. 36) analog § 1960 BGB.
2 BGHZ 25, 275; *Palandt/Weidlich* Rn. 2 vor § 2197.

ungsgerichts (§§ 1908i I, 1822 Nr. 2 BGB). Die Annahme bedarf keiner Genehmigung.

c) Entstehung von zwei Vermögensgruppen

Der Betreuer des Erben mit dem Aufgabenkreis „Vermögenssorge" ist nun für zwei verschiedene Vermögensmassen, allerdings in unterschiedlicher Weise, zuständig: 426

- das Eigenvermögen des Betreuten verwaltet er (wie schon vor dem Tod des Erblassers) nach den Regeln der §§ 1908i I, 1806 ff. BGB;
- das vom Testamentsvollstrecker verwaltete Erbe unterliegt nicht seiner Verwaltung. Er muss es gleichwohl im Vermögensverzeichnis aufführen; er sollte zwei getrennte Aufstellungen machen (I. Der Verwaltung des Betreuers unterliegendes Vermögen; II. Der Verwaltung des Testamentsvollstreckers unterliegendes Vermögen; dazu Rn. 251 ff.).

Trotz dieser begrenzten Kompetenzen des Betreuers wird das der Testamentsvollstreckung unterliegende Vermögen bei der Berechnung der Gerichtsgebühren für die Betreuung (Nr. 11101 KV GNotKG) voll (und nicht nur teilweise) angesetzt.[3] Die Verdienstmöglichkeiten des Betreuers ändern sich grundsätzlich nicht, da die berufsmäßige Betreuung nach Pauschalen und unabhängig vom Zeitaufwand abgerechnet wird (§§ 4 ff. VBVG). Wenn allerdings der Erbe durch die Erbschaft vom mittellosen Erben zum vermögenden Erben aufsteigt, erhöht sich die Zahl der pauschal abrechnungsfähigen Stunden (§ 5 I statt § 5 II VBVG) und der Betreuer verdient mehr. 427

Für die Geschäfte, für welche ein Betreuer die **Genehmigung des Betreuungsgerichts** bräuchte (§§ 1908i I, 1806 ff., 1821, 1822 BGB), braucht der Testamentsvollstrecker keine solche Genehmigung. Obwohl der Testamentsvollstrecker das geerbte Vermögen des Betreuten verwaltet, ist die (Vermögens-) Betreuung nicht überflüssig, weil das sonstige Vermögen des Betreuten nicht vom Testamentsvollstrecker verwaltet wird und der Betreute bei der Wahrnehmung seiner Rechte gegenüber dem Testamentsvollstrecker durch den Betreuer vertreten werden muss (Rn. 430 ff.). Der Betreuer hat gegenüber dem Betreuungsgericht bestimmte Berichts- und Rechnungslegungspflichten (§§ 1908i I, 1840 BGB); Rn. 251 ff., 437. Die erforderlichen Daten muss ihm der Testamentsvollstrecker auf Anfordern mitteilen (§§ 2218 I, 666 BGB); weigert sich der Testamentsvollstrecker, kann das Nachlassgericht nicht helfen, ihm insoweit keine Weisungen er- 428

---

[3] BayObLG Rpfleger 1997, 86.

teilen, weil es nicht die Aufsicht über den Testamentsvollstrecker führt; hier muss notfalls vor dem Prozessgericht geklagt werden. Ferner könnte der Betreuer als Vertreter des Erben beim Nachlassgericht die Entlassung des Testamentsvollstreckers wegen Pflichtverletzung (§ 2227 BGB) beantragen.

429

Eigenvermögen des Betreuten	Geerbtes Vermögen des Betreuten
Wird vom Vermögens-Betreuer verwaltet	Wird vom Testamentsvollstrecker verwaltet
Kontrolle des Betreuers durch das Betreuungsgericht	Kontrolle des Testamentsvollstreckers durch den Erben, d. h. den Betreuer, der insoweit der Aufsicht des Betreuungsgerichts unterliegt

3. Rechte des betreuten Erben gegen den Testamentsvollstrecker

a) Überblick

430 Steht ein Erbe unter Betreuung und ist Testamentsvollstreckung (bezüglich des ganzen Nachlasses oder bezüglich des Erbteils des Behinderten) angeordnet, dann beschränkt die Betreuung die Befugnisse des Testamentsvollstreckers nicht; der Betreuer nimmt die Rechte des unter Testamentsvollstreckung stehenden Erben wahr. Der durch seinen Vermögens-Betreuer vertretene Erbe hat gegen den Testamentsvollstrecker insbesondere folgende Rechte:

431 **aa)** Mitteilung eines **Nachlassverzeichnisses** (§ 2215 BGB). Wird es nicht innerhalb einer angemessenen Zeit nach Amtsannahme erteilt (die Zeitdauer hängt vom Umfang und der Komplexität des Nachlasses ab und beträgt einige Wochen bis Monate) kann der Betreuer beim Nachlassgericht die Entlassung des Testamentsvollstreckers nach § 2227 BGB beantragen, weil er ungeeignet ist.[4]

432 **bb)** Anspruch auf **ordnungsmäßige Verwaltung** des Nachlasses (§ 2216 BGB). Hat der Betreuer Zweifel kann er die Entlassung des Testamentsvollstreckers nach § 2227 BGB beim Nachlassgericht beantragen.

433 **cc)** Unterlassung von **Schenkungen** (§ 2205 S. 3 BGB). zu Schenkungen ist der Testamentsvollstrecker nur befugt, wenn sie „einer sittlichen Pflicht" oder einer „auf den Anstand zu nehmenden Rücksicht" entspre-

---
4 OLG Schleswig NJW-RR 2016, 646; *Palandt/Weidlich* § 2227 Rn. 3.

chen, was man nur bei kleinen Beträgen etwa zum Geburtstag annehmen kann.

dd) Laufende **Information** (§§ 2218 I, 666 Alt. 1 BGB). Über wichtigere Fragen muss der Testamentsvollstrecker den Betreuer von sich aus informieren. 434

ee) Auskunft über Einzelfragen (§§ 2218 I, 666 Alt. 2 BGB). der Betreuer kann jederzeit Auskünfte verlangen, etwa über den Stand des Vermögens, über Kontostände. 435

ff) Überlassung bestimmter Nachlassgegenstände (§ 2217 BGB), also der Sachen, die der Testamentsvollstrecker nicht zur Erfüllung seiner Aufgaben „offenbar" benötigt. 436

gg) Jährliche Rechnungslegung (§ 2218 II BGB). Der Rechnungslegungsanspruch unterliegt der Verwaltung des Betreuers.[5] Die Rechnungslegung des Testamentsvollstreckers ist Teil der Rechnungslegung, die der Betreuer dem Betreuungsgericht zu erstatten hat (§ 1908i I mit § 1840 II BGB) und dem Betreuungsgericht beizufügen. 437

hh) Anspruch auf Anhörung zum **Teilungsplan** vor Auseinandersetzung des Nachlasses (§ 2204 II BGB). Für seine Stellungnahme braucht der Betreuer keine Genehmigung des Betreuungsgerichts. Der einseitige **Teilungsplan** des Testamentsvollstreckers selbst bedarf keiner Genehmigung des Betreuungsgerichts, wenn der Erbe unter Betreuung steht.[6] Der Grund liegt darin, dass der Testamentsvollstrecker keinen Erbteilungsvertrag unter oder mit den Erben schließt, sondern mit der Auseinandersetzung den Willen des Erblassers vollstreckt.[7] Anders ist es dann, wenn der Teilungsplan *im Einvernehmen mit den betreuten Erben* von den Anordnungen des Erblassers oder den gesetzlichen Regeln abweicht. In diesem Falle beruht die Wirksamkeit des Planes auf der Zustimmung der Erben; der Betreuer des Erben muss daher wegen § 1822 Nr. 1, 2 BGB die Genehmigung des Betreuungsgerichts einholen.[8] 438

ii) Anspruch auf **Auseinandersetzung** (§ 2204 I BGB). Erfolgt die Auseinandersetzung nicht durch den Testamentsvollstrecker, sondern durch einen Vertrag zwischen den Beteiligten, handelt es sich nicht mehr um den Vollzug eines Teilungsplans, sondern um einen **Erbteilungsvertrag**, der nach § 1822 Nr. 2 BGB der Genehmigung des Betreuungsgerichts bedarf. 439

---

5 KG OLGE 32, 85, 86; *Soergel/Zimmermann* BGB § 1840 Rn. 4.
6 RGZ 61, 144; *Damrau* ZEV 1994, 1; *Winkler*, Der Testamentsvollstrecker, Rn. 531. Vgl. dazu ferner BGH NJW 1971, 1805.
7 RGZ 61, 139, 144; *Soergel/Damrau* § 2204 Rn. 23.
8 BGHZ 56, 275, 284 = NJW 1971, 1805 (der BGH meint irrig, der *Testamentsvollstrecker* müsse die Genehmigung einholen); *Winkler*, Der Testamentsvollstrecker, Rn. 531.

440 jj) **Anspruch auf Schadensersatz** (§ 2219 BGB). Für eine diesbezügliche Klage gegen den Testamentsvollstrecker braucht der Betreuer keine Genehmigung des Betreuungsgerichts.

441 **Nach Beendigung des Amts:** Rechenschaftslegung; Herausgabe des Nachlasses; Aktenherausgabe. Der Betreuer hat die Pflicht, diese Abrechnungen zu überprüfen.

b) Ausschüttung der Nachlasserträge, Unterhalt, Pflegekosten

442 Obgleich § 2205 BGB nur den „Nachlass" der Verwaltung des Testamentsvollsteckers unterwirft (§§ 2205 S. 1; 2216 I BGB), ist es unbestritten, dass bei einer Dauervollstreckung der Vollstrecker grundsätzlich auch die Erträge und Nutzungen des Nachlasses in Besitz zu halten und wieder anzulegen hat,[9] weil sich dies aus dem Wesen einer Vermögensverwaltung ergibt. Anders ist es, wenn der Erblasser im Testament angeordnet hat, dass der etwas anderes angeordnet hat.

Inwieweit laufende Einnahmen des Nachlasses (Mieten, Zinsen, Dividenden usw.) an den Erben herauszugeben sind, richtet sich nach § 2216 BGB, nicht nach § 2217 BGB.[10]

443 • Es kommt in erster Linie darauf an, was der **Erblasser angeordnet** hat (§ 2216 II BGB), hilfsweise was eine ordnungsgemäße Verwaltung erlaubt und mutmaßlicher Wille des Erblassers (nämlich: Zweck der Testamentsvollstreckung) ist. Derzeit werden auch Bankeinlagen und Staatsanleihen **keine Zinsen mehr** bezahlt; dann taucht die schwierige Frage auf, ob der Stamm des Vermögens angegriffen werden darf.

444 • Was zum Bestreiten des angemessenen **Unterhalts** (einschließlich **Pflegekosten** und Sonderbedarf) des Erben erforderlich ist, ist an ihn (im Rahmen ordnungsgemäßer Verwaltung) laufend herauszugeben; soweit die Einkünfte ausreichen, sind auch die Mittel zur Verfügung zu stellen, die der Erbe braucht, um seine eigenen Unterhaltspflichten (z. B. gegen geschiedene Ehepartner, Kinder) zu erfüllen.[11]

445 • Die **Steuern** (z. B. Einkommensteuer, Solidaritätszuschlag, Ergänzungsabgabe, evtl. Vermögensteuer, falls wieder eingeführt), die auf die Erbschaft entfallen, sind dem Erben, vertreten durch den Betreuer, zu erstatten.

---

9 BGH FamRZ 1988, 279/280; Reimann ZEV 2010, 8; *Zimmermann*, Die Testamentsvollstreckung, Rn. 454.
10 BGH Rpfleger 1986, 1069.
11 RG Recht 1922 Nr. 615; RG LZ 1918, 1268; *Reimann* ZEV 2010, 8.

• Im Falle der **Pflichtteilsbeschränkung nach § 2338 BGB** hat bei Anordnung der Testamentsvollstreckung der Erbe Anspruch auf den jährlichen Reinertrag.

445a

c) Kosten der Betreuung

Bei mittellosen Betreuten zahlt die Staatskasse die Vergütung des Betreuers (§ 1836 BGB; § 1 VBVG). Ist der Betreute nicht mittellos, hat er die Gerichtskosten und die Betreuervergütung selbst zu zahlen, soweit sein Schonvermögen überschritten wird (§ 1836c BGB; §§ 82, 85, 86 SGB XII). Zum Vermögen gehört eine Alleinerbschaft und grundsätzlich auch ein Miterbenanteil an einer nicht auseinandergesetzten Erbengemeinschaft. Als (vorübergehend) mittellos gilt andererseits auch, wessen Vermögen derzeit nicht verwertet werden kann, z. B. weil eine Erbauseinandersetzung noch nicht abgeschlossen ist.[12]

446

Zweifelhaft ist, ob ein dem Betreuten zustehender Nachlass, der unter Testamentsvollstreckung steht, als **nicht zugriffsfähiges Vermögen** aufgefasst werden kann. Der BGH[13] hat ausgeführt, dass ein Nachlass, der der Testamentsvollstreckung unterliegt, nur dann für Vergütungsansprüche eines Betreuers des Erben zur Verfügung steht, wenn dies mit den vom Erblasser im Testament getroffenen Verwaltungsanordnungen zu vereinbaren ist (§§ 2211, 2214 BGB). Daher ist durch Auslegung der an den Testamentsvollstrecker adressierten **Verwaltungsanordnungen** (§ 2216 II BGB) zu ermitteln, ob der Erblasser auch Vergütungsansprüche des Betreuers ausschließen wollte. Ist das der Fall gilt der Erbe als mittellos und der Betreuer kann seine Vergütung nur aus der Staatskasse verlangen, andernfalls ist der vom Testamentsvollstrecker verwaltete Nachlass zahlungspflichtig, wenn der Betreute kein sonstiges Eigenvermögen hat.

Das OLG Köln[14] hingegen hat eine Zahlungspflicht bejaht. Jedenfalls dann, wenn die Testamentsvollstreckung mit der Maßgabe angeordnet wurde, anderweitig nicht finanzierbare „Bedürfnisse" des Erben zu befriedigen, dann könnten auch die Kosten einer gerichtlich angeordneten Betreuung solche Kosten sein.[15] Dasselbe gilt für die Kosten der Verfahrenspflegschaft.

Der Verwertbarkeit von durch einen Erbfall zugeflossenem Nachlassvermögen als „bereite Mittel" i. S. d. des Sozialleistungsrechts (§ 12 SGB

---

12 OLG Schleswig FGPrax 2003, 127; OLG Oldenburg Rpfleger 2000, 456; LG Münster FamRZ 1999, 1362.
13 BGH FamRZ 2015, 1019 = ZEV 2015, 414.
14 OLG Köln ZEV 2009, 402.
15 OLG München NJW-RR 2007, 1240.

II) kann eine Dauertestamentsvollstreckung entgegenstehen;[16] letztlich kommt es auf den Inhalt der Verwaltungsanordnung des Erblassers an.

Zur **Formulierung des Testaments** für diesen Fall vgl. Rn. 122a.

d) Behindertentestament, Erbschaften

447 Eltern behinderter Kinder, die ab Volljährigkeit meist unter Betreuung stehen, setzen das behinderte „Kind" oft in einem Testament zu Erben (Vorerben) bzw. Miterben ein, ordnen aber gleichzeitig Testamentsvollstreckung an (Muster vgl. Rn. 122). Das hat zur Folge, dass Gläubiger des Erben während der Dauer der Testamentsvollstreckung keine Zugriffsmöglichkeit auf die der Verwaltung des Testamentsvollstreckers unterliegenden Nachlassgegenstände haben (§ 2214 BGB). Außerdem erfasst die Testamentsvollstreckung auch die Nachlasserträge, während bei einer bloßen Vorerbschaft/Nacherbschaft der Vorerbe Anspruch auf die Erträge hat (§ 2112 BGB), so dass sie pfändbar sind.

448 Beim „Behindertentestament" müssen der testamentarische Regelungen ineinandergreifen: (1) Einsetzung des Behinderten zum (nicht befreiten) Vorerben sowie eines gesunden Verwandten zum Nacherben; (2) Anordnung der Testamentsvollstreckung auf Lebenszeit des Vorerben, Berufung eines Verwandten zum Testamentsvollstrecker und Ersatztestamentsvollstrecker; Regelung der Vergütung des Testamentsvollstreckers; (3) Der Erblasser weist den Testamentsvollstrecker in der Regel ferner im Testament durch eine **Verwaltungsanordnung** ausdrücklich an, die jährlichen Reinerträge der Vorerbschaft an den Behinderten in solchen Formen auszuschütten, auf die der Sozialhilfeträger nicht Zugriff nehmen kann; das ist nach § 2216 II 1 BGB für den Testamentsvollstrecker bindend.[17]

e) Einkommensteuer

449 Die Steuererklärung für die noch offene Einkommensteuer (zuzüglich Solidaritätszuschlag etc.) des Erblassers, also die Besteuerungsabschnitte **bis zum Todestag**, hat der Testamentsvollstrecker als Vermögensverwalter abzugeben (§ 34 III 1 AO)[18] und die Steuer aus den Mitteln, die er verwaltet, zu begleichen. Die Einkünfte, die **ab dem Todestag** des Erblassers dem Erben aus dem mit der Testamentsvollstreckung belasteten Nachlass

---

16 BSG ZEV 2015, 484.
17 *Nieder/Kössinger*, Handbuch der Testamentsgestaltung, § 21 Rn. 97.
18 Vgl. *Häfke* ZEV 1997, 427/433.

rechtlich zufließen, vereinigen sich mit den Einkünften, die dem Erben aus einem sonstigen Privatvermögen zufließen; über beides hat der betreute Erbe, vertreten durch den Betreuer, die Einkommensteuererklärung abzugeben,[19] weil es nicht möglich ist, zwei getrennte Einkommensteuererklärungen abzugeben. Daraus folgt auch, dass der Betreuer (und nicht der Testamentsvollstrecker) das Recht hat, *insoweit* einen Steuerberater auszuwählen und zu mandatieren.

Eine andere Frage ist, aus welchen Mitteln die alte und neue Einkommensteuer zu bezahlen ist. Würde man dem Erben die Einkommensteuer zahlen lassen, würde im Ergebnis das Privatvermögen des Erben ausgehöhlt und die Verwaltungsbefugnis des Testamentsvollstreckers auf Teile des Privatvermögens erstreckt. Der Testamentsvollstrecker hat daher als Ausfluss ordnungsgemäßer Verwaltung (§ 2216 I BGB) dem Erben laufend die Beträge zu zahlen, die dieser braucht, um die auf die Nachlasserträge entfallenden Vorauszahlungen und Schlusszahlungen auf die Einkommensteuer entrichten zu können.[20] Vgl. Rn. 445. Im gleichen Sinne sind Steuerrückzahlungen aufzuteilen.

450

f) Gesundheitssorge, Altenheim

Die Befugnisse, die der Erblasser dem Testamentsvollstrecker einräumen kann, sind gesetzlich geregelt; sie beschränken sich auf das dem Erben vererbte Vermögen (vgl. § 2205 BGB). Das Betreuungsgericht dagegen kann dem Betreuer einer Person fast unbeschränkte Vertretungsbefugnis einräumen (§§ 1896, 1902 BGB), nicht nur im vermögensrechtlichen Bereich. Es ist deshalb nicht Aufgabe oder Recht des Testamentsvollstreckers, sich um die gesundheitlichen Angelegenheiten des Erben zu kümmern, für ihn einen Altenheimplatz zu suchen, seine vermögensrechtlichen Angelegenheiten hinsichtlich des Eigen-Vermögens (d. h. des nicht geerbten Vermögens) wahrzunehmen. Dies gilt selbst dann, wenn der Erblasser dem Testamentsvollstrecker im Testament entsprechende Anweisungen erteilt hat; anders wäre es, wenn das Betreuungsgericht in Hinblick darauf den Testamentsvollstrecker zum Betreuer für solche Aufgaben bestellen würde, unter Beschränkung der Vertretungsmacht des „eigentlichen" Betreuers (§ 1899 IV BGB). Der Erblasser kann auch keine Bestimmungen hinsichtlich der **Totenfürsorge** für den Fall treffen, dass der betreute Erbe stirbt (das kann er nur für seinen eigenen Tod bestimmen). Dieses Recht steht den nahen Angehörigen des Verstorbenen zu.[21]

451

---

19 Ebenso *Roth* S. 248.
20 *Staudinger/Reimann* (2012) § 2217 Rn. 13.
21 BGH FamRZ 1978, 15.

4. Rechte des Testamentsvollstreckers gegen den betreuten Erben

452 Der Testamentsvollstrecker hat im Wesentlichen folgende Rechte gegen den Erben (bzw. Betreuten):

453 • Er ist **vom Erben unabhängig,** was bedeutet, dass ihm der Vermögens-Betreuer insoweit nichts hineinzureden hat. Soweit die Testamentsvollstreckung reicht, verwaltet der Testamentsvollstrecker den Nachlass, nicht der Betreuer. Kauft er beispielsweise Aktien, braucht er keine Genehmigung des Gerichts oder des Betreuers; anders wäre es beim Betreuer (§§ 1908i I, 1811 BGB).

454 • Recht auf **Ausführung der letztwilligen Verfügung** des Erblassers (§ 2203 BGB); er darf z. B. Vermächtnisse erfüllen, ohne dass er den Betreuer fragen müsste.

455 • Recht auf **Verfügung über Nachlassgegenstände** (§ 2205 S. 2 BGB); auf Eingehen von Verpflichtungen (§ 2206 I BGB). Der Testamentsvollstrecker kann deshalb einen Nachlassgegenstand, z. B. ein Grundstück veräußern, ohne dass er die Zustimmung des Betreuers oder die Genehmigung des Nachlassgerichts bräuchte.

456 • Recht auf **Besitz am Nachlass,** soweit erforderlich (§ 2205 S. 2 BGB).

457 • Anspruch auf **Einwilligung des Erben** bei Eingehung von Verbindlichkeiten (§ 2206 II BGB). Die Einwilligung des Betreuers kann hierbei im Einzelfall der Genehmigung des Betreuungsgerichts bedürfen. Beispiel: Zum Nachlass gehört ein Mietshaus; der Testamentsvollstrecker will einen Geschäftsraum langfristig vermieten. Dazu ist er berechtigt (§§ 2205, 2206 BGB), er braucht dazu keinerlei Genehmigung des Nachlassgerichts oder des Erben. Wenn er sich aber vor Haftung schützen will, kann er den Erben um Einwilligung angehen (§ 2206 II BGB). Wegen § 1907 III BGB braucht der Betreuer des Erben für seine Einwilligung die Genehmigung des Betreuungsgerichts.

458 • Der Testamentsvollstrecker kann sein Amt **jederzeit kündigen** (§ 2226 BGB) und zwar durch Schreiben an das Nachlassgericht (nicht an den Betreuer); dazu braucht er keinen Grund, es genügt, dass er nicht mehr mag.

5. Die Vergütung des Testamentsvollstreckers

459 Der Testamentsvollstrecker hat gegen den Erben (niemals gegen die Staatskasse!) einen Anspruch auf **Vergütung und Ersatz der Auslagen**

(§ 2221 BGB). Hat der Erblasser die Vergütung im Testament festgelegt, ist das maßgeblich. Schreibt der Erblasser: «Der Testamentsvollstrecker erhält keine Vergütung» besteht die Gefahr, dass er das Amt nicht annimmt oder kündigt; einen solche Klausel ist nur sinnvoll, wenn ein Verwandter zum Testamentsvollstrecker ernannt wird.

Fehlt eine Regelung zur Vergütung im Testament, ist umstritten, welcher Betrag dem Testamentsvollstrecker zusteht.[22] Notare schreiben meist in das Testament, dass sich die Vergütung nach der «Neuen Rheinischen Tabelle» richten soll; das ist eine private Tabelle, kein Gesetz. Diese Tabelle enthält viele Möglichkeiten für Zuschläge, so dass sich absurd hohe Vergütungen ergeben können. Besser ist es, im Testament zu regeln, dass der Testamentsvollstrecker z. B. 3 % des Bruttonachlasses als Vergütung erhält (+ Umsatzsteuer und Auslagen) und bei Dauervollstreckung jährlich ferner 3 % der Bruttoerträge bzw. mehr oder weniger.

Das Nachlassgericht kann und darf diese Beträge nicht festsetzen, weil es keine dem § 168 FamFG entsprechende Bestimmung gibt; bei Streit entscheidet deshalb das Zivilgericht. Der Betreuer kann daher vom Testamentsvollstrecker nicht verlangen, dass er einen Vergütungsfestsetzungsbeschluss vorlegt, bevor er die Vergütung dem Nachlass entnimmt. Einigt sich der Betreuer nach Streit über die Höhe der Vergütung mit dem Testamentsvollstrecker, kann eine Genehmigung des Betreuungsgerichts erforderlich sein (§ 1822 Nr. 12 BGB).

6. Vereinbarungen Betreuer – Testamentsvollstrecker

Häufig wollen Testamentsvollstrecker mit dem Erben, bzw. dem Betreuer des Erben, Vereinbarungen treffen, die die beiderseitigen Rechte und Pflichten näher bestimmen. Dabei geht es um die Vergütung des Testamentsvollstreckers, die Beschränkung seiner Haftung, seine Abrechnung, seine Informationsaufgaben usw. Solche Vereinbarungen sollte der Betreuer nicht schließen; entweder sind sie als „Erlass,[23] Verzicht" sowieso nichtig (§§ 1908i, 1804 BGB) oder sie bedürfen der Genehmigung des Betreuungsgerichts oder sie sind für den Betreuten aus sonstigen Gründen nachteilig.

460

---

22 Vgl. dazu *Zimmermann* ZEV 2001, 334.
23 *Palandt/Götz* § 1804 Rn. 1.

7. Streit zwischen Betreuer und Testamentsvollstrecker

a) Aus Sicht des Betreuers

461 Der Testamentsvollstrecker unterliegt nicht der **Aufsicht des Nachlassgerichts,** dieses kann ihm daher keine Weisungen erteilen und keine Zwangsgelder[24] androhen oder festsetzen. Der Betreuer kann allenfalls beim Nachlassgericht beantragen, dass der Testamentsvollstrecker entlassen wird (§ 2227 BGB),[25] er hat als Vertreter des Erben ein Antragsrecht. Die Entlassung setzt aber einen „wichtigen Grund" voraus, etwa dass der Testamentsvollstrecker hartnäckig kein Nachlassverzeichnis erstellt. Gegen den ablehnenden Beschluss kann der Betreuer namens des Betreuten Beschwerde einlegen (§§ 58 ff. FamFG). Erfolgt eine Entlassung, tritt der vom Erblasser eingesetzte Ersatztestamentsvollstrecker ein und wenn eine Ersatzregelung fehlt kann eventuell das Nachlassgericht aufgrund eines konkludenten Ersuchens des Erblassers (§ 2200 BGB), das aus dem Testament herausgelesen werden kann, einen Nachfolger bestimmen; andernfalls ist die Testamentsvollstreckung mangels Vollstrecker hinfällig. In sonstigen Streitfällen ist der Betreuer darauf angewiesen, vor dem Prozessgericht zu klagen.

Der Betreuer kann sein Amt nicht durch Schreiben an das Betreuungsgericht „kündigen" oder niederlegen; er kann lediglich um Entlassung bitten, wenn auf Grund neuer Umstände für ihn die Fortführung des Amts nicht mehr zumutbar ist (§ 1908b II BGB).

b) Aus Sicht des Testamentsvollstreckers

462 Der Betreuer unterliegt der Aufsicht des Betreuungsgerichts (§§ 1837, 1908i I BGB), so dass sich der Testamentsvollstrecker dort über den Betreuer „beschweren" kann und um Weisungen an den Betreuer bitten kann. Er kann auch die Entlassung (bzw. Auswechslung) des Betreuers anregen, was einen wichtigen Grund voraussetzt (§ 1908b BGB). Wird die Entlassung des Betreuers abgelehnt, hat der Testamentsvollstrecker dagegen kein Beschwerderecht (§ 59 FamFG), weil er nicht in „seinen" Rechten beeinträchtigt wird.[26] Im Übrigen kann der Testamentsvollstrecker jederzeit sein Amt durch Schreiben an das Nachlassgericht kündigen (§ 2226 BGB), er braucht dazu keinen Grund und muss keine Begründung angeben.

---

24 OLG Zweibrücken FamRZ 2004, 814.
25 Vgl. *Werner* ZEV 2010, 126.
26 OLG München NJW-RR 2007, 1240.

8. Interessengegensätze zwischen Betreuer/ Testamentsvollstrecker/Nacherbe

Der nicht kontrollierte Testamentsvollstrecker kann bei der Verwaltung des Nachlasses seine eigenen Interessen in den Vordergrund stellen, etwa überhöhte „Kosten" und Vergütungen entnehmen, ohne dass dies jemand bemerken würde. Ist der Testamentsvollstrecker zugleich Nacherbe, ist sein Interesse, möglichst viel aus dem Nachlass zu erhalten, sehr groß, zum Nachteil des betreuten Vorerben; jeder Euro, den er dem Erben aus dem Nachlass gibt, schmälert sein Nacherbe. Ebenso ist es, wenn der Betreuer zugleich Nacherbe ist.[27]

463

a) Betreuer zugleich Testamentsvollstrecker

Es ist nicht selten, dass sich nach dem Tod des Erblassers herausstellt, dass er in seinem Testament denjenigen Angehörigen, der auf seinen Vorschlag vom Betreuungsgericht zum Betreuer des späteren Erben bestellt wurde, auch als Testamentsvollstrecker eingesetzt hat.

464

Beispiel:

465

Der Vater setzt die behinderte Tochter und den gesunden Sohn als Miterben zu je ½ ein und bestellt den Sohn zum Testamentsvollstrecker für den Hälfteanteil der Tochter; der Sohn ist schon seit Jahren Betreuer für die behinderte Schwester. Ab Annahme des Testamentsvollstreckeramts stellt sich dann die Frage, wie beide Ämter gegeneinander abzugrenzen sind.

Ein Betreuer kann zwar vom Erblasser bzw. (im Falle des § 2200 BGB) vom Nachlassgericht zum Testamentsvollstrecker bestellt werden, doch ist diese **Ämtervermischung unzweckmäßig**, weil ein Interessengegensatz besteht.[28] Der Testamentsvollstrecker hat Rechte gegen den betreuten Erben, der betreute Erbe Rechte gegen den Testamentsvollstrecker, wie oben (Rn. 430, 452) dargelegt. Auch wäre manchmal unklar, ob der Betreffende als Betreuer oder als Testamentsvollstrecker handelt.

466

Der Aufgabenkreis des Betreuers ist daher vom Betreuungsgericht alsbald einzuschränken (soweit er zugleich Testamentsvollstrecker geworden ist) und es ist ein **Ergänzungsbetreuer** zu bestellen (§ 1899 IV, 1796 I BGB) mit dem Aufgabenkreis „Wahrnehmung der Rechte des Betreuten gegenüber dem Testamentsvollstrecker".

467

---

27 *Litzenburger* FD ErbR 2007, 225307.
28 *Bisping*, Erbrechtliche Interessengegensätze zwischen Betreuer und Betreutem, 2002.

468　Der Ergänzungsbetreuer hat dann das vom Testamentsvollstrecker „dem Erben" mitgeteilte Nachlassverzeichnis zu kontrollieren (§ 2215 BGB), desgleichen die jährliche Rechnungslegung des Testamentsvollstreckers (§ 2218 II BGB); er hat zu prüfen, ob der Testamentsvollstrecker den Nachlass ordnungsgemäß verwaltet (§ 2216 BGB), nichts verschenkt (§ 2205 S. 3 BGB). Er hat Anspruch auf Information (§§ 2218, 666 Alt. 1 BGB), auf Auseinandersetzung (§ 2204 I BGB), auf Anhörung zum Teilungsplan (§ 2204 II BGB), auf Schadensersatz (§ 2219 BGB).[29] Nach Beendigung des Testamentsvollstreckeramts (z. B. infolge Fristablauf) hat er die Herausgabe des Nachlasses zu fordern; er kann Rechenschaftslegung verlangen, wenn Unklarheiten über die frühere Amtsführung verblieben sind. Nun kann die Ergänzungsbetreuung aufgehoben werden. Das gesamte Vermögen wird nun vom Betreuer verwaltet.

b) Betreuer und Testamentsvollstrecker zwar personenverschieden, aber sonstige Nähebeziehung

469　Interessengegensätze können auch bestehen, wenn Betreuer und Testamentsvollstrecker zwar nicht identisch, aber **verwandt oder voneinander wirtschaftlich abhängig** sind, etwa wenn der Betreuer zugleich **Nacherbe** ist. Auch dann ist ein Ergänzungsbetreuer zu bestellen (§§ 1796 II, 1908i BGB).[30]

470　**Beispiel:**

Die Erblasserin hat den betreuten Sohn B zum Vorerben bestellt und die N zur Testamentsvollstreckerin und Nacherbin für B. Die Tochter T von N ist Betreuerin des B.[31] Auch hier ist für die Wahrnehmung der Belange des B aus dem Erbfall der Betreuerin T das Vertretungsrecht zu entziehen. Denn andernfalls müsste T (als Betreuerin des Erben B) gegen sich selbst die Kontrollrechte des Erben gegenüber dem Testamentsvollstecker ausüben, wobei ein Interessengegensatz offenkundig ist (§§ 1796, 1908i BGB).

471　Wenn in solchen Fällen das Betreuungsgericht einen familienfremden Ergänzungsbetreuer (nicht: Ergänzungspfleger) bestellt, ist das innerhalb der „Familie" regelmäßig nicht erwünscht. In der Literatur wird vorgeschlagen, dass der Testamentsvollstrecker einen Mittestamentsvollstrecker für den Bereich des Interessenkonflikts ernennt;[32] das setzt aber voraus, dass der Erblasser dies im Testament gestattete (§ 2199 II BGB).

29　Einzelheiten vgl. *Zimmermann*, Die Testamentsvollstreckung, Rn. 311 ff.
30　*Nieder/Kössinger*, Handbuch der Testamentsgestaltung, § 21 Rn. 94.
31　Vgl. OLG Zweibrücken FGPrax 2004, 30.
32　*Bonefeld* ZErb 2007, 2; *Nieder/Kössinger*, Handbuch der Testamentsgestaltung, § 21 Rn. 94.

9. Anordnung der Betreuung über einen Testamentsvollstrecker

a) Betreuung für den Testamentsvollstrecker bereits beim Antritt seines Amts

Wenn ein Volljähriger aufgrund bestimmter Gebrechen seine Angelegenheiten nicht selbst besorgen kann und es erforderlich ist, bestellt das Betreuungsgericht diesem Volljährigen einen Betreuer (§ 1896 BGB). Wer selbst *seine* Angelegenheiten nicht mehr besorgen kann, kann natürlich erst recht nicht als Testamentsvollstrecker die Angelegenheiten eines Dritten besorgen. Die **Ernennung** einer Person zum Testamentsvollstrecker ist daher **unwirksam**, wenn ihr zum maßgeblichen Zeitpunkt (Rn. 476) durch Beschluss des Betreuungsgerichts ein Betreuer zur Besorgung ihrer Vermögensangelegenheiten (Rn. 474) bestellt worden war (§ 2201 BGB).

472

aa) Unter Bestellung eines Betreuers (§ 2201 BGB) versteht man die Bestellung im regulären Verfahren, das nach seiner Ausgestaltung eine gewisse Rechtssicherheit bietet. Nach Ansicht des BayObLG genügt aber auch die Bestellung eines vorläufigen Betreuers nach § 300 FamFG,[33] genauer: eines Betreuers durch **einstweilige Anordnung**, um die Folgen des § 2201 BGB (Unwirksamkeit der Bestellung zum Testamentsvollstrecker) zu auszulösen. Das überzeugt nicht,[34] weil in solchen Fällen weder der Sachverhalt vollständig ermittelt wird noch ein Sachverständigengutachten erholt wird; auch in § 13 Nr. 2 BundeswahlG wird die einstweilige Anordnung nicht der endgültigen Entscheidung gleichgestellt.

473

bb) Die Betreuung muss für die **Vermögensangelegenheiten** des potentiellen Testamentsvollstreckers angeordnet worden sein, damit die Ernennung unwirksam ist. Es muss sich um die gesamten Vermögensangelegenheiten handeln[35] (das folgt aus dem Wort „seiner"), Betreuung nur für einzelne Vermögensangelegenheiten (z. B. den Rentenantrag) ist unschädlich. Eine Beschränkung der Betreuung auf **andere Aufgabenkreise**, wie z. B. „Gesundheitssorge", „Aufenthaltsbestimmung, Unterbringung" machen den Betreuten nicht unfähig zum Testamentsvollstrecker; das ist an sich erstaunlich. Ist der „Amtsinhaber" aufgrund seines geistigen Zustandes unfähig, kommt aber seine spätere Entlassung aus wichtigem Grund durch das Nachlassgericht in Frage (§ 2227 BGB). Bei unklaren Beschreibungen des Aufgabenkreises wie „Renten-, Behörden- und Bank-

474

---

33 BayObLG FamRZ 1995, 962 = ZEV 1995, 63 m. Anm. *Damrau.*
34 Einzelheiten bei *Zimmermann*, Festschrift für D. Schwab, 2005, 1099; *Bamberger/ Roth/J. Mayer*, BGB, § 2201.
35 BayObLG Rpfleger 1995, 160; *Soergel/Damrau* § 2201 Rn. 1.

angelegenheiten" ist es Auslegungssache, ob damit die vollständige „Vermögenssorge" im Sinne von § 2201 BGB gemeint ist; damit kommt eine rechtliche Unsicherheit in den Fall: kommt ein Zivilgericht später zur Auffassung, die Betreuung mit diesen Aufgabenkreisen sei als komplette Vermögensbetreuung aufzufassen, dann ist der vermeintliche Testamentsvollstrecker in Wirklichkeit nie Testamentsvollstrecker gewesen. Beantragt der „Ernannte" ein Testamentsvollstreckerzeugnis (§ 2368 BGB), hat das Nachlassgericht selbst zu beurteilen, ob der unklare Aufgabenkreis als „Vermögensbetreuung" auszufassen ist.

475 Wenn der Testamentsvollstrecker unter Vermögensbetreuung steht und der Erblasser **keine Ersatzregelung** getroffen hat (Ernennung eines Ersatzperson; zumindest stillschweigende Bitte im Testament, das Gericht möge einen Ersatzmann bestellen; § 2200 BGB), dann ist die Testamentsvollstreckung gegenstandslos.

476 cc) Hinsichtlich des **maßgeblichen Zeitpunkts** sagt § 2201 BGB, dass die Ernennung des Testamentsvollstreckers unwirksam ist, wenn der Ernannte „zu der Zeit, zu welcher er das Amt *anzutreten* hat, ... einen Betreuer erhalten hat". Nach dem Gesetzestext kommt es also nicht auf den Zeitpunkt des Erbfalls oder den Zeitpunkt des tatsächlichen Amtsantritts an, sondern auf einen fiktiven Zeitpunkt. Welcher Zeitpunkt maßgeblich ist, ist umstritten. (1) Es wird die Meinung vertreten, wesentlich sei die „Erlangung der Kenntnis von der Ernennung als Testamentsvollstrecker";[36] das passt nicht zum Wortlaut des Gesetzes. (2) Andere[37] meinen, es komme auf den Zeitpunkt an, in dem der Ernannte in die Lage kommt, sich über die Annahme oder Ablehnung des Amts zu erklären. (3) Die Unsicherheit über den wesentlichen Zeitpunkt rechtfertigt es, den Zeitpunkt, zu dem der Ausgewählte das Amt gegenüber dem Nachlassgericht annimmt, als wesentlich anzusehen,[38] d. h. den Zeitpunkt des Zugangs der Erklärung beim Amtsgericht (§ 2202 I BGB). Diese Lösung hat den Vorzug der Rechtssicherheit.

b) Anordnung der Betreuung über den Testamentsvollstrecker erst nach dessen Amtsantritt

477 **Das Amt** des Testamentsvollstreckers **erlischt**, wenn er einen Betreuer zur Besorgung seiner Vermögensangelegenheiten erhalten hat (§§ 2225,

---
36 *Palandt/Weidlich* § 2201 Rn. 1; *Staudinger/Reimann* § 2201 Rn. 4.
37 KG v. 27.2.1911, Recht 1912 Nr. 766; dem KG folgend *Soergel/Damrau* § 2201 Rn. 3; *Staudinger/Reimann* § 2201 Rn. 4; RGRK-*Kregel* BGB, 12. Aufl. 1974, § 2201 Rn. 2.
38 *Lange/Kuchinke* Erbrecht, 5. Aufl. 2001, § 31 IV Fußn. 96 (S. 678); *v. Lübtow*, Erbrecht II, 1971, S. 937.

2201, 1896 BGB). Wird für jemand, der Testamentsvollstrecker ist, ein Betreuer bestellt, dann wäre es falsch, zusätzlich diesem Betreuer den Aufgabenkreis „Vertretung hinsichtlich der Tätigkeit als Testamentsvollstrecker" zu geben;[39] eine solche Anordnung wäre nichtig, weil sie auf etwas rechtlich Unmögliches gerichtet ist: Bei einem unfähigen Testamentsvollstrecker erlischt das Amt automatisch oder er ist zu entlassen, niemals kann für ihn vom Betreuungs- oder Nachlassgericht ein Vertreter bestellt werden.

Sowohl geschäftsunfähige wie auch geschäftsfähige Personen können unter Betreuung gestellt werden.[40] Da bei Eintritt der Geschäftsunfähigkeit das Amt ohnehin erlischt (§§ 2225, 2201 BGB), ist das Erlöschen infolge Bestellung eines Vermögensbetreuers an sich nur bei geschäftsfähigen Betreuten relevant. Weil aber die Frage der Geschäftsunfähigkeit oft nicht eindeutig geklärt werden kann (vor allem nicht, wann sie genau eintrat), treten hier Unsicherheiten auf. Das Erlöschen tritt ein mit dem Wirksamwerden des Bestellungsbeschlusses des Betreuungsgerichts; dies ist der Zeitpunkt des Zugangs beim Betreuer (§ 287 I FamFG). Eine Betreuerbestellung mit anderem Aufgabenkreis, z. B. „Gesundheitssorge", führt nicht zum Erlöschen des Amts als Testamentsvollstrecker.

478

c) Späterer Wegfall des Betreuung

Wird die Anordnung der Betreuung später aufgehoben, dann ist zweifelhaft, ob das Testamentsvollstreckeramt von selbst wieder auflebt. Das ist z. B. dann relevant, wenn eine durch einstweilige Anordnung getroffene Betreuerbestellung schon nach einigen Tagen aufgehoben wird; oder wenn die Beschwerde des Betreuten Erfolg hat. Dies wird von der ganz herrschenden Meinung verneint,[41] weil etwas Erloschenes nicht ohne diesbezügliche Rechtsvorschrift wiederaufleben könne; vgl. § 2225 BGB. Vereinzelt wird differenziert:[42] bei Aufhebung wegen inzwischen weggefallenem Betreuungsgrund bleibe es beim Erlöschen; bei Aufhebung wegen Fehlen eines Grundes von Anfang an sei die Ernennung von Anfang an wirksam, so dass (wenn ein Nachfolger bestellt wurde) schwierige Probleme paralleler Amtsführung auftreten. Meines Erachtens sprechen die besseren Gründe (z. B. der mutmaßliche Wille des Erblassers) dafür, ein Wiederaufleben des

479

---

39 *Damrau* ZEV 1995, 65/66.
40 Unstreitig, vgl. *Soergel/Zimmermann* § 1896 Rn. 25.
41 *Winkler*, Der Testamentsvollstrecker, Rn. 784; *Soergel/Damrau* § 2201 Rn. 4; RGRK-*Kregel* BGB 12. Aufl. 1974, § 2201 Rn. 2; KG Recht 1912 Nr. 766 zur Entmündigung. Beiläufig auch BayObLG Rpfleger 1995, 160.
42 *Staudinger/Reimann* § 2225 Rn. 14; § 2201 Rn. 7.

Testamentsvollstreckeramtes bei Aufhebung der Betreuung anzunehmen.[43] Wenn die Betreuung anfangs gerechtfertigt war, später nicht mehr, nimmt die herrschende Meinung ebenfalls an, dass kein Wiederaufleben des Amts erfolgt.[44]

---

43 Einzelheiten vgl. *Zimmermann*, Festschrift für D. Schwab, 2005, 1099.
44 *Staudinger/Reimann* § 2201 Rn. 6; *Soergel/Damrau* § 2201 Rn. 4; *Palandt/Weidlich* § 2201 Rn. 1.

O. Tätigkeiten des Betreuers beim Tod des Betreuten

1. Beendigung der Betreuung

Mit dem Tod des Betreuten erlischt die vom Betreuungsgericht angeordnete Betreuung; ein Aufhebungsbeschluss ist überflüssig. Die vom Betreuer wirksam getätigten Geschäfte gehen auf die Erben des Betreuten über; hatte der Betreuer z. B. mit Genehmigung des Betreuungsgerichts einen langjährigen Mietvertrag geschlossen, sind die Erben den Betreuten daran gebunden. Das gilt auch für Verträge, die nicht der Genehmigung des Betreuungsgerichts bedurften.

Hatte der Betreute die Bestellung des Betreuers mit Beschwerde angefochten (§§ 58 ff. FamFG) und stirbt der Betreute vor der Entscheidung des Beschwerdegerichts, dann tritt mit dem Tod des Betroffenen eine Erledigung der Hauptsache ein. Trotz Beschwerde hatte der Betreuer vom Wirksamwerden seiner Bestellung bis zum Tod des Betreuten die Stellung als Betreuer (und erhält somit auch eine Vergütung), weil die Beschwerde keine aufschiebende Wirkung hat.

2. Verständigung des Standesamts

Die Pflicht, einen Sterbefall dem Standesamt mündlich mitzuteilen, trifft nach § 29 PStG:

1. jede Person, die mit dem Verstorbenen in häuslicher Gemeinschaft gelebt hat,
2. die Person, in deren Wohnung sich der Sterbefall ereignet hat,
3. jede andere Person, die bei dem Tod zugegen war oder von dem Sterbefall aus eigenem Wissen unterrichtet ist.

Mit der Anzeige kann ein registriertes **Bestattungsunternehmen** beauftragt werden (§ 29 II PStG). Bei Sterbefällen in Krankenhäusern, Alten- und Pflegeheimen sowie sonstigen Einrichtungen trifft die Anzeigepflicht diese Einrichtung (§ 30 PStG). Den Betreuer könnte die Anzeigepflicht also allenfalls treffen, wenn der Betreute zuhause in Anwesenheit des Betreuers gestorben ist und kein Bestattungsunternehmen beauftragt wird.

3. Fortführung der Geschäfte bei Gefahr in Verzug

484 **Bis zur Kenntnis vom Tod** oder bis zum Zeitpunkt des Kennenmüssens vom Tod kann der Betreuer seine Geschäfte fortsetzen.

485 **Ab Kenntnis vom Tod** hat der Betreuer trotz Beendigung der Betreuung die Geschäfte, die nicht ohne Gefahr aufgeschoben werden können, als Vertreter des Erben, aber beschränkt auf die Haftungsmasse „Nachlass", zu besorgen, bis der Erbe anderweit Fürsorge treffen kann (§§ 1908i, 1893, 1698b BGB); aus dem Wort „hat" folgt, dass das eine Pflicht des Betreuers ist. Ferner ist zu beachten, dass die Pflichten nur **im Rahmen des Aufgabenkreises** des Betreuers bestehen; wer nur die Gesundheitsbetreuung hat muss sich nicht um die eingefrorene Heizung kümmern. Eine Erweiterung des Aufgabenkreises durch einstweilige Anordnung (§ 300 FamFG) ist nach dem Tod nicht mehr möglich. Aus der Formulierung in § 1698b BGB kann man eine Pflicht des Betreuers entnehmen, nach dem Tod des Betreuten zumindest *eine* Person (z. B. einen der drei Neffen) zu verständigen, die er für den gesetzlichen oder testamentarischen Erben hält. Jedoch hat der Betreuer insoweit keine Erbenermittlungspflicht.

486 Eine solche Notgeschäftsführungspflicht besteht nur, **bis „der Erbe anderweit Fürsorge treffen kann".** Das ist ein problematischer Satz, weil man zwar automatisch mit dem Todesfall Erbe wird (§ 1922 BGB), auch wenn man nichts davon weiß, aber im Rechtsverkehr meist erst handeln kann, wenn man sich durch einen Erbschein ausweisen kann. Es kann nicht sein, dass der Betreuer die Geschäfte bis zur Erbscheinserteilung fortführen muss. So ist das in § 1698b BGB auch nicht gemeint. Der Betreuer informiert die Erben, soweit bekannt; andernfalls schreibt er an das örtlich zuständige Nachlassgericht und legt den Sachverhalt dar, insbesondere das Fürsorgebedürfnis, das Nachlassgericht hat dann eine Sicherungspflicht (§ 1960 I 1 BGB). Wird dann ein Nachlasspfleger als Vertreter der unbekannten Erben bestellt (Rn. 739), hat dieser die Pflicht, für den Nachlass zu sorgen (§ 1960 II BGB).

487 **Unaufschiebbare Handlungen** können z. B. sein: Fristwahrungen, Entgegennahme von Zahlungen wie z. B. Steuererstattung, dringende Reparaturen (Wasserrohrbruch usw.), Beseitigung von Gefahrenquellen (Gas abstellen, Heizung im Winter einschalten), Versorgung von Haustieren; Anregung einer Nachlasspflegschaft (§ 1960 BGB) beim Nachlassgericht, wenn ein Bedürfnis besteht und die Erben unbekannt sind. Nur unauf-

schiebbare Handlungen sind von der Vertretungsmacht des Betreuers gedeckt. Zur Frage, ob der Betreuer für diese Tätigkeit noch vergütet wird vgl. Rn. 522.

Für „gefundene" **Haustiere** ist die örtliche Behörde, das ist in der Regel die Gemeinde, verantwortlich (§§ 965, 90a BGB); man kann, wenn keine Erben präsent sind, dort anrufen oder den örtlichen Tierschutzverein verständigen. Keinesfalls sollte der Betreuer Pflegeverträge etc. mit dem Tierheim schließen, die Kosten sind hoch, die Erstattung durch den Erben höchst unsicher, der ehemalige Betreuer bleibt dann auf den Kosten sitzen. 488

Geschäfte, die nicht geführt werden dürfen. Nicht unaufschiebbar (und damit nicht mehr vom Betreuer durchzuführen) sind z. B. **Kündigung und Räumung der Wohnung**, Entsorgung von Gerümpel, Verhandlungen mit dem Vermieter wegen der Durchführung von Schönheitsreparaturen, weitere Verwaltung des Nachlasses (z. B. Einzug von Mieten über eine längere Zeit), Bezahlung von Schulden des Betreuten (Krankenhaus-, Arztrechnungen), Leistung von Steuervorauszahlungen, Abgabe der Erbschaftsteuer- und der sonstigen Steuererklärungen, Nachlassinsolvenzantrag, Ermittlung der Erben, Stellung von Erbscheinsanträgen namens der Erben, Erbauseinandersetzung, Suche nach Testamenten (gefundene Testamente sind aber beim Nachlassgericht abzuliefern, desgleichen die Testamente, welche der Betreuer in Besitz hat, § 2259 BGB). Der Betreuer handelt als Vertreter ohne Vertretungsmacht (§§ 177 ff. BGB), wenn er noch Geschäfte führt, die aufschiebbar sind; er verpflichtet sich u. U. selbst zu Erfüllung oder Schadensersatz (§ 179 BGB) und wird dafür nicht vergütet. 489

Ist der **Erbe des Betreuten selbst betreuungsbedürftig**, aber noch ohne Betreuer, dann sollte der Betreuer das Betreuungsgericht informieren. Dann muss unter Umständen der bisherige Betreuer des Verstorbenen die Notgeschäfte führen, bis für den Erben selbst ein Betreuer vom Betreuungsgericht bestellt ist. Möglich ist, dass der Betreuer des Erblassers nun zum Betreuer des Erben bestellt wird, sofern kein Interessengegensatz vorhanden ist. 490

4. Pflichten gegenüber dem Gericht

a) Mitteilung des Todesfalls

Der Betreuer hat den Todesfall dem Betreuungsgericht mitzuteilen; ferner sind die Angehörigen zu verständigen, soweit bekannt (mit Aufwand zu ermitteln sind sie aber nicht), notfalls die Ordnungsbehörde, damit dort die Be- 491 stattung veranlasst wird. Manchmal verlangt das Betreuungsgericht als Nachweis die Vorlage einer **Sterbeurkunde** (§ 60 PStG) vom Betreuer; das ist aber nicht zulässig.[1] Das Standesamt erteilt bei einem Todesfall für Krankenkasse und Rentenzwecke je eine gebührenfreie Urkunde; eine weitere Sterbeurkunde für den privaten Gebrauch kostet 10 Euro, jede weitere Urkunde der gleichen Art kostet je 5 Euro (zwei nationale Urkunden kosten also 15 Euro). Der Betreuer müsste also aus seinen eigenen Mitteln 10 Euro zahlen, was nicht veranlasst ist, weil die Betreuung beendet ist und es keine Vorschrift gibt, dass *er* eine Sterbeurkunde vorlegen müsste. Wenn das Betreuungsgericht nicht glaubt, dass der Betreute gestorben ist, kann es von Amts wegen ermitteln (§ 26 FamFG), indem es z. B. selbst das Standesamt anschreibt.

b) Rückgabe der Bestellungsurkunde

492   Der Betreuer hat die Bestellungsurkunde (d. h. den Ausweis, nicht den Gerichtsbeschluss) an das Betreuungsgericht zurückzugeben (§§ 1908i I, 1893 II 1 BGB). Das könnte durch Zwangsgeld (§ 35 FamFG) erzwungen werden.[2] Bei Verlust erfolgt **keine Kraftloserklärung,** weil die Urkunde nicht unter § 172 BGB fällt, also keinen Rechtsschein begründet.

c) Erstellung eines Schlussberichts

493   Vgl. §§ 1840, 1908i I BGB. Allerdings hat ein solcher Bericht „über die persönlichen Verhältnisse" des verstorbenen Betreuten kaum mehr einen Sinn, weil er keine Perspektiven mehr eröffnen kann.

d) Schlussabrechnung

494   Soweit zu den Aufgaben des Betreuers auch Vermögensangelegenheiten gehörten ist die Schlussabrechnung für die Zeit von der letzten Abrechnung bis zum Tod gegenüber dem Betreuungsgericht abzugeben (§§ 1840 II, 1908i I BGB). Der Erbe des Betreuten kann auf die Schlussabrechnung verzichten;[3] dann entfällt sie. Weder das Gericht noch der Betreuer kann von den Erben verlangen, dass ihm „Entlastung" (d. h. ein negatives Anerkenntnis im Sinne von § 397 II BGB) erteilt wird;[4] der Erbe, der eine

---

1 A. A. *Dodegge/Roth* H 19.
2 *Palandt/Götz* § 1893 Rn. 5.
3 MünchKomm/*Wagenitz* § 1892 Rn. 3; *Palandt/Götz* § 1892 Rn. 2.
4 *Staudinger/Engler* (2004) § 1892 Rn. 15; MünchKomm/*Spickhoff* § 1892 Rn. 6; *Palandt/Götz* § 1892 Rn. 5.

solche Entlastung abgibt, würde seine prozessuale Stellung verschlechtern, wenn er sich geirrt hat.⁵ Zur Abrechnung der **restlichen Vergütung** vgl. Rn. 516.

e) Ablieferung eines Testaments

„Wer ein Testament, das nicht in besondere amtliche Verwahrung gebracht ist, im Besitz hat, ist verpflichtet, es unverzüglich, nachdem er von dem Tode des Erblassers Kenntnis erlangt hat, an das Nachlassgericht abzuliefern" (§ 2259 I BGB). Mit dem Tod des Betreuten ist die Betreuung beendet und den Betreuer geht die Hinterlassenschaft nichts an; er ist deshalb auch nicht berechtigt, sie zu *durchsuchen*, etwa nach Geld oder nach einem Testament. Wenn der Betreuer aber weiß, wo das Testament liegt, wird man ihn für verpflichtet erachten müssen, dieses zu holen und abzuliefern.

495

5. Pflichten gegenüber den Erben des Betreuten

a) Sicherung des Nachlasses

Zwar ist die Betreuung mit dem Tod des Betreuten beendet, doch hat der Betreuer *Geschäfte*, die *nicht ohne Gefahr aufgeschoben* werden können, zu besorgen, bis der Erbe anderweit Fürsorge treffen kann (§§ 1908i, 1893, 1698 BGB); das ist eine Pflicht des Betreuers, nicht nur ein Recht. Darunter fällt die Sicherung des Nachlasses jedenfalls insoweit, als wertvolle Gegenstände aus der Wohnung des Erblassers, auch Bargeld, vor Diebstahl zu bewahren sind, indem das Nachlassgericht darauf hingewiesen wird; denn grundsätzlich ist Nachlasssicherung Aufgabe des Nachlassgerichts (§ 1960 BGB), Aufgabe des bisherigen Betreuers ist sie nur im Rahmen der Geschäftsbesorgung. In manchen Bundesländern kann dringende Nachlasssicherung auch eine gemeindliche Aufgabe sein (z. B. nach Art. 36 BayAGGVG). Die Erbensuche gehört dagegen nicht mehr zu den Aufgaben des früheren Betreuers.

496

b) Herausgabe des Nachlasses an die Erben

Das Vermögen des verstorbenen Betreuten geht mit dem Tod auf die Erben über (§ 1922 BGB), nicht erst mit der Erteilung eines Erbscheins.

497

---
5 Vgl. den Fall OLG Köln FamRZ 1996, 249.

Der Betreuer hat den Erben das Vermögen herauszugeben und ihnen gegenüber Rechnung zu legen (§§ 1890, 1908i I BGB); zum Vermögen gehören auch Sparbücher und sonstige Unterlagen. **Sperrvermerke** im Sparbuch gem. § 1809 BGB braucht der Betreuer nicht löschen zu lassen; darum müssen sich die Erben kümmern, indem sie vom Betreuungsgericht eine Bescheinigung über die Beendigung des Betreuung erholen[6] und der Bank vorlegen.

498 Ist sich der Betreuer im Unklaren, wer **Erbe** ist, kann eine Auskunft des Nachlassgerichts erholt werden; das hat allerdings nur dann Sinn, wenn bereits ein Erbschein erteilt ist, weil dann der Betreuer eine Kopie des Erbscheins erhalten kann (§ 357 II FamFG). Dann kann der **Nachlass**, soweit er im Besitz des Betreuers ist, an die im Erbschein als Erben bezeichneten Personen **herausgegeben** werden. Bei Miterben erfolgt die Herausgabe (z. B. von Schmuckstücken, Bargeld) an *alle* Erben, oder an denjenigen Miterben, der eine Vollmacht der übrigen Miterben vorlegt. Im Übrigen ist zu beachten, dass Konten und Depots sowieso auf den Namen des Betreuten lauten, der Erbe also sein Eigentum daran durch den Erbschein nachweisen kann; eine Herausgabe im eigentlichen Sinn gibt es hier nicht. Der Betreuer sollte sich nicht darauf einlassen, die Guthaben zu überweisen. Die Teilung ist Sache der Erben und geht den Betreuer nichts an. Ist **kein Erbschein erteilt** handelt der Betreuer auf eigenes Risiko, wenn er an jemand den Nachlass herausgibt, den er für den Erben hält; denn der Schutz, den ein Erbschein gibt (§§ 2365, 2366 BGB), kommt ihm hier nicht zugute. Notfalls kann er Wertgegenstände beim Amtsgericht hinterlegen.

499 Sind die Erben unbekannt und ist vom Gericht ein **Nachlasspfleger** bestellt worden, kann an diesen der Nachlass herausgegeben werden; zur Frage, ob die Überweisung von Geld vom Betreuer an den Nachlasspfleger eine „Verfügung" im Sinne von § 1812 BGB ist und daher der Betreuer die Genehmigung des Nachlassgerichts braucht vgl. Rn. 742.

500 In allen Fällen muss der Betreuer ein Verzeichnis der herausgegebenen Sachen („**Bestandsverzeichnis**", § 260 BGB) erstellen und sollte sich die Aushändigung quittieren lassen. Bei „begründeten" Bedenken gegen die Richtigkeit des Verzeichnisses können die Erben verlangen, dass der Betreuer die Richtigkeit beim Amtsgericht eidesstattlich versichert (§ 260 II BGB). Wenn der Betreuer diese Versicherung freiwillig abgeben will erfolgt sie nach § 410 Nr. 1 FamFG beim Amtsgericht. Wenn er sich weigert, müssen ihn die Erben auf Abgabe verklagen und können dann nach § 888 ZPO aus dem Urteil vollstrecken.

---

6 *Staudinger/Engler* (2004), § 1890 Rn. 11; MünchKomm/*Spickhoff* § 1890 Rn. 3.

c) Rechnungslegung gegenüber den Erben

Der Betreuer hat gegenüber den Erben des Betreuten Rechnung zu legen (§§ 1890, 1908i I BGB). Da der Betreuer ohnehin gegenüber dem Betreuungsgericht jährlich abrechnen muss (§ 1840 BGB) und zuletzt für das Rumpfjahr von der letzten Jahresabrechnung bis zum Tod des Betreuten, kann die Rechnung gegenüber den Erben erfolgen, indem vom Betreuer auf die (zahlreichen) Abrechnungen gegenüber dem Betreuungsgericht Bezug genommen wird (§ 1890 S. 2 BGB); das bedeutet, dass der Betreuer den Erben Kopien der Abrechnungen vom Beginn bis zum Ende der Betreuung übersendet. Irgendwelche zeitliche Grenzen gibt es nicht, dauerte die Betreuung zwanzig Jahre ist also diese Zeitspanne abzurechnen.

501

Man muss zwischen der **Abrechnung gegenüber dem Gericht und der Rechenschaft gegenüber den Erben** des Betreuten unterscheiden. Auch wenn der Betreuer durch Bezugnahme auf die Kopien den Erben ein komplettes Rechenwerk vorlegt, hindert das die Erben des Betreuten nicht, Rechnungsposten zu beanstanden, die das Betreuungsgericht unbeanstandet gelassen hat.[7] Hatte der Betreuer z. B. zu Lebzeiten Gegenstände (z. B. antike Möbel) aus dem Vermögen des Betreuten verkauft, können die Erben nun behaupten, der Verkauf sei zu billig erfolgt, weshalb der Betreute einen Schadensersatzanspruch gehabt habe (§§ 1833, 1908i I BGB), der nun von ihnen geerbt worden sei.

502

Erhebliche Probleme tauchen dann auf, wenn eine „**befreite Betreuung**" **durch nahe Angehörige** (Vater, Mutter, Ehegatte, Abkömmling; § 1908i II 2 BGB) vorlag. Diese privilegierten Betreuer brauchen dem Betreuungsgericht die jährliche Rechnungslegung des § 1840 BGB nicht vorlegen, wie aus § 1857a BGB folgt.[8] Sie sind aber nicht befreit von der Pflicht, eine Schlussrechnung einzureichen und zwar für die gesamte Zeit der Vermögensverwaltung.[9] Auch befreite Betreuer haben daher die Rechenschaftspflicht nach § 1890 BGB und müssen am Ende *förmlich* Rechnung legen, wenn die Erben nicht darauf verzichten; die in mehrjährigen Abständen eingereichten Vermögens-Bestandsübersichten (§ 1854 II BGB) genügen nicht.[10] Eine Bezugnahme auf die dem Betreuungsgericht vorgelegte jährliche Rechnung ist nicht möglich, weil sie wegen der Befreiung nicht erfolgte.

503

---

7 OLG Karlsruhe FamRZ 2004, 1601; MünchKomm/*Spickhoff* § 1890 Rn. 8.
8 OLG Düsseldorf FamRZ 1996, 374.
9 OLG Thüringen FamRZ 2001, 579; *Grothe* Rpfleger 2005, 172.
10 OLG Thüringen FamRZ 2001, 579; a. A. *Wesche* Rpfleger 1986, 44; *Bienwald/Sonnenfeld/Harm* § 1908i Rn. 147.

Das Ergebnis ist erstaunlich: dauert die Betreuung z. B. zehn Jahre, muss der befreite Betreuer zwar keine jährlichen Abrechnungen erstellen, aber nach den zehn Jahren eine Gesamtabrechnung mit allen Belegen, was wesentlich schwieriger ist. Der „befreite" Betreuer steht schlechter da als der nichtbefreite Betreuer. Manche[11] befürworten daher eine abgeschwächte End-Abrechnung dergestalt, dass eine zusammenfassende Darstellung der Einnahmen und Ausgaben genügen soll.

6. Beerdigung des Betreuten

504   Zu unterscheiden ist zwischen der Bestattungspflicht, dem Totenfürsorgerecht und der Kostentragungspflicht. Der Totenfürsorgeberechtigte, der Bestattungspflichtige und der Kostenträger sind nicht zwangsläufig identisch.

505   Die Einzelheiten der Bestattung (Art der Bestattung, Erd- oder Feuerbestattung, Ort der Bestattung, Totenfeier, Grabschmuck usw.) richten sich nach dem geäußerten Willen des Verstorbenen; fehlt es daran, haben die nächsten Angehörigen das Recht der **Totenfürsorge**. Der Erblasser könnte seinem Betreuer entsprechende Weisungen erteilten.

506   Die öffentlich-rechtliche Pflicht, für die **Bestattung** zu sorgen, ist nach dem Landesrecht[12] den nächsten Angehörigen auferlegt, auch wenn sie die **Erbschaft ausgeschlagen** haben. Denn wenn Leichen in den Wohnungen liegen stellt das eine Gefahr für die öffentliche Gesundheit dar. In einigen Bundesländern gibt es im jeweiligen Bestattungsgesetz ferner Bestimmungen, wonach hilfsweise (also wenn sich die Angehörigen um nichts kümmern) der Betreuer, wenn er den Aufgabenkreis Personensorge hatte, diese öffentlich-rechtliche Pflicht hat (z. B. Art. 15 II Nr. 3 Bayerisches Bestattungsgesetz). Hilfsweise ist dort auch der Betreuer verpflichtet, die **Leichenschau** zwecks Feststellung des Todes zu veranlassen (§ 1 I Nr. 4 Bayerische Bestattungsverordnung), also einen Arzt zu rufen. In einzelnen Bundesländern findet sich Landesrecht, wonach überhaupt jeder Betreuer mit beliebigem Aufgabenkreis Bestattungspflichten bezüglich des verstorbenen Betreuten hat[13] (§ 10 I Nr. 6 Sächsisches BestattungsG; § 9 BestattungsG Rheinland-Pfalz). Der Betreuer ist aber kein „sonstiger Sorgeberechtigter" und deshalb nicht für die Bestattung seines verstorbenen Betreuten verantwortlich.[14]

---

11   *Wesche* Rpfleger 1986, 44.
12   Vorschriftensammlung: *Deinert/Jegust/Lichtner*, Todesfall- und Bestattungsrecht, 2014.
13   Vgl. *Bienwald* BtPrax 2000, 107.
14   VG Leipzig FamRZ 2007, 1686.

Die **Kosten** der Leichenschau und Bestattung haben die Erben zu tra- 507
gen (§ 1968 BGB) bzw. die nach sonstigen Regeln Verpflichteten. Dazu
gehört der Betreuer als solcher nicht (anders aber z. B., wenn er der Erbe
des Betreuten ist). Sind die Erben zahlungsunfähig, hat grundsätzlich das
Sozialamt die Bestattung zu zahlen (§ 74 SGB XII). Das Sozialamt zahlt
aber nur die „erforderlichen" Kosten (also eine ganz einfache Beerdigung
ohne Sterbebilder, Feierlichkeiten, Zeitungsinserat, Grabstein usw.).

Den Betreuer trifft nur die Pflicht, die ihm bekannten Angehörigen 508
vom Todesfall zu verständigen; selbst hat er **keine Bestattung zu veranlassen**. Kümmert sich niemand um die Bestattung, muss wegen der kurzen
zur Verfügung stehenden Zeit das Ordnungsamt tätig werden (Ersatzvornahme); der Betreuer sollte also das Ordnungsamt der Stadt bzw. des
Kreises verständigen. Das Ordnungsamt kann vom Bestattungspflichtigen
Ersatz der Aufwendungen fordern, der seinerseits vom Erben oder vom
Sozialamt Ersatz verlangen kann.[15] Trotz Ausschlagung kann die Bestattungspflicht und damit die Kostentragungspflicht der Angehörigen weiter
bestehen (vgl. Rn. 180). Da derjenige, welcher im eigenen Namen einen
Bestattungsunternehmer beauftragt, aus dem geschlossenen Werkvertrag
auch zahlungspflichtig ist, **sollte der Betreuer solche Aufträge nicht erteilen**. Tut er es trotzdem, kann er erhebliche Schwierigkeiten haben, den
vollen verausgabten Betrag von den Erben oder vom Sozialamt erstattet
zu erhalten. Die Kosten der Bestattung darf der ehemalige Betreuer nicht
mehr vom Nachlasskonto zahlen.[16] Einen **Grabstein** darf er keinesfalls in
Auftrag geben, einen **Dauergrabpflegevertrag** darf er nicht schließen.

Wenn der verstorbene Betreute den Betreuer zu Lebzeiten mit seiner 509
Bestattung „beauftragt" hat, könnte man daran denken, dass der Betreuer
tätig wird. Der „Auftrag" muss aber, damit Streit mit den Erben vermieden
wird, nachweisbar sein und der Betreute muss bei Erteilung des „Auftrags"
noch geschäftsfähig gewesen sein. Selbst wenn das der Fall sein sollte kann
der Erbe einwenden, die vom früheren Betreuer in Auftrag gegebene Bestattung sei zu teuer gewesen, weshalb er sie nur teilweise bezahlen müsse
(vgl. § 1968 BGB); dann bleibt der Betreuer auf der Differenz sitzen.

Zeigt sich zu Lebzeiten des Betreuten, dass er ohne Hinterbliebene 510
sein wird, ist es zweckmäßig, wenn zu Lebzeiten des Betreuten ein **Bestattungsvorsorgevertrag** zwischen dem Betreuten, vertreten durch den Betreuer, und einem örtlichen Bestattungsunternehmen abgeschlossen wird.
Hier werden die Einzelheiten der Bestattung im Vertrag festgelegt und der
Betrag ist an den Bestattungsunternehmer vorauszuzahlen. Dazu muss der

---
15 BVerwG NVwZ 2001, 927; OVG Lüneburg NJW 2003, 1268; *Stelkens/Cohrs* NVwZ
2002, 917.
16 *Jochum* BtPrax 1996, 88.

Betreuer einen ausreichenden Aufgabenkreis haben. Die Genehmigung des Betreuungsgerichts ist einholen, wenn der zu bezahlende Betrag von einem versperrtem Konto überwiesen werden soll (§§ 1812, 1813 BGB). Weitere Voraussetzung ist natürlich ferner, dass der Betreute ausreichendes Vermögen hat und dieses nicht für den Lebensunterhalt braucht. Der Vorteil eines solchen Vertrages ist, dass damit die Bestattung in der vom Verstorbenen gewünschten Art gesichert ist und die Erben gehindert werden, nur eine billige Beerdigung zu veranlassen.

7. Organ- oder Gewebeentnahme beim toten Betreuten

511 Die Entnahme von Organen aus dem Körper des toten Spenders ist grundsätzlich nur zulässig, wenn der Spender zu Lebzeiten zugestimmt hatte (§ 3 TPG); dazu muss der Spender einwilligungsfähig sein.[17] Zu Lebzeiten des Betreuten darf dessen Betreuer keine solche Zustimmung erteilen, weil dies keine mögliche Aufgabe eines Betreuers ist.[18] Liegt dem Arzt, der die Organ- oder Gewebeentnahme vornehmen soll, weder eine schriftliche Einwilligung noch ein schriftlicher Widerspruch des möglichen Spenders vor, ist dessen nächster Angehöriger unter Umständen zustimmungsbefugt (§ 4 I TPG). „Dem nächsten Angehörigen steht eine volljährige Person gleich, die dem möglichen Organ- oder Gewebespender bis zu seinem Tode in besonderer persönlicher Verbundenheit offenkundig nahegestanden hat; sie tritt neben den nächsten Angehörigen" (§ 4 II 5 TPG).

512 Ist der Betreute verstorben, kann es somit in Einzelfällen noch zu den gesetzlichen Aufgaben des Betreuers gehören, darüber zu entscheiden, ob dem Betreuten Organe entnommen werden dürfen. Das ergibt sich aus § 4 TPG, welches hilfsweise auf den Willen der **Vertrauenspersonen** des Verstorbenen abstellt; dazu gehört unter Umständen auch ein Betreuer,[19] falls er dem Betreuten nahegestanden hat. Dafür genügt die Behauptung des Betreuers; wegen der Eilbedürftigkeit kann nichts nachgeprüft werden. Der Betreuer hat dabei auf den geäußerten bzw. mutmaßlichen Willen des verstorbenen Betreuten abzustellen. Deshalb kommt auch eine Ablehnung der Zustimmung in Frage. Auf die Entscheidung des Betreuers kommt es ferner an, wenn der Betreute als möglicher Organ- oder Gewebespender die Entscheidung über eine Organentnahme dem Betreuer übertragen hat (§ 4 III TPG).

---

17 *Bienwald/Sonnenfeld/Harm* § 1904 Rn. 44.
18 AG Mölln FamRZ 1995, 188.
19 *Deinert* BtPrax 1998, 60, 63.

Voraussetzung der Organentnahme ist die Feststellung des **Hirntodes**. 513
Diese Feststellung setzt je nach der Art der Hirnschädigung eine längere
Beobachtung (bis zu drei Tagen[20]) voraus, während der zur Erhaltung der
Transplantierbarkeit der durchbluteten Organe der Patient maschinell
beatmet und durchblutet werden muss. Hat jemand seine Bereitschaft zur
Organspende erklärt und später eine **Patientenverfügung** niedergelegt, in
der ein Verbot der Intensivbehandlung enthalten ist, liegt ein Widerspruch
vor. Umstritten ist, was vorrangig ist. Im Zweifel geht die *spätere* Patientenverfügung vor, wenn anzunehmen ist, dass der Patient unter keinen Umständen, selbst nicht für Tage, eine Intensivmedizin wollte. Einen solchen
Willen wird man aber kaum unterstellen können.

Die Verwendung einer Leiche für **anatomische Sektionen** im Medi- 514
zinstudium kann der Betreuer nicht gestatten; das gehört nicht mehr zu
seinem Aufgabenkreis.

8. Nachlassabwicklung durch den Betreuer im Auftrag der Erben des Betreuten

Der Betreuer wird sich nach dem Tod des Betreuten mit den ihm be- 515
kannten Angehörigen in Verbindung setzen und sie vom Tod des Betreuten
verständigen, ferner davon, dass sein Amt beendet ist und für die weiteren
Angelegenheiten (Wohnungsauflösung, Erbteilung usw) die Erben selbst
zuständig sind.

Die Erben können dann entweder den Nachlass selbst abwickeln oder
(z. B. wenn sie verstreut und entfernt wohnen) mit dem bisherigen Betreuer
einen Dienst-, Werk- und Geschäftsbesorgungsvertrag schließen und ihm
eine **Nachlassvollmacht**[21] erteilen, die Bestattung zu veranlassen und den
Nachlass „abzuwickeln", z. B. die Wohnung zu entsorgen. Da es hierfür
keine eigene Gebührentabelle gibt, sollte das Honorar vor Beginn der Tätigkeit vereinbart werden. Soweit es sich allerdings dabei um eine *Rechtsdienstleistung* handelt, ist dies Rechtsanwälten und sonstigen berechtigten
Personen vorbehalten (Rn. 730 ff.).

a) **Vollmacht.** A, B, C als Miterben zu je 1/3 der Erbengemeinschaft nach dem 515a
am ... in ... verstorbenen X erteilen dem früheren Betreuer Y folgende Vollmacht:

Die Erben beauftragen und bevollmächtigen Y, in Bezug auf den Nachlass von
X alle Rechtsgeschäfte und Rechtshandlungen vorzunehmen, die zur Nachlassabwicklung zweckmäßig oder erforderlich sind, insbesondere:

---
20 BT-Drucks. 15/3700, S. 22.
21 Zur Auslegung einer Nachlassvollmacht vgl. OLG München ZEV 2012, 429.

(1) einen **Erbschein** beim Nachlassgericht A zu beantragen und die entsprechenden Urkunden des Standesamts zu besorgen, wonach A, B, C aufgrund Gesetzes bzw. Testaments Miterben von Frau X mit folgenden Quoten wurden ...

(2) das **Grundstück** ...zu verkaufen und die **Wohnung** in ... nach freiem Ermessen aufzulösen, gegebenenfalls den Inhalt zu entsorgen; mit dem Vermieter eine Renovierungsvereinbarung nach freiem Ermessen zu schließen;

(3) alle **Konten** (Nr. ...) aufzulösen, alle Wertpapiere des Depots (Nr. ... bei der B-Bank) zu veräußern;

(4) alle **Nachlassgläubiger** zu bezahlen, die restliche Betreuervergütung (welche mit ... Euro vereinbart wird) dem Nachlass zu entnehmen, ebenso das für die vorliegende Abwicklung vereinbarte Honorar nebst Auslagen;

(5) die **Erbschaftsteuererklärung** abzugeben, die Steuer zu zahlen;

(6) eine **Grabpflegevertrag** mit einer Gärtnerei für die Dauer von ... Jahren zu schließen und aus dem Nachlass im Voraus zu bezahlen;

(7) den Miterben **Abrechnung** mit Belegen für die vorliegend vereinbarte Tätigkeit zu erteilen;

(8) ....

(9) das **restliche Guthaben** gemäß den Erbquoten des Erbscheins an die Erben zu überweisen und zwar auf folgende Konten ...

Wenn diese Vollmacht notariell beglaubigt ist, kann der Bevollmächtigte auch **Nachlassgrundstücke** veräußern.

515b b) **Vertrag** zwischen A, B, C als Miterben zu je 1/3 der Erbengemeinschaft nach dem am ... in ... verstorbenen X und dem früheren Betreuer Y:

§ 1. Die Aufbewahrungsfrist für die Unterlagen des Beauftragten beträgt ...Jahre; die Haftung von Y wird auf Vorsatz und grobe Fahrlässigkeit beschränkt.

§ 2. Für frühere Tätigkeit als Betreuer erteilen die Erben dem Y Entlastung.

§ 3. Für Tätigkeiten, die unter das Rechtsdienstleistungsgesetz fallen, wird sich Y der Hilfe eines Rechtsanwalts bedienen.

§ 4. Als Honorar wird vereinbart: ... zuzüglich Umsatzsteuer; die Auslagen des Y betragen pauschal ... Euro sowie verauslagte Anwaltskosten nach § 3. Erbscheinsgebühren, Standesamtskosten und ähnliche Kosten gehen ebenfalls zu Lasten der Erben.

P. Restliche Vergütung des Betreuers, Auslagenersatz

1. Zeit bis zum Tod des Betreuten

Die Betreuung endet mit dem Tod des Betreuten. Damit ist dann auch die vergütungsfähige Zeit zu Ende, nicht erst mit dem darauf folgenden Monatsende.[1] Der Tag, an dem die Änderung eintritt, gehört aber noch zum ablaufenden Teilmonat.   516

Beispiel: 517
Die Betreuung bestand seit drei Jahren. Der Betreute war mittellos und wohnte im Heim. Das vorherige Abrechnungsquartal lief vom 2.8. bis 1.11. Tod des Betreuten am 5.11., Ende der Vergütung 5.11., also sind noch 4/30 eines Monats zu vergüten; § 5 IV 2 VBVG.

Auch wenn im Todesfall fehlerhaft ein Aufhebungsbeschluss ergeht, ist die Zeit bis zur Bekanntgabe des Aufhebungsbeschlusses nicht mehr zu vergüten. In den Fällen der Beendigung der Betreuung durch Tod des Betreuten muss nicht die **Dreimonatsfrist** des § 9 VBVG abgewartet werden, es kann sofort abgerechnet werden,[2] entgegen dem Wortlaut von § 9 VBVG. Es wäre sinnlos, wenn der Betreuer noch den Ablauf der drei Monate abwarten müsste. § 9 VBVG will erreichen, dass der Betreuer jährlich höchstens vier Abrechnungen einreicht; dieser Zweck wird nicht beeinträchtigt.   518

Je fiktiver Stunde kann der berufsmäßige Betreuer je nach seiner Ausbildung 27 Euro, 33,50 oder 44 Euro berechnen[3] (§ 4 VBVG), was Auslagenersatz und Umsatzsteuer einschließt. Die ansatzfähigen Stunden ergeben sich aus folgender Tabelle: 519

---

1 OLG Köln FGPrax 2006, 163; OLG München NJW-RR 2006, 1517.
2 BGH FamRZ 2011, 1220; *Palandt*/*Götz* VBVG § 9 Rn. 1; MünchKomm/*Fröschle* VBVG § 9 Rn. 10; h.M.
3 Eine Erhöhung um 11 % ist geplant, BT-Drucks. 18/10485.

Pauschaler Zeitansatz für den Betreuer	Wenn der Betreute „vermögend" ist		Wenn der Betreute „mittellos" ist	
	Wenn der Betreute seinen gewöhnlichen Aufenthalt in einem Heim hat	Nicht im Heim	Wenn der Betreute seinen gewöhnlichen Aufenthalt in einem Heim hat	Nicht im Heim, sondern zuhause
In den ersten drei Monaten der Betreuung	5,5 Stunden je Monat	8,5 Stunden je Monat	4,5 Stunden je Monat	7,0 Stunden je Monat
Im vierten, fünften, sechsten Monat	4,5 Stunden je Monat	7 Stunden je Monat	3,5 Stunden je Monat	5,5 Stunden je Monat
Im siebten bis zwölften Monat	4 Stunden je Monat	6 Stunden je Monat	3,0 Stunden je Monat	5,0 Stunden je Monat
Danach, d. h. ab dem 13. Monat	2,5 Stunden je Monat	4,5 Stunden je Monat	2,0 Stunden je Monat	3,5 Stunden je Monat

2. Vergütung für gewöhnliche Abwicklungsarbeiten?

521 Fraglich ist, ob die Zeit für die Abschlusstätigkeiten des Betreuers (Schlussbericht, Vermögensaufstellung, Zusammenstellung der Einnahmen und Ausgaben, Rückgabe der Bestallungsurkunde, Erteilung notwendiger Auskünfte an Banken usw., Herausgabe des Nachlasses an die Erben), die erst nach dem Tod des Betreuten anfallen, als Betreuungszeit zählt. Überwiegend wird vertreten, dass diese Zeit nicht zusätzlich vergütungspflichtig ist, den vergütungsfähigen Zeitraum nicht verlängert.[4] Denn solche Tätigkeiten sind durch die Pauschale mit abgegolten. Dafür spricht die vom VBVG angestrebte leichtere Abrechnung; andernfalls müsste im Einzelfall festgestellt werden, wie lange nach dem Tod noch die Abwicklungsleistungen dauerten. Zudem bestünde die Gefahr des Missbrauchs; so könnten Betreuer versucht sein, die Abwicklung hinauszuzögern, um möglichst lange die Pauschalvergütung zu erhalten. Manchmal kommen Rückfragen (z. B. von Gläubigern) erst nach vielen Monaten.

---

[4] OLG München NJW-RR 2006, 1517; OLG Köln FGPrax 2006, 163; OLG Dresden BtPrax 2006, 117; LG Wuppertal FamRZ 2006, 1063; LG Duisburg BtPrax 2006, 117. A. A. LG Traunstein BtPrax 2006, 115 (Bezahlung nach Zeitaufwand, § 3 VBVG).

3. Vergütung für Notgeschäftsführung nach dem Tod des Betreuten?

Die Betreuung endet zwar mit dem Tod des Betroffenen, doch hat der Betreuer die Geschäfte, die nicht ohne Gefahr aufgeschoben werden können, zu besorgen, bis der Erbe anderweit Fürsorge treffen kann (§§ 1908i I, 1893, 1698b BGB); vgl. Rn. 484. Solche Geschäfte sind z. B. Gas abstellen, Heizung einschalten, Versorgung der Haustiere. Nach der bis 30.6.2005 geltenden Regelung wurde nach den geleisteten Stunden abgerechnet und die Notgeschäftsführung war daher unbestritten eine vergütungsfähige Zeit. Das seit 1.7.2005 geltende System pauschaliert, zahlt ohne Berücksichtigung des Zeitaufwands und stellt auf das Ende der Betreuung ab. Trotzdem wird gelegentlich die Ansicht vertreten,[5] der Berufsbetreuer sei für den Zeitraum der Notgeschäftsführung nach dem Tod des Betreuten zu vergüten, weil nicht ersichtlich sei, dass der Gesetzgeber Notgeschäftsführung vergütungsfrei habe machen wollen. Derartige Tätigkeiten des Betreuers seien regelmäßig nicht vorhersehbar und deshalb von der Pauschalregelung des § 5 VBVG nicht erfasst. Das LG Stendal will nach § 5 VBVG, also pauschal, vergüten; dann stellt sich die Frage, welcher Tarif gilt: Heim oder Nichtheim? Ein Verstorbener wohnt weder zuhause noch in einem Heim. Das OLG München[6] will nicht pauschal, sondern auf der Basis einer Einzelaufstellung nach Stunden analog § 6 VBVG abrechnen (also zu höchstens 33,50 Euro zuzüglich MwSt. je Stunde).

522

Ein Betreuer, der **in Unkenntnis des Todes** des Betroffenen zunächst weiter tätig wurde, ist insoweit allenfalls in analoger Anwendung von § 6 S. 1 VBVG und nicht pauschal nach den §§ 4, 5 VBVG zu entschädigen.[7]

4. Festsetzungsverfahren[8]

Hier kommt es darauf an, wer die Vergütung zahlen soll.

523

---

5 LG Stendal FamRZ 2006, 1063; OLG Köln FGPrax 2006, 163; *Bienwald* FamRZ 2006, 1065, in Anm. zu LG Stendal, der § 6 VBVG analog anwenden will und so zu § 3 VBVG kommt.
6 OLG München NJW-RR 2006, 1517.
7 BGH NJW-RR 2016, 643.
8 Dazu *Keidel/Engelhardt* FamFG § 168; *Brauer* BtPrax 2009, 226.

a) Staatskasse

524 Die Vergütung des Betreuers aus der Staatskasse kann noch nach dem Tod des Betreuten festgesetzt werden,[9] in der Regel auf Antrag des Betreuers, theoretisch auch von Amts wegen. Formelle Voraussetzung ist, dass beim Antrag des berufsmäßigen Betreuers die 15-Monatsfrist gewahrt ist (§ 2 VBVG); dagegen muss der Betreuer nicht warten, bis die Dreimonatsfrist des § 9 VBVG verstrichen ist; er kann also sofort nach dem Tod des Betreuten abrechnen. Materielle Voraussetzung ist, dass der Nachlass die Vergütung nicht voll zahlen kann; das muss der Betreuer bei seiner Antragstellung vortragen. Die Schonbeträge des Betreuten zu dessen Lebzeiten (§§ 1836c, 1836d BGB; § 90 SGB XII; Rn. 543) gelten nach dem Tod des Betreuten nicht mehr, so dass z. B. das zuvor geschützte selbst genutzte Hausgrundstück nun von den Erben einzusetzen ist. Mit ihrem Eigenvermögen haften die Erben des Betreuten bezüglich der Betreuervergütung nicht, sie müssen dazu **keine Haftungsbeschränkungsverfahren** durchführen. Nach dem Tod gilt ferner die Haftungsbeschränkung nach § 1836e I BGB, so dass den Erben die Freibeträge nach § 102 III SGB XII verbleiben müssen. Zum Regress der Staatskasse gegen die Erben vgl. Rn. 536 ff.

525 Hatte der Betreute einen Dritten als Bezugsberechtigten einer **Lebensversicherung** benannt, ist der Dritte insoweit nicht Erbe geworden (vgl. § 330 BGB), die Versicherungssumme fällt nicht in den Nachlass, so dass gegen den Dritten keine Erstattung der Vergütung festgesetzt werden kann,[10] es also bei der Zahlungspflicht der Staatskasse bleibt.

b) Bekannte Erben des Betreuten

526 Der Betreute schuldet grundsätzlich die Betreuervergütung. Die vom Erblasser nicht mehr bezahlte Vergütung ist daher eine Nachlassverbindlichkeit (§ 1967 I BGB) der Erben, es handelt sich um eine vom Erblasser herrührende Schuld im Sinne von § 1967 II BGB.[11] Ist der vergütungsberechtigte Betreuer Alleinerbe des Betreuten, fehlt für eine Festsetzung das Rechtsschutzbedürfnis.[12] Ist der Nachlass des Betreuten leistungsfähig, zahlt nicht die Staatskasse die Vergütung, sondern der bzw. die Erben. Für

---

9 BayObLG FamRZ 1996, 372; Rpfleger 1990, 361; KG NJW 1957, 1441; LG Leipzig FamRZ 2000, 1451.
10 OLG Jena FGPrax 2001, 22.
11 BayObLG FGPrax 1999, 182; BayObLGZ 1995, 395.
12 OLG Thüringen FGPrax 2001, 22.

die Frage, ob Vermögen vorliegt, ist auf den Zeitpunkt des Todes abzustellen.[13]

Sind die Erben des Betreuten bekannt, was nicht zwingend einen Erbschein voraussetzt, kann der Betreuer die Festsetzung seiner Vergütung gegen die Erben beantragen (vgl. § 168 I FamFG); für eine Klage (oder einen Mahnantrag) gegen die Erben würde das Rechtsschutzbedürfnis fehlen. Das Betreuungsgericht kann somit den Betreuer nicht auf eine Klage gegen die Erben verweisen, weil sie angesichts § 168 FamFG ohne Rechtsschutzbedürfnis wäre. Die Erben sind am Verfahren zu beteiligen, d. h. zum Vergütungsantrag schriftlich anzuhören. Sie sind im Rubrum des Beschlusses namentlich zu nennen. Der Beschluss richtet sich gegen die Erben insgesamt, nicht nach bestimmten Erbquoten, weil sie als Gesamtschuldner haften (§ 2058 BGB). 527

Allerdings haftet der Erbe nur mit dem Wert des im Zeitpunkt des Erbfalls vorhandenen Nachlasses (§ 102 SGB XII) und kann im Festsetzungsverfahren auch die ihm durch § 1836e I 2 Hs. 2 BGB in Verbindung mit mit dem SGB XII eingeräumten **Schongrenzen** geltend machen (Rn. 543). Sollte der Nachlass nicht ausreichen ist der Festsetzungsantrag gegen den Nachlass zurückzuweisen; auf neuen Antrag des Betreuers hat die Staatskasse die Vergütung zu bezahlen.[14] 528

Soweit im Festsetzungsverfahren sonstige **Einwendungen des Erben** ausgeschlossen sind (z. B. **Schadensersatzansprüche der Erben** gegen den Betreuer, Rn. 568), kann der Erbe nach § 767 ZPO gegen den Vergütungsfestsetzungsbeschluss vor dem Prozessgericht klagen.[15] 529

Ist die Vergütung gegen die Erben festgesetzt worden und zeigt sich dann wieder Erwarten, dass kein haftender Nachlass vorhanden ist, kann der Betreuer einen **neuen Festsetzungsantrag**, nun gegen die Staatskasse, richten; die Rechtskraft des Festsetzungsbeschlusses gegen die Erben steht nicht entgegen.[16] Ein weiteres Problem ist hierbei, ob die Wahrung der 15-Monatsfrist (§ 2 VBVG) durch den ersten Antrag auch zugunsten des zweiten Festsetzungsantrags wirkt; das wird man bejahen müssen. 530

Der Betreuer ist nicht gezwungen, die Festsetzung zu beantragen; er kann sich mit den Erben auch gütlich **einigen**. Meist will der Betreuer auf diese Weise eine höhere als die gesetzliche Vergütung erlangen. Halten sich die Erben später nicht an dieses „tatsächliche Zugeständnis" einer höheren Vergütung, ist es für das Festsetzungsverfahren nicht bindend. Der Be- 531

---

13 BayObLG FGPrax 1999, 182.
14 BayObLG FamRZ 2004, 305.
15 BGH FamRZ 2015, 1709; BGH NJW-RR 2012, 835; BayObLG FamRZ 1999, 1609.
16 BayObLG FamRZ 2004, 305.

treuer ist also darauf angewiesen, den überschießenden Betrag einzuklagen, mit unsicherem Ausgang, weil die Zulässigkeit von Vergütungsvereinbarungen in Betreuungssachen umstritten ist.[17]

c) Unbekannte Erben bei vermögendem Nachlass

532 Sind die Erben zwar zahlungspflichtig, aber noch nicht namentlich bekannt, dann kann gegen die Erben weder festgesetzt noch vollstreckt werden. Auf den Nachlass kann der Betreuer nicht mehr legal zugreifen, weil die Betreuung mit dem Tod beendet ist. Deshalb muss der Betreuer hier zunächst beim Nachlassgericht den Antrag stellen, dass ein **Nachlasspfleger** als Vertreter der unbekannten Erben bestellt wird (§ 1961 BGB); sollte das vom Nachlassgericht abgelehnt werden, kann der Betreuer als Nachlassgläubiger dagegen Beschwerde einlegen (§§ 58 ff. FamFG), worüber das OLG entscheidet. Der Nachlasspfleger wird dann zum Vergütungsantrag angehört; der Vergütungsfestsetzungsbeschluss des Betreuungsgerichts ergeht gegen die *unbekannten Erben des Betreuten*, vertreten durch den Nachlasspfleger N .....; der Nachlasspfleger kann bezahlen.

Werden die Erben später bekannt und wird die Nachlasspflegschaft aufgehoben, bevor der Betreuer aus dem Beschluss Zahlung vom Pfleger erhalten hat, kann der Betreuer durch Vorlage einer Erbscheinsausfertigung (die er vom Nachlassgericht erhält, § 357 II FamFG) eine Beischreibung der Namen der Erben auf dem Festsetzungsbeschluss beantragen und dann gegen die Erben vollstrecken (es handelt sich nicht um eine Titel-Umschreibung nach § 727 ZPO, weil nur der wahre Sachverhalt, wer Erbe ist, aufgedeckt wird).

d) Festsetzung noch gegen den Betreuten

533 Ist die Vergütung noch gegen den (vermögenden) Betreuten festgesetzt worden, kann aus diesem Vollstreckungstitel (§ 86 FamFG) im Regelfall nicht einfach gegen die Erben vollstreckt werden (Ausnahme: die Zwangsvollstreckung hat bereits begonnen, § 779 I ZPO), eine Umschreibung der Vollstreckungsklausel gegen die Erben nach § 727 ZPO ist erforderlich. Falls dafür ein Erbschein erforderlich ist, kann der Betreuer eine Ausfertigung des bereits erteilten Erbscheins beantragen (§ 357 II FamFG). Falls noch kein Erbschein erteilt ist, könnte der Betreuer als Gläubiger einen Erbschein beantragen (§ 792 ZPO); die Erbscheinsgebühren (Nr. 12210,

---

[17] Nach LG Saarbrücken FamRZ 2009, 1091 unzulässig (doch betrifft das keine Vereinbarung mit den Erben); vgl. *Zimmermann* FamRZ 2011, 1776/1779.

23300 KV GNotKG) dürfen nur aus dem Wert der Vergütungsforderung berechnet werden, sie werden später mitvollstreckt (§ 788 ZPO).

6. Tod des Betreuers

Ist der Betreuer gestorben, hat der Erbe des Betreuer dies dem Betreuungsgericht unverzüglich („ohne schuldhaftes Zögern") mitzuteilen (§§ 1908i I, 1894 I BGB). Das Amt des Betreuers ist mit seinem Tod erloschen, es wird nicht auf seine Erben weitervererbt. Ein neuer Betreuer wird bestellt (§ 1908c BGB). Bei schuldhafter Verletzung seiner Anzeigepflicht haftet der Erbe des Betreuers für einen daraus entstandenen Schaden nach allgemeinen Grundsätzen, z. B. aus § 280 BGB. Eine Verpflichtung der Erben zur Fortführung der vom Betreuer begonnenen Geschäfte, etwa in Form einer Notgeschäftsführung gibt es nicht;[18] erst recht hat der Erbe des Betreuers kein Recht dazu. Führt der Erbe ein Geschäft des Betreuers trotzdem weiter, so handelt er als Geschäftsführer ohne Auftrag; die Rechtsfolgen, insbesondere die Haftung, richten sich nach den §§ 677 ff. BGB.

534

7. Tod des ehrenamtlichen Betreuers, Bestellung eines Berufsbetreuers

Stirbt der Betreuer, besteht die Betreuung betreuerlos fort; baldigst ist ein neuer Betreuer zu bestellen (vgl. § 1908c BGB). Dies kann nach Ansicht des OLG München[19] jedenfalls dann nicht einer Erstbestellung mit entsprechend erhöhtem Stundenansatz gleichgestellt werden, wenn die zeitliche Lücke innerhalb der Betreuung drei Monate nicht überschreitet. Die zeitliche Einschränkung ist m. E. nicht angebracht, weil beim Tod des Betreuers die Betreuung nicht endet, sondern weiter besteht; aus § 5 I, II VBVG folgt, dass somit das „Alter" der Betreuung weiterläuft (der Zeitablauf wird nicht gehemmt) und allein darauf kommt es hinsichtlich der Vergütung an. Nichts anderes kann gelten, wenn ein Betreuer entlassen wird, aus welchen Gründen auch immer, wie aus der Gleichstellung in § 1908c BGB folgt.

535

---

18 *Staudinger/Engler* (2004) § 1884 Rn. 5.
19 OLG München FamRZ 2006, 647.

Q. Regress der Staatskasse bei den Erben des Betreuten

1. Rückzahlung von Betreuervergütung

Grundsätzlich schuldet der Betreute dem Betreuer Vergütung und Auslagenersatz. Hatte die Staatskasse wegen Mittellosigkeit des Betreuten an den Betreuer Vergütung und Aufwendungsersatz gezahlt und ist der Betreute dann gestorben, müssen die Erben deshalb grundsätzlich Ersatz an die Staatskasse leisten, § 1836e I 3 BGB. Praktischen Sinn hat die Regelung etwa, wenn sich nach dem Tod des Betreuten herausstellt, dass der Betreute zu Unrecht für mittellos gehalten wurde (**verschwiegenes Vermögen**) oder wenn der Betreute nur Gegenstände besaß, die zum Schonvermögen nach des § 1836c Nr. 2 BGB i. V. m. § 90 II Nr. 8 SGB XII gehörten, wie z. B. das selbst genutzte Haus. Wenn der Betreute verstirbt, erlischt die Privilegierung als Schonvermögen. 536

Wenn der ursprüngliche Festsetzungsbeschluss zu Lebzeiten des Betreuten rechtskräftig wurde, kann der Erbe nicht mehr einwenden, dass z. B. von einer zu hohen Stundenzahl des Betreuers ausgegangen wurde; die bloße Feststellung der Vergütung durch den Urkundsbeamten erlangt keine solche Rechtskraft. 537

2. Auskunftspflichten des Erben

Ist möglich, dass ein Regress in Frage kommt, leitet das Betreuungsgericht ein Regressverfahren ein. Der Erbe des Betreuten ist (auf Aufforderung des Betreuungsgerichts) verpflichtet, dem Betreuungsgericht den Nachlassbestand mitzuteilen (§ 168 III 2 FamFG). Das könnte durch Androhung und Festsetzung eines Zwangsgeldes durchgesetzt werden (§ 35 FamFG). Zweckmäßiger ist, bei (trotz Mahnung) unterlassener Auskunft die Rückzahlung durch den Erben anzuordnen; im Beschwerdeverfahren kann der Erbe dann die Unterlagen vorlegen. Auf Verlangen muss der Erbe die Richtigkeit des Nachlassverzeichnisses eidesstattlich versichern (§ 168 III 3 BGB). Im Regelfall genügt das letzte Vermögensverzeichnis des Vermögensbetreuers als Nachlassverzeichnis. 538

3. Haftung des Erben

539   Die Haftung des Erben ist mehrfach begrenzt:

a) Wert des Nachlasses

540   Die Haftung ist auf den *Wert* des Nachlasses begrenzt (§ 1836e I 2 BGB). Grundsätzlich haftet zwar ein Erbe für Schulden des Erblassers auch mit seinem Eigenvermögen, nicht nur mit der Erbschaft; wenn er sein Eigenvermögen schützen will muss er ausschlagen etc. Wegen der Haftungsbegrenzung in § 1836e I 2 BGB erübrigt sich aber ein solches **Ausschlagungsverfahren**. Auf eigenes Einkommen und Vermögen der Erben darf nicht zurückgegriffen werden. Diese Haftungsbeschränkung gilt auch dann, wenn der Erbe nach dem Tod des Betreuten unmittelbar auf die noch nicht festgesetzte Betreuervergütung in Anspruch genommen werden soll.[1]

541   **Nachlasswert** ist das Aktivvermögen abzüglich Nachlassverbindlichkeiten (vgl. § 2311 BGB).[2] Zu den Nachlassverbindlichkeiten zählen sowohl die bereits zu Lebzeiten in der Person des Erblassers entstandenen rechtlichen Verpflichtungen[3] als auch diejenigen Verbindlichkeiten, die zwar erst in der Person des Erben entstehen, deren Rechtsgrund aber bereits beim Erbfall bestand. Zu den **Nachlassverbindlichkeiten** gehören daher auch die Kosten einer angemessenen Beerdigung[4] (Leichenfeier, Grabstein, Erstbepflanzung; aber nicht laufende Grabpflege);[5] dieser Betrag ist also vom *Aktiv*vermögen abzuziehen (und geht somit faktisch dem Regressanspruch der Staatskasse vor[6]). Vermächtnisse sind nicht abzuziehen.[7] Von den Bestattungskosten sind aber vorweg Sterbegelder, Sterbegeldversicherungszahlungen und ähnliche zweckgebundene Leistungen abzuziehen, weil sie die Belastung des Erben minderten. Die Höhe der Beerdigungskosten ist betragsmäßig in § 1836e BGB nicht begrenzt. Rückforderungsansprüche des Sozialhilfeträgers sind Nachlassverbindlich-

---

1 OLG Frankfurt NJW 2004, 373; OLG Jena FGPrax 2001, 22; BayObLG FamRZ 2001, 866; OLG Düsseldorf FGPrax 2002, 219; LG Kassel FamRZ 2015, 1377 = ZEV 2015, 599.
2 BGH NJW 2014, 3370 = FamRZ 2014, 1775; OLG Saarbrücken FamRZ 2015, 281.
3 Vgl. OLG München FamRZ 2006, 508.
4 BayObLG FamRZ 2002, 699.
5 OLG Köln FamRZ 2015, 1318; OLG Thüringen FGPrax 2001, 22/3; LG Trier BtPrax 2000, 132; OLG Oldenburg FamRZ 1992, 987.
6 BayObLG FamRZ 2002, 699; a. A. LG Trier BtPrax 2000, 132; LG Frankenthal BtPrax 1999, 298; LG Koblenz FamRZ 2001, 1169.
7 BGH NJW 2014, 3370 = FamRZ 2014, 1775.

keiten, auch wenn sie zum Zeitpunkt des Todes der Betreuten noch nicht förmlich festgesetzt waren, der Rechtsgrund für die Rückforderung aber bereits zu Lebzeiten der Betreuten entstanden war.[8] Andere Verbindlichkeiten bleiben selbst dann außer Betracht, wenn sie bereits (durch öffentlich-rechtlichen Leistungsbescheid oder zivilrechtlichen Titel) tituliert sind. Solange ein dem Betroffenen zustehender Gegenstand nicht aus seinem Vermögen abgeflossen ist, muss er dem Aktivvermögen zugerechnet werden, auch wenn insoweit möglicherweise Vollstreckungsmaßnahmen Dritter drohen könnten.[9]

Die Haftungsbeschränkung ist *nicht gegenständlich*, sondern *wertmäßig* zu verstehen;[10] wenn der Erbe Teile des Nachlasses veräußert oder verschenkt hat, bleibt doch die Haftungsbeschränkung bestehen. Auch muss nicht der Nachlass (z. B. das alte geerbte Möbelstück) an die Staatskasse herausgegeben werden, damit sie sich befriedigen kann; allenfalls Geldzahlung in Höhe des Wertes (notfalls durch einen Sachverständigen zu schätzen) wird geschuldet. 542

b) Schonbetrag beim Erben

Haftungsbegrenzung. Es gibt nach dem Tod des Betreuten kein Schonvermögen mehr. Eine Haftungsbegrenzung ergibt sich aber aus der Verweisung des § 1836e BGB auf § 102 III SGB XII. Sie ist vom Betreuungsgericht von Amts wegen zu beachten. Da der Erbe kraft Gesetzes nur beschränkt haftet, bedarf es keines Vorbehalts im Vollstreckungstitel, wie in § 780 ZPO vorgesehen.[11] Nach § 102 III SGB XII kann gegenüber dem Erben der Anspruch auf Kostenersatz nicht geltend gemacht werden, wenn: 543

Nr. 1: Der Wert des Nachlasses unter dem dreifachen des Grundbetrags nach § 85 I SGB XII liegt (d. h. ca. 2.400 Euro); es kommt auf die Höhe des Freibetrags im Zeitpunkt des Erbfalls an); sog. Bagatellnachlässe; oder 544

Nr. 2: Der Wert des Nachlasses unter 15.340 Euro liegt, wenn der Erbe der Ehegatte des Betreuten (nicht umgekehrt!) oder mit diesem verwandt (Begriff: § 1589 BGB) ist und nicht nur vorübergehend (d. h. in der Regel einige Monate) bis zum Tod des Betreuten mit diesem in häuslicher Gemeinschaft (d. h. zumindest im selben Haus) gelebt und ihn gepflegt hat (nicht erforderlich: *alleinige* Pflege); unschädlich ist aber, wenn der Betreute 545

---

8 OLG Frankfurt NJW 2004, 373.
9 OLG Stuttgart FamRZ 2007, 1912.
10 VGH Baden-Württemberg FEVS 38, 384 zu § 92c BSHG.
11 OLG Stuttgart FamRZ 2007, 1912; BayObLG FamRZ 2005, 1590; a. A. OLG Thüringen FamRZ 2006, 645.

kurze Zeit vor seinem Tod in einem Krankenhaus untergebracht werden musste.

546 **Zu Nr. 1 und 2:** Das Wort „soweit" im Gesetzestext besagt, dass dem Erben auf jeden Fall ein Freibetrag in Höhe des „Dreifachen" bzw. in Höhe von 15.340 Euro verbleiben muss, auch wenn der Nachlasswert höher ist.[12] Bei **mehreren Erben** wird der Freibetrag nur einmal gewährt; er ist nach den Erbteilen (vgl. Erbschein) aufzuteilen.[13] Eine Kumulation beider Freibeträge soll in Betracht kommen, wenn von mehreren Erben einer die Voraussetzungen der Nr. 2 erfüllt.

547 **Nr. 3:** wenn die Inanspruchnahme des Erben nach der Besonderheit des Einzelfalles eine **besondere Härte** bedeuten würde. Sie ist nur bei außergewöhnlich gelagerten Sachverhalten anzunehmen, die es unter Berücksichtigung aller Umstände des Einzelfalls als unbillig erscheinen lassen, den Erben für den Kostenersatz in Anspruch zu nehmen. Sie muss besonders gewichtig sein, also objektiv besonders schwer wiegen, und sich in der Person des Erben realisieren.[14] Beispiel: Alle vorgenannten Pflegevoraussetzungen liegen vor, doch ist Erbin nicht die Witwe, sondern die langjährige Lebensgefährtin des Betreuten. Oder: zwar Pflege, doch fehlte die häusliche Gemeinschaft.[15]

c) Frist

548 Der Anspruch der Staatskasse gegen den Betreuten erlischt nach **drei Jahren**. Die Verweisung auf § 102 IV SGB XII besagt, dass der Anspruch auf Kostenersatz in drei Jahren nach dem Tod der leistungsberechtigten Person, ihres Ehegatten oder ihres Lebenspartners erlischt. Innerhalb der Frist muss das Betreuungsgericht einen Beschluss erlassen, der die an die Staatskasse zu leistenden Zahlungen der Höhe nach festsetzt (§ 168 FamFG); dieser Beschluss muss ferner im Sinne von § 40 I FamFG wirksam geworden sein, d. h. dem Zahlungspflichtigen zugehen. Ein bloßes Rückforderungsschreiben führt nicht zur Hemmung der Verjährung.[16]

549 § 102 IV SGB XII verweist auf § 103 III 2 SGB XII. Diese Verweisung bedeutet: die Bestimmungen des BGB über die Unterbrechung und Hemmung der Verjährung gelten entsprechend; der Erhebung der Klage steht der Erlass eines Rückzahlungsbeschlusses gleich. Der Ablauf der Dreijahresfrist wird also gehemmt wie bei der Verjährung, z. B. durch Stundung

---

12 BVerwGE 66, 161.
13 BVerwGE 57, 26.
14 BGH NJW 2014, 3370 = FamRZ 2014, 1775.
15 HessVGH FamRZ 1999, 1023.
16 BGH FamRZ 2012, 627.

(§ 202 BGB). Richtet sich der Anspruch gegen einen Nachlass, d. h. sind die Erben vorerst unbekannt und wird ein Nachlasspfleger eingesetzt, tritt Ablaufhemmung ein (§ 207 BGB); eine Unterbrechung der Erlöschensfrist erfolgt z. B. durch Anerkenntnis, Abschlagszahlung (§ 208 BGB).

4. Verfahren des Betreuungsgerichts

Der Erbe wird gehört (§ 168 IV FamFG). Ist der Erbe noch unbekannt, tritt an seine Stelle ein (vom Nachlassgericht zu bestellender) Nachlasspfleger. Nach Durchführung der Ermittlungen (§ 26 FamFG) erlässt das Betreuungsgericht (Rechtspfleger) den entsprechenden Rückzahlungsbeschluss. Der Name des Erben ergibt sich aus den Nachlassakten. Ist er unbekannt, kann vom Nachlassgericht ein Nachlasspfleger bestellt werden und der Beschluss „gegen den Nachlasspfleger" (§§ 1960, 1961 BGB) als Vertreter der unbekannten Erben ergehen (z. B. dann, wenn sich erst beim Tod des Betreuten zeigt, dass er sein Bar-Vermögen verschwiegen hatte). Mehrere Erben haften als Gesamtschuldner; im Innenverhältnis gleichen sie nach ihren Erbquoten aus.

550

5. Rechtsmittel

Gegen den Beschluss ist (bei Beschwerdewert ab 600,01 Euro) die befristete Beschwerde nach §§ 58 ff. FamFG, 11 I RPflG statthaft; bei einem Beschwerdewert unter 600,01 Euro nur die Erinnerung (§ 11 II RPflG), außer das Betreuungsgericht (Richter; Rechtspfleger) hat die Beschwerde zugelassen. Über die Beschwerde entscheidet das LG.

551

6. Vollstreckung

Der Beschluss des Betreuungsgerichts wird nach der JustizbeitreibungsO (§ 1 I Nr. 4b JBeitrO) gegen den Erben bzw. die Erben vollstreckt.

552

7. Rückzahlung von Sozialhilfe

Nach § 102 I 1 SGB XII richtet sich auch, ob die Erben eines Betreuten, der Sozialhilfe bezogen hat, diese Hilfe zurückzahlen müssen. Die Rück-

553

zahlung ist durch eine Bagatellregelung auf Beträge beschränkt, die innerhalb eines Zeitraumes von zehn Jahren vor dem Erbfall aufgewendet wurden (§ 102 I 2 SGB XII) und das Dreifache des Grundbetrages nach § 85 I SGB XII (oben Rn. 544) übersteigen. § 102 III SGB XII bringt einen Freibetrag, der bei Miterben nur gemeinsam zusteht. Der Regress kann nur befristet geltend gemacht werden (§ 102 IV SGB XII). Die Erbenhaftung ist auf den Wert des Nachlasses beschränkt; § 102 II 2 SGB XII (Rn. 540). Die Sozialbehörde macht ihren Anspruch durch Leistungsbescheid (Verwaltungsakt) geltend.

Der Sozialhilfeträger muss im Rahmen der Erbenhaftung bei einer Mehrheit von Erben, die mit dem Nachlass als **Gesamtschuldner** für an den Erblasser geleistete Sozialhilfe haften, regelmäßig Ermessen ausüben, welchen Gesamtschuldner und in welcher Höhe er ihn in Anspruch nimmt.[17]

Häufig übergibt jemand sein Grundstück an Angehörige; später, wenn er verarmt ist, kann er u. U. wegen **Verarmung** die Herausgabe des Geschenks fordern (§ 528 BGB). Hat der Sozialhilfeträger inzwischen an den Übergeber Sozialhilfe bezahlt, kann er den Rückforderungsanspruch auf sich überleiten (§ 93 SGB XII) und einklagen; nach dem Tod richtet sich der Anspruch gegen die Erben. Damit der Wert der Schenkung möglichst gering ist, werden im notariellen Vertrag als Gegenleistung umfangreiche **Pflegeverpflichtungen** der Angehörigen vereinbart. Zur Bewertung dieser Gegenleistungen gibt es einen Erlass der Finanzbehörden.[18]

554 **Gesetzestext: § 102 SGB XII – Kostenersatz durch Erben**

(1) Der Erbe der leistungsberechtigten Person oder ihres Ehegatten oder ihres Lebenspartners, falls diese vor der leistungsberechtigten Person sterben, ist vorbehaltlich des Absatzes 5 zum Ersatz der Kosten der Sozialhilfe verpflichtet. Die Ersatzpflicht besteht nur für die Kosten der Sozialhilfe, die innerhalb eines Zeitraumes von zehn Jahren vor dem Erbfall aufgewendet worden sind und die das Dreifache des Grundbetrages nach § 85 Abs. 1 übersteigen. Die Ersatzpflicht des Erben des Ehegatten oder Lebenspartners besteht nicht für die Kosten der Sozialhilfe, die während des Getrenntlebens der Ehegatten oder Lebenspartner geleistet worden sind. Ist die leistungsberechtigte Person der Erbe ihres Ehegatten oder Lebenspartners, ist sie zum Ersatz der Kosten nach Satz 1 nicht verpflichtet.

(2) Die Ersatzpflicht des Erben gehört zu den Nachlassverbindlichkeiten. Der Erbe haftet mit dem Wert des im Zeitpunkt des Erbfalles vorhandenen Nachlasses.

(3) Der Anspruch auf Kostenersatz ist nicht geltend zu machen,

1. soweit der Wert des Nachlasses unter dem Dreifachen des Grundbetrages nach § 85 Abs. 1 liegt,

---

17 BSG FamRZ 2014, 660 = ZEV 2014, 434.
18 Erlass ZEV 2014, 447.

2. soweit der Wert des Nachlasses unter dem Betrag von 15.340 Euro liegt, wenn der Erbe der Ehegatte oder Lebenspartner der leistungsberechtigten Person oder mit dieser verwandt ist und nicht nur vorübergehend bis zum Tod der leistungsberechtigten Person mit dieser in häuslicher Gemeinschaft gelebt und sie gepflegt hat,

3. soweit die Inanspruchnahme des Erben nach der Besonderheit des Einzelfalles eine besondere Härte bedeuten würde.

(4) Der Anspruch auf Kostenersatz erlischt in drei Jahren nach dem Tod der leistungsberechtigten Person, ihres Ehegatten oder ihres Lebenspartners. § 103 Abs. 3 Satz 2 und 3 gilt entsprechend.

...

Gesetzestext: § 103 SGB XII – Kostenersatz bei schuldhaftem Verhalten 555

...

(3) Der Anspruch auf Kostenersatz erlischt in drei Jahren vom Ablauf des Jahres an, in dem die Leistung erbracht worden ist. Für die Hemmung, die Ablaufhemmung, den Neubeginn und die Wirkung der Verjährung gelten die Vorschriften des Bürgerlichen Gesetzbuchs sinngemäß. Der Erhebung der Klage steht der Erlass eines Leistungsbescheides gleich.

...

R. Schadensersatzansprüche der Erben des Betreuten gegen den Betreuer und Vorsorgebevollmächtigten

1. Grundlagen

Der Betreuer ist dem Betreuten für den aus einer Pflichtverletzung entstehenden Schaden verantwortlich, wenn ihm ein Verschulden zur Last fällt (§§ 1908i I, 1833 BGB). Der Schadensersatzanspruch des Betreuten gegen seinen Betreuer, den dieser zu Lebzeiten nicht geltend gemacht hat, fällt in den Nachlass (§ 1922 BGB) und wird also von den Erben des Betreuten geerbt. § 1833 BGB gilt sowohl für den **berufsmäßigen** wie für den **ehrenamtlichen Betreuer**, der Haftungsmaßstab ist also grundsätzlich nicht unterschiedlich. Der BGH[1] wendet § 1833 BGB auf den **Verfahrenspfleger** entsprechend an, da sein Zweck auch auf den Verfahrenspfleger zutreffe.

556

Die Haftung erfasst die Zeitspanne vom Wirksamwerden der Bestellung zu Betreuer (§ 287 FamFG) bis zur Beendigung der Betreuung oder dem Ende des Amtes des konkreten Betreuers. Noch nach dem Ende treffen den Betreuer nachträgliche Pflichten aus §§ 1908i, 1893, 1698b BGB, so dass er bei Unterlassung der gebotenen Fortführung dringlicher Geschäfte haften kann (Rn. 484).

557

Für ehrenamtliche Betreuer bestehen **Sammelhaftpflichtversicherungen,**[2] allerdings mit Haftungshöchstbeträgen zwischen 26.000 und 100.000 Euro. Mit Bestellung ist der ehrenamtliche Betreuer automatisch versichert, den Beitrag zahlt der Justizhaushalt des Landes. Meist wird hier ferner verlangt, dass dem Betreuer der Aufgabenkreis „Vermögenssorge" ausdrücklich übertragen war[3] und mit Hilfe weiterer Klauseln u. U. eine Haftungsübernahme abgelehnt. Anwälte und Steuerberater sind als Berufsbetreuer zwar meist über ihre allgemeine **Berufshaftpflicht** versichert, aber mit unterschiedlichen Einschränkungen je nach Versicherungsgesellschaft. Sonstige Berufsbetreuer sind nur versichert, wenn sie eine entsprechende Haftpflichtversicherung abgeschlossen haben.

558

---

1 BGH NJW 2009, 2814.
2 Vgl. HK-BUR-*Deinert/Lütgens* § 1833 Rn. 311 (Länderübersicht).
3 *Fiala/Keppel* BtPrax 2008, 198.

559   **Kenntnis** von Vorgängen, aus denen sich eine Schadensersatzpflicht des Betreuers ergeben könnte, erlangen die Erben des Betreuten, weil sie als Erben eines Beteiligten das Recht auf Akteneinsicht haben (§ 13 FamFG) und deshalb jedenfalls die jährlichen Abrechnungen und die Genehmigungen in vermögensrechtlichen Angelegenheiten einsehen und sich kopieren lassen können. Außerdem haben die Erben den Anspruch des Betreuten auf Rechenschaft (§§ 1890, 1892 BGB) geerbt und können daher vom Betreuer Rechenschaft fordern. Allerdings werden die **Akten** des Betreuungsgerichts nur 10 Jahre lang **aufbewahrt**;[4] Nachforschungen werden dadurch erschwert, dass auch Banken ihre Unterlagen nur 10 Jahre aufbewahren müssen.

560   Ist **der haftungspflichtige Betreuer gestorben**, geht seine Verpflichtung auf seine Erben über (§ 1967 BGB), die sich aber u. U. durch Ausschlagung, Antrag auf Nachlassverwaltung, Nachlassinsolvenz, Dürftigkeitseinrede (§ 1990 BGB) davon lösen und ihr Eigenvermögen schützen können.

2. Voraussetzungen und Geltendmachung des Schadensersatzspruchs

a) Pflichtverletzung

561   Der Betreuer hat die allgemeine Pflicht zu treuer und gewissenhafter Führung der Betreuung, wobei der im Bestellungsbeschluss des Betreuungsgerichts zugewiesene Aufgabenkreis maßgebend ist; Handeln außerhalb des Aufgabenkreises ist immer Pflichtverletzung. Unterlassungen außerhalb des Aufgabenkreises stellen in der Regel keine Pflichtverletzung dar.

562   **Beispiel:**
B ist zum Betreuer mit dem Aufgabenkreis „Personensorge" bestellt worden. Er kümmert sich daher nicht um die Vermögensangelegenheiten des Betreuten. Grundsätzlich haftet er nicht, es sei denn man nimmt eine Pflicht an, das Betreuungsgericht davon zu informieren, dass eine Erweiterung der Betreuung notwendig ist.

563   Neben dieser allgemeinen Pflicht regelt das Gesetz noch besondere Einzelpflichten. Anderseits soll der Betreuer Wünschen des Betreuten entsprechen (§ 1901 BGB). Dadurch entsteht ein „Spannungsverhältnis". Verzichtet der Betreuer auf etwas, was rechtlich möglich ist, aber vom

---
4 Nr. 95 der Bund/Länder Aufbewahrungsbestimmungen von 1971/2007.

Betreuten ausdrücklich nicht gewünscht wird und aus wirtschaftlichen Gründen auch nicht notwendig ist (z. B. Mieterhöhung bei langjährigen Hausmitbewohnern), haftet er nicht.[5]

Beispiele für Pflichtverletzungen: **Verspätete Beantragung von Rente**[6] **oder Sozialhilfe**,[7] von Wohngeld, Eingliederungshilfe,[8] sonstigen staatlichen Leistungen; Unterlassen eines Prozesskostenhilfeantrags, so dass der Betreute mit Kosten belastet wird; höhere Geldbeträge längere Zeit unverzinslich angelegt,[9] **Geldanlage** bei einer Bank, deren Einlagensicherung ungenügend ist und die zusammenbricht;[10] Nichteinholen der Genehmigung des Betreuungsgerichts vor bestimmten ärztlichen Maßnahmen (§ 1904 BGB),[11] vor Unterbringung (§ 1906 BGB), vor **Wohnungskündigung** (§§ 1907, 1831 BGB); verspätete Beantragung der Genehmigung der Wohnungskündigung;[12] Verzögerung der Wohnungsräumung, nachdem sie vom Betreuungsgericht genehmigt wurde, so dass noch Miete zu zahlen ist; Unterlassen einer Anmeldung zur Krankenversicherung;[13] Unterlassen der Geltendmachung von Gewinnansprüchen,[14] von Bereicherungsansprüchen.[15] Als Nachfolgebetreuer von seinem Vorgänger die Schlussrechnung nicht angefordert oder nicht geprüft zu haben.[16] Unterlassen von gerechtfertigten Mieterhöhungen, von Unterhaltsklagen, von Unterhaltsvollstreckung; Bewilligung der Löschung einer Vormerkung, ohne dass die gesicherte Leistung erbracht ist;[17] **Wasserleitungen** des leer stehenden Hauses vor dem Winter nicht „winterfest" gemacht;[18] Überlassung einer EC-Karte an den Betreuten, der auf diese Weise hohe Beträge abhebt und

564

---

5 Vgl. OLG Karlsruhe NJOZ 2011, 536 (unwirtschaftliche, aber vom Betreuten gewünschte Autoreparatur).
6 OLG Stuttgart DAVorm 1966, 115; LG Berlin FamRZ 2002, 345; LG Köln FamRZ 2006, 1874 (Hinterbliebenenrente nicht beantragt).
7 BGH NJW-RR 2011, 1009; OLG Schleswig FamRZ 1997, 1427; LG Offenburg FamRZ 1996, 1356; LG Köln FamRZ 1998, 919 (Aufgabenkreis Personensorge sei notwendig).
8 LG Berlin BeckRS 2011, 14308.
9 BayObLG FamRZ 2005, 389 (13.400 Euro zuhause verwahrt, also ohne Zinsertrag); LG Bremen Rpfleger 1993, 338 (zinsungünstige Anlage).
10 LG Waldshut-Tiengen FamRZ 2008, 916.
11 Vgl. OLG München FamRZ 2007, 1128 (Einstellung der Sondenernährung).
12 LG Berlin FamRZ 2000, 1526; *Meier* BtPrax 1999, 57.
13 BSG FamRZ 2002, 1471; OLG Brandenburg FamRZ 2008, 916; LG Dessau-Roßlau BeckRS 2010, 15044.
14 BGH FamRZ 2005, 358.
15 OLG München Rpfleger 2006, 14.
16 OLG Koblenz LSK 2016, 109021.
17 OLG Hamm FamRZ 1995, 696 für Nachlasspflegschaft.
18 OLG München OLG-Report 2000, 318; LG Berlin BeckRS 2011, 20918.

vergeudet.[19] Ferner liegt eine Pflichtverletzung vor, wenn die Einreichung einer Klage vor Ablauf der **Verjährungsfrist** versäumt wird.[20] Unter besonderen Umständen kann der Betreuer verpflichtet sein, für den Betreuten eine Haftpflichtversicherung abzuschließen;[21] eine grundsätzliche Pflicht hierzu besteht nicht.[22]

b) Verschulden

565 Der Betreuer hat als eigenes Verschulden Vorsatz und Fahrlässigkeit zu vertreten (§ 276 BGB). Er hat nicht etwa nur für die Sorgfalt wie in eigenen Angelegenheiten einzustehen; wohl aber ist auf den Lebenskreis des Betreuers Rücksicht zu nehmen.[23] Das heißt, wenn einem nicht rechtskundigen Betreuer ein Sozialhilfebescheid, den Betreuten betreffend, zugestellt wird, der plausibel ist, liegt kein Verschulden vor, wenn er kein Rechtsmittel einlegt.[24] Dringende Abhaltung durch eigene Geschäfte lassen das Verschulden nicht entfallen.[25] Ebenso wenig kann sich der Betreuer auf Arbeitsüberlastung oder die geringe Honorierung berufen.

566 Auskunft und Rat des Betreuungsgerichts entheben den Betreuer nicht der eigenen sorgfältigen Prüfung. Die **Genehmigung eines Geschäfts durch das Betreuungsgericht** schließt Verschulden nicht begriffsnotwendig aus,[26] da § 1829 BGB gerade die Doppelprüfung vorsieht und damit den Schutz des Betreuten bezweckt, nicht aber die Entlastung des Betreuers.[27] Es muss ferner bedacht werden, dass für die Genehmigung der Rechtspfleger zuständig ist, der nicht Volljurist ist, so dass von einem Betreuer, welche Rechtsanwalt ist, u. U. verlangt werden muss, dass er Fachliteratur zu Rate zieht.[28]

567 Der *geschäftsfähige* Betreute kann mit dem Betreuer einen **Erlassvertrag** über einen schon entstandenen Schadensersatzanspruch schließen.

---

19 LG Berlin BeckRS 2010, 06609.
20 BGH VersR 1968, 1165.
21 Vgl. BGH FamRZ 1980, 874; OLG Hamm JR 1978, 201; *Peters* FamRZ 1997, 595 für Eltern.
22 BGH NJW 1980, 2249; OLG Hamm VersR 1982, 77.
23 RG JW 1911, 1016; BGH FamRZ 1964, 199; *Staudinger/Engler* § 1833 Rn. 4.
24 OLG Schleswig FamRZ 1997, 1427.
25 KG OLGE 4, 414.
26 BGH NJW 2004, 220; FamRZ 1964, 199; FamRZ 1983, 1220.
27 BGH MDR 1962, 466; BGH FamRZ 1964, 199.
28 Fall BGH NJW 2004, 220.

c) Geltendmachung

Der Anspruch muss vor dem **Prozessgericht** (AG, LG) geltend gemacht werden, nicht vor dem Betreuungsgericht. Das Betreuungsgericht darf nicht mit den Zwangsmitteln des § 1837 BGB den Betreuer zum Ersatz des Schadens *zwingen*. Nach h. M.[29] darf der Schadensersatzanspruch **im Vergütungsfestsetzungsverfahren** (§ 168 FamFG) nicht berücksichtigt werden; wenn der Erbe des vermögenden Betreuten also gegenüber dem Vergütungsfestsetzungsantrag des Betreuers die **Aufrechnung** mit eigenen Schadensersatzansprüchen einwendet, wird trotzdem festgesetzt; gegen den Titel kann sich der der Erbe des Betreuten mit Klage nach § 767 ZPO wehren. Die **Beweislast** für Pflichtverletzung, Schuld, Schaden, ursächlichen Zusammenhang liegt beim Betreuten bzw. dessen Erben.

568

d) Verjährung

Der Anspruch verjährte bis 30.8.2009 in 30 Jahren (§ 197 I Nr. 2 a. F. BGB); seit 1.9.2009 gilt die Regelverjährung von drei bzw. 10 Jahren (§§ 195, 199; Übergangsrecht: Art. 229 § 23 EGBGB). Während der Dauer des Betreuungsverhältnisses mit der Fristablauf gehemmt (§ 207 I 2 Nr. 4 BGB). Dauerte die Betreuung von 2000 bis 2015 und hat der Betreuer 2001 einen Schaden verursacht, läuft die Haftung also, vereinfacht gesagt, mindestens bis 2018. Endet die Betreuung durch den Tod des Betreuten beginnt die Verjährung erst mit dem Tod zu laufen. Wurde die Betreuung vor dem Tod des Betreuten aufgehoben und stirbt der Betreute während des Laufs der Verjährungsfrist, ist die Ablaufhemmung in Nachlassfällen nach § 211 BGB zu beachten (Rn. 726).

569

3. Ansprüche gegen den Vorsorgebevollmächtigten

Zwischen dem Erblasser und dem Vorsorgebevollmächtigten besteht ein Rechtsverhältnis, das ja nach Ausgestaltung ein Gefälligkeitsvermächtnis, ein Auftrag oder ein Geschäftsbesorgungsvertrag gewesen sein kann; daneben besteht die abstrakte Vollmacht. Ansprüche, die der Vollmachtgeber gegen den Bevollmächtigten hatte, werden vom Erben geerbt (§ 1922 BGB); das sind z. B. Ansprüche auf Abrechnung, auf Schadensersatz, auf **Herausgabe von Geldern**. Bei einem Auftrag oder einer Geschäftsbesorgung ist der Bevollmächtigte gem. § 667 BGB verpflichtet, dem Voll-

569a

---

29 BGH FamRZ 2015, 1709; BGH NJW-RR 2012, 839; KG NJW-RR 2007, 1598.

machtgeber alles, was er zur Ausführung des Auftrags erhält und was er aus der Geschäftsbesorgung erlangt, herauszugeben. Streitig wird oft sein, in welchem Umfang der Bevollmächtigte vom Konto des Vollmachtgebers abgehobene oder überwiesene Geldbeträge auftragsgemäß zur Finanzierung des Lebensunterhalts des Vollmachtgebers verwandt hat. Für die zweckentsprechende Verwendung der abgehobenen oder überwiesenen Gelder trägt der Bevollmächtigte die Darlegungs- und Beweislast,[30] die nach Treu und Glauben abmildert sein kann.

---

30 OLG Brandenburg ZEV 2014, 118.

S. Enterbung des Betreuten, Erbverzicht, Zuwendungsverzicht

1. Enterbung des Betreuten

a) Pflichtteilsentziehung

Wenn der Erblasser bestimmte Verwandte nicht als Erben oder Vermächtnisnehmer einsetzt oder sie sogar ausdrücklich ausschließt („Mein Sohn Siegfried wird enterbt"), dann sprechen Laien von „Enterbung". Pflichtteilsberechtigte Personen (Rn. 588) haben trotzdem den Pflichtteilsanspruch. Der Erblasser kann diesen Pflichtteil seinen Abkömmlingen, Eltern und Ehegatten nur entziehen, wenn extreme Voraussetzungen vorliegen, die in § 2333 BGB genannt sind. Im Bereich betreuter Erben spielen allenfalls zwei Fälle eine Rolle: 570

§ 2333 Nr. 2 BGB: Der Erblasser kann einem Pflichtteilsberechtigten den Pflichtteil entziehen, wenn diese Person sich eines Verbrechens oder *schweren* vorsätzlichen Vergehens gegen bestimmte Personen (Erblasser, Ehegatte des Erblassers, andere Abkömmlinge, Nähepersonen) schuldig macht. Voraussetzung ist ein Verschulden des Pflichtteilsberechtigten, nicht aber eine Verurteilung durch ein Strafgericht. 571

§ 2333 Nr. 4 BGB: Der Erblasser kann einem Pflichtteilsberechtigten den Pflichtteil ferner entziehen, wenn diese Person wegen einer vorsätzlichen Straftat zu einer Freiheitsstrafe von mindestens einem Jahr ohne Bewährung rechtskräftig verurteilt wird und die Teilhabe des Abkömmlings am Nachlass deshalb dem Erblasser unzumutbar ist. Gleiches gilt, wenn die Unterbringung des Pflichtteilsberechtigten in einem **psychiatrischen Krankenhaus oder in einer Entziehungsanstalt** wegen einer ähnlich schwerwiegenden vorsätzlichen Tat rechtskräftig angeordnet wird. Eine Pflichtteilsentziehung ist also auch dann möglich, wenn (z. B.) der Abkömmling zwar wegen seiner Tat infolge Schuldunfähigkeit nicht zu einer Strafe verurteilt werden konnte, aber deswegen in die Psychiatrie eingewiesen wird und wenn die Abwägung des Verhaltens des Pflichtteilsberechtigten die Unzumutbarkeit der Nachlassteilhabe ergibt. 572

573 **Beispiel:**[1]

Der geistesschwache Sohn S würgt seine Mutter bis zur Bewusstlosigkeit. Deshalb enterbt sie ihn testamentarisch und setzt seine Schwester als Erbin ein. Hierauf erschlägt S seine Mutter und vergräbt die Leichenteile im Wald. S., vertreten durch seinen Betreuer, machte gegen seine Schwester als Erbin seinen Pflichtteilsanspruch geltend.

574 Eine wirksame Entziehung des Pflichtteils ist im Übrigen an hohe formale Voraussetzungen geknüpft (§§ 2336, 2337 BGB), **weil der Grund der Entziehung im Testament detailliert angegeben** werden und zutreffen muss. Ungenügend sind Sätze wie „weil mich mein Sohn geschlagen hat; weil er ein polizeibekannter Verbrecher ist" usw.

b) Erbunwürdigkeit

575 Eine Pflichtteilsentziehung ist nicht möglich, wenn der Erblasser von der Verfehlung des Erben, z. B. der Fälschung des Testaments, keine Kenntnis hatte oder wenn er keine Konsequenzen mehr ziehen kann. Für diese und ähnliche Fälle bringt § 2339 BGB eine Regelung, die allerdings in Betreuungsfällen kaum einschlägig ist. Die Erbunwürdigkeit tritt nicht automatisch ein, sondern muss durch **Klage** geltend gemacht werden (§ 2342 BGB). Kläger ist, wem der Wegfall des Erbunwürdigen erbrechtlich nützen würde, Beklagter der Erbunwürdige. Steht der Kläger unter Betreuung, kann der Betreuer als Vertreter die Klage erheben.

2. Erbverzichtsvertrag

a) Zweck und Inhalt des Vertrages, Unterschied zum Pflichtteilsverzicht

576 Der Erbverzicht[2] ist ein Vertrag zwischen dem Erblasser und seinem Ehegatten oder einem Verwandten, durch den diese auf ihr *gesetzliches* Erbrecht verzichten. Der Erblasser kann aber trotzdem den Verzichteten im Testament als Erben oder Vermächtnisnehmer einsetzen. Der reine Erbverzicht (d. h. *ohne* Pflichtteilsverzicht) kommt allerdings in der Praxis selten vor; viel häufiger ist der Pflichtteilsverzicht (Rn. 608), weil der Erblasser dadurch seinen Spielraum erweitert. Der bloße Pflichtteilsverzicht erhöht

---

1 BVerfG NJW 2005, 1561 (zur früheren Fassung des § 2333 BGB); dazu OLG Köln BeckRS 2011, 10396.
2 Dazu *Damrau*, Der Erbverzicht als Mittel zweckmäßiger Vorsorge für den Todesfall, 1966.

nämlich das Pflichtteilsrecht anderer Pflichtteilsberechtigter nicht.³ Bei einem Erbverzicht hingegen steigen dadurch die Pflichtteile der anderen Pflichtteilsberechtigten,⁴ was für den Erblasser unerwünscht ist. Denn bei der Feststellung des für die Berechnung des Pflichtteils maßgebenden Erbteils wird derjenige nicht mitgezählt, der durch Erbverzicht von der gesetzlichen Erbfolge ausgeschlossen ist (§ 2310 S. 2 BGB).

Beispiel: 577
Der verwitwete Vater E hat 4 Kinder (A, B, C, D). Der gesetzliche Erbteil eines jeden beträgt ¼, der Pflichtteil ⅛. Wenn E mit dem Sohn A einen bloßen Erbverzicht vereinbart, beträgt der gesetzliche Erbteil von B, C, D je ⅓, der Pflichtteil je ⅙. E hat also dadurch seinen erbrechtlichen Gestaltungsspielraum kaum erweitert.

b) Form, Abfindung, Betreuung, Genehmigung

Der Erbverzicht hat einen Sinn, weil der Verzichtende dafür in der Praxis eine **Abfindung** verlangt, um schon vor dem Erbfall an Geld zu kommen. Der Erbverzichtsvertrag bedarf der notariellen Beurkundung (§ 2348 BGB); der Notar hat die Urkunde dem Zentralen Testamentsregister der Bundesnotarkammer in Berlin zu melden (§ 78b BNotO; vgl. § 347 FamFG), damit sie beim Tod des Erblassers dem Nachlassgericht mit Sicherheit bekannt wird. 578

Ist der **Erblasser** *geschäftsfähig* kann er, auch wenn er unter Betreuung steht, den Vertrag nur persönlich schließen, also nicht von einem Betreuer oder einem sonstigen Bevollmächtigten vertreten werden; ist der Erblasser *geschäftsunfähig* und steht er unter Betreuung, kann nur der Betreuer für ihn handeln und braucht die Genehmigung des Betreuungsgerichts (§ 2347 II BGB). Wenn die Geschäftsfähigkeit bzw. Geschäftsunfähigkeit nicht offenkundig ist, ist der Vertrag daher mit einem hohen Risiko behaftet (zur praktischen Handhabung vgl. Rn. 65a), wenn nur der eine oder der andere handelt; deshalb sollten in einem solchen Falle stets der Betreuer und zugleich der Betreute handeln. 579

Der **Verzichtende** (z. B. Abkömmling) muss den Vertrag nicht persönlich schließen, er kann vertreten werden,⁵ was sich aus § 2347 II BGB durch Umkehrschluss ergibt. Dabei muss differenziert werden: (1) Ist der Verzichtende *geschäftsfähig* und steht er unter Betreuung, kann er den Vertrag selbst schließen oder von einem Bevollmächtigten oder von einem Betreuer vertreten werden. Die Vollmacht kann der Verzichtende allerdings 580

---
3 BGH FamRZ 1982, 571; FamRZ 1997, 173.
4 BGH FamRZ 1998, 1294.
5 MünchKomm/*Wegerhoff* § 2347 Rn. 3.

auch seinem Betreuer erteilen, der aber dann als Bevollmächtigter kraft Vollmacht und nicht als Betreuer kraft Bestellungsbeschluss des Betreuungsgerichts auftritt. Tritt der Betreuer dagegen als gesetzlicher Vertreter auf ist die Genehmigung des Betreuungsgerichts erforderlich. **(2)** Ist der Verzichtende *geschäftsunfähig* und steht er unter Betreuung, kann nur der Betreuer für ihn handeln und braucht die Genehmigung des Betreuungsgerichts (§ 2347 I 2 BGB). Wenn die Geschäftsfähigkeit bzw. Geschäftsunfähigkeit nicht offenkundig ist taucht die obige Problematik (Rn. 579) ebenfalls auf.

581 **Abfindung.**[6] Der Erbverzicht wird in der Regel gegen eine Abfindung erklärt, die an den Verzichtenden ausbezahlt wird. Als abstraktes Rechtsgeschäft kann der Erbverzicht nicht in einem Synallagma zur Abfindungsvereinbarung stehen.[7] Wie kann verhindert werden, dass der Verzicht zwar wirksam wird, der Verzichtende aber seine versprochene „Gegenleistung" nicht erlangt? In Frage kommt z. B. eine Verknüpfung durch Bedingungen:[8] Der Erbverzichtsvertrag wird aufschiebend bedingt durch die Zahlung der Abfindung geschlossen. Wird keine Abfindung bezahlt, kann zweifelhaft sein, ob eine „Schenkung" vorliegt; für die Qualifikation als Schenkung ist maßgeblich, ob sich die Vertragsparteien über die Unentgeltlichkeit der Zuwendung einig sind.[9]

582 Im **Genehmigungsverfahren des Betreuungsgerichts** sollte der Betreute vom Gericht (zuständig ist der Rechtspfleger, §§ 3, 15 RPflG) persönlich angehört werden; dies folgt zwar nicht aus § 299 FamFG, der § 2347 BGB nicht nennt, wohl aber aus § 34 I Nr. 1 FamFG. Wenn er sich nicht mehr artikulieren kann ist dem Betreuten ein Verfahrenspfleger zu bestellen (§ 276 FamFG). Steht der Verzichtende unter Betreuung, dann ist im Rahmen des Genehmigungsverfahrens vor allem zu prüfen, ob die Abfindung, die er für den Verzicht erhalten soll, angemessen ist; erfolgt der Verzicht ohne ausreichende Abfindung taucht die Frage der Nichtigkeit wegen Sittenwidrigkeit auf (§ 138 BGB). Hinsichtlich der Abfindung ist auch zu prüfen, ob gesichert ist, dass der Vertrag erst wirksam wird, wenn die Abfindung tatsächlich bezahlt wird (Rn. 581). Der Genehmigungsbeschluss wird erst mit Rechtskraft wirksam (§ 40 II FamFG); er ist dem Betreuer, aber auch dem Betreuten bekannt zu geben (§ 41 III FamFG).

---

6 *Schotten* DNotZ 1998, 163.
7 MünchKomm/*Wegerhoff* § 2346 Rn. 21.
8 Vgl. BayObLG FamRZ 1995, 964; MünchKomm/*Wegerhoff* § 2346 Rn. 25.
9 BGH NJW 2016, 324.

3. Zuwendungsverzichtsvertrag

a) Der betreute Erblasser

Hat der Erblasser jemanden in einem Testament als Erben oder Vermächtnisnehmer eingesetzt und überlegt er sich die Sache später anders, dann kann er die Einsetzung rückgängig machen, indem er sein Testament zerreißt oder einfach ein neues Testament errichtet, in welchem er sein früheres Testament widerruft. Das scheitert aber in zwei Fallgruppen:[10] **(1)** wenn der Erblasser durch Erbvertrag oder durch gemeinschaftliches Testament gebunden ist; oder **(2)** wenn der Erblasser nicht mehr testierfähig ist. In beiden Fällen kann ein Zuwendungsverzichtsvertrag[11] helfen.

583

> **Beispiel:**
>
> Die verwitwete Mutter M hat drei Söhne; einen davon (S) hat sie mit Testament zum Alleinerben eingesetzt. Nach einigen Jahren wird sie dement (und testierunfähig) und ihr wird ein Betreuer bestellt. Sie bringt zum Ausdruck, dass sie nun doch im Falle ihres Todes alle drei Söhne gleichbehandelt haben will.

584

Hier könnte die betreute Erblasserin M, vertreten durch ihren Betreuer mit dem Aufgabenkreis „Abschluss eines Zuwendungsverzichtsvertrages mit S", mit dem Sohn S einen Verzichtsvertrag schließen. Da M wegen ihrer Testierunfähigkeit kein anderweitiges Testament mehr verfassen kann tritt dann letztlich gesetzliche Erbfolge ein, d. h. die drei Söhne erben je ⅓. Der Vertragsschluss setzt voraus:

585

- Notarieller Abschluss des Vertrages, §§ 2352, 2348 BGB;
- Genehmigung des Betreuungsgerichts, §§ 2352, 2347 II 2 BGB (Rn. 661 ff.);
- Einverständnis des Verzichtenden. Denn S würde aufgrund des Testaments Alleinerbe und wäre nur mit Pflichtteilsansprüchen von zwei mal ⅙ belastet, bekäme also wirtschaftlich ⅔ des Nachlasses; nun soll er auf ⅓ herabgesetzt werden; das wird er in der Regel nur gegen eine Abstandszahlung tun.

Ist der **Erblasser** *geschäftsfähig* kann er, auch wenn er unter Betreuung steht, den Vertrag nur persönlich schließen, also nicht von einem Betreuer oder einem sonstigen Bevollmächtigten vertreten werden; nur wenn der Erblasser *geschäftsunfähig* ist und unter Betreuung steht, kann der Betreuer für ihn handeln und braucht die **Genehmigung des Betreuungsgerichts** (§ 2347 II BGB). Wenn die Geschäftsfähigkeit bzw. Geschäftsunfähigkeit

586

---

10 *Weidlich* ZEV 2007, 463.
11 Dazu *Kornexl*, Der Zuwendungsverzichtsvertrag, 1998.

b) Der Betreute als Verzichtender

587 Der Verzichtende (z. B. der Abkömmling) gibt durch den Zuwendungsverzicht eine durch Testament eingeräumte Erbchance auf. Diese Erberwartung kann allerdings der testierfähige Erblasser jederzeit ohnehin dadurch vernichten, dass er ein Widerrufstestament errichtet, so dass der Zuwendungsverzicht keinen Sinn hat, wenn der Erblasser noch testierfähig ist. Anders ist es, wenn der Erblasser durch Erbvertrag oder durch gemeinschaftliches Testament gebunden ist. Vgl. dazu die Ausführungen beim Erbverzicht (oben Rn. 576 ff.).

T. Pflichtteil des Betreuten; Pflichtteilsverzicht; Verträge zu Lebzeiten

1. Der Betreute als Pflichtteilsberechtigter

Pflichtteilsberechtigt sind Abkömmlinge, Ehegatte, registrierte Lebenspartner, Eltern des Erblassers (§ 2303 BGB). **Nicht pflichtteilsberechtigt**: Geschwister, Großeltern und fernere Ordnungen haben zwar ein gesetzliches Erbrecht (§§ 1926, 1928, 1929 BGB), aber kein Pflichtteilsrecht. Der Lebensgefährte bzw. die Lebensgefährtin (Mann/Frau) haben weder ein gesetzliches Erbrecht noch ein Pflichtteilsrecht. Der geschiedene Ehegatte hat kein Pflichtteilsrecht (über Unterhaltsansprüche vgl. § 1586b BGB). Ferner ist nicht pflichtteilsberechtigt, wer auf sein gesetzliches Erbrecht ohne Vorbehalt des Pflichtteils (also einschließlich diesem) verzichtet hat (§ 2346 I BGB); auch wer nur auf den Pflichtteil verzichtet hat (§ 2346 II BGB); eventuell der Abkömmling eines dergestalt Verzichtenden (§ 2349 BGB; sofern im Verzichtsvertrag nicht etwas anderes vereinbart wurde); der gerichtlich für pflichtteilsunwürdig Erklärte (§ 2345 II BGB); der, dem das Pflichtteilsrecht wirksam entzogen wurde (§§ 2333 ff. BGB).

588

Der **Anspruch entsteht** mit dem Erbfall (§ 2317 I BGB); er ist sofort fällig, ab Mahnung bzw. Rechtshängigkeit sind **Zinsen** zu zahlen (§§ 286, 288, 291 BGB). Da die Zinsen auch dann zu zahlen sind, wenn der Anspruch noch nicht bezifferbar ist,[1] sollte der Betreuer baldmöglichst mahnen, um den frühestmöglichen Zinsanspruch zu sichern. Der Berechtigte kann dem Erben *nach dem Tod* des Erblassers die Pflichtteilsschuld erlassen (**formloser Erlassvertrag**, § 397 BGB; Rn. 610); der Betreuer des Berechtigten könnte nur mit Genehmigung des Betreuungsgerichts den Anspruch erlassen (§ 1822 Nr. 2 BGB), was praktisch nicht genehmigungsfähig ist, wenn nichts dafür bezahlt wird.

589

Steht der zahlungspflichtige Erbe unter **Testamentsvollstreckung,** ist gleichwohl der Erbe (und nicht der Testamentsvollstrecker) auf den Pflichtteil zu verklagen (§ 2213 I 3 BGB), der Testamentsvollstrecker auf Duldung der Zwangsvollstreckung (§ 2213 III BGB).

590

---

1 BGH NJW 1981, 1732; *Palandt/Weidlich* § 2317 Rn. 3.

591 **Pflichtteilsquote.** Der Pflichtteil besteht in der Hälfte des Wertes des gesetzlichen Erbteils (§ 2303 I 2 BGB). Es ist also zunächst der gesetzliche Erbteil zu ermitteln und dann zu halbieren. Beispiel: Hat der verwitwete Erblasser zwei Kinder hinterlassen, beträgt der gesetzliche Erbteil der Kinder je ½ (§ 1924 BGB), der Pflichtteil also ¼.

a) Dritte als Pflichtteilsschuldner

592 Der Betreuer des Berechtigten muss hier zunächst den Nachlassbestand und die Schenkungen des Erblassers vor seinem Tod klären, um die Höhe des **Pflichtteils** (§ 2303 BGB) sowie ggf. des **Pflichtteilsergänzungsanspruch** (§ 2325 ff. BGB) errechnen zu können bzw. einen sachkundigen Rechtsanwalt damit zu beauftragen. Wenn der Nachlass nur aus Bankguthaben und Wertpapieren besteht, keine Anrechnungen und Ausgleichungen (§§ 2315, 2316 BGB) erfolgen und die Schulden nur aus den Beerdigungskosten bestehen, ist die Berechnung unproblematisch. Bei komplizierteren Nachlässen ist der Erbe aufzufordern:

593 Schriftlich Auskunft über den Bestand des Nachlasses des verstorbenen X zu erteilen und zwar durch Vorlage eines Bestandsverzeichnisses, das insbesondere folgende Positionen umfasst:

- Die beim Erbfall vorhandenen Sachen, Rechte, Forderungen und sonstigen Vermögensgegenstände (Aktiva);

- Die beim Erbfall vorhandenen Nachlassverbindlichkeiten (Passiva), auch zweifelhafte Verbindlichkeiten (insoweit mit Erläuterung);

- Die Schenkungen (auch gemischten Schenkungen) des Erblassers an die Erben und an Dritte innerhalb von 10 Jahren vor dem Erbfall. Die Auskunft hat sich auch auf vermeintliche Anstands- und Pflichtschenkungen zu erstrecken. Darunter fallen auch Lebensversicherungs- und sonstige Verträge zugunsten Dritter, bei denen der Verstorbene die Prämien bezahlt hat.

- Die anrechnungs- und ausgleichspflichtigen Zuwendungen des Erblassers an seine Abkömmlinge (§§ 2315; 2316, 2050 ff. BGB), auch solche außerhalb der Zehnjahresgrenze des § 2325 BGB.

- Vermögensübertragungen des Erblassers an den Erben mehr als 10 Jahre vor dem Erbfall, bei denen der Erblasser den „Genuss" des verschenkten Gegenstands bis zum Erbfall nicht entbehrt hat. Das sind z. B. Übertragungen von Grundstücken unter Vorbehalt eines Nießbrauchs oder Wohnungsrechts.

Das Bestandsverzeichnis ist von einem **Notar** aufzunehmen; der Betreuer hat das **Recht der Anwesenheit** bei Aufnahme des Bestandsverzeichnisses. Es wird um Mitteilung des Notartermins gebeten.

Werte (Verkehrswert; § 2311 BGB) sind bei allen im Bestandsverzeichnis angegebenen Nachlasspositionen anzugeben. Guthaben und Wertpapiere sind mit Unterlagen (wie Kontoauszügen, Depotauszügen) zu belegen.

Der Wert der im Nachlass befindlichen Grundstücke sowie folgender Gegenstände: ... ist durch ein **Sachverständigengutachten** zu ermitteln; das Gutachten ist dem Betreuer vorzulegen; bei verschenkten Grundstücken muss das Gutachten sowohl den Wert zur Zeit des Erbfalls ... wie den Wert zum Zeitpunkt der Eintragung des Schenkungsvollzuges im Grundbuch angeben (vgl. § 2325 II 2 BGB).

Der Betreuer verfügt über den Pflichtteilsanspruch, wenn er ihn durch **Annahme des Betrages** zum Erlöschen bringt, so dass im Rahmen von §§ 1812, 1813 BGB eine Genehmigung erforderlich sein kann. Kommt es aufgrund der mitgeteilten Werte zu einer Einigung, dann ist unter Umständen hierzu die Genehmigung des Betreuungsgerichts erforderlich (**Vergleich**, § 1822 Nr. 12 BGB). 594

b) Der Betreuer als Alleinerbe und Pflichtteilsschuldner

Beispiel: 595

Betreuer von B ist ihr Vater. Nach dem Tod der Mutter wird der Vater aufgrund eines gemeinschaftlichen Testaments der Ehegatten Alleinerbe der Mutter. Die betreute Tochter hat daher einen Pflichtteilsanspruch gegen ihren Vater, der zugleich ihr Betreuer ist.

Der gesetzliche Vertreter (Betreuer) kann ein Rechtsgeschäft mit sich selbst vornehmen, wenn das Rechtsgeschäft *ausschließlich* in der Erfüllung einer Verbindlichkeit besteht (§ 181 BGB). So gesehen kann der Betreuer den Pflichtteilsanspruch des Betreuten (§ 2317 BGB) gegen sich erfüllen (§§ 1908i I, 1795 II, 181 BGB), ohne dass ein Ergänzungsbetreuer zu bestellen wäre. Wenn z. B. der Betreuer an den Betreuten als Pflichtteilsabgeltung 5.000 Euro überweist, der Anspruch aber tatsächlich 20.000 Euro beträgt, dann ist die Verbindlichkeit nur teilweise erfüllt worden (zur Verjährung des Restanspruchs vgl. unten Rn. 700 ff.). Den Rest kann sich der Betreuer nicht selbst erlassen (Erlassvertrag, Rn. 610, 611). 596

Die **Berechnung der Höhe** des Pflichtteilsanspruch ist selten unstreitig, weil die Bewertung des Nachlasses oft nicht zweifelsfrei ist (wie viel ist das Grundstück wert, was zählt zu den Nachlassverbindlichkeiten, in welcher Höhe bestehen Anrechnungen und Ausgleichungen usw.). Weil somit ein **Interessengegensatz** offenkundig ist, müsste an sich das Betreuungsgericht dem Betreuer insoweit die Vertretungsmacht entziehen und einen Ergänzungsbetreuer bestellen (§ 1796 II BGB). Hier ist die Rechtsprechung aber recht zurückhaltend, um sich die Arbeit zu ersparen: Pflichtteilsansprüche des Betreuten gegen den Betreuer sollen keinen Entzug der Vertretungsmacht rechtfertigen, solange kein konkreter Interessengegensatz bei der Erfüllung des Pflichtteilsanspruchs (insbesondere keine Gefährdung des 597

Anspruchs) ersichtlich sei.[2] Deshalb sei kein **Ergänzungsbetreuer** zu bestellen, wenn der Pflichtteil „wertlos" sei;[3] hier fragt sich, wer die „Wertlosigkeit" prüft. Auch die Ausschlagungssituation des § 2306 BGB soll für sich allein ebenfalls nicht die Annahme eines erheblichen Interessengegensatzes rechtfertigen;[4] ebenso nicht, wenn die Durchsetzung des Anspruchs gegen den Betreuer gesichert erscheine.[5] Etwas anderes gelte dann, wenn der Betreute seinerseits ein Interesse an der Geltendmachung oder Sicherstellung des Anspruchs hat.[6] Das BayObLG[7] andererseits hält die Bestellung eines Ergänzungsbetreuers für die Prüfung und Geltendmachung von Pflichtteils- und Pflichtteilsergänzungsansprüchen des Betreuten gegen Vater und Schwester, die zu seinen Betreuern bestellt sind, für erforderlich.

598 Der Betreuer ist gemäß §§ 181, 1795 II BGB von der Vertretung der Betreuten insoweit ausgeschlossen, als es um die **Geltendmachung** von Ansprüchen geht, die dem Betreuten als Pflichtteilsberechtigten zustehen; denn er müsste Ansprüche nach §§ 2303, 2325 BGB gegen sich selbst als Alleinerben geltend machen. Das Betreuungsgericht hat deshalb von Amts wegen oder auf Anregung des Betreuers oder sonstiger Personen und Stellen (z. B. des Nachlassgerichts) einen Ergänzungsbetreuer zu bestellen (§ 1899 IV BGB), der den Pflichtteilsanspruch ggf. gegen den Betreuer geltend macht und die Sicherung betreibt. Es sollte ein Rechtsanwalt (und nicht ein Verwandter) als **Ergänzungsbetreuer** bestellt werden, um weitere Interessenkonflikte zu vermeiden. Die Vergütung des berufsmäßigen Ergänzungsbetreuers richtet sich nach § 6 S. 1 VBVG; da ein Fall rechtlicher Verhinderung des Betreuers vorliegt erhält der berufsmäßige Ergänzungsbetreuer eine Bezahlung nach seinem Zeitaufwand (je Stunde 19,50 bis 33,50 Euro[8] zuzüglich Auslagenersatz und Umsatzsteuer); §§ 3, 1 II VBVG.

599 **Falls kein Ergänzungsbetreuer bestellt wird** und sich niemand sich um die Sache kümmert verjährt der Pflichtteilsanspruch des Berechtigten vorerst nicht, weil die Verjährung während der Dauer des Betreuungsverhältnisses gehemmt ist (§ 207 I 2 Nr. 4 BGB; Rn. 713). Endet das Betreuungsverhältnis (wie meist) erst mit dem Tod des Betreuten, dann erben die Erben des Betreuten den Pflichtteilsanspruch. Bis dahin ist der Schuldner, also der Betreuer, unter Umständen zahlungsunfähig.

---

2 BayObLG Rpfleger 1982, 180; BayObLG Rpfleger 1981, 302; KG JW 1936, 2748; KG OLGE 18, 305.
3 KG OLGE 34, 262; MünchKomm/*Spickhoff* § 1796 Rn. 15.
4 OLG Frankfurt FamRZ 1964, 154.
5 KG OLGE 18, 305 bei MünchKomm/*Spickhoff* § 1796 Rn. 15.
6 BayObLG bei *Goerke* Rpfleger 1982, 264/5.
7 BayObLG FamRZ 2004, 906; zustimmend *Palandt/Weidlich* § 2317 Rn. 5.
8 Eine Änderung der Sätze um 11 % ist geplant, BT-Drucks. 18/10485.

c) Nahestehende Personen als Pflichtteilsschuldner

Beispiel: 600
Betreuer von B ist ihr Vater. Die Mutter verschenkte ihr Anwesen vor dem Tod an ihre zweite Tochter (T). Nach dem Tod der Mutter wird der Vater zwar Alleinerbe der Mutter, doch ist der Nachlass so gering, dass er den Pflichtteilsanspruch und Pflichtteilsergänzungsanspruch der B nicht erfüllen könnte und müsste (§ 2328 BGB). Die betreute Tochter B hat daher einen Anspruch gegen ihre früher beschenkte Schwester T (§ 2329 BGB).

Soweit es um die Geltendmachung des Pflichtteilsergänzungsanspruchs 601
nach § 2329 I BGB gegen eine schon vor dem Erbfall beschenkte „nahestehende" Person (z. B. die Schwester) geht, ist der Vater nach § 1795 I Nr. 1 und 3 BGB gehindert, hinsichtlich dieses Anspruchs für die B rechtsgeschäftliche Erklärungen abzugeben oder die B bei der gerichtlichen Geltendmachung dieses Anspruchs zu vertreten, da er mit der Schwester in gerader Linie verwandt ist.[9] Auch hier muss ein **Ergänzungsbetreuer** bestellt werden (§ 1899 IV BGB). Zum selben Ergebnis käme man, wenn man zwar deshalb keinen Vertretungsausschluss annehmen würde, weil das Rechtsgeschäft *ausschließlich* in der Erfüllung einer Verbindlichkeit besteht; der Betreuer müsste das Betreuungsgericht informieren (§ 1837 BGB), welches dem Betreuer wegen des Interessenwiderstreits (§ 1796 II BGB) insoweit die Vertretung entziehen müsste (§ 1796 I BGB).

In gemeinschaftlichen Testamenten von Ehegatten ist manchmal eine 602
Pflichtteilsstrafklausel[10] enthalten:

„Die Eheleute M und F setzen sich gegenseitig zu Alleinerben ein; Erben des überlebenden 603
Ehegatten sollen unsere drei Kinder A, B und C sein. Wenn ein Kind nach dem Tod des erstversterbenden Elternteils den Pflichtteil verlangt, soll es auch beim Tod des überlebenden Elternteils nur den Pflichtteil erhalten."

Ist M gestorben und steht A unter Betreuung, dann steht der Betreuer 604
des A vor der schwierigen Entscheidung, ob er namens des A den Pflichtteil „verlangen" soll oder nicht. Hier sollte nichts übereilt werden, denn das „Verlangen" kann nicht mehr rückgängig gemacht werden. Letztlich kommt es auf das Alter der Beteiligten an und darauf, wie sich das Vermögen des Überlebenden noch bis zu dessen Tod entwickeln kann und wird.

d) Pflichtteil und Sozialrecht

aa) Der geschäftsfähige Pflichtteilsberechtigte kann nach dem Tod 604a
dem Erben den Pflichtteil erlassen (§ 397 BGB), gegen Zahlung oder un-

---

9 BayObLG FamRZ 2004, 906.
10 *Palandt/Weidlich* § 2075 Rn. 6 „Verwirkungsklausel".

entgeltlich. Das bedarf keiner notariellen Beurkundung. Der geschäftsunfähige Pflichtteilsberechtigte kann selbst keinen Erlass vornehmen, wohl aber vertreten durch seinen Betreuer.

Wird eine Abfindung bezahlt, ist der Empfänger nun u. U. nicht mehr mittellos und hilfsbedürftig, Sozialhilfe und Arbeitslosengeld (ALG II) werden nicht mehr bewilligt (§ 2 I SGB XII; § 9 I SGB II). Ein entstandener Pflichtteilsanspruch ist Vermögen, wenn der Erbfall vor der ersten Antragstellung eingetreten ist; ist der Erbfall später eingetreten zählt der Anspruch merkwürdigerweise zum Einkommen,[11] was wegen unterschiedlicher Schonbeträge von Bedeutung ist.

bb) Bezieht der Pflichtteilsberechtigte **ALG II** und ist der Pflichtteilsanspruch mit dem Erbfall angefallen (§ 2317 BGB), ist der Anspruch kraft Gesetzes (§ 33 I 1 SGB II) auf den Sozialleistungsträger übergegangen. Es ist keine Überleitungsanzeige notwendig, der Erlass ist nicht mehr möglich, weil der Pflichtteilsberechtigte nicht mehr Inhaber des Anspruchs ist.

cc) Bezieht der Pflichtteilsberechtigte **Sozialhilfe**, gibt es keinen Übergang kraft Gesetzes; erst der Zugang der schriftlichen Überleitungsanzeige bewirkt den Übergang des Anspruchs auf den Sozialleistungsträger in Höhe der seit dem Erbfall erbrachten Leistungen (§ 93 I 1 SGB XII).[12] Der Pflichtteilsanspruch kann, wenn er auf den Sozialhilfeträger übergeleitet worden ist, von diesem auch geltend gemacht werden, ohne dass es insoweit auf eine Entscheidung des Pflichtteilsberechtigten (oder seines Betreuers) selbst ankäme.[13] Der Erlass des Pflichtteilsanspruchs nach dem Tod des Erblassers ist (nach umstrittener Ansicht) nicht deswegen sittenwidrig, weil der Erlassende Sozialhilfe bezieht.[14] Der Erlass kann aber zu Leistungskürzungen führen (§ 31 II Nr. 1 SGB II; § 26 I 1 Nr. 1 SGB XII),[15] weil hier jemand mutwillig auf eine Einnahme bzw. einen Vermögenszuwachs verzichtet. Wird keine Abfindung bezahlt kann eine Schenkung vorliegen (§ 516 BGB), der Sozialleistungsträger kann den Rückforderungsanspruch nach § 528 BGB (Armut) auf sich überleiten (bzw. er geht über).[16]

---

11 BSG FamRZ 2015, 1494; BSG ZEV 2015, 484; *v. Proff* ErbR 2016, 250.
12 *v. Proff* ErbR 2016, 250.
13 BGH NJW-RR 2005, 369 = FamRZ 2005, 448; BGH NJW-RR 2006, 223 = FamRZ 2006, 194. Vgl. § 33 I 3 SGB II, § 93 I 4 SGB XII; § 852 ZPO.
14 *Wendt* ErbR 2012, 66; *Palandt/Weidlich* § 2317 Rn. 9; a. A. *Klühs* ZEV 2011, 15, zweifelnd *v. Proff* ErbR 2016, 250.
15 *v. Proff* ErbR 2016, 250; *Doering-Striening/Horn* NJW 2013, 1276.
16 *Muscheler* ZEV 2005, 119.

2. Der betreute Erbe als Pflichtteilsschuldner

Beispiel: 605
Nach dem Tod des Vaters wird die Mutter aufgrund eines Testaments des Vaters Alleinerbin des Vaters. Betreuerin der Mutter ist die Tochter der Ehegatten. Die Tochter hat einen Pflichtteilsanspruch gegen ihre Mutter.

Auch in diesen Fällen kann der Betreuer nicht mit sich selbst handeln; das Betreuungsgericht muss auf Anregung beliebige Personen einen Ergänzungsbetreuer mit dem Aufgabenkreis „Regelung der Pflichtteilsansprüche" bestellen (§ 1899 IV BGB),[17] mit dem dann verhandelt werden kann. 606

Eine **Stundung** ist unter engen Voraussetzungen möglich (§ 2331a BGB); zuständig ist das Prozessgericht, im Falle des § 2331a II BGB[18] das Nachlassgericht (§ 362 FamFG); unabhängig davon kann natürlich freiwillig ein Stundungsvertrag geschlossen werden. 607

3. Der Pflichtteilsverzichtsvertrag

a) Allgemeines

Durch notariellen Vertrag mit dem Erblasser (also *vor* dem Erbfall[19]) kann ein Pflichtteilsberechtigter auf seinen Pflichtteil verzichten (§ 2346 II BGB).[20] Der Pflichtteilsverzicht ist eine spezielle Form des Erbverzichts. Der auf das Pflichtteilsrecht beschränkte Verzicht ändert aber im Gegensatz zum Erbverzicht die gesetzliche Erbfolge nicht. Dementsprechend erhöht der bloße Pflichtteilsverzicht – anders als der Erbverzicht gem. § 2310 S. 2 BGB – das Pflichtteilsrecht anderer Pflichtteilsberechtigter nicht.[21] 608

Beispiel: 609
(1) Der verwitwete Vater E hat 4 Kinder (A, B, C, D). Wenn E mit Sohn A einen Pflichtteilsverzicht vereinbart, beträgt der gesetzliche Erbteil von A, B, C, D nach wie vor je ¼, der Pflichtteil von B, C, D bleibt bei je ⅛. A hat zwar keinen Pflichtteilsanspruch. Wenn aber E ohne Testament stirbt, erbt A als gesetzlicher Erbe trotzdem ¼.

(2) Vater E hat mit dem Sohn A einen Pflichtteilsverzicht vereinbart. Dann setzt er durch Testament B, C und D ein. A hat keinen Pflichtteilsanspruch.

---
17 LG Braunschweig BeckRS 2011, 09053.
18 Beispiel: Der Erbe müsste bei Zahlung das seit 70 Jahren selbst bewohnte Elternhaus aufgeben, OLG Dresden ZEV 2000, 32.
19 BGH NJW 1962, 1910; BGH NJW 1997, 521.
20 Über Angriffsstrategien gegen erklärte Pflichtteilsverzichte vgl. *Horn* ZEV 2010, 295; zur gerichtlichen Kontrolle von Pflichtteilsverzichten vgl. *Bengel* ZEV 2006, 192.
21 BGH NJW 1997, 521; BGH NJW 1982, 2497.

610 Nach dem Erbfall kommt ein **Erlassvertrag** in Frage (Rn. 589, 604a).[22]

611 **Beispiel:**
E ist gestorben und hat seinen Sohn als Alleinerben eingesetzt. Die unter Betreuung stehende geistig behinderte geschäftsunfähige Tochter will auf ihren Pflichtteil „verzichten". Es liegt kein der notariellen Form bedürftiger Vertrag nach § 2346 II BGB vor, weil E schon gestorben ist. Es handelt sich um einen **Erlassvertrag** (§ 397 BGB), der formlos möglich ist. Der Betreuer (Aufgabenkreis: Pflichtteilswahrnehmung, §§ 1896, 1902 BGB) braucht aber die Genehmigung des Betreuungsgerichts (§§ 1822 Nr. 2, 1908i I BGB).[23]

612 Der Pflichtteilverzicht kann auf den **Pflichtteilsergänzungsanspruch** oder den Zusatzpflichtteil (§§ 2325, 2305 BGB) oder in sonstiger Weise **beschränkt** werden.[24] Der Pflichtteilsverzicht sollte ausdrücklich auf einen etwaigen Pflichtteilsergänzungsanspruch (§ 2325 BGB) erstreckt werden, da es sich hierbei um einen rechtlich selbständigen Anspruch handelt; wird nur auf den „Pflichtteil" verzichtet ist es eine Frage der Auslegung ob auch der Pflichtteilsergänzungsanspruch gemeint war.

613 Der verfügende Pflichtteilsverzichtsvertrag bedarf der **notariellen Beurkundung** (§§ 2346 II, 2348 BGB). Gleichzeitige Anwesenheit beider Teile beim Notar ist nicht vorgeschrieben.

b) Vertretung des geschäftsunfähigen, betreuten Erblassers

614 Der Erblasser kann weder im Willen noch in der Erklärung vertreten werden,[25] §§ 2346 II, 2347 II 1 BGB. Er muss selbst beim Notar erscheinen; ein Verstoß führt zur Nichtigkeit des Verzichtsvertrags.[26] Eine Ausnahme gilt, wenn der Erblasser geschäftsunfähig ist (§ 2247 II 2 BGB); dann kann er durch einen Betreuer vertreten werden. Das ist erstaunlich, weil bei Errichtung eines Testament (§ 2064 BGB) oder eines Erbvertrags (§ 2274 BGB) oder bei Aufhebung des Erbvertrags (§ 2290 II BGB) keine Vertretung durch einen Betreuer möglich ist. Der Betreuer muss einen ausreichenden Aufgabenkreis haben (§ 1902 BGB; Rn. 10), z. B. „Abschluss eines Pflichtteilsverzichtsvertrags"; „Vermögenssorge" dürfte nicht genügen, weil ein Verzichtsvertrag nicht zum alltäglichen Gegenstand von Vermögenssorge gehört.

---

22 BGH NJW 1997, 521; RG JW 1928, 907; KG OLGZ 1976, 193; *Pentz* JZ 1998, 88; MünchKomm/*Lange* § 2317 Rn. 6; *Palandt/Weidlich* § 2217 Rn. 4.
23 MünchKomm/*Kroll-Ludwigs* § 1822 Rn. 9.
24 *Fette* NJW 1970, 743; *Mayer* ZEV 2000, 263; *Palandt/Weidlich* § 2346 Rn. 15; MünchKomm/*Wegerhoff* § 2346 Rn. 20.
25 BGH NJW 1962, 1910; *Staudinger/Schotten* (2010) § 2347 Rn. 22.
26 BGH NJW 1962, 1910 = BGHZ 37, 319; BGH ZEV 1996, 228.

c) Vertretung des geschäftsfähigen, betreuten Erblassers

Ein geschäftsfähiger Erblasser, der unter Betreuung steht, kann den Pflichtteilsverzichtsvertrag selbst schließen; er braucht dazu keine Einwilligung seines Betreuers und erst recht keine Genehmigung des Betreuungsgerichts. Ein Einwilligungsvorbehalt kann insoweit nicht angeordnet werden (§ 1903 II i. V. m. § 2347 II 1 BGB). 615

Grundsätzlich hat ein Betreuer auch dann **Vertretungsmacht**, wenn der Betreute geschäftsfähig ist. Das gilt aber nicht beim Pflichtteilsverzichtsvertrag hinsichtlich der Vertretung des Erblassers, weil nach § 2347 II BGB der Erblasser den Vertrag nur persönlich schließen kann und eine Ausnahme lediglich dann gilt, wenn der Erblasser geschäftsunfähig ist,[27] also nicht wenn er geschäftsfähig ist. Tritt später der Erbfall ein, kann somit der Erbe seinen gesetzlichen Erbteil oder Pflichtteil mit der Begründung verlangen, der frühere Erbverzichtsvertrag sei nichtig, weil er zwar vom Betreuer des Erblassers als dessen Vertreter geschlossen worden sei, aber der Betreute sei damals noch geschäftsfähig gewesen, so dass der Vertrag nichtig war. Dann muss im Verfahren durch Einholung von Gutachten geklärt werden, ob der Betreute seinerzeit geschäftsunfähig war oder nicht, was erfahrungsgemäß schwierig ist (zur praktischen Handhabung vgl. Rn. 65a). 616

Der Betreute ist nicht verpflichtet, sich am Tag der notariellen Beurkundung von einem Psychiater auf seine Geschäftsfähigkeit untersuchen zu lassen; Atteste von Hausärzten („X ist meines Erachtens geschäftsunfähig") genügen keinesfalls; auch das im Betreuungsverfahren eingeholte Gutachten (§ 280 FamFG) äußert sich meist nicht zur Geschäftsfähigkeit, vor allem ist es insoweit nicht für einen späteren Zivilprozess oder ein Erbscheinsverfahren verbindlich. Besteht der geringste Zweifel an der Geschäftsunfähigkeit sollte deshalb der Erbverzichtsvertrag nur geschlossen werden, wenn auf der Erblasserseite sowohl der Erblasser wie auch sein Betreuer den notariellen Vertrag schließen.[28]

d) Vertretung des geschäftsunfähigen Verzichtenden durch einen Betreuer

Der Verzichtende (z. B. ein Abkömmling) kann beim Vertragsschluss vertreten werden, obgleich ein Pflichtteilsverzicht an sich ein höchstpersön- 617

---

27 *Cypionka* DNotZ 1991, 571; *Staudinger/Schotten* (2010), § 2347 Rn. 30.
28 BayObLG ZEV 2001, 190; *Staudinger/Schotten* (2010), § 2347 Rn. 31; MünchKomm/ *Wegerhoff* § 2347 Rn. 10; *Soergel/Damrau* § 2347 Rn. 7; *Cypionka* DNotZ 1991, 571; *Keim* NotBZ 1999, 1.

licher Vorgang ist. Für einen geschäftsunfähigen Verzichtenden, der unter Betreuung steht, kann somit der **Betreuer** den Verzichtsvertrag schließen, wenn er einen ausreichenden Aufgabenkreis hat. „Vermögenssorge" wird man nicht genügen lassen können, notwendig wird der konkrete Aufgabenkreis „Abschluss eines Pflichtteilsverzichtsvertrags" sein. Der BGH[29] hält den verzichtsvertrag eines Sozialleistungsbeziehers grds. nicht für sittenwidrig und daher nicht für nichtig.

e) Vertretung des geschäftsfähigen, betreuten Verzichtenden

618   Ein geschäftsfähiger Verzichtender, der unter Betreuung steht, kann den Vertrag selbst schließen, ohne dass er die Zustimmung des Betreuers bräuchte. Für ihn kann aber auch der Betreuer verzichten, sofern der Erbverzicht in den Aufgabenkreis des Betreuers fällt,[30] weil § 2347 BGB für den Verzichtenden (anders als für den Erblasser) nicht vorschreibt, dass er den Vertrag persönlich schließen müsse.

619   Einem geschäftsfähigen Betreuten kann aber durch einen **Einwilligungsvorbehalt** die Möglichkeit genommen werden, selbst einen Pflichtteilsverzichtsvertrag zu schließen (§ 1903 I BGB; § 1903 II BGB ist wegen § 2347 II 1 BGB nicht einschlägig). In diesem Fall braucht der Betreute die Zustimmung des Betreuers (§§ 1903 I 2, 108 BGB). Die Einwilligung des Betreuers kann nur bis zum Tod des Erblassers bzw. bis zum Tod des Verzichtenden erteilt werden.[31]

3. Genehmigung des Betreuungsgerichts

a) Erklärung des betreuten Erblassers

620   **aa) Geschäftsunfähiger Erblasser.** Der Pflichtteilsverzichtsvertrag, der vom geschäftsunfähigen Erblasser, vertreten durch einen Betreuer, geschlossen wird, ist nur wirksam, wenn er vom Betreuungsgericht genehmigt wurde (§§ 2346 II, 2347 II 2 BGB).

621   **bb)** Ein unter Betreuung stehender **geschäftsfähiger Erblasser** kann den Pflichtteilsverzichtsvertrag nur selbst schließen; ein Betreuer kann für ihn nicht handeln. Deshalb entfällt die Möglichkeit oder Notwendigkeit

---

29 BGH NJW 2011, 1586 = FamRZ 2011, 472.
30 *Soergel/Damrau* § 2347 Rn. 7; *Bamberger/Roth/J. Mayer* § 2347 Rn. 4; *Staudinger/Schotten* (2010) § 2347 Rn. 13.
31 *Staudinger/Schotten* (2010) § 2347 Rn. 14.

einer betreuungsgerichtlichen Genehmigung; ein sog. Negativattest (Beschluss des Gerichts, dass keine Genehmigung notwendig ist) ist nicht möglich. Wird ein solcher Vertrag gleichwohl genehmigt und stellt sich später heraus, dass der Erblasser bei Vertragsschluss geschäftsfähig war, geht die Genehmigung ins Leere; der Vertrag ist unwirksam.

cc) **Zuständig** für die betreuungsgerichtliche Genehmigung ist der Rechtspfleger des Betreuungsgerichts (§ 3 Nr. 2 RPflG), im württembergischen Rechtsgebiet von Baden-Württemberg bis 31.12.2017 der Bezirksnotar (§§ 1, 36 LFGG BaWü). Im Verfahren wird für den betreuten Erblasser in der Regel ein Verfahrenspfleger zu bestellen sein (§ 276 FamFG), damit sein rechtliches Gehör gewahrt wird. **Genehmigungskriterium** ist das Wohl des betreuten Erblassers (§ 1901 II BGB). Der Pflichtteilsverzicht als solcher ist für den Erblasser lediglich rechtlich vorteilhaft (oben Rn. 608) und kann so gesehen genehmigt werden; Bedenken gegen die Erteilung der betreuungsgerichtlichen Genehmigung können sich aber aus dem gleichzeitig geschlossenen **Abfindungsvertrag** (Kausalgeschäft zum Erbverzicht; vgl. Rn. 634) ergeben.[32]

622

Beispiel:
Der verwitwete geistig verwirrte Erblasser E, vertreten durch einen Betreuer, will einen Pflichtteilsverzichtsvertrag mit einem seiner drei Söhne schließen und dem Sohn als Gegenleistung 100.000 Euro zahlen. Wenn das gegenwärtige Gesamtvermögen des E nur 200.000 Euro beträgt, ist das Geschäft für E nachteilig und nicht genehmigungsfähig.

623

Der Genehmigungsbeschluss wird erst **mit Rechtskraft wirksam** (§ 40 II FamFG),[33] d. h. mit Ablauf der zweiwöchigen Beschwerdefrist (§ 63 II Nr. 2 FamFG); die Frist beginnt mit Zustellung an den Betreuten, der als verfahrensfähig gilt, auch wenn er geschäftsunfähig ist (§ 275 FamFG). Ist der Beschluss rechtskräftig, wird er dem Betreuer mitgeteilt; zu diesem Zeitpunkt muss der Betreuer noch im Amt sein.

624

Meist wird zuerst der notarielle Pflichtteilsverzichtsvertrag geschlossen und erst anschließend die Genehmigung des Gerichts beantragt (**nachträgliche Genehmigung**). Der Betreuer kann nach Zugang der rechtskräftigen Genehmigung frei entscheiden, ob er davon Gebrauch macht. Will er das tun, dann ist zu beachten, dass die betreuungsgerichtliche Genehmigung gegenüber dem Vertragspartner erst wirksam wird, wenn sie ihm (d. h. dem Verzichtenden, z. B. dem Abkömmling) durch den gesetzlichen Vertreter des Erblassers (d. h. den Betreuer) mitgeteilt wird (§ 1829 I 2 BGB). In der Praxis erteilen die Vertragsparteien dem Notar entsprechende Vollmachten

625

---

32 *Staudinger/Schotten* § 2347 Rn. 37.
33 *Keidel/Meyer-Holz*, FamFG, § 40 Rn. 29.

(sog. **Doppelvollmacht**[34]), so dass der Notar die Genehmigung als Vertreter des Erblassers entgegennimmt und sich selbst als Vertreter des Verzichtenden mitteilt.

626   Eine betreuungsgerichtliche Genehmigung, die erst nach dem Tod des Erblassers oder des Verzichtenden erteilt wird, ist wirkungslos; dasselbe gilt für eine Mitteilung des Betreuers des Erblassers gemäß § 1829 I 2 BGB, die dem Verzichtenden nicht mehr zu Lebzeiten des Erblassers oder zu seinen eigenen Lebzeiten zugegangen ist.[35]

b) Erklärung des betreuten Verzichtenden

627   **aa)** Die Erklärung des gesetzlichen Vertreters des **geschäftsunfähigen** Verzichtenden, z. B. des Abkömmlings, bedarf zu ihrer Wirksamkeit der Genehmigung des Betreuungsgerichts (§ 2347 I 2 BGB).

628   **bb)** Ein unter Betreuung stehender **geschäftsfähiger** Verzichtender kann den Pflichtteilsverzichtsvertrag selbst schließen. Auch der Betreuer kann für ihn handeln. Hatte das Betreuungsgericht insoweit einen Einwilligungsvorbehalt angeordnet (§ 1903 BGB), also angeordnet, dass der Betreute zu einem Erbverzicht die Einwilligung des Betreuers braucht, so ist nach h. M.[36] wegen des Zwecks der Regelung infolge analoger Anwendung des § 2347 I 2 BGB ebenfalls eine Genehmigung des Gerichts erforderlich.

629   **cc) Zuständig** für die Genehmigung ist der **Rechtspfleger** des Betreuungsgerichts, in Württemberg der **Bezirksnotar** (oben Rn. 622). Für den betreuten Verzichtenden wird in der Regel ein Verfahrenspfleger zu bestellen sein (§ 276 FamFG). **Genehmigungskriterium** ist das Wohl des Verzichtenden (§ 1901 II BGB), wobei auf seine Interessen abzustellen ist.[37] Das bedeutet in der Regel, dass der Betreute für seinen Verzicht eine **Abfindung** erhalten muss (Kausalgeschäft) und diese vollwertig oder annähernd vollwertig sein muss:[38] Beim Verzicht auf den Erbteil bzw. Pflichtteil ist also dessen ungefährer Wert auszugleichen. Da der Wert des Nachlasses beim künftigen Erbfall unbekannt ist, wird man auf die Werte zum Zeitpunkt des Abschlusses des Verzichtsvertrags abstellen müssen; von einer vollen Abfindung kann dann ausgegangen werden, wenn der Wert des Erbteils im Zeitpunkt des Verzichtsvertrages die Gegenleistung nicht um mehr

---

34 Zur Doppelvollmacht vgl. BGH FamRZ 2016, 296; *Palandt/Götz* § 1828 Rn. 6.
35 *Staudinger/Schotten* (2010) § 2347 Rn. 36.
36 *Soergel/Damrau* § 2347 Rn. 7; *Staudinger/Schotten* (2010) § 2347 Rn. 16.
37 BGH NJW-RR 1995, 248.
38 *Staudinger/Schotten* (2010) § 2347 Rn. 18; *MünchKomm/Wegerhoff* § 2347 Rn. 8.

als 10 % übersteigt.³⁹ Die Werte sind von Amts wegen zu ermitteln (§ 26 FamFG), z. B. durch Gutachten; andernfalls ist zwar die Genehmigung trotzdem wirksam, jedoch kommt Staatshaftung in Betracht.⁴⁰

Der Genehmigungsbeschluss wird erst **mit Rechtskraft wirksam** (§ 40 II FamFG),⁴¹ Einzelheiten vgl. oben Rn. 624. Zur nachträglichen Genehmigung und zur Doppelvollmacht vgl. oben Rn. 625. Bei Zugang der Genehmigung muss der Erblasser noch leben (oben Rn. 626). 630

Beispiel: 631

Der Erblasser schließt mit seinem geistig behinderten, unter Betreuung stehende Sohn, vertreten durch einen Betreuer, einen notariellen Pflichtteilsverzichtsvertrag. Der Vertrag wird anschließend vom Betreuungsgericht genehmigt, es übersendet die rechtskräftige Genehmigung dem Betreuer. Dieser schickt sie am 1.6. an den Erblasser, wo sie am 3.6. eingeht. Der Erblasser ist aber am Tag zuvor (2.6.) verstorben. Die Mitteilung der Genehmigung ist eine empfangsbedürftige Willenserklärung. Erst damit wird der Vertrag wirksam.⁴² Der Zugang muss daher vor dem Tod des Erblassers erfolgen. Der Erbverzicht ist somit unwirksam.

4. Besonderheiten, wenn der Betreuer mit den Beteiligten verwandt ist

Ist der Betreuer ein erbberechtigter Verwandter des Erblassers, dann kollidiert sein Interesse in der Regel mit dem Interesse des Betreuten, den er beim Erbverzicht vertreten soll. In solchen Fällen ist er daher von der Vertretung des Betreuten ausgeschlossen (§§ 181, 1795, 1908i BGB), weshalb für den Betreuten ein **Ergänzungsbetreuer** zu bestellen ist (§ 1899 IV BGB). 632

5. Aufhebung des Pflichtteilsverzichtsvertrags⁴³

Die Parteien des Pflichtteilsverzichtsvertrags können den Vertrag ganz oder teilweise aufheben (§ 2351 BGB), aber nur zu Lebzeiten des Erblassers.⁴⁴ Ein einseitiger Widerruf ist unwirksam,⁴⁵ da ein Vertrag vor- 633

---

39 OLG Köln FamRZ 1990, 99.
40 BGH NJW-RR 1995, 248.
41 *Keidel/Meyer-Holz,* FamFG, § 40 Rn. 29.
42 BGH NJW 1978, 1159; MünchKomm/*Wegerhoff* § 2347 Rn. 7.
43 *Keim* NotBZ 1999, 1.
44 BGH NJW 1998, 3117.
45 BGHZ 30, 261/267.

liegt. Weder die Abkömmlinge, auf die sich der Verzicht erstreckt (§ 2349 BGB) noch diejenigen, die durch den Verzicht begünstigt worden wären, müssen einer Aufhebung zustimmen.[46] Der Aufhebungsvertrag bedarf der **notariellen Beurkundung** (§§ 2351, 2348 BGB). Der Erblasser kann den Aufhebungsvertrag nur persönlich schließen, also nicht vertreten werden; anders ist es bei Geschäftsunfähigkeit (§ 2347 II BGB). Der Verzichtende kann vertreten werden.

6. Pflichtteilsverzichtsvertrag und Abfindung[47]

a) Verzicht gegen Abfindung

634 Das BGB regelt in §§ 2346 ff. nur den „verfügenden" Pflichtteilsverzichtsvertrag; dass jedem Verzicht ein Kausalgeschäft (Grundgeschäft) zugrunde liegt bleibt unerwähnt. Der Pflichtteilsverzicht wird in der Regel gegen eine Abfindung erklärt, die an den Verzichtenden ausbezahlt wird oder in anderer Form erbracht wird. Die Abfindung unterliegt der Schenkungsteuer (§ 7 I Nr. 5 ErbStG), soweit die Freibeträge des ErbStG überschritten werden. Als abstraktes Rechtsgeschäft kann der Pflichtteilsverzicht nicht in einem Gegenseitigkeitsverhältnis (Synallagma) zur Abfindungsvereinbarung stehen.[48]

Wie kann verhindert werden, dass der Verzicht zwar wirksam wird, der Verzichtende aber seine versprochene „Gegenleistung" nicht erlangt? Möglichkeiten: **(1)** Vorauszahlung der Abfindung, notfalls an einen Treuhänder; **(2)** Gegenseitiger Vertrag (wegen der Warnfunktion ist notarielle Form erforderlich,[49] § 2348 BGB ist nicht unmittelbar einschlägig, aber analog anzuwenden), in dem sich der eine Teil zum Verzicht, der andere zur Zahlung der Abfindung verpflichtet. §§ 280 ff., 323 ff. BGB sind darauf anwendbar. Der Verzichtende kann dann auf Zahlung klagen, der Erblasser auf Abgabe des Antrags zum Abschluss des Abfindungsvertrages (§ 894 ZPO). Eine Anpassung wegen Wegfalls der Geschäftsgrundlage (§ 313 BGB) kommt in Betracht.[50] **(3)** Verknüpfung durch Bedingungen:[51] der Pflichtteilsverzichtsvertrag ist aufschiebend bedingt durch die Zahlung der Abfindung.

---

46 *Palandt/Weidlich* § 2351 Rn. 1; MünchKomm/*Wegerhoff* § 2351 Rn. 2.
47 *Schotten* DNotZ 1998, 163.
48 MünchKomm/*Wegerhoff* § 2346 Rn. 21.
49 KG OLGZ 1974, 263/265; *Leipold* Erbrecht Rn. 548; h. M.
50 BGH NJW 1997, 653 (zum Höferecht).
51 Vgl. BayObLG FamRZ 1995, 964 = ZEV 1995, 228.

Im Übrigen sind Pflichtteilsverzicht und Abfindungsvertrag über § 139 BGB verknüpft.⁵² 635

b) Unentgeltlicher Pflichtteilsverzicht

In der Praxis wird ziemlich häufig im Vertrag „Unentgeltlichkeit" vereinbart, obwohl „Abfindungsleistungen" schon vor Vertragsschluss erbracht wurden.⁵³ Der formnichtige schuldrechtliche Vertrag wird nach h. M. durch den formgerecht erklärten abstrakten Erbverzicht geheilt, analog §§ 311b I 2, 518 II BGB.⁵⁴ 636

Erklären die Vertragsparteien, Abfindungen seien bereits „früher" (vor Anordnung der Betreuung) geflossen, dann muss der Betreuer feststellen, ob das stimmt und nach dem Verbleib der Gegenleistung forschen. Denn es ist naheliegend, dass hier etwas konstruiert wird, um den Verzicht genehmigungsfähig zu machen. 637

Soll tatsächlich ein unentgeltlicher Verzichtsvertrag vom Betreuer des Verzichtenden geschlossen werden, wird das im Regelfall nicht genehmigungsfähig sein. Liegt tatsächlich Unentgeltlichkeit vor, verschenkt der Verzichtende zwar etwas, was an sich nach §§ 1804, 1908i I BGB unerlaubt und nichtig ist. Die h. M.⁵⁵ fasst allerdings unter Berufung auf den Wortlaut des § 517 BGB auch unentgeltliche Pflichtteilsverzichte nicht als Schenkung auf, sondern nimmt eine Genehmigungsbedürftigkeit und -fähigkeit nach § 1822 Nr. 2 BGB an. 638

7. Sittenwidrigkeit des Pflichtteilsverzichts, Erlassvertrag, Sozialhilfeträger

Beispiel:⁵⁶ 639

Die Eheleute M und F setzen sich gegenseitig zu Alleinerben ein. Sie haben drei volljährige Kinder (A, B, C), die gleichzeitig notariell unentgeltlich auf ihren Pflichtteil verzichten. F stirbt sodann. M wird Alleinerbe. Die Tochter A bezieht seit 20 Jahren Sozialhilfe. Der Sozialhilfeträger leitet den Pflichtteilsanspruch auf sich über (§ 93 SGB XII) und verlangt von M den Pflichtteil; denn der Pflichtteilsverzicht sei wegen Sittenwidrigkeit unwirksam (§ 138 BGB).

---

52 MünchKomm/*Wegerhoff* § 2346 Rn. 27.
53 *Bengel* ZEV 2006, 152.
54 *Staudinger/Schotten* § 2348 Rn. 17; *Bengel* ZEV 2006, 152.
55 *Palandt/Götz* § 1804 Rn. 1; MünchKomm/*Wegerhoff* § 2346 Rn. 5.
56 OLG Köln ZEV 2010, 85.

640 Das Pflichtteilsrecht als bloße, nicht bestimmbare Erwartung ist (vor dem Tod) als künftiger Anspruch nicht auf den Sozialhilfeträger überleitungsfähig.[57] Der **Pflichtteilsverzicht** eines behinderten Sozialleistungsbeziehers ist nach Ansicht des BGH[58] grundsätzlich nicht sittenwidrig; das ist aber umstritten.[59] Einesteils besteht im Sozialhilferecht der Nachranggrundsatz, was besagt, dass jemand keine staatlichen Leistungen erhalten darf, der sich selbst helfen kann. Deshalb wird im Betreuungsrecht die Auffassung vertreten,[60] dass eine (vom Betreuer erklärte) **Ausschlagung** der werthaltigen Erbschaft eines behinderten (volljährigen) „Kindes" nicht vom Betreuungsgericht (nach § 1822 Nr. 2 BGB) *genehmigt* werden könne. Der BGH dagegen betont das Recht des (geschäftsfähigen) Behinderten zur freien Entscheidung; das mag sein, allerdings treten dann die Konsequenzen des Sozialhilferechts ein. Der unentgeltliche Pflichtteilsverzicht durch einen Betreuer dürfte in der Regel nicht genehmigungsfähig sein.

641 Hält der Träger Sozialhilfe den Verzicht für unwirksam, dann führt er eine Überleitung des Anspruchs nach § 93 SGB XII durch Verwaltungsakt durch.[61]

642 Dabei muss der Träger sein Entschließungs- und Auswahlermessen sachgerecht ausüben,[62] was zu begründen ist (§ 33 SGB X). Die Überleitung ist mit Widerspruch und Klage zum Sozialgericht angreifbar[63] (hier kann geprüft werden, ob das Ermessen richtig ausgeübt wurde). Die Überleitung führt zu einem Gläubigerwechsel. Der Träger kann nun vor dem Prozessgericht den Pflichtteilsanspruch durch Klage gegen den Erben einklagen; hier wird geprüft, ob der Anspruch trotz des Verzichts besteht.

643 Ist der Erblasser gestorben, ist der Pflichtteilsanspruch entstanden; nun kann der Pflichtteilsberechtigte durch Vertrag mit dem Erblasser den Anspruch erlassen (**Erlassvertrag**, § 397 BGB). Das bedarf der Genehmigung (§ 1822 Nr. 2 BGB); Rn. 611. Wenn eine sittenwidrige Vereinbarung zulasten des Sozialhilfeträgers vorliegt,[64] dann ist der Erlassvertrag nicht genehmigungsfähig.

---

57 *Klühs* ZEV 2011, 15.
58 BGH NJW 2011, 1586; *Staudinger/Schotten* § 2346 Rn. 70b; OLG Köln ZEV 2010, 85; *Vaupel* RNotZ 2009, 497; *v. Proff* ZErb 2010, 206; *Littig/J. Mayer*, Sozialhilferegress gegenüber Erben und Beschenkten, 1999, Rn. 177.
59 Für Sittenwidrigkeit z. B. *Dutta* FamRZ 2010, 841; *Armbrüster* ZEV 2010, 88.
60 OLG Stuttgart NJW 2001, 3484; OLG Hamm ZEV 2009, 471; vgl. *Palandt/Götz* § 1896 Rn. 22; BeckOK-*Bettin* § 1822 Rn. 6.
61 *Hußmann* ZEV 2005, 54; *Palandt/Weidlich* § 2317 Rn. 7.
62 VGH Baden-Württemberg NJW 1991, 2922.
63 *Auktor* MittBayNot 2008, 14; *Brückner* NJW 2008, 1111 (zu Wohnungsrechten).
64 VGH Mannheim NJW 1993, 2953; *Klühr* ZEV 2011, 15; *v. Proff* ZErb 2010, 206; *Vaupel* RNotZ 2010, 141; *Schumacher*, Rechtsgeschäfte zu Lasten der Sozialhilfe im

8. Verträge zwischen den künftigen Erben über den Pflichtteil bzw. gesetzlichen Erbteil

§ 311b BGB: 644

...

(4) Ein Vertrag über den Nachlass eines noch lebenden Dritten ist nichtig. Das Gleiche gilt von einem Vertrag über den Pflichtteil oder ein Vermächtnis aus dem Nachlass eines noch lebenden Dritten.

(5) Absatz 4 gilt nicht für einen Vertrag, der unter künftigen gesetzlichen Erben über den gesetzlichen Erbteil oder den Pflichtteil eines von ihnen geschlossen wird. Ein solcher Vertrag bedarf der notariellen Beurkundung.

Künftige gesetzliche Erben können somit bereits zu Lebzeiten des Erblassers einen Vertrag über den gesetzlichen Erbteil oder den Pflichtteil schließen.[65] Die Vertragsparteien müssen gesetzliche Erben im Sinne von §§ 1924 ff. BGB sein. Wird der Versprechende nicht kraft Gesetzes, sondern auf Grund letztwilliger Verfügung Erbe, so führt das nicht zur Unwirksamkeit des Vertrages, wenn der Versprechende abstrakt als möglicher gesetzlicher Erbe in Betracht kommt.[66] Verträge über Vermächtnisse und testamentarische Erbteile fallen nach dem Wortlaut nicht unter die Privilegierung des Abs. 5, was keinen Sinn hat. Der BGH[67] meint: jedenfalls wenn der Erblasser seine Erbfolge gerade so ordnet, wie sie auch kraft Gesetzes wäre, muss ein „Erbschaftsvertrag" ebenso möglich sein wie bei gesetzlicher Erbfolge; der Erbschaftsvertrag sei nicht deshalb unwirksam, weil der Verpflichtete den – gleich hohen – Erbteil aufgrund einer Verfügung von Todes wegen erlangt. 645

§ 311b V BGB hat z. B. dann Bedeutung, wenn die künftigen gesetzlichen oder testamentarischen Erben miteinander **Verträge über Ausgleichungspflichten** schließen, aber wegen der vorgenannten BGH-Rechtsprechung nur bis zur Höhe des jeweiligen gesetzlichen Erbteils.[68] Oder wenn der (künftige) Erblasser sein Testament ändern möchte, wegen inzwischen **eingetretener Testierunfähigkeit** aber dazu rechtlich nicht mehr in der Lage ist; dann können die Erben selbst handeln. 646

Familien- und Erbrecht, 2000, S. 142; *Lambrecht*, Der Zugriff des Sozialhilfeträgers auf den erbrechtlichen Erwerb, 2001, S. 172.

65 Grundlegend *Daniels*, Verträge mit Bezug auf den Nachlass eines noch lebenden Dritten, 1973; *v. Proff* ZEV 2013, 183 (mit Vertragsbeispiel).
66 MünchKomm/*Kanzleiter* § 311b Rn. 120.
67 BGH NJW 1988, 2726; zum Problem vgl. *Kuchinke* JZ 1990, 601; *Wiedemann* NJW 1968, 769; *Limmer* DNotZ 1998, 922.
68 MünchKomm/*Kanzleiter* § 311b Rn. 121.

647 Jeder der künftigen gesetzlichen (bzw. testamentarischen) Erben kann dabei durch einen Betreuer mit ausreichendem Aufgabenkreis vertreten werden. Jedoch ist eine Genehmigung des Betreuungsgerichts erforderlich (§§ 1908i I, 1822 Nr. 1 BGB).

648 Nach dem Tod des Erblassers kann der Pflichtteilsberechtigte mit dem Erben einen **Erlassvertrag** schließen (oben Rn. 604a, 610).

U. Erbschein und Erbscheinsverfahren

1. Der Betreute als Erblasser

Da mit dem Tod des Betreuten die Betreuung automatisch endet, ohne dass noch ein diesbezüglicher Feststellungsbeschluss notwendig wäre, hat der Betreuer mit dem Nachlass nichts mehr zu tun; ausgenommen sind bestimmte Eilfälle (Rn. 484) und wenn der Erbe ebenfalls unter Betreuung steht. Das **Stellen eines Erbscheinsantrags** ist keine Eilaufgabe im Interesse der Erben nach §§ 1698a, 1698b BGB; die Sicherung des Nachlasses vor Dieben etc. ist grundsätzlich Aufgabe des Nachlassgerichts (Rn. 496). Sind die Erben unbekannt, ist es nicht Sache des Betreuers, die **Erben zu ermitteln** (das ist Aufgabe des Nachlassgerichts bzw. eines vom Nachlassgericht eingesetzten Nachlasspflegers, §§ 1960, 1961 BGB). Sind die Erben bekannt und haben sie die Erbschaft angenommen, können sie beim Nachlassgericht einen Erbschein beantragen. Ist der Betreuer des Erblassers Rechtsanwalt oder Notar kann er von den Erben bevollmächtigt werden, gegen Gebühr (RVG VV 2300) als Vertreter der Erben den Erbschein zu beantragen. Hat der Betreuer diese Qualifikation nicht und gehört er auch sonst nicht zu den nach dem RDG berechtigten Personen (Rn. 730), kann er nicht als Vertreter der Erben einen Erbschein beantragen. Stellt er gleichwohl unter Vorlage einer Vollmacht der Erben einen Erbscheinsantrag, dann wird er vom Nachlassgericht als Vertreter zurückgewiesen (§ 10 II FamFG).[1] Anders wäre es, wenn er zugleich Betreuer des Erben ist (Rn. 731).

649

2. Der Betreute als Erbe

a) Erbscheinsantrag

Ist der betreute Erbe *geschäftsfähig* kann er den Erbscheinsantrag selbst stellen; er wird vom Betreuer nicht verdrängt; anders ist es, wenn ein entsprechender Einwilligungsvorbehalt angeordnet wurde (§ 1903 BGB). Auch der Betreuer kann den Erbscheinsantrag stellen. Ist der betreute Erbe

650

---

1 BVerfG NJW 2010, 3291 zum gewerbsmäßigen Erbenermittler.

geschäftsunfähig ist er auch verfahrensunfähig (§ 9 FamFG), weshalb nur sein Betreuer, falls er einen ausreichenden Aufgabenkreis hat (z. B. Vermögenssorge, Rn. 10), für ihn handeln kann. Es gehört dann zu den Aufgaben des Betreuers, dem Betreuten den Nachlass zu verschaffen, in der Regel ist dazu ein Erbschein erforderlich. Das Stellen eines Erbscheinsantrags durch den Betreuer als gesetzlichen Vertreter des Erben ist eine erlaubte Rechtsbesorgung (§ 8 I Nr. 1 RDG); Rn. 731.

Kosten des Erbscheins: 2,0 Gebühren (Nr. 12210, 23300 KV GNotKG); Wert: § 40 GNotKG.

651 Das Stellen des **Erbscheinsantrags** und die darin liegende Annahme der Erbschaft (§ 1943 BGB) durch den Betreuer bedürfen **nicht** der **Genehmigung des Betreuungsgerichts** (vgl. § 1822 Nr. 2 BGB);[2] im Gegensatz zur Ausschlagung einer Erbschaft. Ein Miterbe kann den Antrag auf gemeinschaftlichen Erbschein allein stellen (§ 352a I 2 FamFG); er vertritt hierbei nicht etwa die Miterben.

652 Widerspricht ein anderer Beteiligter einem Erbscheinsantrag, dann ergeht ein **Feststellungsbeschluss**, bei dem die sofortige Wirksamkeit ausgesetzt wird (§ 352e II FamFG). Der Widersprechende kann dann gegen den Feststellungsbeschluss befristet Beschwerde zum OLG einlegen (§§ 58 ff. FamFG), worauf der Beschluss des Nachlassgerichts überprüft wird. Weder der Widerspruch des Betreuers noch die Beschwerde bedürfen der Genehmigung des Betreuungsgerichts.

b) Abgabe der eidesstattlichen Versicherung

653 Bestimmte Tatsachen hat der Antragsteller eidesstattlich zu versichern (§ 352 III FamFG). Der Antragsteller muss die Versicherung persönlich abgeben. Sie kann nicht durch einen Bevollmächtigten abgegeben werden,[3] auch nicht durch einen sog. Vorsorgebevollmächtigten,[4] weil es sich um eine Wissenserklärung handelt (den Erbscheinsantrag dagegen kann auch ein Bevollmächtigter stellen). Ein *geschäftsunfähiger* (eidesunfähiger) Betreuter kann die Versicherung nicht abgeben. Die Versicherung kann in einem solchen Fall aber durch einen gesetzlichen Vertreter, d. h. einen Betreuer, abgegeben werden; allerdings könnte das Nachlassgericht sich auch in einem solchen Fall mit der Versicherung des Betreuten begnügen, weil das Gericht die Versicherung ja auch gänzlich erlassen kann. Ist wegen Existenz einer Vorsorgevollmacht kein Betreuer bestellt worden (§ 1896 II

---

2 BayObLG Rpfleger 1996, 455; KG NJW 1962, 54; *Palandt/Götz* § 1822 Rn. 4.
3 BayObLGZ 1961, 4/10; KG JR 1953, 307; *Staudinger/Herzog* (2010), § 2365 Rn. 58.
4 *Litzenburger* ZEV 2004, 450.

BGB). muss also im Erbfall unter Umständen das Betreuungsgericht einen Betreuer (als gesetzlichen Vertreter) lediglich mit dem Aufgabenkreis der Abgabe der eidesstattlichen Versicherung bestellen; eine Ausnahme besteht auch hier, wenn das Nachlassgericht dem Erben die eidesstattliche Versicherung erlässt (§ 352 III 4 FamFG), wodurch Gerichtsgebühren gespart werden.

Beantragt nur **ein Teil der Miterben** den gemeinschaftlichen Erbschein (schon ein Miterbe allein ist antragsberechtigt, § 352a I 2 FamFG), haben gleichwohl alle Miterben die Versicherung abzugeben, sofern nicht das Nachlassgericht die Versicherung eines oder einiger von ihnen für ausreichend erachtet (§ 352a IV FamFG). Verlangt das Nachlassgericht die Vorlage der Versicherung auch der anderen Miterben, ist umstritten, ob der Antragsteller gegen die anderen Miterben einen Anspruch (zu verfolgen vor dem Prozessgericht) auf Abgabe der eidesstattlichen Versicherung hat;[5] das ist wegen § 2038 I 2 BGB zu bejahen, nämlich wenn der Erbschein zur Verwaltung des Nachlasses erforderlich ist,[6] weil ein Teilerbschein nicht genügen würde. 654

c) Beteiligte am Erbscheinsverfahren

In Verfahren auf Erteilung eines Erbscheins ist Beteiligter der Antragsteller (§ 345 I 1 FamFG); das ist selbstverständlich. Ferner können nach dem Ermessen des Nachlassgerichts als Beteiligte hinzugezogen werden: (1) die gesetzlichen Erben; (2) diejenigen, die nach dem Inhalt einer vorliegenden Verfügung von Todes wegen als Erben in Betracht kommen; (3) die Gegner des Antragstellers, wenn ein Rechtsstreit über das Erbrecht anhängig ist; (4) diejenigen, die im Fall der Unwirksamkeit der Verfügung von Todes wegen Erbe sein würden sowie (5) alle Übrigen, deren Recht am Nachlass durch das Verfahren unmittelbar betroffen wird (§ 345 I 2 FamFG). Auf ihren Antrag sind sie hinzuzuziehen (§ 345 I 3 FamFG). Ein Betreuer kann also in zahlreichen Erbscheinsfällen einen Antrag auf Hinzuziehung stellen; ist er verfahrensunfähig kann aber nur sein Betreuer für ihn den Antrag stellen (§ 9 FamFG). 655

d) Interessenkonflikte; Bestellung eines Ergänzungsbetreuers?

Beispiel: Der kinderlose Erblasser hat in einem Testament den B als Erben eingesetzt. Die Schwester des Erblassers kommt als gesetzliche Erbin in Betracht. Nach § 345 656

---

5 *Staudinger/Herzog* (2010) § 2356 Rn. 57. Ablehnend Protokolle zum BGB Band V S. 679.
6 *Staudinger/Herzog* (2010) § 2356 Rn. 57.

FamFG ist deshalb die Schwester zum Erbscheinsantrag des B anzuhören. Wenn nun der B Betreuer der Schwester ist fragt sich, ob ein Ergänzungsbetreuer (§ 1899 IV BGB) nur zwecks Anhörung bestellt werden muss. Das AG Hameln hat dies verneint.[7] Denn da das Erbscheinerteilungsverfahren kein Rechtsstreit i. S. von § 1795 I Nr. 3 BGB sei, besteht für den Betreuer kein generelles Vertretungshindernis für den Betroffenen, aber auch keine schwerwiegender Interessengegensatz (§ 1796 BGB), wenn sich dafür aus dem Sachverhalt keine Anhaltspunkte ergeben. Wenn aber die Testierfähigkeit des Erblassers zweifelhaft gewesen wäre, bestünden Anhaltspunkte für einen Interessengegensatz. Wenn die Schwester pflichtteilsberechtigt wäre (als Schwester ist sie das aber nicht, § 2303 BGB), dann müsste ebenfalls ein Ergänzungsbetreuer zwecks Geltendmachung des Anspruchs gegen den Betreuer bestellt werden (Rn. 595 ff.).

e) Ausländische Nachlässe

657 Manchmal hinterlässt ein im Ausland befindlicher Erblasser (mit ausländischer Staatsangehörigkeit oder ausländischem Aufenthalt) sein Vermögen einer Person, welche sich in Deutschland befindet und nach deutschem Recht unter **Betreuung** steht, Nachlass befindet sich dann im In- und Ausland. Hier sind verschiedene Fragen auseinander zu halten:

aa) Welches **materielle Erbrecht** kommt zum Zug? Das hängt vom Erbrecht und vom internationalen Privatrecht des jeweiligen Landes ab.[8] Aus deutscher Sicht kommt es bei Erbfällen **bis 16.8.2015** auf die Staatsangehörigkeit des Erblassers an (Art. 25 EGBGB), die Staatsangehörigkeit des Erben ist aus unserer Sicht gleichgültig. Bei Erbfällen **ab 17.8.2015** ist die EuErbVO zu beachten, wonach es nicht mehr auf die Staatsangehörigkeit ankommen, sondern auf den letzten gewöhnlichen Aufenthalt des Erblassers (Art. 4 EuErbVO).

Damit ergibt sich das Problem, dass Angehörige den dementen Erblasser in ein Land verbringen könnten (wo er dann auch stirbt), dessen Erbrecht bzw. Pflichtteilsrecht für sie günstiger ist.[9]

bb) Wie erfolgt der Nachweis der Erbenstellung im Ausland? Das Ausland hat meist kein Erbscheinsverfahren in unserem Sinn (§§ 2353 ff. BGB), sondern vielfältige andere Regelungen. im Geltungsbereich der EuErbVO kann der Erbe (z. B. zusätzlich zum Erbschein) ein **Europäisches Nach-**

---

[7] AG Hameln FamRZ 2010, 1272.
[8] Übersicht zu den Anknüpfungen: *Burandt/Rojahn/Franke*, 1. Aufl., Art. 25 EGBGB, Rn. 95 ff.
[9] *Zimmer/Oppermann* ZEV 2016, 126; in der Schweiz beträgt z. B. der Pflichtteil der Nachkommen 75 % (Art. 471 ZGB-Schweiz), in Deutschland nur 50 %.

lasszeugnis beantragen und damit seine Erbenstellung in bestimmten Ländern nachweisen. **Mitgliedstaaten** sind 25 Staaten der Europäischen Union, nämlich Belgien, Bulgarien, Deutschland, Estland, Finnland, Frankreich, Griechenland, Italien, Kroatien, Lettland, Litauen, Luxemburg, Malta, die Niederlande, Österreich, Polen, Portugal, Rumänien, Schweden, die Slowakei, Slowenien, Spanien, die Tschechische Republik, Ungarn und Zypern. Die **EuErbVO gilt nicht** für Dänemark, Irland und Vereinigtes Königreich (Großbritannien); [10] auch nicht für die Schweiz..

cc) Wird das Vertretungsrecht des deutschen Erben-Betreuers, also sein Ausweis, im Ausland anerkannt? Das richtet sich nach dem ausländischen internationalen Privatrecht, teils nach dem ErwSÜ (Rn. 658).

Im Verhältnis zu den (derzeit noch wenigen) Vertragsstaaten ist das **Haager Übereinkommen über den internationalen Schutz Erwachsener** v. 13.11.2000 vorrangig.[11] Das Übereinkommen ist in Deutschland zum 1.1.2009 in Kraft getreten.[12] Mitgliedstaaten sind derzeit nur Deutschland, Estland, Finnland, Frankreich, Großbritannien (nur Landesteil Schottland), Monako, Österreich, Schweiz, Tschechische Republik. 658

Anwendungsbeispiel:[13] Ein Schotte heiratet eine Deutsche. Das Ehepaar lebt in Deutschland. Das deutsche Betreuungsgericht ist für die Bestellung eines Betreuers international zuständig und wendet deutsches, also nicht schottisches, Betreuungsrecht an. Da das Übereinkommen in Schottland ebenfalls gilt, wird der in Deutschland bestellte Betreuer dort anerkannt, wenn er z. B. einen anderen Schotten beerbt. Das deutsche Gericht stellt ihm dazu eine besondere Bescheinigung aus, die auch in Schottland Beweiswert hat. 659

Schwierigkeiten bereitet die Frage, auf wessen **Kosten** die ausländischen Schriftstücke bzw. die deutschen Schreiben an ausländische Nachlassbehörden zu übersetzen sind. Denn dies sind Auslagen in Zusammenhang mit der Betreuung, welche beim deutschen Berufsbetreuer in der Stundenpauschale inbegriffen sind (§ 4 II 1 VBVG), also voll zu seinen finanziellen Lasten gehen. Dies kann möglicherweise überwunden werden, wenn der Betreuer einen hiesigen Rechtsanwalt mit Kenntnissen der betreffenden Fremdsprache beauftragt, weil dessen Kosten vom (nicht mittellosen) deutschen Betreuten nach § 1835 III BGB gesondert zu tragen sind. In der Regel wird der deutsche Betreuer ausländische Rechtsanwälte einschalten müssen; die Anschriften deutschsprachiger Anwälte erfährt er vom deutschen Konsulat. 660

---

10 Vgl. § 1 Abs. 2 IntErbRVG, Erwägungsgründe Nr. 82, 83 zur EuErbVO.
11 *Helms* FamRZ 2008, 1995; *Lachwitz* BtPrax 2008, 143; *Wagner* IPRax 2007, 11; *Guttenberger*, BtPrax 2006, Heft 3; *Guttenberger*, Das Haager Übereinkommen ..., 2004; *Siehr* RabelsZ 2000, 715.
12 BGBl. 2007 II S. 323; Ausführungsgesetz BGBl. 2007, 314.
13 Entnommen der Pressemitteilung des BJM vom 14.12.2006.

V. Genehmigungen des Betreuungsgerichts

Der Betreuer braucht zu zahlreichen Geschäften die Genehmigung des Betreuungsgerichts (§§ 1908i I, 1806 ff., 1907 BGB); je nach Sachlage macht eine fehlende Genehmigung das Geschäft entweder nichtig (sog. **Außengenehmigung**,[1] z. B. §§ 1812, 1821, 1822 BGB) oder lässt die Wirksamkeit des Geschäfts unberührt (**Innengenehmigung**, z. B. §§ 1811, 1823 BGB). Vor allem dann, wenn der betreute Alleinerbe die Erbschaft angenommen hat, so dass sein bisheriges Vermögen mit dem geerbten Vermögen eine Einheit bildet, sind zusätzlich die allgemeinen Genehmigungsvorbehalte in §§ 1806 ff., 1812, 1813 BGB (Verfügung über Forderungen und Wertpapiere; Geldanlage) bedeutsam. Ein sog. **Negativattest** (Beschluss, dass ein Rechtsgeschäft keiner Genehmigung bedarf) ersetzt eine trotzdem erforderliche Genehmigung nicht. Nachfolgend werden nur die Fälle erörtert, die in Zusammenhang mit einer Erbschaft des Betreuten bedeutsam sind.

661

1. Schenkungen[2]

Nach §§ 1908i, 1804 BGB darf der Betreuer nicht in Vertretung der Betreuten Schenkungen machen; sowohl das Verpflichtungs- wie das dingliche Vollzugsgeschäft sind dann nichtig. Ausgenommen sind Anstandsgeschenke, z. B. zum Geburtstag, Trinkgeld für Handwerker etc. Anstandsschenkungen sind genehmigungsfrei,[3] wenn sie nicht (wie eine Grundstücksschenkung) nach speziellen Vorschriften (wie §§ 1821, 1822 BGB) genehmigungspflichtig sind. § 516 BGB definiert die Schenkung als „eine Zuwendung, durch die jemand aus seinem Vermögen einen anderen bereichert, ... wenn beide Teile darüber einig sind, dass die Zuwendung unentgeltlich erfolgt". Wegen § 517 BGB gelten nicht als Schenkung: wenn jemand zum Vorteil eines anderen einen Vermögenserwerb unterlässt oder auf ein angefallenes, noch nicht endgültig erworbenes Recht verzichtet

662

---

1 *Wesche* Rpfleger 2010, 403.
2 *Holzhauer* FamRZ 2000, 1063.
3 In Zweifelsfällen soll eine Genehmigung möglich sein, so LG Kassel NJW-RR 2013, 199, das eine Anstandsschenkung von je 40.000 Euro der betreuten 92-jährigen Mutter an ihre beiden verschuldeten Söhne für zulässig hält. Nicht vertretbar.

oder eine Erbschaft oder ein Vermächtnis ausschlägt; die Ausschlagung, der Erbverzicht und der Pflichtteilsverzicht eines Betreuten bedarf aber der Genehmigung des Betreuungsgerichts (§§ 1822 Nr. 2, 2347 BGB).

Dem **Grundbuchamt** kann sich bei einem „günstigen" Grundstücksgeschäft der Verdacht einer (gemischten) Schenkung aufdrängen; da eine Schenkung nichtig wäre, hat das Grundbuchamt ein Prüfungsrecht, auch wenn das Betreuungsgericht den Vertrag nach §§ 1821, 1822 BGB genehmigt hat. Eine solche Genehmigung ist allerdings ein starkes Indiz dafür, dass keine Schenkung vorliegt.[4]

663   Auch eine **gemischte Schenkung** („verbilligter Verkauf") fällt unter § 1804 BGB. Eine gemischte Schenkung ist in objektiver Hinsicht gegeben, wenn der Beschenkte eine Leistung des Schenkers erhält, die den Wert der versprochenen Gegenleistung überwiegt; der unentgeltliche Charakters des Geschäfts muss nicht gegenüber dem entgeltlichen Teil überwiegen; der Wert der geschenkten Zuwendung muss nicht mindestens das Doppelte etwaiger Gegenleistungen betragen.[5]

Eine Schenkung kann auch im Verzicht auf eine dem Betreuten zustehende Sicherheit bestehen, wenn diesem Verzicht kein Äquivalent gegenübersteht.[6] Das ist von § 1822 Nr. 13 BGB abzugrenzen, der den Verzicht auf Sicherheiten gegen Gegenleistung betrifft. Das Nachgeben in einem Vergleich ist keine Schenkung, weil es dabei an einer Einigung über die Unentgeltlichkeit fehlt; allerdings ist der Vergleich u. U. genehmigungspflichtig (§ 1822 Nr. 12 BGB). Wenn sich der Betreuer mit einem Pflichtteilsbetrag begnügt, der um die Hälfte niedriger ist als die Summe, welche sich bei Zugrundelegen des Verkehrswerts errechnet, ist das eine gemischte Schenkung.[7] Wenn der Betreute den Miteigentumsanteil an seiner Eigentumswohnung, die seinen einzigen Vermögenswert darstellt und von ihm zu eigenen Wohnzwecken genutzt wird, im Wege der **vorweggenommenen Erbfolge** an einen der Abkömmlinge gegen Übernahme einer inhaltlich stark beschränkten Pflegeverpflichtung überträgt, kann das eine unzulässige gemischte Schenkung sein.[8] Wenn der Erbe unter Betreuung steht und der **Testamentsvollstrecker** einen Nachlassgegenstand *unentgeltlich* veräußern will, was nach § 2205 S. 3 BGB verboten ist, kann das von allen Erben genehmigt werden und wird dadurch wirksam;[9] der Betreuer darf aber unentgeltlichen Verfügungen nicht zustimmen (§ 1804 BGB).

---

4 KG FGPrax 2012, 145
5 BGH ZEV 2013, 213.
6 RGZ 33, 209; *Staudinger/Engler* § 1804 Rn. 5.
7 *Staudinger/Engler* § 1804 Rn. 7; a. A. BayObLG DAVorm 1989, 428.
8 OLG Frankfurt FGPrax 2008, 18.
9 BGHZ 57, 84.

Schenkungen können vom Betreuungsgericht **nicht genehmigt** 664
werden; sie sind unheilbar nichtig, auch wenn sie vom Betreuungsgericht
rechtsirrig genehmigt werden.[10] Ob eine Schenkung eine genehmigungsfreie und damit zulässige „Anstandsschenkung" ist oder nicht unterliegt
nicht der Entscheidung des Betreuungsgerichts;[11] das muss der Betreuer
selbst entscheiden und trägt das Risiko. Mittelbar kann das aber nachgeprüft werden, wenn z. B. der Betreuer 5.000 Euro vom Sparbuch des
Betreuten überweisen will, weil das genehmigungspflichtig ist (§§ 1812,
1813 BGB).

2. Genehmigungsfälle[12]

a) Verpflichtung zur Verfügung über eine angefallene Erbschaft

Die *Verpflichtung* zur Verfügung über eine angefallene Alleinerb- 665
schaft oder einen Miterbenanteil (§§ 2033, 1922 II BGB), z. B. der Erb-
schaftskaufvertrag (§§ 2371 ff., 2385 BGB), der Verpflichtungsvertrag zur
Nießbrauchsbestellung an der Erbschaft (§ 1089 BGB), Erbauseinander-
setzungsverträge (vgl. Nr. 2), erbrechtliche Auslegungsverträge,[13] sind
genehmigungsbedürftig (§ 1822 Nr. 1 BGB). Die Genehmigung der Verpflichtung zur Übertragung der Erbschaft deckt die *Verfügung* über Nachlassgegenstände nur, soweit diese dem Betreuungsgericht bekannt sind;
dann ist eine konkludente Mitgenehmigung anzunehmen.[14]

b) Verfügung über einzelne Nachlassgegenstände

aa) Wenn **Grundstücke** betroffen sind, besteht Genehmigungsbedürf- 666
tigkeit nach § 1821 BGB.

bb) Wenn der Betreute ein „**Erwerbsgeschäft**" (z. B. eine Gastwirt- 667
schaft, ein Textilgeschäft) geerbt hat und der Betreuer es als Ganzes **veräußern** will ist dies nach § 1822 Nr. 3 BGB genehmigungspflichtig. Auch
die Praxis des Arztes, Rechtsanwalts, Steuerberaters, Wirtschaftsprüfers, ist
ein Erwerbsgeschäft in diesem Sinne, so dass der Verkauf durch den Be-

---

10 BayObLG Rpfleger 1988, 22; *Palandt/Götz* § 1804 Rn. 1.
11 A.A. LG Kassel NJW-RR 2013, 199: Schenkung der dementen betreuten Mutter von
   80.000 Euro an ihre verschuldeten Söhne wegen § 1837 II BGB „genehmigt"; nicht vertretbar.
12 Vgl. die Übersichten bei *Klüsener* Rpfleger 1993, 133; *Kurz* NJW 1992, 1798.
13 Vgl. BGH Rpfleger 1986, 181.
14 *Kurz* NJW 1992, 1798.

treuer des betreuten Erben gemäß § 1822 Nr. 3 BGB genehmigungspflichtig ist.[15] Wenn aber der Betreuer des Erben die einzelnen Inventarstücke eines solchen Geschäfts (Regale, Vorräte, Apparate usw.) verkauft, um die Schließung vorzubereiten, ist das nicht genehmigungspflichtig.[16] Auch die **Schließung des Geschäfts** ist genehmigungsfrei, denn § 1823 BGB ist nur eine Sollvorschrift. Die **Auflösung eines Erwerbsgeschäfts**, z. B. einer OHG durch Vertrag, steht einer Veräußerung nicht gleich.[17] Der Verkauf von Anteilen an Kapitalgesellschaften (GmbH-Anteile usw.) ist grundsätzlich nicht als Verkauf eines Erwerbsgeschäfts zu behandeln, sondern nur als Kapitalanlage und damit als Geldanlage im Sinne der §§ 1806 ff. BGB anzusehen.[18] Die unentgeltliche Veräußerung fällt in der Regel unter §§ 1908i II, 1804 S. 1 BGB; sie ist unheilbar nichtig.

668   cc) **Verfügungen über Forderungen und Wertpapiere.** Sie sind nach § 1812 BGB genehmigungspflichtig. Wenn der Betreuer also die vom Betreuten geerbten Aktien und Investmentanteile veräußert ist das merkwürdigerweise genehmigungspflichtig. Die Annahme von Leistungen ist in den in § 1813 BGB genannten Fällen genehmigungsfrei.

669   dd) **Sonstige Nachlassgegenstände.** Werden Möbel etc. veräußert (oder wegen Wertlosigkeit entsorgt) und fließt der Erlös in den Nachlass ist das genehmigungsfrei.

c) Verpflichtung zur Verfügung über einen künftigen gesetzlichen Erbteil oder einen künftigen Pflichtteil

670   Vgl. § 1822 Nr. 1 BGB. Sie ist nur in notarieller Form unter künftigen gesetzlichen Erben möglich (§ 311b V BGB; vgl. Rn. 644). Eine eventuelle Verpflichtung zum Erbverzicht oder Pflichtteilsverzicht fällt auf Seiten des Verzichtenden ebenfalls unter den § 1822 Nr. 1 BGB, da die Aufgabe einer Rechtsstellung ebenfalls eine Verfügung ist.[19] Der Verzichtsvertrag selbst mit dem Erblasser (§ 2346 BGB), worin der Betreute den Verzicht leistet, ist genehmigungsbedürftig nach § 2347 BGB.

---

15 KG NJW 1976, 1949; MünchKomm/*Kroll-Ludwigs* § 1822 Rn. 11a; a. A. RGZ 144, 5, welches eine Arztpraxis nicht als Geschäft einstufte (daher genehmigungsfrei).
16 MünchKomm/*Kroll-Ludwigs* § 1822 Rn. 11a.
17 BGH NJW 1970, 33; str.
18 Vgl. BGH NJW 1989, 1926.
19 A. A. MünchKomm/*Wegerhoff* § 2347 Rn. 6: § 2347 analog.

d) Verfügung über einen angefallenen Erbanteil

Vgl. § 1822 Nr. 1 BGB. Darunter fällt z. B. die Verpfändung an eine Bank. Da die Vermögensmasse hier im Ganzen durch ein Rechtsgeschäft auf den Erwerber übergeht (§ 2033 I BGB), ist in Nr. 1 nicht nur das Verpflichtungsgeschäft, sondern auch das Verfügungsgeschäft für genehmigungsbedürftig erklärt.

671

e) Ausschlagung der Erbschaft

Vgl. § 1822 Nr. 2 BGB. Sie erfolgt nach §§ 1942 ff. BGB. Genehmigungspflichtig ist auch die Ausschlagung mit dem Ziel der Geltendmachung des Pflichtteils (§ 2306 BGB);[20] desgleichen die Anfechtung der Annahme, da sie als Ausschlagung gilt, §§ 1954, 1957 I BGB;[21] die Ausschlagung einer Nacherbschaft, eines Miterbenanteils. Ist übersehen worden, dass die Ausschlagung zu genehmigen war, ist die infolge der unwirksamen Ausschlagung durch Fristsäumnis eingetretene Annahme der Erbschaft anfechtbar;[22] hierfür ist die betreuungsgerichtliche Genehmigung notwendig (§ 1957 I BGB). Die Ausschlagung einer (nicht überschuldeten) Erbschaft durch den Betreuer ist in der Regel nicht genehmigungsfähig; dies gilt besonders, wenn dadurch ein Zugriff des Sozialhilfeträgers verhindert wird;[23] vgl. Rn. 212. Auch wenn die Erbschaft einem Bruder anwächst, entspricht es nicht ordentlicher Vermögenssorge, sie auszuschlagen.[24] § 83 I InsO ist nicht analog anwendbar. Zur Wahrung der Ausschlagungsfrist vgl. Rn. 193.

672

f) Ausschlagung eines Vermächtnisses

Vgl. § 1822 Nr. 2 BGB. Dafür gibt es keine Frist wie bei der Ausschlagung der Erbschaft. Sie erfolgt nach § 2180 BGB und ist genehmigungspflichtig. Die Anfechtung der Annahme ist genehmigungsfrei, weil Abs. 3 des 2180 BGB (versehentlich?) nicht auf § 1957 BGB verweist.[25]

673

---

20 OLG Köln FamRZ 2008, 1113.
21 BayObLG FamRZ 1983, 834.
22 BayObLG Rpfleger 1983, 152; *Klüsener* Rpfleger 1993, 133.
23 OLG Hamm ZEV 2009, 471; OLG Stuttgart ZEV 2002, 367 mit abl. Anm. *J. Mayer*.
24 OLG Stuttgart ZEV 2002, 367.
25 *Damrau/Zimmermann* E 119.

g) „Verzicht" auf den Pflichtteil

674 Vgl. § 1822 Nr. 2 BGB. Gemeint ist der **Erlassvertrag** (§ 397 BGB) über den entstandenen Pflichtteilsanspruch (§§ 2303 ff. BGB), also nach dem Tod des Erblassers, weil damit der Anspruch entstanden ist (§ 2317 BGB).[26] Er ist formlos durch Vertrag mit dem Erben möglich. Vgl. Rn. 610.

h) Erbteilungsvertrag

675 Vgl. § 1822 Nr. 2 BGB. Er richtet sich nach §§ 2042 ff. BGB; vgl. Rn. 359. Es handelt sich um jeden Vertrag zwischen den Miterben, durch den die Erbengemeinschaft, sei es hinsichtlich des ganzen Nachlasses, sei es hinsichtlich eines einzelnen Gegenstandes, aufgehoben werden soll.[27] Sinn der Genehmigung ist, den Betreuten vor Übervorteilung zu schützen. Ob es sich um einen gerichtlichen (z. B. §§ 363 ff. FamFG; Prozessvergleich) oder außergerichtlichen Vertrag handelt, ist unerheblich. Ein Vertrag, durch den die Erbschaft als solche im Ganzen an einen Dritten verkauft wird, fällt nicht unter Nr. 3, sondern unter Nr. 1; ebenso die **Veräußerung eines Erbanteils.** Die Veräußerung eines beweglichen Nachlassgegenstandes durch sämtliche Miterben ist grundsätzlich genehmigungsfrei; erst die Aufteilung des Erlöses unterliegt möglicherweise dem Genehmigungserfordernis.[28] Vgl. Rn. 362. Anders ist es aber, wenn der Nachlassgegenstand einem Genehmigungserfordernis unterliegt, die Veräußerung eines **Nachlassgrundstücks** durch den Betreuten als Alleinerben oder durch alle Miterben fällt z. B. unter § 1821 Nr. 1 BGB;[29] die Veräußerung anderer Nachlassgegenstände kann unter § 1812 BGB fallen. Genehmigungsbedürftig ist bereits der schuldrechtliche Vertrag,[30] weil anderenfalls § 1822 Nr. 2 BGB im Prozesswege umgangen werden könnte. Die Genehmigung beinhaltet dann auch entsprechende Verfügungen, z. B. die Auflassung von Grundstücken und die Einziehung des Kaufpreises (vgl. § 1812 BGB).

i) Verpachtung eines Landguts

676 Pachtverträge des Betreuten, ohne Rücksicht, ob er daran als Pächter oder Verpächter beteiligt ist, sind nach § 1822 Nr. 4 BGB genehmigungs-

---

26 MünchKomm/*Kroll-Ludwigs* § 1822 Rn. 9; Protokolle VI, S. 394.
27 KGJ 42, 49; MünchKomm/*Kroll-Ludwigs* § 1822 Rn. 10.
28 A. A. *Brüggemann* FamRZ 1990, 124/8, der eine Teilung nach den gesetzlichen Regelungen für genehmigungsfrei hält.
29 Dazu *Sonnenfeld* NotBZ 2001, 322 (Minderjährige).
30 A. A. KGJ 42, 49.

pflichtig. Ein Landgut ist eine zum selbstständigen Betrieb der Landwirtschaft eingerichtete Grundstückseinheit oder -mehrheit nebst Wohnhaus und notwendigen Wirtschaftsgebäuden. Nicht jede Landwirtschaft ist also ein „Landgut". Auf die Größe kommt es nicht an,[31] auch nicht auf die Pachtdauer. Bei der Genehmigung wird insbesondere geprüft, ob der Pachtzins angemessen ist, was sich nach der Üblichkeit richtet.

Beispiel: 677

Landwirt E ist verstorben und hat seinem geistig behinderten, unter Betreuung stehendem Sohn S seine Landwirtschaft hinterlassen. Der Betreuer verpachtet die Flächen an einen Nachbarn.

j) Verpachtung eines gewerblichen Betriebs

Pachtverträge, sei es als Pächter oder Verpächter, unterliegen der Genehmigungsbedürftigkeit nach § 1822 Nr. 4 BGB, welcher mit § 1907 III BGB konkurriert. Die Praxis eines Freiberuflers (Arzt, Anwalt) hat dieselbe wirtschaftliche Bedeutung wie ein Gewerbebetrieb (Rn. 667) und zählt daher ebenfalls hierher.[32] 678

k) Miet- und sonstige Pachtverhältnisse

§ 1822 Nr. 5 BGB gilt im Betreuungsrecht nicht (§ 1908i I BGB); der Sachverhalt ist in § 1907 BGB speziell geregelt. 679

aa) § 1907 III BGB: Zu einem Miet- oder Pachtvertrag oder zu einem anderen Vertrag, durch den der Betreute zu wiederkehrenden Leistungen verpflichtet wird, bedarf der Betreuer der Genehmigung des Betreuungsgerichts, wenn das Vertragsverhältnis länger als vier Jahre dauern oder vom Betreuer Wohnraum vermietet werden soll. 680

Beispiel: 681

Wenn der Betreute eine Eigentumswohnung oder ein Mietshaus geerbt hat und der Betreuer dort eine Wohnung vermieten will, die der Betreute bisher nicht selbst nutzte und auch nicht nutzen will, weil er im Heim wohnt, braucht der Betreuer die Genehmigung des Betreuungsgerichts,[33] wenn die Regelung wörtlich genommen wird.

Nach dem Sinn der Regelung, Wohnraum des Betreuten zu schützen, ist eine einschränkende Auslegung der viel zu weiten Gesetzesfassung er- 682

---

31 MünchKomm/*Kroll-Ludwigs* § 1822 Rn. 31.
32 MünchKomm/*Kroll-Ludwigs* § 1822 Rn. 34.
33 LG Wuppertal FamRZ 2007, 1269; MünchKomm/*Schwab* § 1907 Rn. 23.

forderlich; wenn der Betreute nie in der Wohnung gelebt hat oder voraussichtlich leben wollte, weil er ohnehin eine andere Wohnung hat, und nur an der Mieteinnahme Interesse besteht, ist § 1907 BGB nicht anzuwenden, der Vertrag gehört nicht zu dieser Fallgruppe, für eine „kapitalistische" Vermietung besteht keine Genehmigungspflicht.[34]

683 **bb) § 563 BGB.** Die Vorschrift bestimmt, dass bestimmte Familienangehörige automatisch mit dem Tod des Mieters in das Mietverhältnis eintreten: Der Ehegatte, der mit dem Mieter einen gemeinsamen Haushalt führte; der registrierte Lebenspartner; die Kinder, wenn in dem gemeinsamen Haushalt Kinder des Mieters lebten. Andere Familienangehörige, die mit dem Mieter einen gemeinsamen Haushalt führen, treten mit dem Tod des Mieters in das Mietverhältnis ein, wenn nicht der Ehegatte oder der Lebenspartner eintritt.

684 **Beispiel:**
M hat eine Wohnung gemietet, die von ihm und seiner Frau F bewohnt wird. Für die F wird später ein Betreuer bestellt, sie ist geschäftsunfähig. Dann stirbt M. Unabhängig davon, wer der Erbe des M wird, „erbt" die F jedenfalls die Rechte aus dem Mietvertrag.

685 Die automatisch eingetretenen Personen haben ein **Ablehnungsrecht**: erklären sie innerhalb eines Monats, nachdem sie vom Tod des Mieters Kenntnis erlangt haben, dem Vermieter, dass sie das Mietverhältnis nicht fortsetzen wollen, gilt der Eintritt als nicht erfolgt. Für geschäftsunfähige Personen gilt § 210 BGB (Rn. 716) entsprechend. Die Ablehnung ist eine einseitige, empfangsbedürftige Willenserklärung, aber nicht eine „Kündigung"; sie muss dem Vermieter nach den §§ 130 ff. BGB zugehen und wirkt zurück. Steht der automatisch Eintretende unter Betreuung, kann sein Betreuer die Ablehnung erklären, falls er einen ausreichenden Aufgabenkreis hat (z. B. Vermögenssorge). Ist der automatisch Eintretende ohne einen Betreuer mit einem ausreichenden Aufgabenkreis und ist er geschäftsunfähig, dann wird der Fristenlauf gehemmt und nicht vor Ablauf eines Monats[35] vollendet, nachdem der Eintretende einen Betreuer bekommen hat (§ 210 I 2 BGB). Für die Kenntnis kommt es auf das Wissen des Betreuers an, bei einem *geschäftsfähigen* Betreuten auf dessen Kenntnis.[36]

---

34 LG Münster FamRZ 1994, 531; *Bienwald/Sonnenfeld/Harm* § 1907 Rn. 57; *Damrau/Zimmermann*, § 1907 Rn. 9.
35 *Staudinger/Rolfs* (2011) § 563 Rn. 39: die Sechsmonatsfrist des § 210 I 1 BGB ist nicht einschlägig.
36 *Staudinger/Rolfs* (2011) § 563 Rn. 45.

l) Kreditgeschäfte

Kreditverträge, z. B. zu Lasten des Erben in Zusammenhang mit der Erbauseinandersetzung, sind nach § 1822 Nr. 8 BGB genehmigungsbedürftig. Ebenso ist es, wenn der betreute Erbe eine fremde Verbindlichkeit oder eine Bürgschaft für fremde Schulden übernehmen soll (§ 1822 Nr. 10 BGB). Sogar die Einräumung eines Überziehungskredits bedarf der Genehmigung.[37]

686

m) Prokura

aa) Wenn der Betreute ein Handelsgeschäft geerbt hat, das fortgeführt werden soll, wofür aber der Betreuer einem Beschäftigten **Prokura erteilen will**, dann bedarf die Erteilung der Prokura der Genehmigung des Betreuungsgerichts (§ 1822 Nr. 11 BGB). Die Prokura ist vom Betreuer zum Handelsregister anzumelden (§ 53 II HGB). Der bestellte Prokurist hat die volle Rechtsstellung der §§ 49, 50 HGB; er braucht die Geschäfte, die für einen Betreuer als gesetzlicher Vertreter des Betreuten genehmigungsbedürftig wären, nicht genehmigen zu lassen,[38] was die enorme Gefahr der Prokura für das Vermögen des Betreuten zeigt. Eine Genehmigung für die Erteilung der Prokura ist nicht erforderlich, wenn Prokura für eine GmbH erteilt werden soll, an der ein Betreuer als Gesellschafter beteiligt ist;[39] ebenso ist es bei OHG und KG. Ein Verstoß gegen § 1822 Nr. 11 BGB macht die ohne Genehmigung erteilte Prokura unheilbar unwirksam, § 1831 BGB; sie wird auch durch Eintragung in das Handelsregister nicht wirksam, selbst gegenüber gutgläubigen Dritten nicht.[40]

687

bb) Wenn in einem von dem Betreuten ererbten Erwerbsgeschäft **bereits ein Prokurist** vor dem Erbfall **bestellt** war, dann erlischt sie nicht durch den Tod des Inhabers des Handelsgeschäfts (§ 52 III HGB) und es ändert sich an den Befugnissen des Prokuristen durch den Erbfall nichts.[41] Auch intern braucht der Prokurist in der Regel keine Weisungen der Erben abzuwarten oder einzuholen, doch muss er sie vollumfänglich informieren.[42] Wenn der Prokurist Miterbe des bisherigen Inhabers des Handelsgeschäfts wird, dann erlischt aber die Prokura mit dem Tode des Inhabers

688

---

37 KG NJW-RR 2010, 150.
38 RGZ 106, 185/6; MünchKomm/*Kroll-Ludwigs* § 1822 Rn. 68; *Doddegge/Roth* E 133.
39 KG OLGE 27, 369.
40 RGZ 127, 153/8.
41 OLG Hamm BB 1956, 900; MünchKomm/*Kroll-Ludwigs* § 1822 Rn. 68.
42 *Baumbach/Hopt*, HGB, § 52 Rn. 4.

des Handelsgeschäfts.⁴³ Der Widerruf der Prokura durch den Betreuer ist jederzeit möglich (§ 52 I HGB) und genehmigungsfrei.⁴⁴ Der Widerruf ist vom Betreuer zum Handelsregister anzumelden (§ 53 II HGB).

689   cc) Der Betreuer kann sich nicht **selbst zum Prokuristen** bestellen (§§ 1795 II, 181, 1908i I BGB). Das ginge nur durch einen vom Betreuungsgericht bestellten Ergänzungsbetreuer (§ 1899 IV BGB).

690   dd) **Sonstige Bevollmächtigte** kann der Betreuer ohne Genehmigung bestellen,⁴⁵ auch Handlungsbevollmächtigte gemäß § 54 HGB; er kann ihnen aber nicht mehr Rechte übertragen, als er selbst besitzt. Die Erteilung der Vollmacht bedarf keiner betreuungsgerichtlichen Genehmigung.

n) Vergleiche

691   Ein Vergleich kann nach § 1822 Nr. 12 BGB genehmigungspflichtig sein, sowohl ein außergerichtlicher Vergleich wie ein Prozessvergleich, Abfindungsvergleich mit der Versicherung nach einem Personenschaden (z. B. Unfall; Arzthaftpflicht).⁴⁶ Häufig sind Vergleiche zwischen Betreuten als Mieter und dem Vermieter wegen Schäden an der Wohnung, die der Betreute verursacht hat. Ein im Vergleichswege abgegebenes Schuldanerkenntnis kann betreuungsgerichtlich erst dann genehmigt werden, wenn das Gericht die gegenüber dem Betroffenen behaupteten Forderungen daraufhin geprüft hat, ob ihre Höhe, Plausibilität, mögliche Durchsetzbarkeit und rechtliche Grundlage schlüssig dargelegt sind; die Billigung durch den Verfahrenspfleger genügt nicht.⁴⁷

692   **Keine Genehmigungsbedürftigkeit** besteht, wenn der Vergleichsgegenstand 3.000 Euro nicht übersteigt. Maßgebend für den Wert ist der Gegenstand des Streites oder der Ungewissheit, nicht der Anspruch selbst, auch nicht die Summe, auf die man sich einigte. Beispiel: Gefordert werden 5.000 Euro, man einigt sich auf 2.000 Euro (genehmigungspflichtig, da der Streitgegenstand 5.000 Euro wert ist). Die Höhe des Gegenstandes ist oft unklar, wenn z. B. auf alle wechselseitigen Ansprüche verzichtet wird, ohne dass sie vorher berechnet werden. Die Genehmigungsfreiheit bei Werten bis 3.000 Euro gilt nicht, wenn nach anderen Bestimmungen Genehmigungspflicht besteht, z. B. nach § 1821 Nr. 1 BGB (Grundstücksübertragung).⁴⁸

---

43 BGH NJW 1959, 2114; BGHZ 32, 67; str.
44 OLG Hamm FamRZ 1972, 270; *Staudinger/Engler* § 1822 Rn. 145.
45 OLG Hamm FamRZ 1972, 270/2.
46 Dazu *Hoffmann/Schwab/Tolksdorf* DAR 2006, 666.
47 BayObLG NJW-RR 2003, 1587.
48 OLG Colmar OLGE 6, 66.

Die Genehmigungspflicht entfällt ferner, wenn der **vom Gericht (Prozessgericht usw.) vorgeschlagene Vergleich** geschlossen wird. Der Vorschlag muss schriftlich oder protokolliert sein, kann von einem Richter (Kammervorsitzender, Berichterstatter) oder (in seinem Zuständigkeitsbereich) Rechtspfleger stammen; der Vorschlag kann sich auch auf Punkte beziehen, die nicht zum Streitgegenstand des Verfahrens gehören.[49] Der allgemeine Ratschlag des Gerichts, „sich zu einigen" genügt nicht; denn § 1822 Nr. 12 BGB unterstellt, dass der Zivilrichter anstelle des Betreuungsrichters (bzw. Rechtspflegers) den Vergleich dahin geprüft hat, dass er dem Wohl des Betreuten entspricht. Anders als bei sonstigen zivilgerichtlichen Vergleichen übernimmt also das einen Vergleich vorschlagende Gericht dieselbe Haftung wie das Betreuungsgericht, das sonst die Genehmigungsfähigkeit des Vergleichs hätte prüfen müssen. Das Protokoll kann um den Vorschlag berichtigt werden, § 164 ZPO; der telefonische Vorschlag kann nachträglich schriftlich fixiert werden. Der Vergleich selbst kann auch außergerichtlich geschlossen werden. Zum Räumungsvergleich vgl. § 1907 BGB.

o) Erbverzicht, Pflichtteilsverzicht, Zuwendungsverzicht

Vgl. Rn. 576, 583, 608. 693

p) Teilungsversteigerung

Beispiel: 694

Die Betreute ist Mitglied einer Erbengemeinschaft an einem Grundstück, das verkauft werden soll. Ein anderer Miterbe will einem freihändigen Verkauf nicht zustimmen. Der Betreuer will nun die gerichtliche Teilungsversteigerung zwecks späterer Auseinandersetzung betreiben.

Nach § 181 II ZVG darf die Zwangsversteigerung eines Grundstücks 695
nur angeordnet werden, wenn der Antragsteller als Eigentümer im Grundbuch eingetragen oder Erbe eines eingetragenen Eigentümers ist oder wenn er das Recht des Eigentümers oder des Erben auf Aufhebung der Gemeinschaft ausübt. Von dem Betreuer eines Miteigentümers kann der Antrag nur mit Genehmigung des Betreuungsgerichts gestellt werden.

---

49 BT-Drucks. 11/4528 S. 109.

3. Genehmigungsfreie Geschäfte

696 Alles, was nicht ausdrücklich genehmigungspflichtig ist, ist genehmigungsfrei. Beispiele: Nicht genehmigungsbedürftig sind die Annahme einer Erbschaft,[50] das Verstreichenlassen der Ausschlagungsfrist,[51] der Antrag auf Erteilung eines Erbscheins, die Annahme eines Vermächtnisses und deren Anfechtung (es fehlt eine dem § 1957 BGB entsprechende Bestimmung), die Anfechtung der Ausschlagung, die als Annahme der Erbschaft wirkt (§ 1957 BGB), die Erhebung der Erbteilungsklage (§ 2042 BGB) und sonstiger Klagen, die Auseinandersetzung durch einen Testamentsvollstrecker (§ 2204 BGB), die „Anerkennung" eines Testamentes, wenn damit nicht ein Verzicht auf den Pflichtteil verbunden ist; der Verkauf eines Erbschaftsgegenstandes (§§ 2042, 753 BGB), soweit er nicht nach anderen Vorschriften (wie §§ 1812, 1821 BGB) genehmigungspflichtig ist; die gewaltsame Öffnung des Banksafes des Erblassers; die Entsorgung wertlosen Nachlasses auf dem Müll.

4. Genehmigungsverfahren

697 In der Praxis wird ein **Antrag des Betreuers** verlangt, der die für die Genehmigung erforderlichen Fakten enthält (z. B. zu den einzelnen Werten bei Genehmigung einer Erbteilung), obwohl eine Genehmigung von Amts wegen erteilt wird. Zuständig für die Erteilung der Genehmigung ist das **Betreuungsgericht** (in Württemberg bis 31.12.2017 der **Bezirksnotar,** §§ 1, 36 LFGG BaWü) und zwar der Rechtspfleger. Es wird von Amts wegen ermittelt (§ 26 FamFG), deshalb kann eine Beschaffung von Gutachten etc. von den Beteiligten nicht verlangt werden kann. Vor einer Entscheidung nach §§ 1821, 1822 Nr. 1 bis 4, 6 bis 13 BGB sowie § 1823 BGB soll das Gericht den Betreuten (schriftlich oder mündlich) **anhören;** vor Wohnungsgenehmigungen nach § 1907 BGB muss der Betroffenen persönlich angehört werden. Wenn das rechtliche Gehör des Betroffenen nicht ausreichend gewahrt werden kann ist in der Regel ein **Verfahrenspfleger** zu bestellen (§ 276 FamFG).

Die „sonstigen Beteiligten" wie z. B. Angehörige (§ 274 FamFG) müssen nicht angehört werden. Das Genehmigungsverfahren löst keine Gerichtsgebühr nach dem GNotKG aus, aber Auslagen (z. B. für Gutachten) können erhoben werden.

---

50 BGH NJW 1985, 136; KG NJW 1962, 64; OLG Koblenz FamRZ 2008, 1031.
51 OLG Koblenz FamRZ 2008, 1031.

Weiterer Ablauf: (1) Beschluss des Betreuungsgerichts, der genehmigt oder ablehnt: Der Beschluss wird erst mit Rechtskraft (§ 45 FamFG) wirksam (§ 40 II 1 FamFG), was im Beschluss anzugeben ist. Eine Rechtsmittelbelehrung ist notwendig (§ 39 FamFG; Beschwerde nach §§ 58 ff. FamFG zum LG); die Beschwerdefrist beträgt in den Fällen der Außengenehmigung (Rn. 661)[52] nur zwei Wochen (§ 63 II Nr. 2 FamFG). Der Beschluss ist auch demjenigen, für den das Rechtsgeschäft genehmigt ist, also dem Betreuten, mitzuteilen (§ 41 III FamFG); da für ihn eine Frist läuft ist Zustellung erforderlich (§ 41 I 2 FamFG). Wenn der Betreute den Vorgang nicht mehr nachvollziehen kann, ist ihm schon im Genehmigungsverfahren ein Verfahrenspfleger zu bestellen; dem Pfleger ist auch der Genehmigungsbeschluss zuzustellen. Er kann dagegen Beschwerde einlegen, desgleichen der Betreute. (2) Die Genehmigung ist vom Gericht dem Betreuer mitzuteilen; er kann nun frei entscheiden, ob er davon Gebrauch macht oder nicht. (3) Die nachträgliche (rechtskräftige) Genehmigung des Gerichts wird dem Geschäftsgegner gegenüber (z. B. Käufer des Nachlassgrundstücks) erst wirksam in dem Zeitpunkt, in dem der Betreuer (als Vertreter des Verkäufers) sie dem Käufer des Grundstücks mitteilt (§§ 1828, 1829 BGB); in der Praxis erfolgt das durch den Notar aufgrund ihm erteilter Vollmachten (sog. Doppelvollmacht). (4) Ab Wirksamwerden gegenüber dem Dritten wird der Beschluss über die Genehmigung oder Verweigerung der Genehmigung durch § 48 III FamFG angriffsfest gemacht, ist also nicht mehr anfechtbar.

698

Insgesamt bedeutet das, dass ein Genehmigungsverfahren mehrere Wochen, wenn nicht Monate, dauert.

699

---

52 *Wesche* Rpfleger 2010, 403.

W. Verjährungsfragen in Erb-/Betreuungsfällen

1. Verjährung von Ansprüchen des Betreuten

Die Verjährungsfrist betrug früher 30 Jahre (§ 197 I Nr. 2 a. F. BGB); seit Wegfall dieser Bestimmung ab 1.1.2010[1] ist die Verjährungsfrist zwar auf drei Jahre verkürzt (§ 195 BGB). Jedoch sind Erweiterungen zu beachten:

a) Fristbeginn

Die dreijährige Verjährungsfrist beginnt, soweit nicht ein anderer Verjährungsbeginn bestimmt ist, mit dem Schluss des Jahres, in dem

- der Anspruch entstanden ist und
- der Gläubiger (= Erbe des Betreuten) von den den Anspruch begründenden Umständen und der Person des Schuldners **Kenntnis erlangt** oder ohne grobe Fahrlässigkeit erlangen müsste (§ 199 I BGB). Bei gesetzlicher Vertretung des Erben durch einen Betreuer kommt es auf dessen Kenntnis an. Bei einer Mehrheit von Gläubigern ergeben die §§ 429 III, 425 II und 432 II BGB, dass die Verjährungsfrage für jeden Miterben einzeln zu beurteilen ist; das kann bei unterschiedlichen Kenntnisständen der Miterben zu einem unterschiedlichen Verjährungsbeginn führen.[2]

In den Fällen der **Betreuerhaftung** ist der Anspruch zwar in der Regel während des Betreuungsverhältnisses entstanden, doch wird die Verjährung während des Betreuungsverhältnisses gehemmt (§ 207 I BGB). Diese Hemmung endet z. B. mit dem Tod des Betreuten. Die Gläubiger (d. h. die Erben des Betreuten) erlangen aber frühestens Kenntnis von Schadensersatzansprüchen mit Durchsicht der Unterlagen des Betreuten. Wird der Haftungsanspruch erst mehrere Jahre nach Beendigung der Betreuung erhoben, kommt es darauf an, ob der Erbe grob fahrlässig gehandelt hat. Er hat Indizien nachzugehen.[3] Er handelt aber nicht schon dann grob fahr-

---
1 Gesetz v. 24.9.2009 (BGBl. I S. 3142); Wichtiges Übergangsrecht für Altfälle: Art. 229 § 23 EGBGB.
2 *Staudinger/Peters/Jacoby* (2009) § 199 Rn. 54.
3 BGH NJW 2002, 2788; *Palandt/Ellenberger* § 199 Rn. 40.

lässig, wenn er es unterlässt, professionelle Hilfe (z. B. von Rechtsanwälten, Steuerberatern) in Anspruch zu nehmen, denn das wäre mit Kosten verbunden, die ihm nicht zuzumuten sind.[4]

703 Die **Beweislast** für den Beginn der Verjährung trägt der Schuldner (frühere Betreuer), der sich auf die Verjährung beruft. Geht es um die Klärung grober Fahrlässigkeit, muss der Gläubiger (Erbe des Betreuten) darlegen, welche Schritte zur Ermittlung er unternommen hat.[5]

704 Für den Betreuer ist es lästig, dass er **die Akte** nicht sogleich nach dem Tod des Betreuten weglegen kann; da er dem Betreuten haftet (§§ 1908i, 1833 BGB) und dieser Anspruch auf die Erben des Betreuten übergeht, muss der Betreuer noch jahrelang Unterlagen aufbewahren und mit Ansprüchen der Erben des Betreuten rechnen. Manche Betreuer verlangen daher von den Erben einen Haftungsverzicht, teils mit Unterstützung des Betreuungsrechts. Dafür gibt es keine Rechtsgrundlage. Eine **Entlastung** kann daher nicht verlangt werden. Eine Feststellungsklage des Betreuers gegen die Erben vor dem Prozessgericht, dass die Vermögensabrechnung „ordnungsgemäß" erfolgt sei, ist mangels Bestimmtheit unzulässig.[6]

b) Höchstfristen

705 Denkbar ist, dass es viele Jahre dauert, bis der Gläubiger Kenntnis vom Anspruch erlangt. Deshalb gilt eine Höchstfrist von 10 bzw. 30 Jahren (§ 199 II, III BGB), die taggenau unmittelbar mit Entstehung des Anspruchs beginnt und nicht erst mit dem darauf folgenden Jahresende.[7] Zu beachten ist ferner, dass daneben die Vorschriften über Hemmung, Ablaufhemmung und Neubeginn der Frist gelten, so dass im Einzelfall wesentlich mehr Zeit als 10 bzw. 30 Jahre verstreichen kann, bis die Verjährung tatsächlich vollendet ist.[8]

c) Erbrechtliche Ansprüche[9]

706 Grundsätzlich gilt auch hier § 195 BGB (nebst Regelungen über Hemmung usw.), d. h. die Verjährungsfrist beträgt drei Jahre. Die Frist beginnt

---

4 *Staudinger/Peters/Jacoby* (2009) § 199 Rn. 82.
5 *Staudinger/Peters/Jacoby* (2009) § 199 Rn. 84.
6 LG Rottweil FamRZ 2000, 33.
7 BGH NJW 2010, 1956; *Palandt/Ellenberger* § 199 Rn. 42.
8 *Palandt/Ellenberger* § 199 Rn. 42.
9 Dazu eingehend *Küpper* ZEV 2010, 397.

aber nicht irgendwann im Laufe des Jahres, sondern nach § 199 I BGB mit dem 31.12. des Jahres,

- in dem der Anspruch entstanden ist (z. B. Erbfall) *und*
- der Gläubiger von den den Anspruch begründenden Umständen und der Person des Schuldners Kenntnis erlangt.

Hat der Berechtigte nach seiner Behauptung keine Kenntnis erlangt, genügt es für den Fristbeginn, wenn er *ohne grobe Fahrlässigkeit Kenntnis erlangen musste* (§ 199 I Nr. 2 BGB). 707

Erlangte der Berechtigte keine Kenntnis und fehlt bei ihm grobe Fahrlässigkeit, dann gilt: „Ansprüche, die auf einem Erbfall beruhen oder deren Geltendmachung die Kenntnis einer Verfügung von Todes wegen voraussetzt, verjähren ohne Rücksicht auf die Kenntnis oder grob fahrlässige Unkenntnis in 30 Jahren von der Entstehung des Anspruchs an" (§ 199 IIIa BGB). Das ist die Höchstfrist. Auf einem Erbfall beruhen z. B. Ansprüche auf **Herausgabe der Erbschaft** gegen den Erbschaftsbesitzer (§ 2018 BGB) und den Vorerben (§ 2130 BGB) und die Herausgabe eines falschen Erbscheins an das Nachlassgericht (§ 2362 BGB), der Anspruch des Pflichtteilsberechtigten (§ 2303 BGB), der Anspruch gegen den Erben auf Erstattung der Bestattungskosten (§ 1968 BGB), der Anspruch des Vermächtnisnehmers aus § 2174 BGB, der Anspruch auf Vollziehung einer Auflage aus § 2194 BGB, Ansprüche zwischen dem Testamentsvollstrecker und dem Erben. Bei Grundstücksvermächtnissen gilt eine Höchstfrist von 10 Jahren (§ 196 BGB). Ein unrichtiger Erbschein kann unbefristet eingezogen werden. 708

2. Hemmung der Verjährung bei höherer Gewalt

§ 206 BGB: 709

Die Verjährung ist gehemmt, solange der Gläubiger innerhalb der letzten sechs Monate der Verjährungsfrist durch höhere Gewalt an der Rechtsverfolgung gehindert ist.

Hemmung bedeutet, dass der Zeitraum, während dessen die Verjährung gehemmt ist, in die Verjährungsfrist nicht eingerechnet wird (§ 209 BGB); es beginnt also nicht die volle Verjährungsfrist neu zu laufen. 710

Beispiel: 711

Ein Gläubiger will einen Anspruch einklagen. Die Verjährung würde am 31.12. eintreten. Wegen Hochwasser ist aber das Gericht vom 20.12. bis 30.12. nicht erreichbar; die Verjährungsfrist verlängert sich um 11 Tage, also bis 11.1.

712 Höhere Gewalt bedeutet einerseits Zufall, aber auch Stillstand der Rechtspflege. Ursache können sein Naturkatastrophen und Kriegsereignisse, aber auch eine **Verzögerung durch das Gericht:** Verzögerung der Entscheidung des Betreuungsgerichts über den Antrag des Betreuers, die **Erbausschlagung zu genehmigen;**[10] Folge: Hemmung der Frist bis zum Zugang des Genehmigungsbeschlusses.[11]

3. Hemmung der Verjährung aus familiären und ähnlichen Gründen

713 § 207 BGB:

(1) Die Verjährung von Ansprüchen zwischen Ehegatten ist gehemmt, solange die Ehe besteht. Das Gleiche gilt für Ansprüche zwischen

....

4. dem Betreuten und dem **Betreuer** während der Dauer des Betreuungsverhältnisses

...

714 Das Betreuungsverhältnis dauert von der Bestellung des Betreuers durch das Betreuungsgericht bis zur Aufhebung bzw. Betreuerwechsel oder Beendigung der Betreuung durch Tod des Betreuten oder Tod des Betreuers. Es erfolgt also eine formale Betrachtung; ob die Betreuung erforderlich war oder zu Recht angeordnet wurde spielt keine Rolle. Ebenso ist es unbeachtlich, ob der Betreute geschäftsfähig war oder nicht, ob ein Einwilligungsvorbehalt bestand oder nicht. Erfasst sind Ansprüche des Betreuers gegen den Betreuten (z. B. auf Vergütung, wenn der Betreute vermögend ist; § 1836 II BGB). Ist der Betreute dagegen mittellos, so dass die Staatskasse die Vergütung zahlen muss, gelten die Fristen des § 2 VBVG, nicht § 207 BGB.[12] § 207 BGB betrifft ferner Ansprüche des Betreuten gegen den Betreuer (z. B. auf Schadensersatz). Nicht nur Ansprüche aus dem Betreuungsverhältnis sind von § 207 BGB betroffen, sondern alle Ansprüche, z. B. auch solche aus Pflichtteil.[13] Zur Hemmung (§ 209 BGB) s. oben Rn. 709.

715 **Beispiel:**

B steht seit dem Jahre 2006 unter Betreuung; X ist sein Betreuer. X macht bei Führung der Betreuung im Jahre 2006 schwere Fehler, wodurch den B Schaden

---

10 OLG Frankfurt OLGZ 1966, 337 (Erbausschlagung); BGH NJW 1995, 1419 (Verzögerung durch sachwidriges Unterlassen einer Pflegerbestellung).
11 MünchKomm/*Grothe* § 206 Rn. 11.
12 LG München I FamRZ 1998, 323; MünchKomm/*Grothe* § 207 Rn. 9 (str.).
13 LG Nürnberg-Fürth FamRZ 2010, 1110.

entsteht. Er haftet daher dem B (§§ 1833, 1908i BGB). Die Verjährungsfrist beträgt drei Jahre (§ 195 BGB) und beginnt mit Entstehung des Anspruchs usw. (§ 199 BGB), sie wäre an sich am 31.12.2009 abgelaufen. Wenn die Betreuung bis zum Tod des Betreuten im Jahre 2016 läuft, dann sind die Ansprüche des X bis zum Tod gehemmt; die Dreijahresfrist beginnt erst 2016, die Erben können den Schadensersatzanspruch noch geltend machen.

4. Ablaufhemmung bei Geschäftsunfähigen ohne Betreuer

§ 210 BGB:

(1) Ist eine geschäftsunfähige ... Person **ohne gesetzlichen Vertreter**, so tritt eine für oder gegen sie laufende Verjährung nicht vor dem Ablauf von sechs Monaten nach dem Zeitpunkt ein, in dem die Person unbeschränkt geschäftsfähig oder der Mangel der Vertretung behoben wird. Ist die Verjährungsfrist kürzer als sechs Monate, so tritt der für die Verjährung bestimmte Zeitraum an die Stelle der sechs Monate.

(2) Absatz 1 findet keine Anwendung, soweit eine in der Geschäftsfähigkeit beschränkte Person prozessfähig ist.

a) Anwendungsbereich

§ 210 BGB ist nur einschlägig, wenn jemand *geschäftsunfähig* ist, ihm aber vom Gericht **kein Betreuer bestellt** wurde. So ist es, wenn entweder überhaupt keine Betreuung angeordnet ist oder zwar angeordnet, der Betreuer aber gestorben ist und noch kein neuer Betreuer bestellt ist (§ 1908c BGB). Dem Geschäftsunfähigen fehlt ferner der gesetzliche Vertreter, wenn ein Betreuer zwar bestellt ist, aber nur einen unzureichenden Aufgabenkreis hat.

Beispiel:

Es ist ein Betreuer nur für die Personen- und Gesundheitssorge bestellt, nicht aber für die Vermögenssorge und es soll ein vermögensrechtlicher Anspruch geltend gemacht werden. Hier hätte die Betreuung erst auf den Aufgabenkreis „Vermögenssorge" erweitert werden müssen (§§ 293, 300, 301 FamFG).

Ein gesetzlicher Vertreter fehlt auch, wenn zwar ein Betreuer mit einem ausreichenden Aufgabenkreis bestellt ist, aber wegen Interessenkollision im konkreten Fall rechtlich verhindert ist, §§ 181, 1795, 1908i I BGB.

Beispiel:

Beim Tod seiner Mutter ist deren Sohn B Erbe geworden, nicht aber die geistig behinderte Tochter; Betreuer der Tochter ist ihr Bruder B. B kann den Pflichtteilsanspruch seiner Schwester (§ 2303 BGB) gegen sich selbst nicht geltend machen.

Das Betreuungsgericht muss hierzu einen Ergänzungsbetreuer bestellen (§ 1899 IV BGB).

721 § 210 BGB betrifft **zwei Fallgruppen**:

- Die **für den Betroffenen** laufende Verjährung; er ist Schuldner (Beispiel: Der Vermieter hat einen Anspruch auf Mietzahlung gegen den Geschäftsunfähigen, der demnächst verjähren wird). Der Gläubiger könnte hier die Bestellung eines Prozesspflegers nach § 57 ZPO beantragen oder die Bestellung eines Betreuers beim Betreuungsgericht nach § 1896 BGB anregen.

- Die **gegen den Betroffenen** laufende Verjährung; er ist hier Gläubiger, z. B. eines Vermächtnisanspruchs gegen den Erben.

722 § 210 BGB kommt nicht zur Anwendung, wenn jemand *geschäftsfähig* ist, wegen Vorliegens der Voraussetzungen des § 1896 BGB einen Betreuer bräuchte, ihm aber (noch) kein Betreuer bestellt wurde. Ausnahme: Hat das Betreuungsgericht nicht nur Betreuung angeordnet, sondern auch für einen bestimmten Aufgabenkreis einen **Einwilligungsvorbehalt** angeordnet (§ 1903 S. 1 BGB), dann gilt § 210 BGB entsprechend (§ 1903 S. 2 BGB). Das bedeutet, dass die Verjährung von vermögensrechtlichen Ansprüchen des Betreuten auch dann gehemmt wird, wenn ein *geschäftsfähiger* Betreuter unter einem vermögensrechtlichen Einwilligungsvorbehalt steht, aber ohne Betreuer ist (z. B. weil der bisherige Betreuer entlassen wurde oder gestorben ist, aber noch kein neuer Betreuer bestellt wurde).

Die Verweisung auf § 210 II BGB besagt: Besteht z. B. ein Einwilligungsvorbehalt lediglich für die Personensorge, kommt dem geschäftsfähigen Betreuten die Regelung des § 210 I BGB nicht zugute, da ihm weiterhin die Rechtsmacht zusteht, sich wirksam durch Verträge vermögensrechtlich zu verpflichten und er insoweit prozessfähig ist, § 52 ZPO in Verbindung mit § 210 II BGB. Dass ein Geschäftsunfähiger selbst die Bestellung eines Betreuers beantragen kann (§ 1896 I 2 BGB) reicht für die Anwendung des § 210 II BGB nicht aus.

b) Auswirkung der Hemmung auf die Fristberechnung

723 Trotz Geschäftsunfähigkeit des Gläubigers läuft die Verjährungsfrist, sie kann aber nicht endgültig ablaufen. Mit dem Fortfall des Hindernisses, also mit Bestellung eines Betreuers mit einem ausreichenden Aufgabenkreis (oder Gesundung des Betreuten, der wieder seine volle Geschäftsfähigkeit erlangt hat), beginnt ein letzter Verjährungszeitraum von (in der Regel) **sechs Monaten**. Diese Frist beträgt auch dann sechs Monate, wenn das

Hindernis selbst von kürzerer Dauer war.¹⁴ Eine kürzere Zusatzfrist gilt nur dann, wenn die laufende Verjährungsfrist ihrerseits kürzer war (§ 210 I 2 BGB), wofür es kaum Anwendungsfälle gibt. Für die Berechnung der Frist gelten die §§ 187, 188 II BGB.

Beispiel: 724

Die 90-jährige Mutter ist vor mehreren Jahren gestorben; sie hat ihren Sohn als Alleinerben eingesetzt und ihre 60-jährige behinderte Tochter T „enterbt". Der Pflichtteilsanspruch der T gegen ihren Bruder (§ 2303 BGB) wäre (unterstellt) am 31.12.2013 verjährt (§§ 195, 199 BGB), wenn sie geschäftsfähig gewesen wäre. Die T war aber geschäftsunfähig und **ohne Betreuer**. Auf Anregung des Sozialamts wird ihr durch Beschluss des Betreuungsgerichts vom 1.3.2017, dem Betreuer zugegangen (und damit wirksam geworden, § 287 FamFG) am 10.3.2017, ein Betreuer mit dem Aufgabenkreis „Vermögenssorge, insbesondere Geltendmachung von Pflichtteilsansprüchen" bestellt. Mit Ablauf von sechs Monaten, also am 10.9.2017, verjährt der Anspruch, spätestens an diesem Tag muss die Klage beim Gericht eingegangen sein (§ 167 BGB). Das zentrale Problem ist die schwierige Klärung, ob und wann die T geschäftsunfähig war.

c) Vorsorgevollmacht

Ein vom Betroffenen bestellter Vorsorgebevollmächtigter ist kein gesetzlicher Vertreter, so dass § 210 BGB darauf nicht anzuwenden ist. 725

5. Ablaufhemmung in Nachlassfällen

§ 211 BGB: 726

Die Verjährung eines Anspruchs, der zu einem **Nachlass** gehört oder sich gegen einen Nachlass richtet, tritt nicht vor dem Ablauf von sechs Monaten nach dem Zeitpunkt ein, in dem die Erbschaft von dem Erben angenommen oder das Insolvenzverfahren über den Nachlass eröffnet wird oder von dem an der **Anspruch von einem oder gegen einen Vertreter geltend gemacht** werden kann. Ist die Verjährungsfrist kürzer als sechs Monate, so tritt der für die Verjährung bestimmte Zeitraum an die Stelle der sechs Monate.

Die Ablaufhemmung in Nachlassfällen nach § 211 BGB betrifft Ansprüche „des Nachlasses" wie auch Ansprüche von Gläubigern gegen den Nachlass. Die Sechsmonatsfrist beginnt: 727

- Mit wirksamer Annahme der Erbschaft, §§ 1942 ff. BGB (Rn. 154), bei mehreren Erben mit Annahme durch alle Erben; oder

---

14 *Staudinger/Peters/Jacoby* (2009) § 210 Rn. 7.

- Mit Eröffnung des Nachlassinsolvenzverfahrens (§§ 315 ff. InsO); oder
- Sobald die Möglichkeit besteht, dass der Anspruch von einem gesetzlichen Vertreter des Nachlasses (z. B. einem **Nachlasspfleger** nach §§ 1960, 1961 BGB; Nachlassverwalter nach §§ 1981 ff. BGB; Testamentsvollstrecker nach §§ 2197 ff. BGB, Abwesenheitspfleger nach § 1911 BGB) oder gegen einen gesetzlichen Vertreter des Erben (z. B. einen **Betreuer, Nachlasspfleger**) geltend gemacht wird.

728 **Beispiel:**

K hat einen Pflichtteilsanspruch gegen B. Wenige Tage vor Eintritt der Verjährung stirbt B am 10.1. Der Erbe von B, nämlich E, nimmt die Erbschaft am 1.4. an. Die Verjährung tritt frühestens am 1.10. ein.

6. Verjährung von Vergütungsansprüchen des Betreuers

729 Der Vergütungsanspruch des Berufsbetreuers fällt unter das VBVG; dieser Anspruch erlischt nach 15 Monaten (§ 2 VBVG). Für den Vergütungsanspruch des ehrenamtlichen Betreuers gegen den Betreuten (vgl. § 1836 II BGB) gilt die 15-Monatsfrist nicht; hier ist die Verjährung einschlägig (§ 195 BGB).

X. Rechtsdienstleistung in Erbfällen

Besteht in einem gerichtlichen Verfahren **Anwaltszwang**, wie z. B. im Zivilprozess vor dem Landgericht (§ 78 ZPO), kann der Betreuer als gesetzlicher Vertreter des Betreuten nur auftreten, wenn er selbst Rechtsanwalt ist. Andernfalls muss von ihm ein Rechtsanwalt beauftragt werden.

730

In Verfahren vor dem Nachlassgericht als erste Instanz und vor dem Oberlandesgericht als Beschwerdegericht in Nachlasssachen besteht **kein Anwaltszwang**. Deshalb können die Beteiligten das Verfahren selbst betreiben; sind sie *geschäftsunfähig*, handelt ihr Betreuer für sie (§§ 9 II, 10 I FamFG). Der Betreuer eines unter Betreuung stehenden Erben kann deshalb einen Erbscheinsantrag beim Nachlassgericht stellen und gegen die Ablehnung Beschwerde einlegen, ohne dass Anwaltszwang besteht. In Sachen betreffend die Testamentsvollstreckung ist der Testamentsvollstrecker selbst Partei kraft Amts, also selbst Beteiligter; er vertritt niemand.

731

Im **außergerichtlichen Bereich** enthält das **Rechtsdienstleistungsgesetz** (RDG) Einschränkungen. Der Betreuer ist eine „gerichtliche bestellte Person" (§ 8 I Nr. 1 RDG), weshalb ihm Rechtsdienstleistungen *im Rahmen seines Aufgabenkreises* erlaubt sind. Als Betreuer eines Miterben darf er z. B. mit den anderen Miterben Auseinandersetzungsverträge schließen, mit Nachlassgläubigern über einen Forderungsverzicht verhandeln. Jedermann darf als Testamentsvollstrecker tätig werden; die damit in Zusammenhang stehenden rechtlichen Tätigkeiten sind erlaubt (§ 5 II Nr. 1 RDG).

732

Ist dagegen die **Betreuung beendet**, etwa durch Tod des Betreuten, ist der frühere Betreuer keine „gerichtlich bestellte Person" mehr, er unterliegt also dem RDG, etwa wenn er den Nachlass des Betreuten im „Auftrag" der Erben abwickelt (Rn. 515a, b). Unter das RDG fällt die rechtliche Prüfung von Einzelfällen (§ 2 I RDG), also nicht eine wirtschaftliche Tätigkeit. Wer Nachlassgegenstände verkauft, für die Immobilie einen Käufer sucht, die Schulden bezahlt und das restliche Geld auf die Konten der Erben überweist, handelt wirtschaftlich. Für den Erbscheinsantrag und für die Erbschaftsteuererklärung könnte das zweifelhaft sein, wenn hier rechtliche Fragen auftauchen.

> **§ 1 RDG: Anwendungsbereich**
>
> (1) Dieses Gesetz regelt die Befugnis, außergerichtliche Rechtsdienstleistungen zu erbringen. Es dient dazu, die Rechtsuchenden, den Rechtsverkehr und die Rechtsordnung vor unqualifizierten Rechtsdienstleistungen zu schützen.

733

(2) Regelungen in anderen Gesetzen über die Befugnis, Rechtsdienstleistungen zu erbringen, bleiben unberührt.

734 **§ 2 RDG: Begriff der Rechtsdienstleistung**

(1) Rechtsdienstleistung ist jede Tätigkeit in konkreten fremden Angelegenheiten, sobald sie eine rechtliche Prüfung des Einzelfalls erfordert.

(2) Rechtsdienstleistung ist, unabhängig vom Vorliegen der Voraussetzungen des Absatzes 1, die Einziehung fremder oder zum Zweck der Einziehung auf fremde Rechnung abgetretener Forderungen, wenn die Forderungseinziehung als eigenständiges Geschäft betrieben wird (Inkassodienstleistung). Abgetretene Forderungen gelten für den bisherigen Gläubiger nicht als fremd.

(3) Rechtsdienstleistung ist nicht:

1. die Erstattung wissenschaftlicher Gutachten,

2. die Tätigkeit von Einigungs- und Schlichtungsstellen, Schiedsrichterinnen und Schiedsrichtern,

3. ... (Beschäftigte),

4. die Mediation und jede vergleichbare Form der alternativen Streitbeilegung, sofern die Tätigkeit nicht durch rechtliche Regelungsvorschläge in die Gespräche der Beteiligten eingreift,

5. ... (Medien),

6. ... (verbundene Unternehmen).

735 **§ 3 RDG: Befugnis zur Erbringung außergerichtlicher Rechtsdienstleistungen**

Die selbständige Erbringung außergerichtlicher Rechtsdienstleistungen ist nur in dem Umfang zulässig, in dem sie durch dieses Gesetz oder durch oder aufgrund anderer Gesetze erlaubt wird.

736 **§ 5 RDG: Rechtsdienstleistungen im Zusammenhang mit einer anderen Tätigkeit**

(1) Erlaubt sind Rechtsdienstleistungen im Zusammenhang mit einer anderen Tätigkeit, wenn sie als Nebenleistung zum Berufs- oder Tätigkeitsbild gehören. Ob eine Nebenleistung vorliegt, ist nach ihrem Inhalt, Umfang und sachlichen Zusammenhang mit der Haupttätigkeit unter Berücksichtigung der Rechtskenntnisse zu beurteilen, die für die Haupttätigkeit erforderlich sind.

(2) Als erlaubte Nebenleistungen gelten Rechtsdienstleistungen, die im Zusammenhang mit einer der folgenden Tätigkeiten erbracht werden:

1. Testamentsvollstreckung,

2. Haus- und Wohnungsverwaltung,

3. Fördermittelberatung.

737 **§ 6 RDG: Unentgeltliche Rechtsdienstleistungen**

(1) Erlaubt sind Rechtsdienstleistungen, die nicht im Zusammenhang mit einer entgeltlichen Tätigkeit stehen (unentgeltliche Rechtsdienstleistungen).

(2) Wer unentgeltliche Rechtsdienstleistungen außerhalb familiärer, nachbarschaftlicher oder ähnlich enger persönlicher Beziehungen erbringt, muss sicherstellen, dass die Rechtsdienstleistung durch eine Person, der die entgeltliche Erbringung dieser Rechtsdienstleistung erlaubt ist, durch eine Person mit Befähigung zum Richteramt oder unter Anleitung einer solchen Person erfolgt. Anleitung erfordert eine an Umfang und Inhalt der zu erbringenden Rechtsdienstleistungen ausgerichtete Einweisung und Fortbildung sowie eine Mitwirkung bei der Erbringung der Rechtsdienstleistung, soweit dies im Einzelfall erforderlich ist.

§ 8 RDG: Öffentliche und öffentlich anerkannte Stellen 738

(1) Erlaubt sind Rechtsdienstleistungen, die

1. gerichtlich oder behördlich bestellte Personen,

2. Behörden und juristische Personen des öffentlichen Rechts einschließlich der von ihnen zur Erfüllung ihrer öffentlichen Aufgaben gebildeten Unternehmen und Zusammenschlüsse,

...

im Rahmen ihres Aufgaben- und Zuständigkeitsbereichs erbringen.

(2) ...

Y. Nachlasspflegschaft – Der Betreuer als späterer Nachlasspfleger

1. Voraussetzungen und Auswirkungen der Nachlasspflegschaft

Ist der Betreute gestorben und sind die Erben unbekannt, oder ist ungewiss, ob sie die Erbschaft angenommen haben, oder besteht sonst ein Bedürfnis für die Sicherung des Nachlasses vor Annahme der Erbschaft, hat das Amtsgericht (Nachlassgericht) durch den Rechtspfleger die Nachlasspflegschaft anzuordnen und einen Nachlasspfleger als gesetzlichen Vertreter der „unbekannten" Erben zu bestellen (§§ 1960, 1961 BGB).

Die Nachlasspflegschaft wird angeordnet

- **Von Amts wegen**, etwa wenn der Betreuer des Verstorbenen, das Heim, der Vermieter, die Bank usw. dies beim Nachlassgericht anregen und ein Bedürfnis dafür besteht (§ 1960 BGB), z. B. die Sicherung des Nachlasses vor Diebstahl, Zahlung von Schulden; oder

- Wenn ein **Nachlassgläubiger** die Anordnung beantragt (§ 1961 BGB). Der „vermögende" Betreute muss die Betreuervergütung selbst zahlen; sind die Erben des Betreuten „unbekannt", kann der Betreuer als Gläubiger der noch nicht bezahlten Vergütung die Anordnung beantragen, damit seine Vergütung gegen die „unbekannten Erben des Betreuten ..., vertreten durch den Nachlasspfleger N..." festgesetzt werden und vom Nachlasspfleger aus dem Nachlass bezahlt werden kann. Ein Kostenvorschuss kann vom antragstellenden Gläubiger nicht verlangt werden,[1] weil eine entsprechende Bestimmung im GNotKG fehlt; die Kosten der Pflegschaft hat der Nachlass bzw. die Staatskasse zu tragen.

Der Betreuer muss dann den Nachlass des Betreuten an den Nachlasspfleger als Vertreter der Erben herausgeben. Der **Betreuer** braucht für die Überweisung des Guthabens u. U. noch eine Genehmigung des Betreu-

---

[1] OLG Dresden ZErb 2010, 112; OLG Hamm ZErb 2010, 115; LG Köln NJW-RR 2009, 375; LG Oldenburg Rpfleger 1989, 460; *Palandt/Weidlich* § 1961 Rn. 1; teils a. A. *Weithase* Rpfleger 1993, 143.

ungsgerichts, weil eine Verfügung des Betreuers im Sinne von §§ 1812, 1915 BGB vorliegt.[2] Zur Entgegennahme des Vermögens braucht der **Nachlasspfleger** eine Genehmigung des Nachlassgerichts nach § 1812 BGB, soweit nicht die Ausnahmen nach § 1813 BGB („Annahme einer geschuldeten Leistung") eingreifen.

742 **Beispiel:**

Nach dem Tod des Betreuten B wird N zum Nachlasspfleger bestellt; der (nicht befreite) Betreuer überweist das Vermögen des Betreuten (200.000 Euro) auf das Konto des N, welcher das Geld hierauf veruntreut. Nun verlangt der Erbe des B vom Betreuer nochmalige Auszahlung der 200.000 Euro (§§ 1890, 1922 BGB). Falls die Überweisung genehmigungsbedürftig war und die Genehmigung fehlte, haftet der Betreuer.

743   Der Nachlasspfleger kann nicht (wie ein Erbe des Betreuten) **auf die Schlussabrechnung** des Betreuers gegenüber dem Betreuungsgericht **verzichten** (Rn. 494), da im Verzicht auf Ansprüche möglicherweise eine wegen § 1804 BGB unerlaubte Schenkung liegt. Selbst wenn keine Schenkung vorläge, bedürfte eine Entlastungserklärung des Nachlasspflegers als „Verfügung" der Genehmigung des Nachlassgerichts (§§ 1915, 1812 BGB). Der Nachlasspfleger hat ferner eventuelle Schadensersatzansprüche des verstorbenen Betreuten gegen den Betreuer geltend zu machen (§ 1833 BGB). War der Betreuer als nichtberufsmäßiger Betreuer tätig, so dass nicht nach den starren Sätzen des VBVG vergütet wird, sondern wegen § 1836 II BGB Anspruch auf eine angemessene Vergütung hat, kann der Nachlasspfleger zur Angemessenheit der Vergütung des Betreuers Stellung nehmen; die Auszahlung der Vergütung kann er veranlassen.

2. Der Betreuer als späterer Nachlasspfleger

a) Allgemeines

744   Ist der Betreute gestorben und sind seine Erben im Rechtssinne „unbekannt", so dass eine Nachlasspflegschaft anzuordnen und ein Pfleger zu bestellen ist, fragt sich, ob auch der frühere Betreuer bestellt werden kann. Mit dem Tod des Betreuten ist sein Amt beendet. Das Nachlassgericht (Rechtspfleger) ist in der Auswahl des Nachlasspflegers frei. Zu bestellen ist eine natürliche Person, In- oder Ausländer, sie muss geeignet sein (§§ 1915 I, 1779 II BGB). Der frühere Betreuer kennt die finanziellen Verhältnisse des Betreuten genau, zumindest wenn zu seinem Aufgabenkreis die Ver-

---

[2] OLG Karlsruhe NJW-RR 2008, 313 (dort lag eine befreite Betreuung vor).

mögenssorge gehörte; das spricht für seine Eignung. Die **Bestellung** ist daher grundsätzlich **möglich**.[3]

Die mangelnde Eignung eines Nachlasspflegers kann sich aber aus einer **Interessenkollision** ergeben, etwa weil der Betreute Schadensersatzansprüche (§ 1833 BGB) gegen den Betreuten hat, die nun der Nachlasspfleger gegen ihn (d. h. gegen sich selbst) geltend machen müsste. Oder weil der Betreuer selbst Forderungen gegen den Betreuten hatte (häufig, wenn Betreuer und Betreuter miteinander verwandt sind) und sie möglicherweise bevorzugt aus dem Nachlass begleichen will. Ein Nachlassgläubiger wird daher in der Regel für das Amt des Nachlasspflegers nicht geeignet sein.[4]

745

Soweit die **Vergütung des Betreuers** beim Tod des Betreuten noch nicht voll beglichen ist muss man meines Erachtens unterscheiden:

746

Ist ein berufsmäßiger Betreuer tätig geworden, dann richtet sich die Vergütung nach dem VBVG, das kaum eine Ermessensentscheidung offen lässt (Ausnahmen: Unklarheit, ob der Betreute in einem „Heim" untergebracht war; unklare berufliche Einordnung des Betreuers); deshalb besteht in der Regel kein Interessengegensatz, der die Bestellung des Betreuers zum Nachlasspfleger verbieten würde, auf keinen Fall dann, wenn die Vergütung ohnehin aus der Staatskasse beglichen wird. Im Übrigen wird die Betreuervergütung ohnehin vom Betreuungsgericht festgesetzt, § 168 FamFG (Rn. 523 ff.), so dass faktisch keine Interessenkollision besteht.

747

Anders ist es, wenn ein *ehrenamtlicher* Betreuer für einen *vermögenden* Betreuten tätig wurde, weil sich hier die Vergütung nach der „Angemessenheit" richtet (§ 1836 II BGB), also der Nachlasspfleger mit sich als ehemaliger Betreuer im Interessengegensatz wäre (die Bestellung eines Verfahrenspflegers für die Vergütungsfestsetzung wäre denkbar). Möglich wäre aber, den früheren Betreuer zum Nachlasspfleger zu bestellen mit dem eingeschränkten Aufgabenkreis „Sicherung und Verwaltung des Nachlasses, ausgenommen der Ansprüche des Betreuers auf restliche Betreuervergütung; sowie Ermittlung der Erben". Dann muss allerdings der Pfleger mit der Geltendmachung der Vergütung warten, bis die Pflegschaft aufgehoben wird (es sei denn, das Nachlassgericht geht nach §§ 1915, 1846 BGB vor) und es taucht das Fristproblem auf (§ 2 VBVG). Nach anderer Ansicht[5] kann ein Betreuer, der gegen den Nachlass noch Vergütungsansprüche hat, in keinem Fall zum Nachlasspfleger bestellt werden.

748

Wurde der frühere Betreuer zum Nachlasspfleger bestellt, kann er die vom Betreuungsgericht bewilligte Vergütung an sich auszahlen; das Selbst-

749

---
3 *Klinger/Roth* NJW-Spezial 2005, 253; *Dodegge/Roth* H 19.
4 BayObLG FamRZ 1993, 241.
5 *Dodegge/Roth* H 29.

750 kontrahierungsverbot des § 181 BGB steht nicht entgegen, da es um die Erfüllung einer Verbindlichkeit geht.

750 Auch wenn ein früherer Betreuer zum Nachlasspfleger bestellt wird sind die Tätigkeiten scharf zu trennen. Der Betreuer hat deshalb seine **Schlussabrechnung** beim Betreuungsgericht einzureichen, der Nachlasspfleger kann die dort festgestellten Vermögenswerte als Anfangsvermögen (reduziert um Bestattungskosten) in seinem dem Nachlassgericht einzureichenden Verzeichnis (§§ 1915, 1802 BGB) einsetzen.

751 Wenn der Vermögens-Betreuer mit dem Nachlasspfleger identisch ist entfällt eine förmliche **Herausgabe des Vermögens** des Betreuten, d. h. des Nachlasses.

752 Der von den Betreuungsgerichten oftmals gewünschte **Verzicht auf Schlussabrechnung** und Entlastung des Betreuers ist nicht möglich, weil Personenidentität besteht. Das schadet aber nicht, weil zwar der Erbe des Betreuten verzichten kann, aber selbst ein mit dem Betreuer nicht identischer Nachlasspfleger nicht (vgl. oben Rn. 743). Auch auf eine „Entlastung", was immer das sein soll, hat das Betreuungsgericht keinen Anspruch.[6]

753 **Betreuungsvereine** können nicht zum Nachlasspfleger bestellt werden, weil nur natürliche Personen bestellt werden können (§ 1779 II BGB: „Person, die nach ihren persönlichen Verhältnissen ..."); die Ausnahmen der §§ 1791a, b BGB sind für die Nachlasspflegschaft nicht einschlägig.

754 Bei **Vereinsbetreuern** ist das möglich. Ob sie diese Nebentätigkeit allerdings betreiben und das Büro des Vereins dazu nutzen dürfen richtet sich nach der Vereinbarung im Anstellungsvertrag.

b) Aufgaben und Vergütung des Nachlasspflegers[7]

755 Die Aufgaben des Nachlasspflegers richten sich nach den Angaben im Bestellungsbeschluss des Nachlassgerichts, in der Regel ist das die „Sicherung und Verwaltung des Nachlasses; Ermittlung der Erben".

---

[6] AG Neukölln BtPrax 1992, 77; *Roth* S. 79
[7] Dazu *Zimmermann*, Die Nachlasspflegschaft, 4. Aufl. 2017.

Vergütung des Berufspflegers		Vergütung des ehrenamtlichen Pflegers		756
Nachlass mittellos	Nachlass vermögend	Nachlass mittellos	Nachlass vermögend	
§§ 1 bis 3 VBVG: zahlungspflichtig ist die Staatskasse	§ 1915 I 2 BGB: zahlungspflichtig ist der Nachlass	Auslagenersatz bzw. § 1835a BGB: pauschalierte Aufwandsentschädigung, keine Vergütung	§ 1836 II BGB: Vergütung nach Ermessen, Auslagenersatz	

aa) Die **Stundenzahl des Nachlasspflegers** ist nicht wie im Betreuungsrecht pauschaliert, sondern richtet sich nach den tatsächlich geleisteten, erforderlichen Stunden. Die Auslagen (z. B. Fahrtkosten, Beschaffung von Personenstandsurkunden bei den Standesämtern, Porto, Kopien) und die Umsatzsteuer werden zusätzlich vergütet, stecken also nicht (wie im Betreuungsrecht) im Stundensatz. **Berufspfleger** ist, wer in der Regel mindestens 10 Pflegschaften und Betreuungen hat (es wird also addiert); § 1 VBVG. **Mittellosigkeit** (vgl. §§ 1836c, d, 1915 BGB) liegt vor, wenn die Vergütung durch den Nachlass nicht gedeckt ist; dabei ist auf den Aktivnachlass abzustellen.[8] Ein Schonvermögen (§ 90 SGB XII) wie im Betreuervergütungsrecht gibt es bei der Nachlasspflegschaft nicht, der ganze Nachlass ist einzusetzen.

757

bb) Der Berufspfleger erhält aus dem **mittellosen Nachlass** nichts, dafür aber eine Vergütung aus der Staatskasse. Der Stundensatz richtet sich nach § 3 I VBVG: je nach seiner Ausbildung erhält der Nachlasspfleger 19,50 Euro oder 25,00 Euro oder 33,50 Euro[9] + Auslagen + 19 % MwSt.

758

cc) Der Berufspfleger erhält aus dem **vermögenden Nachlass** eine Vergütung (§§ 1960, 1915, 1836 BGB) sowie Ersatz seiner Auslagen und Aufwendungen (§§ 1960, 1915, 1835 BGB) und der Umsatzsteuer (19 %). Die Höhe des Vergütung bestimmt sich nach drei Kriterien (§ 1915 I 2 BGB): die für die Führung der Pflegschaft nutzbaren Fachkenntnisse; abgestellt wird also darauf, welches Wissen der Nachlasspfleger vorhält; Umfang der Tätigkeit; Schwierigkeit der Tätigkeit. Das *Vermögen* hat nur noch mittelbare Bedeutung, indem es sich auf den zeitlichen Umfang und die Schwierigkeit auswirkt. Bei vermögenden Nachlässen wird das Nachlassgericht meist nach Stundensätzen abrechnen; die Abrechnung nach der Höhe des Vermögens (z. B. 5 % Prozent des Vermögens) wird kaum mehr vertreten.[10]

759

---

8 BayObLG Rpfleger 2000, 331; LG Schweinfurt ZErb 2009, 308.
9 Eine Anhebung um 11 % ist geplant, BT-Drucks. 18/10485.
10 Nach BayObLG Rpfleger 2000, 331 ist „grundsätzlich" nach Zeitaufwand und Stundensatz abzurechnen. Ebenso OLG Hamm FamRZ 2003, 116; KG FGPrax 2006, 264.

Die Nachlassgerichte bewilligen bei einem etwas höheren Vermögen je Stunde meist ca. 65 bis 100 Euro je Stunde.[11]

---

11 OLG Karlsruhe NJW 2015, 2051; OLG Zweibrücken NJW-RR 2008, 369: 110 Euro; OLG München Rpfleger 2006, 405: 67 Euro; LG Schweinfurt ZErb 2009, 308: 100 Euro; OLG Dresden ZEV 2015, 633: 90 Euro; jeweils + Auslagen + MwSt. **Vergütungsvereinbarungen** zwischen Erbe und Nachlasspfleger sind nach OLG Celle ZErb 2011, 246 unwirksam; a. A. *Zimmermann* ZEV 2011, 631.

Z. Pflegefreibetrag und Bestattungskosten bei der Erbschaftsteuer

1. Abzug von Nachlassverbindlichkeiten, Bestattungskosten

§ 10 ErbStG: Steuerpflichtiger Erwerb

(1) Als steuerpflichtiger Erwerb gilt die Bereicherung des Erwerbers ...

...

(5) Von dem Erwerb sind, soweit sich nicht aus den Absätzen 6 bis 9 etwas anderes ergibt, als Nachlassverbindlichkeiten abzugsfähig

1. die vom Erblasser herrührenden Schulden, soweit sie nicht mit einem zum Erwerb gehörenden Gewerbebetrieb, Anteil an einem Gewerbebetrieb, Betrieb der Land- und Forstwirtschaft oder Anteil an einem Betrieb der Land- und Forstwirtschaft in wirtschaftlichem Zusammenhang stehen und bereits bei der Bewertung der wirtschaftlichen Einheit berücksichtigt worden sind;

2. Verbindlichkeiten aus Vermächtnissen, Auflagen und geltend gemachten Pflichtteilen und Erbersatzansprüchen;

3. die Kosten der Bestattung des Erblassers, die Kosten für ein angemessenes Grabdenkmal, die Kosten für die übliche Grabpflege mit ihrem Kapitalwert für eine unbestimmte Dauer sowie die Kosten, die dem Erwerber unmittelbar im Zusammenhang mit der Abwicklung, Regelung oder Verteilung des Nachlasses oder mit der Erlangung des Erwerbs entstehen. Für diese Kosten wird insgesamt ein Betrag von **10.300 Euro** ohne Nachweis abgezogen. Kosten für die Verwaltung des Nachlasses sind nicht abzugsfähig.

...

(8) Die von dem Erwerber zu entrichtende eigene Erbschaftsteuer ist nicht abzugsfähig.

...

a) Kosten der Bestattung des Erblassers

Das sind die kommunalen und kirchlichen Gebühren für jegliche Art der Bestattung, auch Trauerkleidung,[1] Trauerfeier, Musik, Grabrede, Lei-

---

[1] *Meincke*, ErbStG, § 10 Rn. 43. Ausführlich zu allen Details Ziffer 29 ErbStH (Hinweise zu den Erbschaftsteuerrichtlinien) von 2003; sowie die ErbStR vom 19.12.2011(BStBl I Sondernummer 1/2011 S. 2); Bundesratsdrucksache 704/11 vom 4.11.2011).

chenschmaus (für eine ortsübliche Anzahl von Personen im ortsüblichen Umfang von Essen und Trinken), Todesanzeigen, Danksagung, Fahrtkosten für mittellose angehörige zur Bestattung. Anhaltspunkte findet man in der Rechtsprechung zu § 1968 BGB. Abzuziehen ist, was ein Dritter darauf entrichtet, z. B. eine Sterbegeldversicherung.

b) Kosten für ein angemessenes Grabdenkmal

762 Darunter fallen die Kosten für den Erwerb des Nutzungsrechts von der Friedhofsverwaltung für die Mindestruhezeit, das Grabdenkmal, die Inschriften, die Einfassung, die erstmalige Bepflanzung. Grenze ist die Angemessenheit, die sich nach den finanziellen Verhältnissen, dem sozialen Status und der Ortsüblichkeit richtet.

c) Kosten für die übliche Grabpflege

763 Sie werden mit ihrem Kapitalwert für eine unbestimmte Dauer angesetzt. Die üblichen Kosten (etwa 250 bis 350 Euro je Jahr) sind mit 9,3 zu multiplizieren (§ 13 II BewG).

d) Erbschaftsabwicklungskosten

764 Kosten, die dem „Erwerber" (d. h. dem Erben, Vermächtnisnehmer usw.) unmittelbar im Zusammenhang mit der Abwicklung, Regelung oder Verteilung des Nachlasses oder mit der Erlangung des Erwerbs entstehen. Bei mehreren Erben sind diese Kosten nach Erbquoten aufzuteilen. Darunter fallen Kosten eines Rechtsanwalts (§ 35 RVG) bzw. Steuerberaters für die **Erstellung der Erbschaftsteuererklärung,**[2] die sich nach § 35 RVG bzw. § 24 I Nr. 12 StBerGebVO richten (die Kosten eines Einspruchs oder der Klage gegen den Erbschaftsteuerbescheid sollen nach Auffassung der Finanzverwaltung vom Abzug ausgeschlossen sein), Kosten eines Gutachtens, damit der Nachlass für die ErbSt-Erklärung bewertet werden kann; Gebühren des Nachlassgerichts für die Testamentseröffnung und den Erbschein, Testamentsvollstreckerzeugnis, die Eintragung im Grundbuch, Kosten eines Erbenermittlers, eines Nachlasspflegers; Kosten eines Testamentsvollstreckers aber nur teilweise (nämlich soweit für die Konstituierung, Abwicklung und Aufteilung des Nachlasses angefallen).

---

2 *Klose* ZEV 2006, 150 mit Nachweisen.

e) Kosten der Nachlassverwaltung

Das sind z. B. Kosten eines Hausverwalters, weitere Kosten der Dauertestamentsvollstreckung, Kosten der Entmüllung[3] des geerbten Hauses: Sie können nicht nach § 10 V ErbStG abgezogen werden, sind aber evtl. für die Einkommensteuer des Erben relevant. 765

e) Nicht bezahlte Pflegekosten

Wurde der Erblasser gepflegt und ist die Vergütung noch nicht bezahlt, können die entsprechenden Schulden u. U. vom Nachlass abgezogen werden. Der Abzug einer angemessenen Vergütung als Erblasserschuld setzt aber voraus, dass aus den Umständen ein eindeutiger **vertraglicher Bindungswille zur entgeltlichen Erbringung** der Pflegeleistungen erkennbar wird. Leistungen des Erben, die dieser aufgrund einer von ihm angenommenen moralischen Verpflichtung erbringt, sind nicht gemäß § 10 V ErbStG als Nachlassverbindlichkeiten abziehbar.[4] Hilfreich ist z. B. ein schriftlicher Vertrag. 765a

g) Pauschale oder Einzelnachweis

Der Erbe kann wählen, ob er alle Einzelposten darlegt und ggf. nachweist, dann können u. U. mehr als 10.300 Euro abgezogen werden. **Ohne Nachweis** können immer je Erbfall **10.300 Euro** abgezogen werden, auch wenn nur geringere Kosten angefallen sind. Miterben können den Pauschbetrag nur anteilig (je nach Erbquote) ansetzen. 766

2. Freibetrag bei unentgeltlichen Pflegeleistungen des Erben

§ 13 ErbStG: Steuerbefreiungen 767

(1) Steuerfrei bleiben …

9. ein steuerpflichtiger Erwerb bis zu 20.000 Euro, der Personen anfällt, die dem Erblasser unentgeltlich oder gegen unzureichendes Entgelt Pflege oder Unterhalt gewährt haben, soweit das Zugewendete als angemessenes Entgelt anzusehen ist.

…

---

3 FG Baden-Württemberg ZEV 2015, 248.
4 BFH ZEV 2014, 269.

768 Ein Betrag bis zu 20.000 Euro unterliegt nicht der Erbschaftsteuer, gleichgültig wie hoch der Nachlass ist, wenn drei Voraussetzungen vorliegen:

a) Pflegeleistung durch eine nicht dazu verpflichtete Person

769 Die Pflegeleistung, d. h. die tatsächliche Pflege im persönlichen oder privaten Bereich, die Fürsorge für das Wohlbefinden eines Menschen, kann meist nicht förmlich „nachgewiesen" werden; die Finanzbehörde ist auf die Angaben des Erben zur Pflege angewiesen. Eine Pflegeleistung ist in der Regel nur möglich, wenn eine gewisse räumliche Nähe besteht (wenn die Erbin in Berlin wohnt, die Erblasserin dagegen in München, ist kaum glaubhaft, dass sie laufend gepflegt wurde). Eine einmalige Leistung genügt nicht, eine gewisse Regelmäßigkeit und Dauer[5] wird man verlangen müssen. Jedoch muss die Pflege nicht täglich erfolgen.

770 Die pflegende Person ist dazu *verpflichtet*, wenn es sich um den Ehegatten (oder gleichgeschlechtlichen registrierten Lebenspartner) handelt (§ 1353 BGB; § 2 LPartG), ebenso Verwandte in gerader Linie wie z. B. Kinder im Verhältnis zu ihren Eltern und umgekehrt (§ 1601 BGB);[6] desgleichen Personen, die aufgrund eines Anstellungsvertrages pflegen; dann gibt es keinen Steuerfreibetrag. Nur nicht verpflichtete Personen erhalten den Steuerfreibetrag. Nicht verpflichtet sind Geschwister oder Schwiegerkinder; Nachbarn; Bekannte; auch der vom Gericht bestellte Betreuer ist nur zur Tätigkeit als gesetzlicher Vertreter verpflichtet, aber nicht zur tatsächlichen Pflege. Dasselbe gilt für einen vom Erblasser zu Lebzeiten eingesetzten Vorsorgebevollmächtigten.

b) Die Erbringung der Pflegeleistung erfolgte unentgeltlich

771 Oder sie erfolgte gegen unzureichendes Entgelt. Unzureichend ist eine Gegenleistung, das nicht den üblichen Entgelten entspricht. Wesentlich ist grundsätzlich, welches Entgelt tatsächlich bezahlt wurde, nicht was vereinbart wurde. Die Pflege durch den Betreuer kann entgeltlich erfolgen, wenn der Betreuer mit dem *geschäftsfähigen* Betreuten einen Pflegvertrag geschlossen hat; war der Betreute *geschäftsunfähig*, dann ist ein Pflegevertrag (wegen des Verbots des Insichgeschäfts, §§ 1908i, 1795, 181 BGB) nur wirksam, wenn insoweit für den Betreuten ein Ergänzungsbetreuer bestellt worden ist.

---

5 *Daragan/Halaczinsky/Riedel/Griesel*, ErbStG, § 13 Rn. 77.
6 Vgl. LfSt Bayern ZEV 2014, 221.

Erfolgte die Pflege durch eine dritte Person **gegen Entgelt** und sind 772
insoweit noch Schulden des Erblassers vorhanden, dann kann der Erbe den
geschuldeten Betrag als Nachlassverbindlichkeit vom Nachlass in Abzug
bringen (§ 10 V Nr. 1 ErbStG); der Nachweis gegenüber der Finanzbehörde
kann schwierig sein. Beim Zahlungsempfänger scheidet die Anwendung
von § 13 ErbStG schon deswegen aus, weil er nicht Erbe geworden ist (er
muss u. U. sogar für seinen „Lohn" Einkommensteuer zahlen).

Hatte der Erbe den Erblasser **gegen angemessenes Entgelt selbst ge-** 773
pflegt und ist hier noch eine Zahlung offen, dann kann der Erbe den geschuldeten Betrag als Nachlassverbindlichkeit vom Nachlass in Abzug bringen (§ 10 V Nr. 1 ErbStG); da dann eine entgeltliche Pflege vorlag, kann
kein Pflegefreibetrag von bis zu 20.000 Euro zusätzlich gewährt werden. In
einem solchen Fall kann beim Erben Einkommensteuer anfallen; hat er ein
Grundstück geerbt, kann für den entgeltlichen Teil Grunderwerbsteuer anfallen (13.5 Abs. 5 ErbSt-Richtlinien 2011), die je nach Bundesland 3,5 %
bis 6,5 % beträgt (falls der Wert von 2.500 Euro überschritten wird, § 3
Nr. 1 GrEStG), während unentgeltlicher Erwerb eines Grundstücks durch
Erbschaft sonst grunderwerbsteuerfrei ist (§ 3 Nr. 2 GrEStG).

Der BFH[7] sagt: Wenn dem Erben vom Erblasser versprochen worden
ist, ihn zum Erben dafür einzusetzen, dass er ihn pflegt und der Erbe deshalb einen Anspruch auf angemessene Vergütung gegen den Erblasser hat
kann diese Schuld als Nachlassverbindlichkeit berücksichtigt werden kann;
die Pflegepauschale entfalle in diesem Fall. – Allerdings können die Erben
den Nachweis eines ernsthaft vereinbarten und durchgeführten Vertrages
mangels schriftlicher Vereinbarung häufig nicht führen.

Auslagen der pflegenden Person (z. B. Fahrtkosten, Kauf von Pfle- 774
gemitteln, Betteinlagen usw.) können neben der Pflegepauschale nicht
geltend gemacht werden, sie sind mit abgegolten. Etwas anderes gilt nur
dann, wenn die Auslagen aufgrund eines nachgewiesenen(!) entgeltlichen
Geschäftsbesorgungsvertrages (§ 675 BGB) erfolgten und insoweit einer
Ersatzanspruch aus § 670 BGB gegen den Erblasser bestand; dann sind die
vom Erblasser nicht beglichenen Aufwendungen als Nachlassverbindlichkeit abzuziehen (§ 10 V Nr. 1 ErbStG); Ziffer 13.5 Abs. 6 ErbSt-Richtlinien
2011.

c) Angemessenes Entgelt

Das Zugewendete (d. h. die Erbschaft, bzw. das Vermächtnis) muss 775
als angemessenes Entgelt für die Pflegeleistung anzusehen sein. Der Frei-

---
7 BFH Betriebsberater 1995, 188.

betrag beträgt höchstens 20.000 Euro, kann aber auch geringer sein. Ob Angemessenheit vorliegt richtet sich nach Art und Umfang der erbrachten Pflegeleistungen, die somit gegenüber dem Finanzamt zu schildern sind. Im ersten Schritt muss festgestellt werden, welche Pflegeleistungen sich der Erblasser erspart hat, im zweiten Schritt sind sie zu bewerten.[8] Teils wird hierbei auf die Pauschalen für häusliche Pflege nach § 36 III SGB XI abgestellt, teils auf den Tariflohn für ungelernte Pflegekräfte.[9] Beispielsweise kann bei einer unentgeltlichen Pflegetätigkeit von nur drei Monat nicht der volle Freibetrag von 20.000 Euro gewährt werden; betrug der objektive Wert der Pflegeleistung z. B. nur 6.000 Euro, wird nur ein Freibetrag von 6.000 Euro bewilligt.

3. Freibetrag, Steuerklassen, Steuersätze

776 Je nach ihrer Nähe zum Erblasser haben die Erben (Vermächtnisnehmer) unterschiedlich hohe Freibeträge (§ 16 ErbStG), z. B.:

777 **§ 16 ErbStG: Freibeträge**

(1) Steuerfrei bleibt in den Fällen der unbeschränkten Steuerpflicht (§ 2 Absatz 1 Nummer 1 und Absatz 3 ErbStG) der Erwerb

1. des Ehegatten und des Lebenspartners in Höhe von 500.000 Euro;

2. der Kinder im Sinne der Steuerklasse I Nr. 2 und der Kinder verstorbener Kinder im Sinne der Steuerklasse I Nr. 2 in Höhe von 400.000 Euro;

3. der Kinder der Kinder im Sinne der Steuerklasse I Nr. 2 in Höhe von 200.000 Euro;

4. der übrigen Personen der Steuerklasse I in Höhe von 100.000 Euro;

5. der Personen der Steuerklasse II in Höhe von 20.000 Euro;

6. (weggefallen)

7. der übrigen Personen der Steuerklasse III in Höhe von 20.000 Euro.

(2) ...

778 **§ 15 ErbStG: Steuerklassen**

(1) Nach dem persönlichen Verhältnis des Erwerbers zum Erblasser oder Schenker werden die folgenden drei Steuerklassen unterschieden:

Steuerklasse I:

1. der Ehegatte und der Lebenspartner,

---

8 *Daragan/Halaczinsky/Riedel/Griesel*, ErbStG, § 13 Rn. 81.
9 So FG Rheinland-Pfalz EFG 2007, 1095.

Freibetrag, Steuerklassen, Steuersätze 269

2. die Kinder und Stiefkinder,

3. die Abkömmlinge der in Nummer 2 genannten Kinder und Stiefkinder,

4. die Eltern und Voreltern bei Erwerben von Todes wegen;

Steuerklasse II:

1. die Eltern und Voreltern, soweit sie nicht zur Steuerklasse I gehören,

2. die Geschwister,

3. die Abkömmlinge ersten Grades von Geschwistern,

4. die Stiefeltern,

5. die Schwiegerkinder,

6. die Schwiegereltern,

7. der geschiedene Ehegatte und der Lebenspartner einer aufgehobenen Lebenspartnerschaft;

Steuerklasse III:

alle übrigen Erwerber und die Zweckzuwendungen.

...

§ 19 ErbStG: Steuersätze

(1) Die Erbschaftsteuer wird nach folgenden Prozentsätzen erhoben:

Wert des steuerpflichtigen Erwerbs (§ 10) bis einschließlich ... Euro	Prozentsatz in der Steuerklasse		
	I	II	III
75.000	7	15	30
300.000	11	20	30
600.000	15	25	30
6.000.000	19	30	30
13.000.000	23	35	50
26.000.000	27	40	50
über 26.000.000	30	43	50

(...)

Beispiel:

Frau E setzt ihre Nachbarin, die mit ihr nicht verwandt ist (daher Steuerklasse III), sie aber seit Jahren unentgeltlich gepflegt hat, als Erbin ein. Nachlass netto 100.000 Euro. Davon geht der allgemeine Freibetrag von 20.000 Euro ab (Rn. 777), ferner der Pflegefreibetrag von 20.000 Euro (Rn. 767) und pauschal 10.300 Euro Bestattungskosten (Rn. 766), so dass die restlichen 49.700 Euro mit 30 % zu versteuern sind, was eine Erbschafsteuer von 14.910 Euro ergibt.

4. Kontrollmitteilungen

781 Das Finanzamt, das für die Erbschaftsteuer zuständig ist, ist nicht identisch mit dem Finanzamt für die sonstigen Steuern, z. B. die Einkommensteuer. Es erfolgen wechselseitige Kontrollmitteilungen, damit hinterzogene Steuern aufgedeckt werden können.[10] Das Erbschaftsteuerfinanzamt hat dem Finanzamt, das für die **Besteuerung des Erblassers** nach dem Einkommen zuständig ist, den ermittelten Nachlass mitzuteilen, wenn dessen Reinwert (hinterlassene Vermögenswerte abzüglich Erblasserschulden mit Ausnahme einer Zugewinnausgleichsverpflichtung) mehr als 250.000 Euro beträgt.

Das für die Erbschaftsteuer zuständige Finanzamt hat dem Finanzamt, das für die **Besteuerung des Erwerbers** nach dem Einkommen zuständig ist, den Erwerb mitzuteilen, wenn dessen erbschaftsteuerlicher Bruttowert (Anteil an den hinterlassenen Vermögenswerten ohne Abzug der Erblasserschulden zuzüglich Wert der sonstigen Erwerbe) mehr als 250.000 Euro beträgt.

---

10 Erlass ZEV 2015, 308.

Stichwortverzeichnis

A

Abfindung
- Pflichtteilsverzichtsvertrag 622, 634

Ablaufhemmung in Nachlassfällen 726 ff.
Ablehnungsrecht (Miete) 685
Abschichtung 305, 367
Abwicklungsarbeiten (Vergütung) 521
Altenheim als Erbe 90
Anfechtung
- der Annahme 165
- der Ausschlagung 218 ff.
- des Testaments 108

Annahme der Erbschaft 154 ff.
- Anfechtung 165
- durch Betreuer 163
- Fristablauf 161
- schlüssig 160
- Zeit vorher 144 ff.

Annahmeerklärung 155
Anwartschaft des Nacherben 398
Arzt als Erbe 79, 83
Aufbewahrungsfrist 559
Aufgabenkreis 10, 12, 134, 202
Aufgebot
- der Gläubiger 224 ff.
- Kosten 228
- Muster 227
- Veröffentlichung 229

Auflage 290
Auftragsverhältnis 150
Auseinandersetzung 356 ff.
- Interessenkonflikte 361
- Testamentsvollstrecker 368

Aushöhlung des Erbvertrages 272a
Auskunftspflichten des Erben 538
Ausländische Nachlässe 657
Ausnahmegenehmigung (HeimG) 94
Ausschlagung
- der Erbschaft 177 ff.
- durch Sozialamt 184
- durch Vorsorge-bevollmächtigten 223
- Folgen 217
- Form 190
- Frist 193 ff.
- Genehmigung 201, 672
- Gerichtskosten 192
- und Pflichtteil 181, 188

Außengenehmigung 661
Außerordentliche Verwaltung 330

B

Beamter als Erbe 86
Beeinträchtigungsabsicht 272b
Beerdigung des Betreuten 504 ff.
Befreite Vorerben 394
Behindertentestament 117 ff.
- Muster 122

Beihilfeanspruch 246
Berufshaftpflicht 558
Bestandsverzeichnis 500
Bestattungskosten 180
- ErbSt 760 ff.

Bestattungsvorsorgevertrag 113
Bestellungsurkunde Rückgabe 492
Bestimmtheit des Erben 39a
Beteiligte 75

Betreuer
- als Erbe 80
- als Nachlasspfleger 744
Betreuerausweis 10
Betreuervergütung 122
Betreuung (Voraussetzungen) 1
Beweisprobleme 4
Beweisverfahren (Testierfähigkeit) 51
Bezirksnotar 697

D
Dauergrabpflegevertrag 113, 508
Doppelvollmacht 698
Dreimonatsfrist (Vergütungsabrechnung) 518
Dreizeugentestament 40 ff.
Dürftigkeit des Nachlasses 153, 240

E
Eigeninteresse 272b
Einsicht
- in Betreuungsakten 78
- in Grundbuch 72a, 78a
- in Nachlassakte 71 ff., 75
- in Testament 71 ff.
Einwendungen des Erben gegen Vergütung 529, 568
Einwilligungsvorbehalt 3 ff., 60, 97
Enterbung des Betreuten 570 ff.
Entmündigung 70
Erbengemeinschaft 292 ff.
- Abstimmung 316
- Alleinentscheidung 334
- bis zur Auseinandersetzung 304
- Einstimmigkeit erforderlich 330
- Genehmigungen 322
- Kündigung eines Mietverhältnisses 325 ff.
- Mehrheitsentscheidung 315 ff.
- Notverwaltung 335
- Rechnungslegung 302

- Vereinbarungen 303
- Verfügungen 340 ff.
- Vermietung 325
- Vermögensverzeichnis 301
- Vertretung 321
- Verwaltung 309 ff., 329
Erbrechtsverordnung 659
Erbschaftsteuer 760 ff.
Erbschein 243, 649 ff.
- Antrag 650
- Auslandsnachlass 657
- Beteiligte 655
- Eidesstattliche Versicherung 653
- Feststellungsbeschluss 652
- Interessenkonflikt 656
- Kosten 650
Erbscheinsverfahren 649 ff.
Erbteilungsklage 371
Erbunwürdigkeit 575
Erbvertrag 265 ff.
- Anfechtung 268, 271
- Geschäftsfähigkeit 270
Erbverzichtsvertrag 576 ff.
Ergänzungsbetreuer 135, 598, 656
Erlassvertrag 567, 610, 611, 643, 648
Ersatznacherbe 402
Ersatzvornahme 508
EuErbVO 657
Europäisches Nachlasszeugnis 657

F
Fälschung der Testamente 30
Fiktive Annahme der Erbschaft 161
Fortführung der Geschäfte 484
Freibetrag (ErbStG) 777
Freibeweis 67
Frist für Regress 548

G
Gefahr in Verzug 484
Gegenbetreuer 10

Gemeinschaftliches Testament
  123 ff., 272 f
Genehmigung
– der Anfechtung 214
– der Ausschlagung 201
Genehmigung des Gerichts 661 ff.
– Ausschlagung 672
– Einzelfälle 665 ff.
– Erbteilung 675
– Mietverhältnisse 679
– Prokura 687
– Vergleiche 691
– Verpachtung 676
Genehmigungsfreie Geschäfte 696
Genehmigungsverfahren 697
Geschäftsbesorgungsvertrag 515a, 515b
Geschäftsfähigkeit 2, 12, 16, 17, 157, 185, 196, 201
Geschäftsführung ohne Auftrag 144
Gesetzlicher Vertreter 7
Grabpflegevertrag 113
Grabstein 508
Grundbetrag SGB 544
Grundbuch 2, 296
Grundbuchamt 247

H
Haager Übereinkommen (Erwachsenenschutz) 658
Haftpflichtversicherung 558
Haftung
– des Erben 539
– nach Annahme, nach Teilung 352 ff.
– nach Annahme, vor Teilung 350
– vor Annahme der Erbschaft 347
Heimgesetz 90
– Nachfolgegesetze 95
Hemmung
– der Verjährung 709 ff.
– des Fristablaufs 197

Herausgabe gegen Bevollmächtigten 569a
Höferecht 370

I
Innengenehmigung 661
Innenverhältnis 28
Insichgeschäft 209
Insolvenz
– kostendeckende Masse 240
Insolvenzantrag 230 ff.
– Muster 234
– Unterlassung 235
Insolvenzeröffnung
– Folgen 238
Insolvenzverfahren 148 ff.
Inventarfrist 262

J
Jahresgebühr 122

K
Kenntnis 15, 231
– des Begünstigten (HeimG) 93
Kontrollbetreuer 10
Kontrollmitteilungen 781
Kraftloserklärung der Bestellungsurkunde 492
Krankenhausträger 34

L
LandesheimG 95
Lebensversicherung 525
Lichter Augenblick 56

M
Mitteilung des Todesfalls 491
Mitwirkungspflicht der Miterben 328

N
Nacherbe
– Auskunftsrechte 414

- Ausschlagung 403
- Betreuervergütung 408
- Erbschein 404
- Geldanlage 413
- Grundbuch 405
- Haftung 415, 420
- Nachlassverzeichnis 409
- Nutzungen 416
- Pflichten 417
- Zeitablauf 406

Nacherbschaft 398 ff.
Nachlassabwicklung 515
Nachlassansprüche 338
Nachlassbestand 246, 246a
Nachlassgläubiger 346 ff.
Nachlasspflegschaft 499, 739 ff.
- Vergütung 755 ff.

Nachlassverbindlichkeiten 541
Nachlassverwaltung 248 ff.
Nachlassverzeichnis 251 ff.
Nachlassvollmacht 515, 515a, 515b
Nachlasswert 540
Notargebühren für Testament 33
Notarielles Testament 104
Notgeschäftsführung 484
Nutzungsentschädigung 339a

O
Öffentliche Angestellte als Erben 87
Organentnahme 511

P
Pflegeheim als Erbe 90
Pfleger als Erbe 82, 84 ff.
Pflegefreibetrag (ErbStG) 767 ff.
Pflegekosten als Schulden 765a
Pflegeverpflichtungen 553
Pflichten
- des Vorerben 409 ff.
- gegenüber den Erben 496

Pflichtteil
- des Betreuten 588 ff.
- Sozialrecht 604a
- Vertrag zwischen den Erben 644

Pflichtteilsberechtigter übergangen 109
Pflichtteilsentziehung 61, 64, 570 ff.
Pflichtteilsergänzungsanspruch 612
Pflichtteilsschuldner 592 ff.
Pflichtteilsverzichtsvertrag 608 ff.
- Abfindung 622, 634
- Aufhebung 633
- Genehmigung 620
- Rechtskraft 624, 630
- Sittenwidrigkeit 639
- Unentgeltlich 636
- Verwandte 632

Pflichtverletzungen des Betreuers 564
Prozessfähigkeit 20
Prozessuale Stellung 20

R
RDG Text 733 ff.
Rechnungslegung 258
- gegenüber Erben 501 ff.
Rechtlicher Vorteil 6
Rechtsdienstleistung 730 ff.
Rückzahlung Sozialhilfe 553

S
Sammelhaftpflichtversicherung 558
Schadensersatzansprüche
- des Erben 556 ff.
- Verjährung 569
Schenkungen 662
Schlussabrechnung 494
Schlussbericht 493
Schonbetrag beim Erben 543 ff.
Selbständiges Beweisverfahren 60
SGB XII Text 554, 555
Sicherung des Nachlasses 496

Stichwortverzeichnis

Sittenwidrigkeit
– der Ausschlagung 212
– des Testaments 79
Sonderrechtsnachfolge 298
Sozialhilfeträger 210, 212, 640
Standesamt 482
Steuerklassen (ErbStG) 778
Steuerrechtliche Handlungsfähigkeit 27
Steuersätze (ErbStG) 779
Strengbeweis 67

T
Teilausschlagung 189
Teilhaftung 354
Teilungsanordnung 358a
Teilungsversteigerung 69, 372
Testament
– Entmündigter 70
– verloren 67
– vernichtet 69, 101
Testamentsablieferung 495
Testamentsanfechtung 108
Testamentserrichtung 30 ff.
Testamentsvollstrecker Betreuter 472 ff.
Testamentsvollstreckung 119, 421 ff.
– Altenheim 451
– Behindertentestament 447
– Betreuungskosten 446
– Gesundheitssorge 451
– Interessengegensätze 463 ff.
– Nachlasserträge 442
– Rechte des Erben 430 ff.
– Rechte des TV 452
– Steuererklärung 449
– Streit mit Betreuer 461
– Vereinbarungen 460
– Vermögensgruppen 426
Testamentswiderruf 96
Testierfähigkeit 48 ff., 123
– Beweisfragen 51
– Klärung zu Lebzeiten 58

Tod
– des Betreuers 534, 535
– des Betreuten 480 ff.

U
Überschuldung der Erbschaft 166
Unaufschiebbare Handlungen 487
Unbekannte Erben 532
Unterbrechung des Prozesses 24
Untererbengemeinschaft 299

V
Veräußerung des Erbanteils 304
Verfahrensfähigkeit 21
Verfahrenspfleger Haftung 556
Verfügungen 340 ff.
Vergleich Genehmigung 691
Vergütung
– Abwicklungsarbeiten 521
– Erlöschen durch Aufrechnung 568
– Festsetzungsverfahren 523 ff.
– Notgeschäftsführung 522
– Rückzahlung 536
Verjährung 700 ff.
– Ablaufhemmung 716 ff.
– Hemmung 709 ff.
– Vergütungsansprüche 729
– Vorsorgevollmacht 725
Verlorenes Testament 67
Vermächtnis 273 ff.
– Verjährung 288
Vermächtniserfüllung
– Genehmigung 281
Vermittlung der Auseinandersetzung 369
Vernichtung des Testaments 69, 101
Verschulden des Betreuers 565
Verschuldenszurechnung 19, 23
Vertretung des geschäftsunfähigen Ehegatten 132

Verwahrung des Testaments 104, 105
Verwaltungsanordnungen
- des Erblassers 259
- des Testamentsvollstreckers 120
Vollmacht *siehe* Vorsorgevollmacht
Vollmachtserteilung 12
Vorbehalt der beschränkten Erbenhaftung 242, 543
Vorerbschaft 373 ff.
- HeimG 92
Vorkaufsrecht 306
Vorsorgebevollmächtigter als Erbe 81
Vorsorgevollmacht 29, 81, 138, 176, 196, 223, 272e, 569a

W

Weisungen des Betreuten 18
Widerruf
- beim gemeinschaftlichen Testament 125 ff.
- des Testaments 96 ff.
- des Testierunfähigen 141
Widerrufserklärung 131
Widerrufsform 131
Wille des Betreuten 28
Wirksamkeit der Ausschlagung 215
Wissenszurechnung 15

Z

Zentralregister 2
Zeugenstellung 22
Zeugnisverweigerungsrecht 57
Zugang des Widerrufs 139
Zurechnung
- von Verschulden 19
- von Wissen 15
Zuweisungsverfahren 370
Zuwendungsverzichtsvertrag 583 ff.

Ausgewählte Titel aus der Reihe FamRZ-Bücher

Herausgeber:
Eva Becker
Prof. Dr. Dr. h.c. Peter Gottwald
Dr. Meo-Micaela Hahne
Prof. Dr. Dr. h.c. mult. Dieter Henrich
Prof. Dr. Dr. h.c. Dieter Schwab
Prof. Dr. Thomas Wagenitz

FamRZ-Buch 4
Prozesskosten- und Verfahrenskostenhilfe
Prof. Dr. Walter Zimmermann
5. Aufl. 2016; XXVIII u. 544 S.,
brosch. € [D] 59,-
ISBN 978-3-7694-1162-1

FamRZ-Buch 14
Die Nachlasspflegschaft
Prof. Dr. Dr. h.c. Walter Zimmermann
4. Aufl. (März) 2017;
XXXIV u. 612 S.,
brosch. € [D] 68,-
ISBN 978-3-7694-1175-1
Neu!

FamRZ-Buch 21
Elternunterhalt: Grundlagen und Strategien
Jörn Hauß
5. Aufl. 2015; XXVIII u. 461 S.,
brosch. € [D] 49,-
ISBN 978-3-7694-1136-2

FamRZ-Buch 23
Adoptionsrecht in der Praxis
Dr. Gabriele Müller / Prof. Dr. Robert Sieghörtner / Nicole Emmerling de Oliveira
3. Aufl. 2016; XXVI u. 226 S.,
brosch. mit Textmuster-Download
€ [D] 49,-
ISBN 978-3-7694-1158-4

FamRZ-Buch 24
Praxis des Unterhaltsrechts
Helmut Borth
3. Aufl. 2016;
XLVII u. 688 S.,
brosch. € [D] 79,-
ISBN 978-3-7694-1166-9

FamRZ-Buch 27
Steuerrecht für die familienrechtliche Praxis
Ralf Engels
2. Aufl. 2015;
XXXI u. 428 S.,
brosch. € [D] 59,-
ISBN 978-3-7694-1141-6

FamRZ-Buch 31
Kosten in Familiensachen
Renate Baronin von König / Hans Helmut Bischof
2. Aufl. 2015; XXXII u. 391 S.,
brosch. € [D] 54,-
ISBN 978-3-7694-1070-9

FamRZ-Buch 34
Der Zugewinnausgleich
Dr. Max Braeuer
2. Aufl. 2015; XXXII u. 392 S.,
brosch. € [D] 54,-
ISBN 978-3-7694-1152-2

FamRZ-Buch 35
Strategien bei der Teilungsversteigerung des Familienheims
Dr. Walter Kogel
3. Aufl. 2016; XXVI u. 374 S.,
brosch. € [D] 59,-
ISBN 978-3-7694-1159-1

FamRZ-Buch 36
Betreuung und Erbrecht
Prof. Dr. Dr. h.c. Walter Zimmermann
2. Aufl. (April) 2017;
XXIII u. 276 S.,
brosch. € [D] 49,-
ISBN 978-3-7694-1176-8
Neu!

FamRZ-Buch 39
Insolvenzrecht für die familienrechtliche Praxis
Prof. Dr. Gabriele Janlewing
2015; XXI u. 153 S., brosch. € [D] 39,-
ISBN 978-3-7694-1140-9

FamRZ-Buch 40
Nachlassfälle mit Auslandsbezug
Dr. Susanne Frank / Dr. Christoph Döbereiner
2015; XXVIII u. 195 S.,
brosch. € [D] 49,-
ISBN 978-3-7694-1142-3

FamRZ-Buch 41
Einstweiliger Rechtsschutz in der familienrechtlichen Praxis
Dr. Michael Giers
2015; XXII u. 228 S.,
brosch. € [D] 39,-
ISBN 978-3-7694-1149-2

FamRZ-Buch 42
Sozialrecht für die familienrechtliche Praxis
Heinrich Schürmann
2016;
XXVII u. 452 S., brosch. € [D] 59,-
ISBN 978-3-7694-1165-2

FamRZ-Buch 43
Die vorweggenommene Erbfolge
Dr. Tobias Kappler / Dr. Susanne Kappler
(April) 2017;
XXXII u. 368 S., brosch. € [D] 59,-
ISBN 978-3-7694-1174-4
Neu!

Gieseking Verlag · Postfach 130120 · 33544 Bielefeld · kontakt@gieseking-verlag.de · www.gieseking-verlag.de